근사록집해

II

근사록집해
II

주희(朱熹) · 여조겸(呂祖謙) 편저
엽채(葉采) 집해 / 이광호 역주

近思錄集解

대우학술총서
569

아카넷

1권 차례

2권 차례

1. 이 책은 주희와 여조겸이 편찬한 『근사록』에 엽채(葉采 : '葉'을 우리나라에서
   는 '섭'이라고 읽었으나, 현대 중국어 발음을 존중하여 '엽'이라고 읽었다)가 주
   해를 더한 『근사록집해』를 완역하였다.
2. 번역의 저본은 우리나라에서 영인되어 유포되고 있는 『근사록집해』(≪근사록
   주해총편≫ 1, 전 10권, 송희준 편, 학민문화사 간행)를 사용하였다.
3. 번역은 한글 전용을 원칙으로 하되 역주에서는 국한자를 혼용하였다.
4. 각 권의 제목은 『근사록집해』의 제목을 번역해 사용하였다.
5. 인물의 경우 가능하면 이름을 사용하고, 자(字)나 호(號)를 사용할 경우에는
   괄호 안에 이름을 표시하거나 주를 달았다.
6. 이 책의 번역에는 다음의 부호를 사용하였다.

   .   : 문장을 끝맺을 때 사용함.
   ,   : 문장을 쉴 때나 같은 자격의 단어를 나열할 때 사용함.
   ·   : 같은 자격의 명사를 나열할 때 사용함.
   ……   : 문장을 생략할 때 사용함.
   ?   : 의문을 표시할 때 사용함.
   !   : 감탄을 나타낼 때 사용함.
   " "   : 인용문을 묶을 때 사용함.
   ' '   : 인용문 안에 나오는 인용문을 묶을 때 사용함.
   『 』   : 서적의 이름을 표시할 때 사용함.
   「 」   : 서적의 편명이나 논문 제목을 표시할 때 사용함.
   ≪ ≫   : 총서류를 묶을 때 사용함.
   〈 〉   : 시의 제목을 표시할 때 사용함.
   ( )   : 설명할 필요가 있어서 설명할 때나 음이 같은 한자를 옆에 표기할
            때 사용함.
   〔 〕   : 음이 다른 한자를 묶을 때 사용함.

제6권

가도(家道)

○ 此卷論齊家. 蓋克己之功旣至, 則施之家, 而家可齊矣.

○ 이 권은 집안을 가지런하게 하는 것에 대하여 논한다. 대개 극기의 공부가 이미 지극해진 다음 집안에 시행하면 집안이 가지런하게 될 수 있다.

1

伊川先生曰:

"弟子之職, 力有餘則學文. 不修其職而先文, 非爲己之學也."〔『程氏經說』6卷「論語解」‘學而’〕

정이가 말했다.

"자제의 직분은 남는 힘이 있으면 글을 배우는 것이다. 그 직분을 닦지 않고 글을 먼저 배우는 것은 자기를 위한 학문이 아니다."

○ 『經解』.

○ 說見『論語』. 爲弟爲子者, 其職在於孝悌而已. 行之有餘力而後可學『詩』『書』六藝之文. 職有未盡而急於學文, 則是徒欲人之觀美, 非爲己之學也.

○『경해』에 나온다.

○ 이 말은 『논어』[1]에 보인다. 아우가 되고 자식 된 자의 직분은 효도와 공경에 있을 뿐이다. 그것을 행하고 남는 힘이 있은 뒤에야 『시경』과 『시경』 등 육경의 글을 배울 수 있다. 직분을 다하지 못하고시 문장을 배움에 성급하다면, 이것은 다만 사람들이 아름답게 보기를 바라는 것이지 '자기를 위한 학문'[2]이 아니다.

2

孟子曰'事親若曾子可也', 未嘗以曾子之孝爲有餘也. 蓋子之身所能爲者, 皆所當爲也. 〔『易傳』 師卦(䷆) 九二〕

---

1) 『논어』 「학이」 6장 집주에 인용되어 있다. "程子曰 : 爲弟子之職, 力有餘, 則學文. 不脩其職而先文, 非爲己之學也."

2) 『논어』, 「헌문」 25장에 "옛날의 학자는 자기 자신을 위하고, 오늘날의 학자는 남을 위한다(古之學者, 爲己, 今之學者, 爲人)"라고 나온다. '자기 자신을 위한다'는 것은 자신의 인간적 완성을 위하여 학문을 한다는 의미이다. '남을 위한다'는 의미에 대해 孔安國은 '말만 잘 한다(徒能言之也)'라고 주를 달고 있다. 이는 '말만 잘 하여 남을 기쁘게 한다'는 의미이다. 정이와 주희는 '남에게 인정받으려고 노력하는 것(欲見知於人也)'이라고 해석하였다. 공안국의 주가 좀더 분명하다. '자기 자신의 인간적 완성을 위한 학문', 즉 '자기를 위한 학문'의 의미를 이해하지 않고서는 유학을 이해할 수 없다. 유학에 의하면 자기 완성을 통해 인간에게는 무한한 가능성이 열린다. 현대인들은 자연세계를 대상화시켜 정복하기에만 열중일 뿐 자기 자신을 이해하지 못한다. 오히려 자아를 두려워하며 자신과의 대면을 피하고자 한다.

맹자가 '부모를 섬기기를 증자와 같이 한다면 괜찮다[3]'라고 말했는데, 일찍이 증자의 효를 충분하다고 여긴 것은 아니다. 대개 자식의 몸으로 할 수 있는 것은 모두 당연히 해야 할 일들이기 때문이다.

○『易傳』, 下同.
○師卦六二傳. '可'者, 僅足而無餘之稱, 竭其所當爲, 無過外也.

○『역전』에 나오며, 아래도 같다.
○사괘 육이효의 전에 나온다. '괜찮다'는 것은 겨우 만족스러우나 여유는 없는 것을 일컬으니, 마땅히 행할 일을 한 것이지 그 이상은 아니라는 뜻이다.

3

"幹母之蠱不可貞." 子之於母, 當以柔巽輔導之, 使得於義. 不順而致敗蠱, 則子之罪也.

"모친의 잘못된 일을 다스릴 때는 곧게 고집만 해서는 안 된다.[4]"

---

3) 『맹자』「이루」상 19장에 나오는 문장이다. "曾子養曾晳, 必有酒肉, 將徹必問所與. 問有餘必曰有. 曾晳死, 曾元養曾子 必有酒肉. 將徹不請所與. 問有餘曰亡矣. 將以復進也. 此所謂養口體者也. 若曾子, 則可謂養志也. 事親若曾子, 則可也." 사괘(䷆)의 제2효를 설명하며 이 말을 왜 하였을까? 사괘는 양효인 제2효가 임금의 자리인 제5효와 정응의 관계여서 왕의 인정을 받고 또 여러 음들이 모두 의지하고 있다. 그러므로 임금을 돕는 군사의 상, 또는 임금을 돕는 현명한 신하, 또는 부모를 돕는 효자의 상 등이 있으므로 여기서 인용하였다.
4) 『주역』蠱卦(䷑) 구이 효사. "幹母之蠱不可貞." 고괘는 산 아래서 바람이 불어 나무와 풀이 쓰러지는 듯한 상이다. '蠱'자는 그릇에 벌레가 가득하여 그릇이 썩어들어가는 상이다. 그러므로 괘 이름을 고괘라고 하였다. 고괘에서는 쓰러지고

자식은 어머니에게 부드럽고 겸손함으로 도와 인도해서 의에 맞도록 해야 한다. 순종하지 않아서 일을 그르치게 하는 것은 자식의 죄이다.

○ 蠱卦九二傳. '幹', 治也. '蠱', 事之弊也. 人子事親皆當以承順爲主, 使事得於理而已. 然婦人柔暗有難以遽曉, 尤當以柔巽行之. 比之事父又有間矣. 但爲矯拂, 而反害其所治之事, 則子之過.

○ 고괘 구이효의 전에 나온다. '간(幹)'은 다스림이다. '고(蠱)'는 일의 폐단이다. 자식이 부모를 섬김에는 받들고 순종함을 주로 삼아서, 일이 도리에 맞게 해야 할 뿐이다. 그러나 부인은 부드럽고 어두워서 갑자기 깨닫는 데 어려움이 있으니, 더욱 부드럽고 겸손하게 행해야만 한다. 아버지를 섬기는 것에 비교하자면 또한 차이가 있다. 그러나 바로잡으려다가 거슬러서 도리어 다스리려 하던 일을 해치게 되면 자식의 잘못이다.

從容將順, 豈無道乎? 若伸己剛陽之道, 遽然矯拂則傷恩, 所害大矣, 亦安能入乎? 在乎屈己下意, 巽順將承, 使之身正事治而已. 剛陽之臣, 事柔弱之君, 義亦相近. 〔『易傳』蠱卦(䷑) 九二〕

조용히 뜻을 받들어 순종하는 데 어찌 도가 없겠는가? 만일 자신의 억센 양기(陽氣)의 도를 펴서 갑자기 바로잡으려다가 거스른다면, 은혜를 손상시켜 해치는 것이 크게 될 것이니, 어찌 먹혀들 수 있겠는가? 자기를 굽히고 뜻을 낮추어 부드럽게 순종하고 받들어 이어받아, 모친의 몸을 바르게 하고 일이 다스려지게 하는 데 있을 뿐이다. 억센 양기를 지닌 신하가 유약한 군주를 섬기는 데에도 의리는 또한 서로

썩어들어가는 상황에 어떻게 대처할 것인가 하는 문제를 주로 다루고 있다.

580

비슷하다.

○ 以强直之資遽爲矯拂, 內則傷恩而有害天倫之重, 外則敗事而卒
廢幹蠱之功. 剛陽之臣事柔弱之君, 若孟子於齊宣王, 諸葛孔明於蜀
後主, 是也.

○ 강직한 자질로써 갑자기 바로잡으려고 거스르면, 안으로는 은혜
를 손상시켜서 천륜(天倫)의 중대함을 해치게 되고, 바깥으로는 일을
그르치게 되어 어지러움을 다스리는 일을 못 하게 된다. 억센 양기를
가진 신하가 유약한 임금을 섬기는 것은 맹자가 제나라 선왕(宣王 : 재
위 기원전 319-301)에, 제갈공명(諸葛孔明)[5]이 촉(蜀)의 후주(後主 : 재위
223-263)에 대한 경우가 이것이다.

4

蠱之九三, 以陽處剛而不中, 剛之過也. 故小有悔. 然在巽體, 不爲
無順. 順, 事親之本也. 又居得正, 故無大咎. 然有小悔, 已非善事親
也. 〔『易傳』 蠱卦 九三〕

고괘(☶)의 구삼은 양으로서 강(剛)의 위치에 있으되 중(中)이 아니
니 강함이 지나치다. 그러므로 약간의 후회가 있다. 그러나 바탕이 손
괘(巽卦 : ☴)이므로 순종함이 없지 않다. 순종은 부모를 섬기는 근본
이다. 또 거처함이 바름을 얻었으므로 큰 허물은 없다. 그러나 적은
후회가 있으니 이미 부모를 잘 섬기는 것은 아니다.

---

5) 孔明은 諸葛亮(181-234)의 자이다. 蜀의 재상으로 劉備(162-223)를 보좌했고,
   이들의 이야기를 바탕으로 소설 『삼국지』가 만들어졌다.

○九陽爻而三位剛, 位又不中, 剛過乎中者也. 事親而過剛, 不能無悔矣. 然蠱之下卦爲巽, 巽者順也. 又陽爻居陽位, 居得其正, 則亦不至大過. 故無大咎也. 但謂之小悔, 則於事親之道已非盡善者矣.

○구는 양효이고 삼은 강의 자리이며 위치가 또한 중이 아니니[6) 중도를 지나친 강이다. 부모를 섬김에 지나치게 강하니 후회가 없을 수가 없다. 그러나 고괘(☶)의 하괘가 손괘(☴)이고 손은 순종하는 것이다. 또한 양효기 양의 위치에 거처하여 거처함에 바름을 얻었으니 또한 큰 잘못에 이르지는 않는다. 그러므로 큰 잘못은 없다. 그러나 작은 후회가 있다고 말하였으니 부모를 섬기는 도리에 이미 극진히 잘한 것은 아니다.

5

正倫理, 篤恩義, 家人之道也. 〔『易傳』家人卦(☲) 卦圖〕

윤리를 바르게 하고 은혜와 의리를 두터이 하는 것이 집안 사람의 도리이다.

○家人卦「象傳」. 正倫理則尊卑之分明. 篤恩義則下上之情合. 二者並行而後處家之道篤矣. 然必以正倫理爲先. 未有倫理不正而恩義可篤者也.

○가인괘 「단전」에 나온다. 윤리가 바르게 되면 존귀와 비천의 구분이 분명해진다. 은혜와 의리를 돈독히 하면 상하의 정이 합하게 된

6) 중은 2효의 자리와 5효의 자리만을 가리킨다.

다. 이 두 가지가 함께 행해진 후에 집안에 거처하는 도리가 돈독해진
다. 그러나 반드시 윤리를 바르게 하는 것을 우선으로 여겨야 한다.
윤리가 바르지 않으면서 은혜와 의리를 돈독하게 할 수 있는 경우는
없었다.

6

人之處家, 在骨肉父子之間, 大率以情勝禮, 以恩奪義. 惟剛立之人,
則能不以私愛失其正理. 故家人卦大要以剛爲善. 〔『易傳』 家人卦 六
二〕

사람이 집안에 거처함에 뼈와 살을 나눈 부모와 자식 사이에는, 대
개 정으로써 예를 이기게 되고 은혜로써 의를 빼앗게 된다. 의지가 굳
세게 서 있는 사람만이 사사로운 애정 때문에 바른 도리를 잃지 않을
수 있다. 그러므로 가인괘는 대체로 강함을 선으로 여긴다.

○家人卦六二傳. 相親附, 猶骨之於肉.

○가인괘 육이효의 전에 나온다. 서로 친하여 의지하는 것이 뼈와
살의 관계와 같다.

7

家人上九爻辭, 謂治家當有威嚴, 而夫子又復戒云: "當先嚴其身
也. 威嚴不先行於己, 則人怨而不服." 〔『易傳』 家人卦 上九 「象傳」〕

가인괘 상구의 효사에서 집안을 다스림에는 위엄이 있어야 한다고

하였는데, 공자는 또다시 경계하였다. "먼저 그 자신을 엄정히 해야만한다. 위엄이 자신에게서 먼저 행해지지 않는다면 사람들은 원망하고 복종하지 않을 것이다."

○ 上九"威如終吉." 象曰: "威如之吉反身之謂也." 所貴治家之威者, 非徒繩治之嚴. 蓋必正己爲本. 使在我持身謹嚴而無少縱弛, 則家人自然有所嚴憚而不敢踰越, 有所觀感而率歸于正. 凡御下之道, 皆然. 齊家本於修身, 則尤爲切近.

○ 상구 효사에 "위엄스러우면 끝내 길하다"고 한다. 「상전」에서는 "위엄스러우면 길하다는 것은 자신을 반성함을 이른 것이다"라고 한다. 집안을 다스리는 데 위엄을 귀하게 여긴다는 것은 한갖 법도로 엄격하게 다스리는 것을 의미하는 것이 아니다. 대개 반드시 자기를 바르게 하는 것을 근본으로 삼아야 한다. 나를 살피고 자신을 보존하는 데 조심스럽고 엄숙하여 조금의 방종함도 없게 한다면, 집안 사람들은 자연히 경계하고 꺼림이 있게 되어 감히 자기 분수를 지나치지 않으며, 눈으로 보고 감동함이 있어 바른 데로 돌아갈 것이다. 대개 아랫사람을 통솔하는 방법은 모두 그러하다. 집안을 다스림이 자기를 닦는 것에 근본하면 더욱 절실하고 가깝다.

8

歸妹九二, 守其幽貞, 未失夫婦常正之道. 世人以狎爲常. 故以貞靜爲變常, 不知乃常久之道也. 〔『易傳』歸妹卦(䷵) 九二「象傳」〕

귀매괘의 구이가 고요함과 바름을 지킬 수 있는 것[7]은 부부(夫婦) 사이의 항상되고 올바른 도를 잃지 않기 때문이다. 세상 사람들은 허물없이 가까이 지내는 것을 상도(常道)로 여긴다. 그러므로 올바르고 고요함은 상도를 바꾼 것으로 여겨, 그것이 바로 항상되고 오래도록 지속되는 도리라는 것을 알지 못한다.

○ 靜正, 乃相處可久之道. 媟狎, 則玩侮乖離所自生.

○ 고요함과 바름은 서로 거처함이 오래갈 수 있는 도리이다. 허물없이 가까이 지내면 장난하고 업신여겨 서로 어긋남이 거기서 생기게 된다.

9

世人多愼於擇壻, 而忽於擇婦. 其實壻易見, 婦難知. 所繫甚重, 豈可忽哉? 〔『程氏遺書』 1-32〕

세상 사람들은 대부분 사위를 고르는 데에는 신중하면서 며느리를 구하는 데에는 소홀하다. 실제로 사위는 알아보기 쉬우나 며느리는 알기 어렵다. 관계되는 바가 매우 중요한데 어찌 소홀히 할 수 있겠는가?

---

7) 귀매괘의 효사는 "애꾸눈이 볼 수 있는 상황이니 幽人으로서 바른 것이 이롭다 (眇能視, 利幽人之正)"이다. 구이와 육오는 부부관계이다. 육오는 남편으로서 나약하고 바르지 않지만, 구이는 강하면서 중도를 지키는 부인이다. 그러므로 구이를 실명하며 정상적이 아닌 삶을 표현하는 애꾸눈과 유인이라는 용어를 사용하였다. 그러니 구이는 부부가 항상되고 올바른 도를 잃지 않을 수 있는 능력을 가진 훌륭한 부인이다.

10

人無父母, 生日當倍悲痛. 更安忍置酒張樂以爲樂? 若具慶者可矣.
〔『程氏遺書』1-32〕

부모가 없는 사람은 자신의 생일에 더욱 비통해 해야 마땅하다. 그
런데 어찌 차마 술을 차리고 음악을 베풀어서 즐길 수 있겠는가? 만
일 부모가 다 생존해 있다면 괜찮다.

○ "具慶", 謂父母俱存.

○ "구경(具慶)"은 부모가 모두 살아 계신 것을 말한다.

11

問: "行狀云: '盡性至命, 必本於孝弟', 不識孝弟何以能盡性至命
也." 曰: "後人便將性命別作一般説了, 性命孝弟, 只是一統底事. 就
孝弟中, 便可盡性至命.

물었다. "행장에 '본성을 다하여 천명에 도달하는 것은 반드시 효제
에 근본한다'고 말했는데, 효제로써 어떻게 본성을 다하여 천명에 도
달할 수 있는지 알지 못하겠습니다." 답했다. "후세 사람들은 성명(性
命)을 다른 어떤 것이라고 말하지만 성명과 효제는 다만 같은 계통의
일이다. 효제하는 가운데 곧 본성을 다하여 천명에 도달할 수 있다.[8]

---

8) 유학의 형이상학은 관념적 사변이 아니다. 인간관계, 특히 가까이 있는 부모, 형
제, 척기시 등게 관게 맺음을 이성에 기초하여 이상적으로 신천하는 신천저 삶이
곧 형이상학이다. 신천저 삶을 통해 자신이 마음을 다하고 본성을 다하는 가운데

586

○伊川先生所作「明道先生行狀」. 孝弟者人道之本, 百行之原, 仁民愛物, 皆由是推之. 人能盡孝弟之道, 廣而充之, 至於極致, 則可以盡性至命矣.

○朱子曰 : "此與'孝弟也者其爲仁之本與'一意." 又曰 : "若是聖人, 如舜之孝, 王季之友, 便是盡性至命事."

○정이가 지은 「명도선생행장」에 나온다. 효제는 인도의 뿌리이고 모든 행동의 근원이니, 백성을 친애하고 사물을 아끼는 것은 모두 이로부터 미루어 나간다. 사람이 효제의 도를 다할 수 있고, 확충해서 극치에 도달하면 본성을 다하여 천명에 도달할 수 있다.

○주희가 말했다.

"이것은 '효제가 인을 행하는 근본이다'[9]와 같은 의미이다."

또 말했다.

"이와 같으면 성인이니, 순(舜)의 효와 왕계(王季)의 우애[10] 같은 것은 곧 본성을 다하여 천명에 도달한 일이다."

如洒掃應對與盡性至命, 亦是一統底事. 無有本末, 無有精粗, 却被後來人言性命者, 別作一般高遠說. 故擧孝弟, 是於人切近者言之.

물 뿌리고 비로 쓸고 응답하는 등의 일과 본성을 다하여 천명에 도달하는 것은 같은 계통의 일이다. 본말(本末)의 구별도 없고 정조(精粗)의 구별도 없는데 도리어 후세의 성명을 말하는 자에 의해 별도의 고원한 것으로 설명되었다. 그러므로 효제를 거론한 것은 사람에게 더

마음과 본성의 뿌리가 자연스럽게 드러나게 됨을 통해 존재의 뿌리, 즉 형이상의 세계에 도달하도록 가르치는 것이 유학이다.

9) 『논어』 「학이」 2장. "君子務本, 本立而道生 孝弟也者, 其爲仁之本與!"

10) 王季는 문왕의 아버지이다. 『시경』 「대아」 〈皇矣〉. "維此王季, 因心則友其兄."

욱 절실하고 가까운 것으로 말한 것이다.

○ 天下無理外之事, 亦無事外之理. 卽其末而本已存, 卽其粗而精實具. 本末精粗非二致也.

○ 세상에 리(理)[11]를 벗어난 일은 없으며 일을 벗어난 리도 없다. 그 말단에도 근본은 이미 존재하며, 거친 것에도 정미한 것이 실제로 갖추어져 있으니, 본말과 정조는 두 갈래가 아니다.

然今時非無孝弟之人, 而不能盡性至命者, 由之而不知也." 〔『程氏遺書』 18-171〕

그러나 오늘날 효제하는 사람이 없는 것은 아니나 본성을 다하여 천명에 도달하지 못하는 것은 '그것을 따르면서도 알지 못하는 것'[12]이다."

○ 今之孝弟者, 未必能盡性至命, 蓋 '行不著習不察.' 故亦不能廣充之, 以抵作聖之極功.

○ 오늘날의 효제하는 자가 본성을 다하여 천명에 도달할 수 없는 것은 대개 '행하면서도 밝게 알지 못하고 익숙하면서도 정밀하게 살피지 못하기'[13] 때문이다. 그러므로 넓게 확충하여 성인이 되는 극진한

---

11) '理'는 조리의 의미로서만 이해되어서는 안 된다. '리'는 자연세계에서는 궁극적 실재이며, 사물의 경우에는 사물의 본질이며, 인간에게 있어서는 인간생명의 근원인 인간본성이다.

12) 『맹자』 「진심」 상 5장, "孟子曰, 行之而不著焉, 習矣而不察焉, 終身由之而不知其道者, 衆也."

결과에 이를 수 없다.

12

問: "第五倫視其子之疾, 與兄子之疾不同, 自謂之私, 如何?" 曰 :
"不待安寢與不安寢, 只不起與十起, 便是私也. 父子之愛本是公, 才
著些心做, 便是私也."

물었다. "제오륜(第五倫)[14]은 자기 자식의 병과 형의 자식의 병을 돌
보기를 같이하지 못하여, 스스로 사사롭다고 생각하였으니, 어떻습니
까?" 답했다. "편히 자고 편히 자지 못한 것과 관계없이 일어나지 않
은 것과 열 번 일어난 것이 곧 사사로움이다. 부모와 자식 간의 사랑
은 본래 공적인 것이지만 약간이라도 의도적으로 하게 되면 곧 사사
로움이다."

○『後漢』「第五倫傳」. 或問倫曰: "公有私乎?" 對曰: "吾兄子嘗
病, 一夜十起, 退而安寢. 吾子有疾, 雖不省視, 而竟夕不眠. 若是者,
豈可謂無私乎?" 人知安寢與不眠, 爲私愛其子, 而不知十起與不起,
亦私意也. 蓋事事物物, 各有自然之理, 不容安排. 父子之愛, 天性.
今子疾不視而十起於兄子, 豈人情哉? 著意安排, 卽是私矣.

○『후한서』「제오륜전」에 나온다. 어떤 사람이 제오륜에게 물었다.
"공(公)은 사사로움이 있읍니까?" 대답했다. "내 형의 자식이 병이 났
을 적에 하룻밤에 열 번 일어났지만 돌아와서는 편히 잤다. 내 자식이
병이 났을 적에는 비록 살펴보지 않았지만 밤새도록 자지 못했다. 이

---

13) 앞의 주
14) 第五는 성이고 倫은 이름이다. 자는 伯魚이며 벼슬은 司空에 이르렀다.

와 같은 것을 어찌 사사로움이 없다고 말할 수 있겠는가?"

사람들은 편히 잔 것과 자지 못한 것은 자기 자식을 사사로이 사랑하기 때문임을 알지만, 열 번 일어나고 일어나지 않은 것 또한 사사로운 뜻임을 알지 못한다. 대개 모든 일은 각각 자연의 이치가 있어서 안배할 수 있는 것이 아니다. 부자 사이의 사랑은 천성이다. 지금 자식의 병은 살피지 않고 형의 자식에 대해서는 열 번 일어나는 것이 어찌 인정이겠는가? 의도적으로 안배한 것은 곧 사사로움이다.

又問："視己子與兄子有間否?" 曰："聖人立法, 曰：'兄弟之子猶子也', 是欲視之猶子也."

또 물었다. "자기의 자식과 형의 자식을 대우하는 데 차이가 있습니까?" 말했다. "성인이 법을 세워 말하기를 '형제의 아이는 내 아이와 같다'[15]고 했는데, 이는 형제의 아이를 대우하는 것이 자기의 아이와 같게 하기를 바란 것이다."

○ 視兄弟之子, 亦如己子.

○ 형제의 아이를 자기의 아들과 같이 본다.

又問："天性自有輕重, 疑若有間然." 曰："只爲今人以私心看了. 孔子曰：'父子之道, 天性也', 此只就孝上説. 故言父子天性. 若君臣兄弟賓主朋友之類, 亦豈不是天性? 只爲今人小看, 却不推其本所由來故爾. 己之子與兄之子所爭幾何? 是同出於父者也. 只爲兄弟異形,

---

15) 『예기』 「단궁」 상 "喪服 兄弟之子猶子也, 蓋引而進之也, 嫂叔之無服也, 蓋推而遠之也."

故以兄弟爲手足. 人多以異形, 故親己之子, 異於兄弟之子, 甚不是
也." 又問: "孔子以公冶長不及南容, 故以兄之子妻南容, 以己之子妻
公冶長, 何也?" 曰: "此亦以己之私心看聖人也. 凡人避嫌者, 皆内不
足也. 聖人至公, 何更避嫌? 凡嫁女各量其才而求配. 或兄之子不甚
美, 必擇其相稱者爲之配, 己之子美, 必擇其才美者爲之配, 豈更避嫌
耶? 若孔子事, 或是年不相若, 或時有先後, 皆不可知. 以孔子爲避嫌,
則大不是. 如避嫌事, 賢者且不爲, 况聖人乎!" 〔『程氏遺書』 18-212〕

또 물었다. "천성은 원래 경중이 있으니 아마도 차이가 있는 것 같
습니다." 말했다. "단지 오늘날 사람들이 사심으로 보기 때문이다. 공
자는 '부자의 도는 천성이다'[16]라고 말했는데, 이것은 단지 효와 관련
해서 말한 것이다. 그러므로 부자는 천성이라고 말한 것이다. 군신, 형
제, 빈주(賓主), 붕우 사이의 도리와 같은 것도 어찌 천성이 아니겠는
가? 단지 오늘날 사람들이 협소하게 보아서 근본이 유래하는 바를 미
루어 보지 않기 때문이다. 내 자식과 형의 자식이 다른 점은 얼마인
가? 이들은 동일하게 아버지에게 나온 자들이다. 형제는 단지 형체만
다르기 때문에 형제는 손발과 같은 것이다. 형체가 다르기 때문에 자
기 아이를 친애함이 형제의 아이와 다르게 하는 사람이 많지만 대단
히 옳지 못하다."
또 물었다. "공자는 공야장(公冶長)이 남용(南容)에 미치지 못하기
때문에 형의 딸을 남용에게 시집 보내고 자기 딸을 공야장에게 시집
보냈으니,[17] 어떻습니까?" 말했다. "이것도 자기의 사심으로 성인을

---

16) 『효경』 9장. "父子之道, 天性也, 君臣之義也. 父母生之, 續莫大焉. 君親臨之,
厚莫重焉."

17) 『논어』 「공야장」 1장. "子謂公冶長可妻也. 雖在縲絏之中, 非其罪也. 以其子妻
之 子謂南容, 邦有道不廢, 邦無道免於刑戮, 以其兄之子妻之." 공야장의 자는 子
長이고, 남용의 성은 南宮, 이름은 括이며 자는 子容이다. 모두 공자의 제자이다.

본 것이다. 대개 사람이 혐의를 피하는 것은 모두 내면이 부족해서 그렇다. 성인은 지극히 공정하니 어찌 다시 혐의를 피하려 하겠는가? 대개 딸을 시집 보냄에는 각각 그녀의 재능을 헤아려서 배필을 구한다. 혹 형의 아이가 자질이 아름답지 않으면 반드시 그에 어울리는 자를 택해서 배필로 삼고, 자기 아이가 훌륭하면 반드시 재질이 훌륭한 자를 택하여 배필로 삼았을 것이니, 어찌 다시 혐의를 피하고자 하였겠는가? 공자의 일과 같은 경우에는 혹 나이가 서로 같지 않았는지, 혼인한 시기의 선후가 있었는지 모두 알 수 없다. 공자가 혐의를 피하려고 그렇게 했다고 생각한다면 크게 옳지 않다. 혐의를 피하려고 하는 일 같은 것은 현자도 하지 않는데 하물며 성인에 있어서랴!"

○ 聖人所爲, 至公無私, 安行乎天理, 何嫌之可避? 凡人避嫌者, 皆內有不足, 而不能自信者也.

○ 성인이 하는 일은 지극히 공정하고 사사로움이 없어서 편안히 천리에 따라 행위하니 무슨 혐의를 피하려 하겠는가? 보통사람들이 혐의를 피하는 것은 모두 내면에 부족함이 있어서 스스로 믿을 수 없기 때문이다.

13

問 : "孀婦於理似不可取, 如何?" 曰 : "然. 凡取以配身也. 若取失節者以配身, 是己失節也."〔『程氏遺書』22下-19〕

물었다. "과부는 이치에 따르면 아내로 맞아들일 수 없을 것 같은데 어떻습니까?" 말했다. "그렇다. 대개 아내로 맞아들이는 것은 자신과 짝 짓는 것이다. 만일 절개를 잃은 사람을 아내로 맞아들여 짝 짓는 것은 자신이 절개를 잃는 것이 된다."

○ 婦人, 從一而終者也. 再嫁爲失節.

○ 부인은 한 사람을 좇아 생애를 마치는 자이다. 다시 시집 가는 것은 절개를 잃는 것이다.

又問: "或有孤孀貧窮無託者, 可再嫁否?" 曰: "只是後世怕寒餓死, 故有是說. 然餓死事極小, 失節事極大."

또 물었다. "혹 외로운 과부가 빈궁하고 의탁할 곳이 없다면 재혼해도 됩니까?" 말했다. "단지 후세 사람들이 추위와 굶주림으로 죽는 것을 두려워해서 이런 말이 있게 되었다. 그러나 굶어죽는 일은 지극히 작은 것이고 절개를 잃는 일은 지극히 큰 것이다."

○ 餓死事極小, 所惡有甚於死也.

○ 굶어죽는 일은 극히 작은 것이란, 싫어함이 죽는 것보다 심함이 있는 것이다.

14

病臥於床, 委之庸醫, 比之不慈不孝. 事親者亦不可不知醫.〔『程氏外書』12-55〕

병으로 침상에 누워 있는데 시시한 의사에게 맡기는 것은 자애롭지 못하고 효성스럽지 못한 것에 견줄 수 있다. 부모를 섬기는 자는 또한 의술을 알지 않으면 안 된다.

15

程子葬父, 使周恭叔主客. 客欲酒, 恭叔以告. 先生曰 : "勿陷人於惡." 〔『程氏外書』7-13〕

정자가 부친을 장사 지낼 때 주공숙에게 손님을 접대하게 하였다. 손님이 술을 마시고 싶다고 하여 공숙이 알렸다. 선생이 말했다. "사람을 악에 빠지게 하지 말라."

○ 周行己, 字恭叔. 臨喪, 飮酒非禮也.

○ 주행기(周行己 : 장년 1090)는 자가 공숙(恭叔)이다. 상(喪)에 임해서 술을 마시는 것은 예가 아니다.

16

買乳婢, 多不得已. 或不能自乳, 必使人. 然食己子而殺人之子, 非道. 必不得已, 用二子乳食三子, 足備他虞. 或乳母病且死, 則不爲害, 又不爲己子殺人之子. 但有所費. 若不幸致誤其子, 害孰大焉. 〔『程氏外書』10-39〕

유모를 사는 것은 부득이한 경우가 많다. 혹 스스로 젖 먹여 기를 수 없으면 남을 시킬 수밖에 없다. 그러나 자기의 자식을 먹이기 위하여 남의 자식을 죽이는 것은 도리가 아니다. 정말 부득이한 경우에는 두 아이 젖으로 세 아이를 먹이면 다른 걱정에 대비할 수 있다. 혹 유모가 병이 나거나 죽어도 해가 되지 않으며, 또 자기 자식을 위해서 다른 사람의 아이를 죽이지는 않게 된다. 다만 비용이 드는 바가 있다. 만일 불행히 자식을 잘못되게 하는 데 이르는 것과 비교한다면 해가 어느 것이 크겠는가?

○ 幼吾幼以及人之幼, 其慮之周蓋如此.

○ 내 어린아이를 사랑하여 다른 사람의 어린아이에게까지 미치니, 사려의 주밀함이 대개 이와 같다.

17

先公太中, 諱珦, 字伯溫. 前後五得任子, 以均諸父子孫. 嫁遣孤女, 必盡其力. 所得俸錢, 分贍親戚之貧者. 伯母劉氏寡居, 公奉養甚至. 其女之夫死, 公迎從女兄以歸, 敎養其子, 均於子姪. 旣而女兄之女又寡, 公懼女兄之悲思, 又取甥女以歸嫁之. 時小官祿薄, 克己爲義, 人以爲難.

선친인 태중(太中)은 휘(諱)가 향(珦)이고 자는 백온(伯溫)이다. 앞뒤로 다섯 번 임자(任子)[18]의 은전을 얻어 삼촌들의 자손에게도 고르게 대하였다. 부모 없는 여아를 시집 보냄에는 반드시 그 힘을 다하였다. 받은 봉록은 가난한 친척에게 나누어 도와주었다. 백모인 유씨가 과부로 지내자 공은 지극하게 봉양했다. 백모의 딸의 남편이 죽자 공은 사촌누이를 데리고 돌아와, 그녀의 아이를 가르치고 길러, 아들이나 조카와 균등하게 대하였다. 그리고 사촌누이의 딸이 또 과부가 되자 공

---

18) 父祖의 功으로 관직에 임명된 자손을 말한다.

은 누이의 슬픈 심사를 걱정하여, 조카딸을 데리고 돌아와서 시집 보냈다. 이 때 지위가 낮은 관리로 녹이 박했지만 자기를 극복하는 것을 의로 삼으니, 사람들은 어려운 일이라고 여겼다.

○"任子", 謂保任使之入仕. "諸父", 謂從父也.

○"임자(任子)"는 보증을 서서 벼슬에 들어서게 하는 것을 말한다. "제부(諸父)"는 아버지 형제를 말한다.

公慈恕而剛斷. 平居與幼賤處, 惟恐有傷其意. 至於犯義理, 則不假也. 左右使令之人, 無日不察其飢飽寒燠. 娶侯氏. 侯夫人事舅姑, 以孝謹稱. 與先公相待如賓客. 先公賴其內助, 禮敬尤至, 而夫人謙順自牧. 雖小事未嘗專, 必稟而後行. 仁恕寬厚, 撫愛諸庶, 不異己出. 從叔幼孤, 夫人存視, 常均其子. 治家有法, 不嚴而整, 不喜笞扑奴婢, 視小臧獲如兒女.

공은 자애롭고 어질면서 굳세고 과단성이 있었다. 평소에 어린아이나 천한 사람과 거처할 때는 오직 그들의 뜻을 해치는 것이 있을까 두려워했다. 의리를 거스르게 되면 용서하지 않았다. 좌우에서 심부름하는 사람에 대해서는 굶주림과 배부름, 추위와 따뜻함을 살피지 않는 날이 없었다. 후씨를 아내로 맞아들였다. 후부인이 시부모를 모심에는 효도를 다하며 조심성이 있다고 칭찬받았다. 선친과 서로 손님처럼 대하였다. 선친은 내조에 힘입어 예로써 대우하고 공경함이 더욱 지극했지만, 부인은 겸손과 순종으로 스스로를 다스렸다. 작은 일일지라도 혼자 처리하지 않고 반드시 아뢴 이후에 행하였다. 인자하고 관대하여 여러 서자를 어루만지고 사랑함이 자기 자식과 다르지 않았다. 아저씨가 어려서 고아가 되자 부인은 살피기를 항상 자기 자식과 똑같이 했다. 가정을 다스리는 데 법도가 있어서 엄하지 않았으나 정돈되었고, 노비를 매질하는 것을 좋아하지 않고 어린 노비 보기를 자기 아이들 같이 했다.

○ 男僕曰'臧', 女僕曰'獲.'

○ 남자 종을 장(臧)이라 말하고 여자 종을 획(獲)이라 말한다.

諸子或加呵責, 必戒之曰 : "貴賤雖殊, 人則一也. 汝如是大時, 能爲此事否?" 先公凡有所怒, 必爲之寬解. 唯諸兒有過, 則不掩也. 常曰 : "子之所以不肖者, 由母蔽其過, 而父不知也." 夫人男子六人, 所存惟二. 其愛慈可謂至矣. 然於敎之之道, 不小假也. 纔數歲, 行而或踣, 家人走前扶抱, 恐其驚啼. 夫人未嘗不呵責, 曰 : "汝若安徐寧至踣乎?" 飮食常置之坐側. 嘗食絮羹, 卽叱止之曰 : "幼求稱欲, 長當何如?"

여러 자식들이 노비를 책망하면 반드시 훈계하여 "귀천이 다를지라도 사람임에는 같다. 네가 이처럼 자랐을 때 이 일을 할 수 있겠는가?"라고 말했다. 선친이 화내는 일이 있으면 반드시 너그럽게 설명하여 주었다. 여러 자식들에게 잘못이 있으면 덮어주지 않았다. 항상 "자식이 불초(不肖)하게 되는 것은 어머니가 그 잘못을 덮어주어 아버지가 알지 못하기 때문이다"라고 말했다. 부인은 사내아이가 여섯이었는데 살아남은 자는 오직 둘뿐이었다. 그녀의 사랑과 자애로움은 지극하다고 말할 수 있다. 그러나 그들을 가르침에 있어서는 조금도 용서하지 않았다. 겨우 서너 살 적에 걷다가 때로 넘어지면 집안 사람이 달려나와 부축해 안으며 놀라서 울까 걱정하였다. 그러나 부인은 언제나 "네가 만일 침착하고 천천히 했다면 어찌 넘어지는 데 이르렀겠는가?"라고 꾸짖었다. 식사시에는 항상 자리 곁에 앉혔다. 어느 날 식사하다가 국에 간을 맞추자 "어려서 욕심에 맞는 것을 구한다면 자라서 어떠하겠는가?"라고 꾸짖으며 금지시켰다.

○ "絮羹", 調羹也. 禮記不絮羹, 爲其詳於味也.

○ "국에 간을 맞추는 것"은 국을 입맛에 맞게 조리하는 것이다. 예법에 국에 간을 맞추지 않는 것은 그 맛에 자세하게 되기 때문이다.

雖使令輩, 不得以惡言罵之. 故頤兄弟平生, 於飮食衣服無所擇, 不能惡言罵人, 非性然也, 敎之使然也. 與人爭忿, 雖直不右, 曰: "患其不能屈, 不患其不能伸." 及稍長, 常使從善師友游. 雖居貧, 或欲延客, 則喜而爲之具. 夫人七八歲時, 誦古詩曰: "女子不夜出, 夜出秉明燭." 自是日暮, 則不復出房閤. 旣長好文, 而不爲辭章. 見世之婦女以文章筆札傳於人者, 則深以爲非.〔『程氏文集』12卷(伊川先生文 8)「先公太中家傳」과「上谷郡君家傳」〕

비록 심부름하는 사람에게라도 나쁜 말로 욕할 수 없었다. 그러므로 정이 형제는 평소 음식과 의복에 대해 가리는 바가 없었고, 나쁜 말로 사람을 욕할 수 없었던 것은 본성이 그런 것이 아니라 가르침이 그렇게 하도록 한 것이다. 다른 사람과 다투면 옳을지라도 편들지 않고, "자기를 굽히지 못하는 것을 걱정하고 펼 수 없는 것은 걱정하지 말라"고 말했다. 조금 성장하자 항상 훌륭한 선생과 벗을 따라 교우하게 하였다. 가난에 처해 있었지만 혹 손님을 초대하고자 할 때면 기쁘게 갖추어 주었다. 부인은 7-8세 때 고시를 읽었는데, 그 시에 "여자는 밤에 외출하지 않는다. 밤에 나갈 때는 밝은 등불을 들고 나가라"[19]

---

19) 『예기』「內則」, "女子出門, 必擁蔽其面, 夜行以燭, 無燭則止."

고 하였다. 이로부터 날이 저물면 다시 방문을 나가지 않았다. 자라서는 글을 좋아했으나 글을 짓지는 않았다. 세상의 부녀자가 문장과 서찰을 다른 사람에게 전하는 것을 보면 매우 잘못된 것으로 여겼다.

18

橫渠先生嘗曰:
"事親奉祭, 豈可使人爲之?"〔『張載集』附錄, 呂大臨의「橫渠先生行狀」〕

장재가 일찍이 말했다.
"부모를 섬기고 제사를 받드는 것은 어찌 다른 사람을 시켜서 할 수 있겠는가?"

○「行狀」.
○ 使人代爲, 孝敬之心, 安在?

○「행장」에 나온다.
○ 다른 사람으로 하여금 대신하게 한다면 효도하고 공경하는 마음이 어찌 있으리요?

19

舜之事親有不悅者, 爲父頑母嚚, 不近人情. 若中人之性, 其愛惡若無害理, 姑必順之.

순이 부모를 섬김에 부모가 기뻐하지 않음이 있었던 것은 부친이 완고하고 모친이 어리석었기 때문이니 인정과는 가깝지 않다.[20] 보통

사람의 본성과 같은 경우에는 그 사랑하고 미워함이 이치를 해침이 없다면 우선 반드시 순종해야 한다.

○ 事親以順爲主. 非甚不得已者, 固不可輕爲矯拂也.

○ 부모를 섬기는 것은 순종함을 주로 삼는다. 매우 부득이하지 않은 것은 가벼이 바로잡으려고 거슬러서는 안 된다.

親之故舊, 所喜者, 當極力招致, 以悅其親. 凡於父母賓客之奉, 必極力營辦, 亦不計家之有無. 然爲養又須使不知其勉强勞苦. 苟使見其爲不易, 則亦不安矣.〔『張載集』「近思錄拾遺」15〕

부모가 좋아하는 옛친구는 마땅히 힘을 다해 초대하여 부모를 기쁘게 해야 한다. 대개 부모의 손님을 모심에 있어서는 반드시 힘을 다해 처리하고 또 집안 재산의 유무를 계산하지 않는다. 그러나 봉양함에 있어서는 또 반드시 노력과 노고를 부모가 알게 해서는 안 된다. 만일 그렇게 하는 것이 쉽지 않다는 것을 부모가 알게 되면 또한 편안하지 않을 것이다.

○「橫渠記說」.
○ 所謂養志者也.

○「횡거기설」에 나온다.
○ 이른바 부모의 뜻을 기르는 것[21]이다.

---

20)『서경』「요전」. "岳曰, 瞽子, 父頑, 母嚚, 象傲, 克諧以孝, 烝烝乂, 不格姦."
21)『맹자』「이루」상 19장. "若曾子, 則可謂養志也. 事親若曾子者, 可也."

20

斯干詩言：“兄及弟矣, 式相好矣. 無相猶矣.”言兄弟宜相好, 不要
厮學. 猶似也. 人情大抵患在施之不見報則輟. 故恩不能終. 不要相
學, 己施之而已. 〔『張載集』「近思錄拾遺」16〕

〈사간〉시에 이르기를, “형과 아우여, 서로 친하라. 서로 비슷하게
하지 마라”²²⁾라고 하였다. 이것은 형제는 서로 사이좋게 지내는 것이
마땅하며 서로 비슷하게 맞출 필요는 없음을 말한다. 유(猶)는 비슷하
게 하는 것이다. 인정에서 무릇 걱정거리는 베풀어서 보답받지 않으면
그만두는 데 있다. 그러므로 은혜가 끝까지 갈 수 없는 것이다. 서로
배우려고 하지 말고 자신이 베풀어야 할 뿐이다.

○「詩說」, 下同.
○ 兄弟友愛, 盡其在我, 不可視報以爲施. 兄友而弟不恭, 不可學弟
而廢其友. 弟恭而兄不友, 不可學兄而廢其恭.

○「시설」에 나오며, 아래도 같다.
○ 형제의 우애는 내가 할 수 있는 것을 다해야지 보답을 보고 베풀
어서는 안 된다. 형은 우애 있으나 동생이 공손하지 않다면, 동생을
배워서 우애를 버려서는 안 된다. 동생은 공손하나 형이 우애롭지 않
다면, 형을 배워서 공손함을 폐해서는 안 된다.

---

22) 『시경』「소아」〈斯干〉. “秩秩斯干, 幽幽南山, 如竹苞矣, 如松茂矣. 兄及弟矣,
式相好矣, 無相猶矣.”

21

'人不爲周南・召南, 其猶正牆面而立', 常深思此言誠是. 不從此行, 甚隔著事, 向前推不去. 蓋至親至近, 莫甚於此. 故須從此始. 〔『張載集』「近思錄拾遺」17〕

'사람이 주남・소남을 배우지 않으면 벽을 마주 대하고 서 있는 것과 같다'[23]는 이 말을 깊이 생각해 보면 진실로 옳다. 이 말을 쫓아 행하지 않으면 일이 대단히 막혀서 앞을 향해 밀고나갈 수가 없다. 대개 지극히 가깝고 절실한 것이 이보다 심한 것은 없다. 그러므로 반드시 이로부터 시작해야 한다.

○宜其家人而后, 可以教國人. 不然猶正牆面隔礙, 而不可通行也.

○집안 사람을 화목하게 한 이후에야 나라 사람들을 가르칠 수 있다. 그렇지 않으면 바로 벽을 마주 대하여 막혀서 통행할 수 없는 것과 같다.

22

婢僕始至, 本懷勉勉敬心. 若到所提掇更謹, 則加謹, 慢則棄其本心, 便習以成性. 故仕者入治朝則德日進, 入亂朝則德日退. 只觀在上者有可學無可學爾. 〔『經學理窟』「學大原」上 27〕

---

23) 『논어』「양화」10장, "子謂伯魚曰: 女爲周南召南矣乎? 人而不爲周南召南, 其猶正牆面而立也與."

남·여종이 처음 들어오면 본래 힘써 노력하고 공경하는 마음을 품고 있다. 만약 잘 이끌고 다시 조심한다면, 더욱 삼가겠지만 함부로 하면 그 본심을 버리고 습관이 천성이 되어버린다. 그러므로 벼슬하는 자가 다스려진 조정에 들어가면 덕이 날로 진보하지만 어지러운 조정에 들어가면 덕이 날로 퇴보한다. 단지 위에 있는 자에게 배울 만한 것이 있는가 없는가에 달려 있을 뿐이다.

○『語錄』.
○ "提掇", 謂提起警策之也.

○『어록』에 나온다.
○ "제철(提掇)"은 들어올리고 경계하고 채찍질하는 것을 말한다.

제7권

출처(出處)

○ 此卷論出處之道. 蓋身旣修, 家旣齊, 則可以仕矣. 然去就取舍, 惟義之從, 所當審處也.

○ 이 권에서는 출처[1]의 도에 대하여 논한다. 대개 몸이 이미 닦여지고 집안이 이미 가지런하게 되면 벼슬할 수 있다. 그러나 물러나고 나감, 취하고 버림은 오직 의에 따라야 하니 자세히 살펴야 한다.

1

伊川先生曰:

"賢者在下, 豈可自進以求於君? 苟自求之, 必無能信用之理. 古之人所以必待人君致敬盡禮而後往者, 非欲自爲尊大. 蓋其尊德樂道之心不如是, 不足與有爲也." 〔『易傳』蒙卦(䷃)「象傳」〕

정이가 말했다.

---

1) 벼슬에 나아가는 것과 물러나는 것.

"어진 자가 낮은 지위에 있으면서 어찌 스스로 나아가서 군주에게 관직을 구할 수 있겠는가? 만일 스스로 구한다면 반드시 신임받을 수 있는 이치는 없을 것이다. 옛사람들이 반드시 임금이 존경을 다하고 예를 다함을 기다린 이후에 나아간 것은 스스로 높고 크게 되기를 바란 것이 아니다. 대개 덕을 높이고 도를 즐기는 마음이 이와 같지 않다면 더불어 일하기에 부족하기 때문이다."[2]

○『易傳』, 下同.
○蒙卦「象傳」. 賢者之進, 將以行其道也. 自非人君有好賢之誠心, 則諫不行, 言不聽, 豈足以有爲哉?

○『역전』에 나오며, 아래도 같다.
○몽괘 「단전」에 나온다. 현자가 나아가는 것은 그 도를 행하려는 것이다. 군주가 현자를 좋아하는 진실된 마음이 있지 않다면, 간해도 행하지 않고 말을 해도 들어주지 않을 것이니, 어찌 일하기에 충분하겠는가?

2

君子之需時也, 安靜自守. 志雖有須而恬然若將終身焉, 乃能用常也. 雖不進而志動者, 不能安其常也. 〔『易傳』需卦(䷄) 初九 「象傳」〕

군자가 때를 기다릴 때는 편안하고 고요하게 자신을 지켜야 한다. 기다리는 뜻이 있더라도 반드시 그렇게 자신의 삶을 마감하듯 편안해

---

2)『맹자』「공손추」하 2장, "故將大有爲之君, 必有所不召之臣, 欲有謀焉, 則就之. 其尊德樂道, 不如是, 不足與有爲也."

야만 상도를 쓸 수 있다. 비록 스스로 나아가지 않더라도 뜻이 움직인 사람은 상도에 편안할 수 없다.

○ 需卦初九「象傳」. 靜退以待時而終至於失常者, 蓋其身雖退, 而志則動也.

○ 수괘 초구효「상전」에 나오다. 고요히 물러나 때를 기다리지만 마침내 상도를 잃게 되는 것은 대개 몸은 물러났지만 뜻이 움직이기 때문이다.

3

"比吉. 原筮元永貞, 無咎."『傳』曰: "人相親比, 必有其道. 苟非其道, 則有悔咎. 故必推原占決其可比者, 而比之. 所比得元永貞, 則無咎. 元謂有君長之道, 永謂可以常久, 貞謂得正道. 上之比下, 必有此三者, 下之從上, 必求此三者, 則無咎也."〔『易傳』比卦(䷇) 卦辭〕

"비괘(比卦 : ䷇)는 길하다. 생각해서 결정하되 (친할 상대가) 선하고〔元〕 오래가고〔永〕 곧은〔貞〕 덕을 지닌 사람이면 허물이 없다."[3]『역전』에서 말했다. "사람이 서로 친함에는 반드시 도가 있다. 만일 도가 아니면 후회와 허물이 있을 것이다. 그러므로 반드시 친할 만한 자를 잘 생각하여 결정하고서 친해야 한다. 친한 사람이 선하고 오래가고 곧은 덕을 지닌 사람이면 허물이 없을 것이다. 원(元)은 임금이나 윗사람의 도가 있는 것을 말하고, 영(永)은 항상 오래갈 수 있음을 말하

---

3)『주역』 비괘 단사. "彖曰: 比, 吉也. 比, 輔也. 下, 順從也. 原筮元永貞, 无咎, 以剛中也."

고, 정(貞)은 바른 도를 얻은 것을 말한다. 윗사람이 아랫사람을 친할 때 반드시 이 세 가지가 있어야 하고, 아랫사람이 윗사람을 따를 때 반드시 이 세 가지 덕이 있는 사람을 찾는다면 허물이 없을 것이다."

○蕘然相比而非得所主, 苟焉爲比而非可久, 邪媚求比而不由正, 皆不能無咎者也.

○무리를 지어 서로 친하지만 따를 만한 자를 얻지 못하고, 구차하게 친하지만 오래 갈 수 없고, 간사하게 아첨하여 친하기를 구하지만 바른 것에 말미암지 않는 것 등은 모두 허물이 없을 수 없는 친함이다.

4

履之初九曰:"素履往, 無咎."『傳』曰:"夫人不能自安於貧賤之素, 則其進也, 乃貪躁而動, 求去乎貧賤耳, 非欲有爲也. 旣得其進, 驕溢必矣. 故往則有咎.

이괘(履卦: ☰)의 초구에서 "평소의 삶을 지켜나가면 허물이 없을 것이다"라고 하였다. 『역전』에서 말했다. "대저 사람이 평소의 빈천에 스스로 편안할 수 없다면, 그 사람이 나아가는 것은 곧 탐내고 조급하게 움직여서 빈천을 제거하기를 구하는 것일 뿐이지, 이상을 실현하려는 것이 아니다. 이미 나아가게 되면 반드시 교만해질 것이다. 그러므로 나아가면 허물이 있을 것이다.

○小人志在富貴. 故得志則驕溢.

○소인의 뜻은 부귀에 있다. 그러므로 뜻을 얻으면 교만해진다.

608

賢者則安履其素. 其處也樂, 其進也, 將有爲也. 故得其進, 則有爲而無不善.

현자는 평소에 편안하게 산다. 머물러 있을 때는 즐거워하고 나아가는 것은 이상을 실현하기 위한 것이다. 그러므로 나아가게 되면 이상을 실현하여 선하지 아니함이 없게 된다.

○賢者素其位而行. 窮而在下, 初無貧賤之憂, 達而在上, 將遂行道之志. 以是而進, 何咎之有?

○ 현자는 자신의 현재 처지에 바탕을 두고 행한다. 출세하지 못해 아래에 있어도 처음부터 빈천에 대한 걱정이 없으며, 현달해서 위에 있으면 도를 실행하려는 뜻을 이룬다. 이로써 나아가면 무슨 허물이 있으리오?

若欲貴之心與行道之心, 交戰于中, 豈能安履其素乎?"〔『易傳』履卦(䷅) 初九〕

만일 귀하게 되려는 마음과 도를 실행하려는 마음이 마음속에서 서로 싸운다면, 어찌 평소의 생각을 편안하게 실천할 수 있겠는가?"

○欲貴之心勝, 則必不能安行乎素位, 而亦卒無可行之道矣.

○ 귀하게 되려는 마음이 이기면 반드시 평소의 처지에서 편안하게 살 수 없고, 또한 끝내 실행할 만한 도리도 없게 된다.

5

大人於否之時, 守其正節, 不雜亂於小人之群類, 身雖否而道之亨
也. 故曰 : "大人否亨." 不以道而身亨, 乃道否也. 〔『易傳』 否卦(䷋)
六二「象傳」〕

대인은 (도를 실행할 기회가) 막힌 때에도 바른 절의를 지켜 소인의
무리에 어지러이 뒤섞이지 않으니, 몸은 막힐지라도 도는 형통한다.
그러므로 "대인은 막혀 있으면서도 형통한다"라고 말했다. 도에 의하
지 않고 몸이 형통한다면 곧 도가 막히게 된다.

○否卦六二傳. 身之否亨由乎時, 道之否亨由乎我. 大人者身有否
而道無否也. 蓋否之時, 小人輩集, 君子不入其黨, 身則否矣. 然直道
而行無所撓屈, 道則亨也.

○비괘 육이효의 전에 나온다. 몸이 막히고 형통하는 것은 때에 말
미암으며, 도가 막히고 형통한 것은 나에게 말미암는다. 대인은 몸은
막힘이 있으나 도는 막힘이 없다. 대개 막히는 때에 소인은 떼지어 모
이고, 군자는 그 무리에 들어가지 않으니 몸은 막힌다. 그러나 도를
곧게 하여 행하고 굽히는 바가 없으니, 도는 형통한다.

6

人之所隨, 得正則遠邪, 從非則失是, 無兩從之理. 隨之六二, 苟係
初則失五矣. 故象曰 : "弗兼與也", 所以戒人從正, 當專一也. 〔『易傳』
隨卦(䷐) 六二「象傳」〕

사람이 따르는 바가 올바른 것을 얻으면 바르지 못한 것〔邪〕을 멀리하게 되고 잘못된 것을 따르면 옳은 것을 잃게 되니, 둘 다 따를 수 있는 이치는 없다. 수괘(隨卦 : ䷐)의 육이가 만일 초구에 매이게 되면 구오는 잃게 될 것이다. 그러므로 「상전(象傳)」에 "겸하여 좇을 수가 없다"고 말한 것은, 사람이 바른 것을 따름에는 마땅히 전일해야 함을 훈계한 것이다.

○隨六二與九五爲正應. 然下比初九. 苟隨私昵, 必失正應.

○ 수괘(隨卦)의 육이는 구오와 정응(正應)이다. 그러나 아래의 초구와 가깝다. 만일 사사로이 친한 것을 따른다면 반드시 정응을 잃을 것이다.

7

君子所賁, 世俗所羞, 世俗所貴, 君子所賤. 故曰: "賁其趾, 舍車而徒." 〔『易傳』賁卦(䷕) 初九〕

군자가 수식하는 것은 세속이 부끄럽게 여기는 것이며, 세속이 귀하게 여기는 것은 군자가 천하게 여기는 것이다. 그러므로 "그 발을 장식하여 수레를 버리고 걸어간다"[4]고 말했다.

○君子所賁者行義也. 世俗所貴者勢位也. 賁之初九, 所賁在下, 故爲趾, 爲徒行. 世俗以失勢位爲羞, 君子以得行誼爲榮.

---

4) 『주역』賁卦 초구의 효사. "初九, 賁其趾, 舍車而徒."

○군자가 수식하는 것은 의를 실천하는 것이다. 세속이 귀하게 여기는 것은 세력과 지위이다. 비괘(賁卦)의 초구는 꾸미는 것이 아래에 있으므로 발이 되고 걸어다니는 것이 된다. 세속은 세력과 지위를 잃는 것을 수치스럽게 여기지만, 군자는 마땅한 것을 행하는 것을 영광으로 여긴다.

8

蠱之上九曰: "不事王侯, 高尚其事." 象曰: "不事王侯, 志可則也."『傳』曰: "士之自高尚, 亦非一道. 有懷抱道德不偶於時, 而高潔自守者.

고괘(蠱卦: ䷑)의 상구에 "왕이나 제후를 섬기지 않고 (자기의) 일을 고상하게 한다"고 하였다. 「상전」에 이르기를 "왕이나 제후를 섬기지 않으니, 그 뜻을 본받을 만하다"고 하였다.『역전』에서 말했다. "선비가 스스로 고상하게 하는 것 또한 한 가지 방법이 아니다. 도덕을 품고 있으면서 때를 만나지 못해 고결하게 스스로 지키는 자도 있다.

○伊尹耕於莘野, 太公釣於渭濱之時, 是也.

○이윤(伊尹)[5]이 신(莘)의 들판에서 밭을 갈고, 태공(太公)[6]이 위수

---

5) 夏를 멸하고 商 왕조를 세운 湯의 賢臣. 이름은 지(摯)이다. 탕은 혁명 후 阿衡〔宰相〕으로 등용하였다. 탕이 사망한 뒤에도 크게 영향을 미쳐,『書經』商書 가운데서 「湯誥」・「咸有一德」・「伊訓」・「太甲」 등을 그가 지었다고 한다. 周의 周公과도 같이 商의 문화에 가장 큰 영향을 끼친 인물이다.

6) 周初 사람이다. 성은 姜이며, 氏는 呂이고, 이름은 尙이다. 文王이 渭水 물가에서 낚시하며 섬던 그를 만나 "나의 태공이여, 그대를 기다린 지 오래 되었수(吾太公, 望子久矣)"라고 말하여 이후 太公望이라고 불리게 되었다. 武王의 혁명을

(渭水) 물가에서 낚시하던 때가 이것이다.

有知止足之道, 退而自保者.

멈추고 만족하는 도[7]를 알아 물러나 스스로 보존하는 자도 있다.

○ 張良·疏廣之類, 是也.

○ 장량(張良)[8]과 소광(疏廣)[9]의 부류가 이들이다.

有量能度分, 安於不求知者.

능력을 헤아리고 분수를 생각하여 편안하게 남이 알아주기를 구하지 않는 자가 있다.

○ 徐孺子·中屠蟠之類, 是也.

도와 殷을 멸망시키고 周 왕조를 세웠다. 뒤에 齊를 봉토로 받아 제나라의 시조가 되었다.

7) 『도덕경』 44장. "知足不辱, 知止不殆, 可以長久."

8) 漢初 사람이다. 자는 子房이다. 대대로 韓의 재상을 지내다가 秦이 韓을 멸망시키자 그는 자객이 되어 진시황을 살해하려고도 하였으나 실패하여 숨어 살았다. 뒤에 漢 高祖 劉邦의 참모로서 유방을 도와 秦과 楚를 멸망시켰으며, 한이 천하를 통일한 뒤 은둔하여 신선인 赤松子와 놀았다고 한다. 후에 留侯로 봉함을 받았다.

9) 漢 宣帝(재위 기원전 73-49) 때 그는 太傅가 되고 조카 受는 少傅가 되었다. 5년 뒤 두 사람 다 물러나 친척 및 빈객들과 연회하고 자손을 위하여 재산을 남기지 않았다. 그는 이렇게 말하였다. "자손이 현명한 경우 재물이 많으면 그의 뜻을 손상시키게 되고, 어리석은 경우 재물이 많으면 그의 잘못을 더하게 된다."

○ 서유자(徐孺子)¹⁰⁾와 신도반(申屠蟠)¹¹⁾의 부류가 이것이다.

有淸介自守, 不屑天下之事, 獨潔其身者.

청렴한 절개를 스스로 지켜 천하의 일을 달갑게 여기지 않고 홀로 그 몸을 깨끗이 하는 자도 있다.

○ 嚴陵·周黨之類, 是也.

○ 엄릉(嚴陵)¹²⁾과 주당(周黨)¹³⁾의 부류가 이것이다.

所處雖有得失小大之殊, 皆自高尙其事者也. 象所謂'志可則'者, 進退合道者也."〔『易傳』 蠱卦(䷑) 上九〕

처신한 바에 잘 하고 못함과 크고 작음의 차이가 있지만, 모두 스스로 자신의 일을 고상하게 한 자들이다. 「상전」에서 '뜻을 본받을 만하다'고 한 것은 진퇴가 도에 합치한 것이다."

---

10) 97-168년. 東漢 사람이다. 이름은 치(穉)이고 자는 孺子이다. 집이 가난하여 직접 농사 지으며 살았다. 조정에서 여러 번 불러도 응하지 않았다. 陳蕃이 太守가 되었을 때 빈객을 만나지 않았으나, 그가 오면 스스로 맞이하였다고 한다.

11) 東漢 말의 사람이다. 자는 子龍이다. 벼슬을 사양하고 학문에 전력을 다하여 漢이 몰락하는 가운데서도 홀로 화를 면할 수 있었다.

12) 이름은 光, 자는 子陵이다. 한을 중흥시켜 후한을 세운 光武帝와 함께 공부하였는데 광무제가 즉위하자 이름을 바꾸고 숨어 살았다. 광무제가 찾아가 벼슬을 주었으나 富春山에 숨어 살았다.

13) 자는 伯況이고, 後漢 廣務 사람이다. 왕망이 정권을 잡자 병을 칭탁하고 문 밖을 나가지 않았다. 도적 때가 일어났을 때도 그가 사는 광무에는 들어가지 않았다. 광무제가 천거하였으나 병으로 물러나 뜻대로 살았다.

○四者, 雖處心有小大, 處義有得失, 要皆能高尙其事者. 若蠱上九, 陽剛之才超然斯世之表. 象謂'其志可則'者, 蓋指懷抱道德, 進退合義者, 言也.

○네 가지 사람들의 마음 씀에 크고 작음이 있고 의리에 따라 처신함에 잘하고 잘못함이 있을지라도, 요컨대 모두 자신의 일을 고상하게 할 수 있었던 자들이다. 고괘 상구는 양효의 강한 재질로 이 세상의 바깥에서 초연한 모습이다. 「상전(象傳)」에 '그 뜻을 본받을 만하다'고 말한 것은, 대개 도덕을 품고 있으면서 진퇴가 의리에 합치한 자를 가리켜 말한 것이다.

9

遯者, 陰之始長. 君子知微, 故當深戒. 而聖人之意未便遽已也, 故有"與時行." "小利貞"之敎.

둔괘(遯掛: ䷠)는 음이 자라나기 시작하는 괘이다. 군자는 은미한 것을 알기 때문에 깊이 경계해야만 한다. 그러나 성인의 뜻은 갑자기 그만두지는 않기 때문에 "때와 더불어 행한다"[14]와 "조금만 바르게 하는 것이 이롭다"[15]는 가르침이 있다.

○艮下乾上爲遯. 二陰初長, 固所當戒. 然乾剛在上, 九五六二中正而應. 君子於此猶可與時消息, 不一於遯. 雖未能大正, 尙幸其小有可正也.

---

14) 『주역』 둔괘 단전 "象曰, '遯, 亨', 遯而亨也, 剛當位而應, 與時行也."
15) 『주역』 둔괘 괘사. "遯, 亨, 小利貞."

○ 간괘(艮卦: ☶)가 아래에 있고 건괘(☰)가 위에 있는 것이 둔괘 (☶)가 된다. 두 음이 처음으로 자라나니 진실로 경계해야 마땅하다. 그러나 건괘의 강건함이 위에 있고, 구오와 육이가 중정(中正)이면서 응(應)하고 있다. 군자는 이러한 때에 오히려 때와 더불어 처신하여 한결같이 은둔하기만 해서는 안 된다. 크게 바로잡을 수는 없을지라도 오히려 다행하게도 조금은 바로잡을 수 있다.

聖賢之於天下, 雖知道之將廢, 豈肯坐視其亂而不求? 必區區致力 於未極之間, 强此之衰, 艱彼之進, 圖其暫安. 苟得爲之, 孔孟之所屑 爲也. 王允謝安之於漢晉, 是也.〔『易傳』遯卦(☶)「象傳」〕

성현이 세상에 대하여 도가 폐해지리라는 것을 알지라도 어찌 그 어지러움을 좌시하고 구하지 않을 것인가? 극도에 이르기 전에 조금 이라도 힘을 써서 이것〔양〕이 쇠퇴하는 것을 강하게 하고 저것〔음〕이 진전되는 것을 어렵게 하여 잠시라도 안정을 도모할 것이다. 진실로 이렇게 할 수 있다면 공자와 맹자도 기꺼이 그렇게 하였을 것이다. 왕 윤(王允)[16]과 사안(謝安)[17]이 한(漢)과 진(晉)에 대하여 이렇게 하였다.

○ 强此之衰, 扶君子之道, 未盡消. 艱彼之進, 抑小人之道, 未驟長.

○ 이것의 쇠퇴하는 것을 보강한다는 것은 군자의 도를 도와서 완전 히 사라지지 않게 하는 것이다. 저것의 나아감을 어렵게 한다는 것은

---

16) 왕윤(137-192)은 後漢의 獻帝를 섬겨 사도가 되었다. 呂布와 결탁하여 董卓을 죽였는데, 나중에 동탁의 부하에게 피살되었다.
17) 사안(320-385)은 晉나라 사람으로, 桓溫에게 초빙되어 司馬가 되고 승진하여 侍中이 되었다. 孝武帝가 즉위했을 무렵, 환온이 제위를 빼앗으려 할 때, 그를 만 류했다.

소인의 도를 억눌러서 갑자기 자라지 않게 하는 것이다.

10

　明夷初九, 事未顯而處甚艱, 非見幾之明, 不能也. 如是則世俗孰不疑怪? 然君子不以世俗之見怪, 而遲疑其行也. 若俟衆人盡識, 則傷已及而不能去矣. 〔『易傳』明夷卦(䷣) 初九〕

　명이괘(明夷卦: ䷣) 초구는 일이 드러나지 않아 처신하기가 매우 어려우니, 기미를 볼 수 있는 밝은 사람이 아니면, 그렇게 할 수 없다. 이와 같이 한다면 세상 사람 중에 누가 의심하고 괴상히 여기지 않겠는가? 그러나 군자는 세상 사람들이 괴상하게 여긴다고 해서 그 행위를 의심하여 망설이지 않는다. 만일 보통사람들이 완전히 알게 되기를 기다린다면 상해(傷害)가 이미 미쳐서 떠날 수가 없다.

　○離下坤上明夷. 離明, 坤地也. 明入地中, 傷明也. 初九傷猶未顯, 而爻之辭曰: "君子于行, 三日不食." 蓋知幾而去之速, 處人之所難而不疑也. 楚王戊不設醴酒而穆生去之曰: "不去, 楚人將鉗我於市." 當時雖申公之賢猶以爲過. 其後申公受胥靡之辱, 至是欲去而不得矣.

　○이괘(離卦: ☲)가 아래에 있고 곤괘(☷)가 위에 있는 것이 명이괘(䷣)이다. 이는 밝음이고 곤은 땅이다. 밝음이 땅속으로 들어가서 밝음을 손상시킨다. 초구는 손상됨이 아직 드러나지 않았으나 효사에 "군자가 길을 떠나서 사흘 동안 먹지 않는다"고 말했다. 대개 기미를 알아서 신속하게 떠나가니, 사람들이 비난하는 상황에 처하더라도 의심하지 않는다. 초(楚)나라 왕인 무(戊)가 단술을 베풀지 않자 목생(穆生)은 떠나면서 "지금 떠나지 않으면 초나라 사람이 앞으로 시장에서

나에게 형벌을 가할 것이다"라고 말했다. 당시 신공(申公) 같은 현명한 사람도 오히려 잘못이라고 생각했다. 그 후에 신공은 강제노동을 하는 형벌을 받는 욕을 당하게 되었으니, 이에 이르러서는 떠나려고 해도 떠날 수 없었다.[18]

11

晉之初六, 在下而始進, 豈遽能深見信於上? 苟上未見信, 則當安中自守, 雍容寬裕, 無急於求上之信也. 苟欲信之心切, 非汲汲而失其守, 則悻悻以傷於義矣. 故曰: "晉如摧如, 貞吉. 罔孚, 裕無咎." 〔『易傳』晉卦(䷢) 初六〕

진괘(晉卦 : ䷢)의 초육은 낮은 지위에서 처음으로 나아가는 것이니, 어찌 갑자기 윗사람에게 깊은 신임을 받을 수 있겠는가? 만일 윗사람에게 신임을 받지 못하면 마음을 편안하게 하여 스스로 지키고 온화하고 관대하게 하여 윗사람의 신임을 얻는 데 조급해서는 안 된다. 만일 신임을 얻으려는 마음이 절실하면, 조급하게 해서 지킬 바를 잃게 되거나, 아니면 발끈해서 의를 손상하게 된다. 그러므로 "나아가든 물러나든 올바르면 길하다. 신임이 없을 때도 너그러우면 허물이 없다"고 말한 것이다.

○ 在下則勢疎, 始進則交淺. 上未見信, 惟當安於守正, 寬以待人. 豈可求其信也? 求信之急, 則必汲汲以失其貞正之守. 求信愈急, 人愈不信, 則必悻悻以傷其事上之義. 晉之初六, 未敢必於進也. 進而復退, 得正則吉, 未敢必人之信也. 寬裕以待之, 則無咎.

---

18) 『전한서』 열전 6에 나온다.

○아래에 있으니 세력과 소원(疏遠)하고 처음으로 나아가니 교제가 얕다. 윗사람에게 신임을 받지 못하면 오직 편안하게 바른 것을 지키며 너그러운 마음으로 사람을 기다려야 한다. 어찌 그 신임을 구할 수 있으리오? 조급하게 신임을 구하면 반드시 급하게 힘써서 곧고 바른 절개를 잃게 된다. 신임을 구하는 것이 급할수록 더욱 신임을 받지 못하면 반드시 발끈하여 윗사람을 섬기는 의를 손상하게 된다. 진괘의 초육은 감히 반드시 나아갈 수는 없다. 나아가다가 다시 물러나더라도 바름을 얻으면 길하니, 감히 반드시 사람의 신임을 얻을 수도 없다. 관대하고 너그럽게 기다리면 허물이 없다.

然聖人又恐後之人不達寬裕之義, 居位者廢職失守以爲裕. 故特云: "初六裕則無咎"者, 始進未受命當職任故也. 若有官守, 不信於上而失其職, 一日不可居也.

그러나 성인은 또 후세 사람이 관대하고 너그러움의 뜻을 깨닫지 못하고, 지위에 있는 자가 직분을 게을리 하여 맡은 일을 다하지 않는 것을 너그러움으로 여기는 것을 두려워했다. 그러므로 특별히 "초육에 너그러우면 허물이 없을 것이다"라고 말한 것은, 처음으로 관직에 나아가서 아직 명령을 받아 직무를 담당하지 않았기 때문이라고 하였다. 만일 관직의 직무가 있으면서, 윗사람에게 신임을 받지 못하여 직분을 잃으면 하루라도 머무를 수 없다.

○卦之初爲無位. 晉之始未當職任, 故寬裕以待其自信, 可也. 苟有官守而不見信於上, 必將廢職失守, 急去可也. 豈容寬裕以處之哉?

○괘의 초육은 지위가 없는 것이다. '나아감〔晉〕'의 초기에는 아직 맡은 직무가 없으므로 너그러움으로 저절로 신임받기를 기다리는 것

이 옳다. 만일 직무가 있으나 윗사람에게 신임을 얻지 못하면 반드시 관직이 폐해지고 맡은 일을 잘못하게 되니 급히 떠나는 것이 좋다. 어찌 관대하고 너그럽게 처신하는 것이 받아들여지겠는가?

　　然事非一槩, 久速唯時. 亦容有爲之兆者. 〔『易傳』晉卦(䷢) 初六「象傳」〕

　　그러나 일은 동일한 것이 아니니, 오래 머물러 있거나 빨리 떠나는 것은 오직 때에 따른 것이다. 또한 혹 조짐이 되는 것이 있을 것이다.

　　○“兆”, 幾微之見. 君子知幾, 則可久可速, 不失其時矣.

　　○“조짐”은 기미의 나타남이다. 군자는 기미를 아니, 오래 머물기도 하고 빨리 떠나기도 하며 때를 잃지 않는다.

12

　　不正而合, 未有久而不離者也. 合以正道, 自無終揆之理. 故賢者順理而安行, 智者知幾而固守. 〔『易傳』睽卦(䷥) 六三「象傳」〕

　　바르지 못하게 합하고서 오래도록 떨어지지 않는 일은 없다. 바른 도로써 합하면 자연히 끝내 어그러지는 이치는 없을 것이다. 그러므로 현자는 도리를 좇아서 편안히 행하며, 지자(智者)는 기미를 알아서 굳게 지킨다.

　　○睽卦六二「象傳」. 賢者, 順是理之當然, 安而行之. 智者, 知其幾之必然, 固而守之. 皆齊必以正道而後合者.

○규괘 육이효 「상전」에 나온다. 현자는 이치의 당연함을 좇아서 편안히 행한다. 지자는 기미의 필연을 알아서 굳게 지킨다. 모두 반드시 바른 도로써 가지런히 한 뒤에 합하는 자를 말한다.

13

君子當困窮之時, 旣盡其防慮之道而不得免, 則命也. 當推致其命
以遂其志. 知命之當然也, 則窮塞禍患, 不以動其心, 行吾義而已.

군자가 곤궁한 때를 당하여 이미 방비하고 염려하는 방법을 다하여도 면하지 못한다면 운명이다. 운명을 궁구하여 그 뜻을 이루어야 한다. 운명의 당연함을 알게 되면 궁색함과 재난과 근심으로 마음을 움직이지 않고 나의 의를 행할 뿐이다.

○困卦象曰: "君子以致命遂志." 推致其命, 知其當然而不可免, 則
無所撓懼而能遂其爲義之志矣. 蓋命者出乎氣數, 而不可易. 義者在
我裁制而不可違. 彼已定之禍福, 雖憂懼, 而何益? 行吾義而已.

○곤괘(困卦 : ䷮)의 「상전」에 "군자는 운명을 궁구하여 뜻을 이룬다"[19]고 말했다. 운명을 궁구하여 당연한 것이어서 면할 수 없다는 것을 알면 흔들리고 두려워할 것이 없게 되어, 의를 행하려는 뜻을 이룰 수가 있다. 대개 운명은 기수(氣數)에서 나와서 바꿀 수 없는 것이다. 의는 내가 재단하여 다스림에 달린 것으로 위반할 수 없는 것이다. 저 이미 정해진 화와 복은 근심하고 두려워할지라도 무슨 이익이 있겠는

---

19) '致命'을 정이는 '명을 궁구한다'는 뜻으로 해석하고 있지만, 주희는 '목숨을 바친다(授命)'고 해석하고 있다. 주희의 해석이 더 타당하게 보이지만 정이이 『역전』에 대한 해석이므로 정이의 해석을 따랐다.

가? 나의 의를 행할 뿐이다.

苟不知命, 則恐懼於險難, 隕穫於窮厄, 所守亡矣. 安能遂其爲善之
志乎.〔『易傳』困卦(䷮)「象傳」〕

만일 운명을 알지 못하면 험난함에 두려워하고 곤궁함에 사로잡혀
서 지키는 바를 잃을 것이다. 어찌 선을 행하려는 뜻을 이룰 수 있겠
는가?

○"隕穫", 猶顚隮也.

○"운확(隕穫)"은 넘어지고 떨어지는 것과 같다.

14

寒士之妻, 弱國之臣, 各安其正而已. 苟擇勢而從, 則惡之大者, 不
容於世矣.〔『易傳』困卦(䷮) 九四〕

가난한 선비의 처와 약한 나라의 신하는 각각 바른 것을 편안하게
여겨야 할 뿐이다. 만일 세력을 택하여 따른다면 큰 악을 짓게 되니
세상에 용납되지 않을 것이다.

15

井之九三, 渫治而不見食, 乃人有才智而不見用, 以不得行爲憂惻
也. 蓋剛而不中, 故切於施爲, 異乎"用之則行, 舍之則藏"者矣.〔『易
傳』井卦(䷯) 九三〕

정괘(井卦 : ䷯)의 구삼은 우물을 깨끗하게 쳐냈으나 사람들이 마시지 않으니, 곧 사람이 재능과 지혜가 있으나 쓰여지지 않아서 도를 행하지 못하는 것을 근심하고 슬퍼하는 것이다. 대개 구삼은 강(剛)이지만 중(中)이 아니므로 그의 재능을 시행하기에 간절하니, "써주면 행하고 써주지 않으면 안으로 간직한다"[20]는 자와는 다르다.

○ 九三, 陽剛而處下卦之上. 在井則已渫治而可食矣. 然而無得於五, 故不見食. 爻位, 剛而不中, 切於施爲, 故憂惻. 異乎聖賢視用捨爲行藏, 泰然不以累其心者矣.

○ 구삼은 양효로 강하지만 하괘의 위에 자리해 있다. 우물의 경우에는 이미 깨끗하게 쳐냈으니 먹을 수 있다. 그러나 구오의 인정을 받지 못했으니 마셔지지 않는다. 효의 위치가 강하나 중하지 않아서 시행하기에 간절하여 근심하고 슬퍼한다. 성현이 쓰고 버림에 따라 행하고 간직하여 태연히 마음에 누를 끼치지 않는 것과는 다르다.

16

革之六二, 中正則無偏蔽, 文明則盡事理, 應上則得權勢, 體順則無違悖. 時可矣, 位得矣, 才足矣, 處革之至善者也. 必待上下之信, 故 "已日乃革之"也.

혁괘(革卦 : ䷰)의 육이는 중정이므로 치우치거나 가리움이 없고, 문명하니 사리를 다 알 수 있고, 위로 구오에 응하니 권세를 얻고, 그 바탕은 순종적이어서 거스름이 없다. 때가 좋고 자리를 얻고 능력은

---

20) 『논어』 「술이」 10장. "子謂顔淵曰, 用之則行, 舍之則藏, 唯我與爾有是夫!"

충분하므로 변혁에 가장 잘 처신하는 것이다. 그러나 반드시 상하의
신임을 기다려야 하므로 "얼마 있다가 변혁한다."[21]

○六二, 居中得正. 下卦爲離, 故曰"文明." 二與五應, 故曰"應上."
爻位皆柔, 故曰"體順." 時當變革, 時則可矣. 居中應上則位得矣. 文
明體順則才足矣. 是處革之至善者. 然必待上下盡信而後革. 故辭曰
"已日乃革之", 謹之至也.

○육이는 중의 위치에 있고 바름을 얻었다. 하괘는 이괘이므로 "문
명"이라고 말한다. 이와 오가 호응하므로 "위와 호응한다"고 말한다.
효와 위치가 모두 음이므로 "바탕이 순종적"이라고 말한다. 때가 변혁
하기에 합당하니 때는 좋다. 중에 있고 위와 호응하니 지위를 얻었다.
문명하고 바탕이 순종적이니 재능이 충분하다. 이것은 변혁에 가장 잘
처신하는 것이다. 그러나 반드시 상하 모두가 신임하기를 기다린 뒤에
변혁해야 한다. 그러므로 효사에 "얼마 있다가 변혁한다"고 말했으니
삼감이 지극하다.

如二之才德, 當進行其道, 則吉而無咎也. 不進則失可爲之時, 爲有
咎也. 〔『易傳』革卦(䷰) 六二〕

이효와 같은 재능과 덕성이라면 마땅히 나아가 도를 행하면 길하고
허물이 없을 것이다. 나아가지 않으면 할 수 있는 시기를 잃고 허물이
있게 된다.

○革固不可遽. 然當其時, 處其位, 有其才, 豈容自已? 故辭曰"征

21) 『주역』 혁괘 육이의 효사. "六二, 已日乃革之, 征吉, 无咎."

吉无咎.”

○변혁은 진실로 급히 해서는 안 된다. 그러나 때에 합당하고, 그 위치에 있고, 그 재능이 있다면 어찌 스스로 그만둘 수 있겠는가? 그러므로 효사에 “나아가면 길하고 허물이 없다”고 말했다.

17

鼎之有實, 乃人之有才業也. 當愼所趨向. 不愼所往, 則亦陷於非義. 故曰:“鼎有實, 愼所之也.”〔『易傳』鼎卦(䷱) 九二〕

솥에 물건이 가득 차 있다 함은 곧 사람이 재능과 업적이 있는 것이다. 나아갈 바에 신중해야만 한다. 가는 바에 신중하지 않으면 또한 의가 아닌 것에 빠지게 된다. 그러므로 “솥에 물건이 가득 차 있으니 가는 바를 신중히 한다”[22]고 말했다.

○抱負才業, 急於有爲, 每不暇謹擇所向, 則反爲才業累矣. 如荀彧之類, 是也.

○재능과 업적을 지니고서 실행에 조급하여 매번 지향할 바를 신중하게 가릴 겨를이 없다면, 도리어 재능과 업적의 얽매임을 받는 것이다. 순욱(荀彧)[23]의 부류와 같은 자들이 이것이다.

---

22) 『주역』 정괘 구이 「상전」. “象曰, ‘鼎有實’, 愼所之也, ‘我仇有疾’, 終无尤也.”
23) 163-212. 동한 사람으로 자는 文若이다. 왕을 보좌할 능력이 있다고 소문날 정도로 재능이 있었다. 처음 袁紹를 따르다가 후에 曹操를 따랐으니 조조가 魏國公이 되자 자결하였다.

士之處高位, 則有拯而無隨. 在下位則有當拯, 有當隨, 有拯之不得
而後隨.〔『易傳』艮卦(☶) 六二〕

선비가 높은 지위에 있으면 (군주의 잘못을) 구원하는 것은 있으나
(잘못된 일을) 따름은 없다. 낮은 지위에 있으면 구제해야 마땅한 경우
도 있고 따라야 마땅한 경우도 있으며, 구제할 수 없으면 따르는 경우
도 있다.

○艮卦六二傳. 在上位者, 當以正君定國爲己任, 故有拯而無隨. 在
下位者, 職守所在, 是當拯也, 職所不及, 是當隨也, 又有拯之不得而後
隨者. 如孔子嘗從大夫之列, 故請討陳恒. 然不在其位則亦隨之而已.

○간괘 육이효의 전에 나온다. 높은 지위에 있는 자는 마땅히 군주
를 바르게 하고 나라를 안정시키는 것을 자기의 임무로 삼아야 하므
로 구원하는 경우는 있지만 따르는 경우는 없다. 아래 지위에 있는 자
는 직분과 맡은 일이 있으면 구원하는 것이 마땅하지만 직분이 미치
지 않는다면 따르는 것이 마땅하다. 또 구원할 수 없게 된 뒤에야 따
르는 경우도 있다. 공자 같은 경우는 일찍이 대부의 반열을 따랐으므
로 진항(陳恒)을 토벌할 것을 청하였다.[24] 그러나 그 지위에 있지 않
다면 또한 따를 뿐이다.

---

24) 『논어』「헌문」22장. "陳成子弑簡公. 孔子沐浴而朝, 告於哀公曰, 陳恆弑其君,
請討之."

19

"君子思不出其位." 位者所處之分也. 萬事各有其所, 得其所則止而安. 若當行而止, 當速而久, 或過或不及, 皆出其位也. 況踰分非據乎? 〔『易傳』艮卦(䷳)「象傳」〕

"군자는 생각이 자기의 지위를 벗어나지 않는다."[25] 지위는 처해 있는 직분이다. 모든 일은 각각 적절한 것이 있어서 적절함을 얻으면 머물러 편안하다. 가야 하는데 멈추고, 속히 떠나야만 하는데 오래 머무르고, 혹 지나치거나 미치지 못하는 것은 모두 적절한 자리를 벗어난 것이다. 하물며 분수를 뛰어넘고 의거할 자리가 아닌 경우에는 어떠하겠는가?

○艮卦「象傳」. 位者, 所處當然之分也. 處之不踰其分, 是不出其位也, 所謂止者, 當其分而已. 苟當行而止, 當速而久, 或過或不及, 皆爲出位而非得其止者也. 況踰越常分? 據非所據者, 乃出位之尤者也.

○간괘 「상전」에 나온다. 지위란 거처하여 합당한 직분이다. 거처하는 것이 직분을 넘어서지 않는 것이 지위를 벗어나지 않는 것이다. 이른바 머무른다는 것은 그 직분에 합당한 것일 뿐이다. 만일 가야 하는데 머무르고, 속히 떠나야 하는데 오래 머무르고, 혹 지나치거나 미치지 못하는 것은 모두 지위를 벗어나는 것이고 머물러야 할 자리를 얻는 것이 아니다. 하물며 떳떳한 직분을 뛰어넘음에 있어서랴? 의거할 바가 아닌데 의거하는 것은 지위를 벗어남이 심한 것이다.

---

25) 『논어』 「헌문」 28장. "子曰, 不在其位, 不謀其政. 曾子曰, 君子思不出其位." 『주역』 간괘 「상전」. "象曰, 兼山, 艮, 君子以思不出其位."

20

人之止, 難於久終. 故節或移於晚, 守或失於終, 事或廢於久, 人之
所同患也. 艮之上九, 敦厚於終, 止道之至善也. 故曰: "敦艮吉."
〔『易傳』艮卦(䷳) 上九〕

사람의 머무름이 오래고 끝까지 가기는 어렵다. 그러므로 절개가
혹 만년에 가서 변하고, 지키는 것도 마지막에 가서 잃게 되고, 일이
혹 오래 되어서 폐기되는 것은 사람의 공통된 근심이다. 간괘의 상구
는 마지막까지 돈독히 하는 것이니, 머무는 도의 지극히 선한 것이다.
그러므로 "머무름에 도타워 길하다"²⁶⁾라고 하였다.

○人之止, 易於暫而難於久. 易於始而難於終. 艮之上九, 止之終
也. 止道愈厚, 是以吉也.

○사람의 머무름은 잠시 하기는 쉬우나 오래 하기는 어렵다. 처음
에는 쉽지만 마지막에는 어렵다. 간괘의 상구는 머무름의 마침이다.
머무름의 도가 더욱 두터우므로 길하다.

21

中孚之初九曰: "虞吉." 象曰: "志未變也." 『傳』曰: "當信之始,
志未有所從. 而虞度所信, 則得其正, 是以吉也. 志有所從, 則是變動,
虞之不得其正矣." 〔『易傳』中孚卦(䷼) 初九「象傳」〕

---

26) 『주역』 간괘 상구 효사. "上九, 敦艮吉."

중부괘(中孚卦: ☲)의 초구에 "헤아리면 길하다"고 말했다. 「상전」에 "뜻이 아직 변하지 않은 것이다"라고 말했다. 『역전』에 말했다. "믿음의 처음에는 뜻이 따르는 바가 없다. 그 때 믿을 바를 헤아리면 바른 것을 얻게 되어 길하다. 뜻이 좇는 바가 있으면 뜻이 움직여 생각하는 것이 바름을 얻지 못한다."

○ 處卦之初未有所從, 則中無私係. 虞度所信, 得其正矣. 苟志有所係, 則好惡成於中, 是非變於外, 所度者牽於私意. 安能得其正哉?

○ 괘의 처음에 처해서 따르는 바가 없으면 마음에 사사로운 얽매임이 없다. 믿을 바를 헤아리면 그 바름을 얻는다. 만일 뜻이 얽매이는 것이 있다면 좋아하고 미워함이 마음에서 생기고, 시비가 바깥에서 변화되어 헤아리는 것이 사사로운 생각에 이끌리니, 어찌 바름을 얻을 수 있겠는가?

22

賢者惟知義而已, 命在其中. 中人以下乃以命處義.

현자는 오직 의를 알 뿐이니 운명(運命)은 그 속에 있다. 중인(中人) 이하는 운명을 받아들임으로써 의를 따른다.

○ 命者窮達夭壽, 出於氣質, 有必然之數. 義者是非可否本乎天理, 有當然之宜. 賢者惟知義之當然, 命固在其中矣. 中人以下於義未能眞知而安行. 然知命之已定則亦不敢越義以妄求. 故曰"以命處義."

○ 운명은 곤궁과 영달, 요절과 장수로서 기질에서 나오며 필연의

운수가 있다. 의는 옳고 그름, 해야 하는가 마는가의 여부로서 천리에 근본하며 당연의 마땅함이 있다. 현자는 오직 의의 당연함을 알 뿐이지만, 명은 원래 그 속에 있다. 중인 이하는 의에 대해서 참되게 알아서 편안하게 행할 수 없다. 그러나 운명은 이미 정해졌음을 알아서, 또 감히 의를 뛰어넘어 함부로 구하지 못한다. 그러므로 "운명을 받아들임으로써 의에 따른다"고 말한다.

如言"求之有道, 得之有命. 是求無益於得", 知命之不可求, 故自處以不求.

"구함에는 도가 있고 얻음에는 운명이 있다. 이러한 것을 구하는 것은 얻음에 도움이 되지 않는다"[27]라고 말하는 것은, 운명은 구할 수 없다는 것을 알기 때문에 구하지 않는 것에 스스로 처하는 것이다.

○ 孟子所謂"求之有道", 謂不可以苟求也. "得之有命", 謂不可以倖得也. "是求無益於得"者, 謂得非可以求而遂也. 此言要亦爲中人以下者設爾.

○ 맹자가 말한 "구함에는 도가 있다"는 것은, 구차하게 구할 수 없음을 말한 것이다. "얻음에 운명이 있다"는 것은, 요행히 얻을 수 없음을 말한 것이다. "이러한 것을 구하는 것은 얻음에 도움이 되지 않는다"는 것은, 얻음은 구함으로 해서 성취할 수 있는 것이 아님을 말한 것이다. 이는 요컨대 중인 이하의 사람을 위해서 말한 것이다.

---

27) 『맹자』「진심」상 3장, "孟子曰, 求則得之, 舍則失之, 是求有益於得也, 求在我者也. 求之有道, 得之有命, 是求無益於得也, 求在外者也."

若賢者, 則求之以道, 得之以義, 不必言命. 〔『程氏遺書』2上-40〕

현자 같으면 도로써 구하고 의로써 얻으므로 명을 말할 필요가 없다.

o 『遺書』, 下同.

o 求之以道, 不枉道以求之也. 得之必以義, 不非義而受之也. 所求所得, 惟道與義而已, 命何足道哉?

o 愚謂: "命雖定於事物之先, 實顯於事物之後. 義雖因事物而有, 實著於應酬之時. 如去就辭受之間, 要決於義也而後, 命從之以顯. 苟應事之時, 欲以命決之, 其可乎? 故君子求之道義而已, 命不必言也."

o 『유서』에 나오며, 아래도 같다.

o 구함에 반드시 도로써 함은 도를 굽혀서 구하지 않는 것이다. 얻음에 반드시 의로써 함은 의가 아니면 받지 않는 것이다. 구하는 것과 얻는 것은 오직 도와 의일 뿐이니, 운명은 어찌 말할 만한 가치가 있는 것이겠는가?

o 내가 생각하기에 "운명은 사물에 앞서서 정해져 있지만, 실은 사물의 뒤에서 드러난다. 의는 사물로 인해 있을지라도 실제로는 사물과 응대하고 관계하는 때에 붙어 있다. 나아가고 물러나며 사양하고 받음에 대하여, 요컨대 모든 것을 의에 따라 결정한 뒤에 운명은 그것을 따라 드러나는 것이다. 만일 사물에 응대하는 때에 운명으로 결정하려고 한다면 가능한 것이겠는가? 그러므로 군자는 도와 의를 구할 뿐이고 운명은 말할 필요가 없다."

23

人之於患難, 只有一箇處置. 盡人謀之後, 却須泰然處之. 有人遇一

事, 則心心念念不肯捨, 畢竟何益? 若不會處置了放下, 便是無義無命也. 〔『程氏遺書』2上-161〕

　사람이 환난에 대해서는 단지 하나의 처리가 있을 뿐이다. 사람이 할 수 있는 계책을 다한 뒤에 도리어 태연하게 처신해야 한다. 어떤 사람은 한 가지 일을 만나게 되면 생각마다 버리지 않으려고 하니 결국 무슨 이익이 있겠는가? 만일 놓아버리지 못한다면 곧 '의와 운명을 무시하는 것'[28]이다.

　○人遇患難, 但當審所以處之之道, 所謂義也. 若夫處置之後, 在己無闕, 則亦安之而已. 成敗利鈍亦無如之何, 所謂命也. 或遇事而不能處, 是無義也. 或處置了而不能放下, 是無命也.

　○사람이 환난을 만나면 단지 처리할 방법을 살펴야만 하니 이것이 의라는 것이다. 만일 처리한 뒤에 자기에게 흠이 없다면 또한 편안해할 뿐이다. 성공과 실패, 이익과 손해는 또한 어찌할 수 없는 것이 운명이라는 것이다. 혹 일을 만나 처리할 수 없다면 의를 무시하는 것이다. 혹 처리하고서 놓아버리지 못한다면 운명을 무시하는 것이다.

24

　門人有居太學而欲歸應鄉擧者, 問其故. 曰: "蔡人尠習戴記, 決科之利也." 先生曰: "汝之是心, 已不可入於堯舜之道矣.

---

28)『맹자』「만장」상 8장. "彌子謂子路曰, '孔子主我, 衛卿可得也.' 子路以告. 孔子曰, '有命.' 孔子進以禮, 退以義, 得之不得曰'有命.' 而主癰疽與侍人瘠環, 是無義無命也."

문인 중에 태학에 있다가 돌아가 향거에 응시하려는 자가 있어서 그 까닭을 물었다. 답했다. "채인이 『예기』를 조금 익힌 것은 과거에 합격하기에 유리하기 때문이었습니다." 선생이 말했다. "너의 이런 마음은 이미 요순의 도에 들어갈 수 없다.

○ '尠', 甚少也. 得失有命, 妄起計度之私, 是利心也. 故不可入堯舜之道.

○ '선(尠)'은 대단히 적은 것이다. 득실에는 운명이 있으니, 함부로 계획하고 헤아리는 사사로움을 일으키는 것은 이익을 탐하는 마음이다. 그러므로 요순의 도에 들어갈 수 없다.

夫子貢之高識, 曷嘗規規於貨利哉? 特於豊約之間, 不能無留情耳. 且貧富有命, 彼乃留情於其間, 多見其不信道也. 故聖人謂之'不受命'. 有志於道者, 要當去此心而後可語也." 〔『程氏遺書』 4-3〕

대저 뛰어난 견식의 자공이 어찌 일찍이 재화와 이익의 일에 얽매였던가? 다만 풍부함과 빈궁의 사이에 정을 두지 않을 수 없었을 뿐이다. 또한 빈부에는 명이 있는데 그는 그 사이에 정을 두었으니, 그가 도를 믿지 않은 것을 분명히 알 수 있다. 그러므로 성인은 '천명을 받아들이지 않았다'[29]고 말했다. 도에 뜻이 있는 자는 반드시 이런 마음을 버려야만 하며, 그런 이후에야 (도를) 말할 수 있다."

○ 說見『論語』. 謂不能安受乎天命, 而有心於貧富也.

---

29) 『논어』 「선진」 18장. "賜不受命, 而貨殖焉, 億則屢中."

○ 설명이 『논어』에 보인다. 천명을 편안히 받아들이지 못하고 빈부에 마음이 있음을 말한 것이다.

25

人苟有"朝聞道夕死可矣"之志, 則不肯一日安於所不安也. 何止一日? 須臾不能. 如曾子易簀, 須要如此, 乃安.

사람이 진실로 "아침에 도를 들으면 저녁에 죽어도 좋다"[30]는 뜻이 있으면 하루라도 편하지 않은 곳에 안주하려고 하지 않을 것이다. 어찌 단지 하루뿐이겠는가? 잠시도 할 수 없다. 증자가 대자리를 바꾼 것 같은 것[31]도 모름지기 이와 같이 해야만 편안했던 것이다.

○ 朱子曰: "道者事物當然之理. 苟得聞之則生順死安, 無復遺恨矣."

○ 주희가 말했다.
"도는 사물의 당연한 이치이다. 진실로 그것을 알 수 있다면 살아서는 순조롭고 죽어서는 편안하니, 다시 남은 한이 없다."

人不能若此者, 只爲不見實理. 實理者, 實見得是, 實見得非.

사람이 이와 같을 수 없는 것은 단지 실리(實理)를 이해하지 못하기

---

30) 『논어』「이인」8장. "子曰: 朝聞道夕死可矣."
31) 『예기』「단궁」상. "曾子寢疾, 病, …… 曾子聞之, 瞿然曰, '呼!' 曰, '華而睆, 大夫之簀與?' 曾子曰, '然. 斯季孫之賜也, 我未之能易也. 元起易簀!' 曾元曰, '夫子之病革矣, 不可以變. 幸而至於旦, 請敬易之.'"

때문이다. 실리[32]는 옳은 것을 참으로 이해하고 그른 것을 참으로 이해하는 것이다.

○ 朱子曰：“實理與實見不同. 恐記錄漏字.” 愚謂：“本以人心見處而言. 惟實見是非之理, 然後爲實理. 蓋理無不實. 但見未有實耳.”

○ 주희가 말했다.
"실리와 참되게 이해하는 것은 같지 않다. 아마도 기록에 빠진 글자가 있는 것 같다."
내가 생각하기에, "본래 인심이 이해하는 측면에서 말한 것이다. 오직 시비의 이치를 참되게 이해한 이후에 실리가 된다. 대개 리(理)는 진실되지 않은 것이 없다. 다만 이해에 진실되지 않음이 있을 뿐이다."

凡實理得之於心, 自別. 若耳聞口道者, 心實不見. 若見得, 必不肯安於所不安. 人之一身, 儘有所不肯爲, 及至他事又不然. 若士者, 雖殺之使爲穿窬必不爲. 其他事未必然. 至如執卷者, 莫不知說禮義. 又如王公大人, 皆能言軒冕外物. 及其臨利害, 則不知就義理, 却就富貴. 如此者, 只是說得不實見. 及其蹈水火, 則人皆避之. 是實見得. 須是有見不善如探湯之心, 則自然別. 昔曾經傷於虎者. 他人語虎, 則雖三尺童子, 皆知虎之可畏, 終不似曾經傷者, 神色懾懼, 至誠畏之. 是實見得也.

대개 실리를 마음에서 터득하면 자연히 달라진다. 귀로 듣고 입으로 말이나 하는 사람은 마음으로 참으로 이해하지 않은 것이다. 만일 이해했다면 불편한 곳에 편안해 하지 않을 것이다. 사람에게는 어느

---

32) '見得'을 보충하여 '실리를 이해한다는 것'이라고 새겨야 한다.

정도 하지 않으려는 바가 있으나 다른 일에 이르러서는 또 그렇지 않다. 선비의 경우는 (그를) 죽이겠다고 하며 도둑질을 시킬지라도 반드시 하지 않는다. (그러나) 다른 일에 반드시 그렇지는 않다. 독서인의 경우에는 예의를 말할 줄 모르는 자가 없다. 또 왕과 공과 대부라면 모두 수레나 의관과 같은 외물을 말할 수 있다. 그러나 이해관계에 당면하게 되면 의리로 나갈 줄을 모르고 도리어 부귀로 나아간다. 이와 같이 하는 사람들은 말만 그렇게 할 뿐 실제로 이해하지 않은 것이다. 물과 불을 밟게 되면 사람들은 모두 피한다. 이것은 참되게 이해하고 있기 때문이다. 모름지기 "선하지 않은 일을 보기를 끓는 물에 손을 넣는 것 같이 여기는"[33] 마음이 있다면 자연히 달라진다. 옛날에 범에게 해를 입은 사람이 있었다. 다른 사람이 호랑이에 대해 이야기하면 어린아이도 모두 호랑이가 두려워할 만한 것임을 알지만, 끝내 호랑이에게 해를 당했었던 사람이 정신과 안색이 두려워 떨리고 진실로 두려워하는 것과는 다르다. 이것은 실제로 이해했기 때문이다.

○此一節反覆推明實見之理, 最爲親切. 學者要亦察理之明, 立志之剛, 知行並進, 豁然有悟, 然後所見爲實見. 充其所見, 死生利害, 皆不足以移之矣.

○이 한 절은 반복해서 이치를 실제로 이해하는 것에 대하여 가장 친절하게 미루어 밝혔다. 배우는 자는 또한 이치를 밝게 살피고 뜻을 강건하게 세워 지(知)와 행(行)이 함께 전진해서 환하게 깨달음이 있은 뒤에야 보는 바가 진실로 이해하는 것이 된다. 그 이해한 바를 확충하면 죽음과 삶, 이익과 손해가 모두 그의 마음을 바꾸기에 부족하다.

---

33) 『논어』 「계씨」 11장. "孔子曰, 見善如不及, 見不善如探湯."

得之於心, 是謂有德, 不待勉强. 然學者則須勉强. 古人有捐軀隕命
者, 若不實見得, 則烏能如此? 須是實見得. 生不重於義, 生不安於死
也. 故有殺身成仁. 只是成就一箇是而已. 〔『程氏遺書』15-36〕

마음에서 체득한 것을 덕이 있다고 말하는데, 이러한 사람은 힘써
노력하기를 기다리지 않는다. 그러나 학자는 모름지기 힘써야 한다.
옛사람 중에는 몸을 버리고 목숨을 잃은 자가 있었는데, 만일 진실로
이해하지 못했다면 어찌 이와 같을 수 있었겠는가? 모름지기 진실로
이해해야만 한다. 그러면 생명은 의보다 무겁지 않고 삶은 죽음보다
편하지 않을 것이다. 그러므로 "몸을 죽여 인을 이루는 것"[34]이 있다.
이것은 단지 옳음을 성취하는 것일 따름이다.

○ 心有實見而後, 謂之有德. 此則不待勉强. 學者實見有所未盡, 則
亦勉而行之可也.

○ 마음에 진실된 이해가 있은 뒤에야 유덕하다고 말한다. 이렇게
되면 힘쓰는 것을 기다리지 않는다. 배우는 자는 진실된 이해에 다하
지 못한 바가 있다면, 또한 힘써 행해야 옳다.

26

孟子辨舜跖之分, 只在義利之間. 言間者, 謂相去不甚遠, 所爭毫末
爾. 義與利只是箇公與私也. 纔出義, 便以利言也. 只那計較, 便是爲
有利害. 若無利害, 何用計較? 利害者, 天下之常情也. 人皆知趨利而
避害. 聖人則更不論利害. 惟看義當爲不當爲. 便是命在其中也. 〔『程

---

34) 『논어』「위령공」8장. "子曰, 志士仁人, 無求生以害仁, 有殺身以成仁."

맹자가 순과 도척의 나뉨을 분별한 것은 단지 의리와 이익의 사이에 있었다.[35] 사이라는 것은 서로 떨어진 것이 그리 멀지 않으며, 차이가 아주 작을 뿐임을 말한 것이다. 의리와 이익은 단지 공과 사(私)이다. 의리에서 벗어나자마자 곧 이익을 말하게 된다. (단지) 따지고 비교하는 것은 곧 이해가 있기 때문이다. 만약 이해가 없다면 왜 따지고 비교하겠는가? 이해는 천하의 상정(常情)이다. 사람은 모두 이익을 좇고 해를 피할 줄 안다. 성인은 이해를 따지지 않는다. 오직 의리상 하는 것이 마땅한가, 마땅하지 않은가를 볼 뿐이다. 명(命)은 곧 그 가운데에 있다.

○ 張南軒曰: "無所爲而爲之者, 義也. 有所爲而爲之者, 利也." 愚謂: "義之與利始於毫釐之差, 實則霄壤之判. 有心於計較利害者, 卽是人欲之私, 有所爲而爲者也. 不論利害, 惟義所在者, 卽是天理之公, 無所爲而爲者也. 聖人惟義之從, 固不論利害. 況義如是則命亦當如是, 又何趨避之有?"

○ 장남헌(張南軒)이 말했다.
"위하는 바가 없으면서 하는 것이 의리이다. 위하는 바가 있어서 하는 것이 이익이다."
내가 생각하기에, "의리와 이익은 조금의 차이에서 시작되지만 실제로는 하늘과 땅으로 현격하게 나뉜다. 이해를 비교함에 마음이 있는 것은 곧 인욕의 사사로움이며 위하는 바가 있어서 하는 것이다. 이해를 따지지 않고 오직 의가 있는 곳이 곧 천리의 공이니, 위하는

---

35) 『맹자』「진심」상 25장. "孟子曰, 雞鳴而起, 孶孶爲善者, 舜之徒也, 雞鳴而起, 孶孶爲利者, 蹠之徒也. 欲知舜與蹠之分, 無他, 利與善之間也."

바가 없으면서 하는 것이다. 성인은 오직 의를 좇고 진실로 이해를 논하지 않는다. 하물며 의가 이와 같으면 명 또한 이와 같으니, 또 어찌 좇고 피하는 것이 있겠는가?"

27

大凡儒者, 未敢望深造於道. 且只得所存正, 分別善惡, 識廉恥. 如此等人多, 亦須漸好.〔『程氏遺書』17-10〕

대략 유자는 감히 '도에 깊이 나아가는 것'[36]을 바라지 않는다. 단지 마음에 보존하는 바가 올바르고, 선악을 분별하고, 염치를 알기를 바랄 뿐이다. 이와 같은 사람이라도 많으면 점차 좋아질 것이다.

28

趙景平問:"子罕言利, 所謂利者何利?"曰:"不獨財利之利, 凡有利心, 便不可. 如作一事, 須尋自家穩便處, 皆利心也. 聖人以義爲利. 義安處便爲利.

조경평[37]이 물었다. "'공자는 이익에 대하여 드물게 말씀하셨다'[38]고 하는데 이익이란 어떤 이익을 말합니까?" 답했다. "단지 재물의 이익뿐 아니라 이롭게 여기는 마음이 있으면 곧 옳지 않다. 예를 들어 한 가지 일을 할 경우에 반드시 자신에게 편리한 것을 찾는 것은 모두 이익을 추구하는 마음이다. 성인은 의를 이롭게 여긴다. 의에 비추어

---

36)『맹자』「이루」하 14장. "孟子曰, 君子深造之以道, 欲其自得之也."
37) 이름은 彦道이고, 정이의 문인이다.
38)『논어』「자한」1장. "子罕言利與命與仁."

편안한 곳이 곧 이익이 된다.

○ 聖人處義, 不計其利. 然事當乎義, 處之而安, 乃所以爲利也.

○ 성인은 의에 처하고 이익을 도모하지 않는다. 그러나 일이 의에 합당하면 그 곳에 처하여 편안하니 곧 이로운 것이 된다.

如釋氏之學, 皆本於利, 故便不是."〔『程氏遺書』16-3〕

석씨의 학과 같은 것은 모두 이로움에 근본하기 때문에 옳지 않다."

○ 釋氏惡死則欲無生, 惡物欲亂心則絶滅人倫. 推其本心, 惟欲利己而已. 是賊義之大者.

○ 석씨는 죽음을 싫어하여 태어남이 없기를 바라며, 물욕이 마음을 어지럽히는 것을 싫어하여 인륜을 끊어버렸다. 본래의 마음을 추궁하여 보면 오직 자기를 이롭게 하려고 할 뿐이다. 이것은 의를 해치는 것이 큰 것이다.

29

問:"邢七久從先生, 想都無知識, 後來極狼狽." 先生曰:"謂之全無知則不可. 只是義理不能勝利欲之心, 便至如此."〔『程氏遺書』19-78〕

물었다. "형칠이 오래도록 선생님을 좋았으나 도무지 아는 것이 없는 듯하여, 나중에 지극히 낭패할 것 같습니다." 선생이 말했다. "완전히 아는 것이 없다고 말할 수는 없다. 단지 의리가 이욕의 마음을 이

길 수가 없어서 이와 같은 데 이른 것이다."

○ 邢恕事, 見『國史』及『語錄』.

○ 형서(邢恕)의 일은 『국사(國史)』및 『어록』에 보인다.

30

謝湜自蜀之京師, 過洛而見程子. 子曰："爾將何之?" 曰："將試敎
官." 子弗答. 湜曰："何如?" 子曰："吾嘗買婢, 欲試之, 其母怒而弗
許, 曰：'吾女非可試者也.' 今爾求爲人師而試之, 必爲此媼笑也." 湜
遂不行. 〔『程氏遺書』21上-7〕

사식(謝湜)[39]이 촉으로부터 서울[40]로 갈 때 낙양을 지나면서 정자를
뵈었다. 정자가 말했다. "너는 어디를 가려느냐?" 답했다. "교관이 되
는 시험을 치려 합니다." 정자가 응답하지 않았다. 다시 물었다. "어떻
습니까?" 정자가 말했다. "내가 일찍이 여자종을 구하면서 시험해 보
려 했더니 그녀의 어머니가 화를 내고 허락하지 않으며, '내 딸은 시
험당할 자가 아니다'라고 말했다. 이제 네가 사람의 스승이 되기를 구
하면서 시험을 치른다면 반드시 이 모친의 웃음거리가 될 것이다." 식
은 마침내 가지 않았다.

31

先生在講筵, 不曾請俸. 諸公遂牒戶部, 問不支俸錢. 戶部索前任歷

---

39) 사식의 자는 持正이고, 정이의 문인이다.
40) 하남성의 開封을 가리킨다.

子. 先生云:"某起自草萊, 無前任歷子."

선생이 경연에서 강의할 때 녹봉을 청구하지 않았다. 여러 공들[41]이 드디어 호부에 문서를 보내서 봉록을 지급하지 않은 것을 물었다. 호부는 이전에 맡았던 직책의 봉록기록을 요구하였다. 선생은 답했다. "나는 초야에서 기용되어 전임의 봉급기록이 없습니다."

○先生元祐初, 以大臣薦, 除校書郎. 三辭不聽, 除崇政殿說書, 未幾除侍講. 本注云:"舊例初入京官時, 用下狀出給料錢曆. 先生不請. 意謂朝廷起我, 便當廩人繼粟, 庖人繼肉也."

○선생은 원우(元祐)[42] 초에 대신의 천거로 교서랑(校書郎)에 제수되었다. 세 번 사양하였으나 허락되지 않고 숭정전(崇政殿) 설서(說書)에 제수되었다가 얼마 있지 않아 시강(侍講)을 제수받았다.

본주에서 말했다.

"예전부터 내려오는 관례에 의하면 처음으로 경관(京官)으로 들어올 때 문서를 사용해서 급료의 경력을 제출하였다. 선생이 청하지 않았다. 아마도 선생은 조정이 나를 기용했으니 곧 '창고지기가 곡식을 이어 대주고 푸줏간을 담당하는 관리가 고기를 이어 대주는 것'[43]이 합당하다고 생각하였던 것 같다."

遂令戶部自爲出券歷, 又不爲妻求封. 范純甫問其故, 先生曰:"某當時起自草萊, 三辭然後受命. 豈有今日乃爲妻求封之理?" 問:"今

---

41) 당시의 장관이던 司馬光(1019-1086)과 수상인 呂公著(1018-1089) 등이다. 『近思錄詳註集評』 377쪽.
42) 神宗 때의 연호. 1085-1093.
43) 『맹자』 「만장」 하 6장. "其後廩人繼粟, 庖人繼肉, 不以君命將之."

人陳乞恩例, 義當然否? 人皆以爲本分, 不爲害." 先生曰: "只爲而今士大夫道得箇乞字慣, 却動不動又是乞也." 問: "陳乞封父祖如何?" 曰: "此事體又別." 再三請益, 但云: "其說甚長, 待別是說."〔『程氏遺書』19-72, 73〕

드디어 호부는 스스로 봉록증서를 발행케 되었지만 선생은 또 아내를 위한 봉호를 청하지 않았다. 범순보(范純甫)[44]가 그 까닭을 묻자 선생이 대답했다. "나는 당시에 초야로부터 등용되었는데 세 번 사양한 이후에 명을 받았다. 어찌 지금 아내를 위해서 봉호를 청할 이치가 있겠는가?" 물었다. "오늘날 사람들이 일일이 특별한 은혜를 청하는 예는 의에 당연한 것입니까? 사람들은 모두 그것이 본분이지, 해가 된다고 여기지 않습니다." 선생이 말했다. "단지 지금의 사대부는 청하는 데 익숙해졌기 때문에 걸핏하면 청한다." 묻기를 "부친이나 조부를 위해 일일이 봉호를 내려주기를 청하는 것은 어떻습니까?" 말하기를 "이것은 일 자체가 또한 다르다." 거듭 상세히 가르쳐주기를 청했다. 단지 말했다. "설명하자면 길어지니 다른 때에 이야기하자."

○ 封親與封妻, 事體不同. 顯榮其親亦人子之至情, 謂之不當求則不可. 謂之當求則先生特召與常人異故, 難爲言也.
○ 或云: "若是應擧得官, 便只當以常調自處, 雖陳乞封蔭, 可也." 朱子曰: "此自今常人言之如此, 可也. 然朝廷待士, 却不當如此. 伊川所以難言之也. 但云'其說甚長', 其意謂要當從科擧法都變了, 乃爲正耳."

○ 부모에게 봉호를 내리는 것과 처에게 봉호를 내리는 것은 일 자

---

44) 이름은 祖禹.

체가 다르다. 부모를 드러내 영광되게 하는 것은 또한 자식의 지극한 인정이므로 구하지 않아야 마땅하다고 할 수 없다. 그러나 구하는 것이 마땅하다고 말한다면 선생은 특별히 부름을 받았으니 보통사람의 경우와 다르므로 말하기가 어려웠던 것이다.

○ 혹자가 말했다.

"과거에 응시하여 관리가 되었다면 보통의 경우로 자처하는 것이 합당하니 음관(蔭官)을 봉하도록 청할지라도 괜찮다."

주희가 말했다.

"이것은 오늘날 보통사람으로 말한다면 이렇게 하는 것이 옳다. 그러나 조정이 선비를 대우하기를 이와 같이 해서는 안 된다. 이것이 바로 정이가 그것을 말하기 어렵다고 한 이유이다. 그러나 '설명하자면 길어진다'고 말한 뜻은 아마도 요컨대 반드시 과거의 법제부터 모두 바꾸어야만 바르게 된다는 의미일 것이다."

32

漢策賢良, 猶是人擧之. 如公孫弘者, 猶强起之, 乃就對.

한대에 현량을 시험해 선발[45]할 때는 오히려 다른 사람이 이들을 천거했다. 공손홍 같은 자는 억지로 추천하니 시험에 나아갔다.

○ 武帝初卽位, 招賢良文學之士. 是時公孫弘以賢良徵爲博士. 使匈奴還報不合意, 乃移病免歸. 元光五年復徵賢良文學, 菑川國復推上弘. 弘謝曰: "前已嘗西用, 不能罷. 願更選." 國人固推弘.

---

45) 한대의 시험은 策問(당시의 국가적 현안에 대한 질문)에 대답하는 것이라고 하여 策對라고 한다.

○무제(武帝)가 처음 즉위하여 현량하고 문학을 갖춘 선비를 구하였다. 이 때 공손홍은 현량으로 징발되어 박사가 되었다. 흉노에 사신으로 갔다가 돌아와 보고한 것이 왕의 뜻에 맞지 않자 곧 병을 핑계로 사직하고 돌아갔다. 원광(元光) 5년(기원전 130)에 다시 현량과 문학을 소환하자 치천국(菑川國)은 다시 공손홍을 추천해 올렸다. 공손홍이 사양해 말하기를 "전에 이미 서쪽으로부터 등용되었다가 능하지 못해 불려났습니다. 원컨대 다시 선발하십시오." 그러나 나라 사람들이 군이 공손홍을 추천했다.

至如後世賢良, 乃自求擧爾. 若果有曰: "我心只望廷對, 欲直言天下事", 則亦可尙已. 若志在富貴, 則得志便驕縱, 失志則便放曠與悲愁而已. 〔『程氏遺書』1-35〕

후세의 현량에 이르면 스스로 등용되기를 구하였다. 만일 "내 마음이 조정에서 시험 보기를 바라는 것은 천하의 일을 바르게 말하고자 함이다"라고 말하는 자가 있다면 또한 높이 여길 만하다. 만일 뜻이 부귀에 있다면, 뜻을 이루면 교만하고 방종하게 되고, 뜻을 이루지 못하면 방랑하고 슬퍼할 뿐이다.

33

伊川先生曰:
"人多說某不敎人習擧業. 某何嘗不敎人習擧業也? 人若不習擧業而望及第, 却是責天理而不修人事. 但擧業旣可以及第卽已. 若更去上面盡力求必得之道, 是惑也." 〔『程氏遺書』18-14〕

정이가 말했다.

"내가 사람들에게 과거공부를 익히도록 가르치지 않았다고 말하는 자가 많다. 내가 어찌 일찍이 사람들이 과거공부를 익히도록 가르치지 않았겠는가? 사람들이 만일 과거공부를 익히지 않고 급제하기를 바란다면 천리에 의지하여 인사를 닦지 않은 것이다. 그러나 과거공부는 이미 급제할 만하면 곧 그만두어야 한다. 만일 그 이상 나아가서 힘을 다하여 반드시 합격하는 방법을 구한다면, 이것은 미혹된 것이다."

34

問:"家貧親老, 應擧求仕, 不免有得失之累. 何修可以免此?" 伊川先生曰:"此只是志不勝氣. 若志勝自無此累. 家貧親老, 須用祿仕. 然得之不得, 爲有命." 曰:"在己固可, 爲親奈何?" 曰:"爲己爲親, 也只是一事. 若不得, 其如命何! 孔子曰:'不知命, 無以爲君子', 人苟不知命, 見患難必避, 遇得喪必動, 見利必趨, 其何以爲君子?"〔『程氏遺書』18-56〕

물었다. "집안이 가난하고 부모가 연로하여 과거에 응시하여 벼슬을 구하는데, 성공과 실패의 걱정이 있음을 면할 수 없습니다. 어찌 닦아야 이런 걱정을 면할 수 있겠습니까?" 정이가 말했다. "이것은 단지 뜻이 기를 이기지 못했기 때문이다. 만일 뜻이 이기면 자연히 이 걱정은 없게 될 것이다. 집안이 가난하고 부모가 노쇠하면 모름지기 벼슬살이를 해야 한다. 그러나 성공하고 실패하는 것은 명에 있는 것[46]이다."

또 물었다. "자기에게 있어서는 진실로 괜찮습니다만, 부모를 위해

---

46) 『맹자』「만장」상 8장. "孔子進以禮, 退以義, 得之不得曰'有命'. 而主癰疽與侍人瘠環, 是無義無命也."

서는 어떻습니까?" 답했다. "자기를 위한 것과 부모를 위한 것은 단지 같은 일이다. 만일 얻지 못한다면 운명인 것을 어떻게 할 것인가! 공자는 '명을 알지 못하면 군자가 될 수 없다[47]'고 말했는데, 사람이 진실로 명을 알지 못하면 환난을 보면 반드시 피하고, 득실을 만나면 반드시 움직이고, 이익을 보면 반드시 달려가니, 어찌 군자가 될 수 있겠는가?"

35

或謂科擧事業, 奪人之功, 是不然. 且一月之中, 十日爲擧業, 餘日足可爲學. 然人不志于此, 必志于彼. 故科擧之事, 不患妨功, 惟患奪志. 〔『程氏外書』11-60〕

어떤 사람이 과거를 준비하는 일은 사람의 공부를 방해한다고 말하는데 이것은 그렇지 않다. 한 달 중 과거 공부를 열흘 하면 나머지 날들은 학문하기에 충분하다. 그러나 사람은 이것[48]에 뜻을 두지 않고 반드시 저것에 뜻을 둔다. 그러므로 과거의 일이 공부를 방해하는 것이 걱정이 아니라 오직 뜻을 빼앗는 것이 걱정이다.

○『外書』.
○ 奪志則根本撥矣. 故妨功之患小, 奪志之患大.
○ 朱子曰: "科擧亦不害爲學. 但今人把心不定, 所以爲害. 才以得失爲心, 理會文字, 意思都別了." 又曰: "科擧特一事耳. 自家工夫到後, 那邊自輕."

---

47) 『논어』 「요왈」 3장. "孔子曰, 不知命, 無以爲君子也, 不知禮, 無以立也, 不知言, 無以知人也."
48) '이것'은 학문을 가리키고, 뒤의 '저것'은 과거공부를 가리킨다.

○『외서』에 나온다.

○ 뜻을 빼앗으면 근본이 제거되는 것이다. 그러므로 공부를 방해하는 걱정은 작고, 뜻을 빼앗는 걱정은 크다.

○ 주희가 말했다.

"과거는 또한 학문하는 것을 해치지 않는다. 그러나 오늘날 사람들은 마음을 안정되게 잡지 못하기 때문에 해가 되는 것이다. 득실에 마음을 쓰게 되면 문자를 이해해도 생각은 전혀 다르게 된다."

또 말했다.

"과거는 단지 하나의 일일 뿐이다. 자신의 공부가 어떤 경지에 도달한 뒤에는 과거는 자연히 가볍게 된다."

36

橫渠先生曰:

"世祿之榮, 王者所以錄有功, 尊有德, 愛之厚之, 示恩遇之不窮也. 爲人後者, 所宜樂職勸功, 以服勤事任, 長廉遠利, 以似述世風. 而近代公卿子孫, 方且下比布衣, 工聲病售有司. 不知求仕非義, 而反羞循理爲無能. 不知蔭襲爲榮, 而反以虛名爲善繼. 誠何心哉?" 〔『張載集』「文集佚存」〈策問〉〕

장재가 말했다.

"대대로 녹을 받는 영광은, 왕이 공이 있는 자를 기록하고 덕이 있는 자를 존중하여, 사랑하고 후대하여 은혜로운 대우가 끝이 없음을 보이려는 것이다. 자손이 된 자는 의당 직책에 기뻐하고 일에 힘씀으로써 직무에 부지런히 종사하고, 청렴을 기르고 이익을 멀리함으로써 대대로 내려오는 가풍을 계승해야 한다. 그런데 근래의 공경의 자손들은 이제 아래로 평범한 사람들과 가까이 지내고, 시부(詩賦)를 교묘하게 지어서 시험관에게 자신을 판다. 벼슬을 구하는 것이 의가 아님을 알지 못하고, 도리어 도리를 따르는 것을 부끄러워하고 무능하다고 여긴다. 음습[49]이 영예로운 것임을 알지 못하고 도리어 헛된 명성을 부모의 업적을 훌륭히 계승하는 것으로 생각한다. 진실로 무슨 마음인가?"

○『文集』.
○ "聲病", 詩律有四聲八病. 今進士詩賦之學, 是也. "求仕非義", 謂投牒覓擧之類. "循理", 謂服勤事任, 似述世風者也.

○『문집』에 나온다.
○ "성병(聲病)"은 시의 사성(四聲)[50]과 여덟 가지 병[51]이다. 오늘날 진사시를 위한 시부(詩賦)의 학문이 이것이다. "벼슬을 구하는 것이 의가 아니다"라는 것은 서찰을 보내어 천거를 요구하는 부류를 이른다. "도리를 따른다"는 것은 직책에 부지런히 종사하여 대대로 내려온 가풍을 계승하는 것을 말한다.

37

不資其力而利其有, 則能忘人之勢. 〔『正蒙』「作者」20〕

남의 힘에 의지하지 않고 자기가 가진 것을 이롭게 여기면 다른 사람의 권세를 잊을 수 있다.

---

49) 父祖의 功勳으로 특별한 대우가 세습되는 것을 말한다.
50) 사성은 平·上·去·入聲을 가리킨다.
51) 平頭·上尾·蜂腰·鶴膝·大韻·小韻·傍紐·正紐의 여덟 가지이다.

○『孟子說』.

○人之欲動乎勢位者, 皆有待於彼也. 惟不藉其力而利其所有, 則己自重而彼自輕.

○『맹자설』에 나온다.

○사람이 권세와 지위에 움직이는 것은 모두 저것에 기대하기 때문이다. 오직 그의 힘에 의지하지 않고 자기가 가진 바를 이롭게 여긴다면 저절로 자기가 중요하고 저것은 가볍게 된다.

38

人多言安於貧賤, 其實只是計窮力屈才短, 不能營畫耳. 若稍動得, 恐未肯安之. 須是誠知義理之樂於利欲也, 乃能. 〔『經學理窟』「氣質」27〕

빈천을 편안하게 여긴다고 말하는 사람이 많지만, 사실은 단지 계책이 다하고 힘이 모자라고 재능이 짧아 계책을 세우지 못할 뿐이다. 만일 조금이라도 (마음이) 움직이게 되면 아마도 빈천에 편안해 하지 않을 것이다. 반드시 진실로 의리가 이욕보다 즐겁다는 것을 알아야만 그렇게 할 수 있다.

○『語錄』, 下同.

○朱子曰: "人須是讀書, 洞見此理. 知得不求富貴, 只是本分, 求著便是罪過, 不惟不可有求之之迹, 亦不可萌求之之心." 愚謂: "眞知義理之可樂, 然後富貴不足動其心."

○『어록』에 나오며, 아래도 같다.
○주희가 말했다.

"사람은 책을 읽어서 이 도리를 밝게 깨달아야만 한다. 부귀를 구하지 않는 것이 본분이고 구하는 것은 곧 죄과라는 것을 안다면, 그것을 구하는 행위가 있을 수 없을 뿐만 아니라 그것을 구하는 마음도 싹틀 수 없다."

내가 생각하기에, "진실로 의리가 즐거워할 만한 것임을 안 뒤에야 부귀가 마음을 움직이지 못한다."

39

天下事大患, 只是畏人非笑. 不養車馬, 食糲衣惡, 居貧賤, 皆恐人非笑. 不知當生則生, 當死則死, 今日萬鍾, 明日棄之, 今日富貴, 明日饑餓, 亦不恤, 惟義所在. 〔『經學理窟』「自道」14〕

천하의 일 중에 큰 병통은 남들의 비웃음을 두려워하는 것이다. 수레와 말을 기르지 않고, 거친 밥을 먹고, 남루한 옷을 입으며, 빈천함 속에 살면 모두 다른 사람이 비웃을 것이라고 두려워한다. 그러나 사는 것이 마땅하면 살고, 죽는 것이 마땅하면 죽으며, 오늘은 후한 녹봉을 받다가 내일은 잃고, 오늘은 부귀하다가 내일은 굶주려도 근심하지 않고, 오직 의가 있는 곳에 머물러야 함을 알지 못한다.

○ 義之所在, 則死生去就有所不顧. 況夫懷齷齪之見, 畏人非笑, 而恥居貧賤, 豈有大丈夫之氣哉?

○ 의가 있는 곳이면 죽거나 살거나 떠나고 나아감을 고려할 바가 아니다. 하물며 악착스러운 마음을 품고 사람들의 비웃음을 두려워하고, 빈천에 거처하는 것을 부끄러워한다면 어찌 대장부의 기개가 있겠는가?

제8권

정치의 강령〔治體〕

○ 此卷論治道. 蓋明乎出處之義, 則於治道之綱領, 不可不素講明
之. 一旦得時行道, 則擧而措之耳.

○ 이 권은 다스리는 도에 대하여 논한다. 대개 나아가고 머무르는
의리에 밝으면 다스리는 도의 강령에 대하여 평상시에 강론하여 분명
하게 하여야 한다. 어느 날 때를 얻어 도를 행하게 되면, 그것을 가지
고 시행하면 될 뿐이다.

1

濂溪先生曰:
"治天下有本, 身之謂也. 治天下有則, 家之謂也.

주돈이가 말했다.
"천하를 다스림에는 근본이 있으니, 자기 자신을 말하는 것이다. 천
하를 다스림에는 법칙이 있으니, 자기집을 이른다.

○朱子曰:"'則', 謂物之可視以爲法者, 猶俗言'則例'·'則樣', 是也."

○주희가 말했다.
"'법칙'이란 보고 본받을 만한 것이니 세속의 말 가운데 '칙례(則例)', '칙양(則樣)'[1]과 같은 것이 이것이다."

本必端, 端本, 誠心而已矣. 則必善, 善則, 和親而已矣,

근본은 단정해야 하는데, 근본을 단정하게 하는 것은 마음을 성실하게 갖는 것일 따름이다. 법칙은 반드시 선해야 하는데, 법칙을 선하게 하는 것은 친족과 화목하는 것일 따름이다.

○朱子曰:"心不誠則身不可正, 親不和則家不可齊."
○以上, 總論治天下者其本在身, 其則在家也.

○주희가 말했다.
"마음이 성실하지 못하면 몸이 바를 수가 없고 친족이 화목하지 못하면 집안이 가지런할 수가 없다."
○이상에서는 천하를 다스리는 자의 근본은 몸에 있고 법칙은 집안에 있음을 총론하였다.

家難而天下易. 家親而天下疎也.

집안은 어렵지만 천하는 쉽다. 집안은 가깝지만 천하는 멀기 때문이다.

---

1) 則例는 법도가 되는 예를 말하고, 則樣은 법칙이 되는 양식을 말한다.

○朱子曰: "親者難處, 疎者易裁. 然不先其難, 亦未有能其易者也."

○주희가 말했다.

"친한 것은 처리하기 어렵고 먼 것은 처리하기 쉽다. 그러나 어려운 것을 먼저 하지 않고서 쉬운 것을 할 수 있는 자는 없었다."

家人離, 必起於婦人, 故睽次家人. 以二女同居, 而志不同行也.

집안 사람끼리 사이가 벌어지는 것은 반드시 아녀자에게서 일어나는 까닭에 규괘(睽卦 : ䷥)는 가인괘(家人卦 : ䷤) 다음에 놓여 있다. 두 여자가 함께 살면서 뜻이 같지 않기 때문이다.

○朱子曰: "睽次家人, 『易』卦之序. 二女以下睽「象傳」文. '二女', 謂睽卦兌下, 離上兌少女, 離中女也. 陰柔之性外和說, 而內猜嫌. 故同居而異志."

○주희가 말했다.

"규괘가 가인괘 다음에 있는 것은 『주역』 괘의 차례이다. 두 여자 이하는 규괘 「단전」의 글이다. '두 여자'란 규괘가 태(兌)는 아래에 있고, 이(離)는 위에 있어 태는 소녀이고, 이는 중녀(中女)임을 이르는 것이다. 부드러운 음의 성질은 겉으로는 온화하고 기뻐하면서도 안으로는 시기하고 미워한다. 그러므로 함께 살면서도 뜻이 다르다."

堯所以釐降二女于嬀汭, 舜可禪乎, 吾茲試矣. 是治天下觀于家.

요임금이 규수(嬀水) 북쪽에 사는 순에게 두 딸을 시집 보낸 까닭은 순에게 천하를 물려줄 수 있는지 이로써 시험해 보려 한 것이다.[2] 이 것은 천하를 다스리는 것을 집안을 통해 보는 것이다.

○ 朱子曰 : "'釐', 理也. '降', 下也. '嬀', 水名. '汭', 水北, 舜所居 也. 堯理治下嫁二女於舜, 將以試舜而授之天下也."
○ 以上, 論善則在和親之道.

○ 주희가 말했다.
"'이(釐)'는 치장하는 것이다. '강(降)'은 내려주는 것이다. '규(嬀)'는 물 이름이다. '예(汭)'는 물의 북쪽이니, 순임금이 살던 곳이다. 요임금 이 두 딸을 치장하여 낮은 지위에 있는 순에게 시집 보낸 것은 그것 으로써 순을 시험하여 천하를 물려주고자 함이었다."
○ 이상에서는 법칙을 선하게 하는 것은 친척을 친애하는 도에 달려 있음을 논하였다.

治家, 觀身而已矣. 身端, 心誠之謂也. 誠心復其不善之動而已矣.

집안을 다스리는 것은 자기 자신을 살피는 것일 뿐이다. 몸이 단정 하다는 것은 마음이 성실하다는 것을 말한다. 마음을 성실하게 하는 것은 선하지 않은 행동을 되돌리는 것일 따름이다.

○ 朱子曰 : "不善之動息於外, 則善心之生於內者無不實矣."

○ 주희가 말했다.

---

2) 『서경』 「요전」. "帝曰, 我其試哉, 女于時, 觀厥刑于二女, 釐降二女于嬀汭, 嬪 于虞. 帝曰, 欽哉."

"선하지 않은 행동이 밖에서 멈추게 되면, 안에서 생겨나는 선한 마음이 알차지 않은 것이 없게 된다."

不善之動妄也. 妄復則无妄矣, 无妄則誠焉.

선하지 않은 행동은 거짓이다. 거짓에서 돌아오면 거짓이 없는 것이요, 거짓이 없으면 성실한 것이다.

○ 程子曰: "无妄之謂誠."

○ 정자가 말했다.
"거짓이 없는 것을 성실이라고 한다."

故无妄次復, 而曰: '先王以茂對時育萬物', 深哉!" 〔『通書』 제32장 「家人暌復无妄」〕

그러므로 무망괘(无妄卦 : ☰)는 복괘(復卦 : ☷) 다음에 있고, '선왕들은 무망괘를 보고 때에 성대하게 대응하여 만물을 기른다'고 말하였으니, 그 뜻이 깊도다!"

○『通書』.
○ "茂", 篤實盛發之意. "對", 猶'配'也, 謂配天時以育物. 朱子曰: "无妄, 次復, 亦卦之序. 先王以下, 引无妄卦大象以明對時育物, 唯至誠者能之, 而贊其旨之深也."
○ 以上, 論端本在誠心之道.

○『통서』에 나온다.

○"무(茂)"는 독실함이 성대하게 발한다는 뜻이다. "대(對)"는 '배(配)'와 같으니, 천시와 짝하여 만물을 기른다는 뜻이다.

주희가 말했다.

"무망괘가 복괘 다음에 있는 것은 괘의 순서이다. 선왕 이하는 무망괘의 대상(大象)을 인용해서, 때에 대응해서 만물을 기르는 것은 지극히 성실한 사람만이 할 수 있음을 밝히고 그 뜻이 깊음을 찬미하였다."

○ 이상에서는 근본을 단정하게 하는 것은 마음을 성실하게 하는 도(道)에 있음을 논하였다.

2

明道先生言於神宗曰:

"得天理之正, 極人倫之至者, 堯舜之道也. 用其私心, 依仁義之偏者, 霸者之事也.

정호가 신종(재위 1068-1085)에게 말했다.

"천리의 올바름을 얻고 인륜의 지극함을 다한 것이 요임금과 순임금의 도입니다. 사사로운 마음을 사용하여 인의의 편벽됨에 의지한 것은 패자의 일입니다.

○ 熙寧二年, 先生以大臣薦召, 除太子中允權監察御史裏行, 上疏. 首言王霸之事, 有天理人欲之分, 綱常純駁之辨.

○ 희령(熙寧) 2년(1069)에 선생은 대신의 천거로 불려가 태자중윤(太子中允)을 제수받고 감찰어사가 되어 상소하였다. 그는 첫머리에서 왕도와 패도의 일에는 천리(天理)와 인욕(人欲)의 나뉨과 삼강(三綱)과 오상(五常)에 대하여 순수하고 잡됨의 구별이 있음을 말했다.

王道如砥, 本乎人情, 出乎禮義, 若履大路而行, 無復回曲. 覇者崎
嶇反側於曲逕之中, 而卒不可與入堯舜之道.

왕도는 숫돌과 같이 평평하여[3] 인정에 근본을 두고 예의(禮義)에서
나오는 것이므로 큰 길을 밟아 걷는 것과 같아 돌고 구부러지는 일이
없습니다. 패자는 굽고 좁은 길 중에서 험난하여 이랬다 저랬다 하지
만, 끝내 요임금과 순임금의 도(道)에 들어갈 수 없습니다.

○ 王道本乎人情之公, 出乎禮義之正, 平易正直而無回邪委曲之行,
崎嶇艱險, 反側不安之意. "逕", 委曲小路也.

○ 왕도(王道)는 인정의 공정함에 근본을 두고 예의(禮義)의 올바름
에서 나오기 때문에 평이하고 정직해서 간사하고 왜곡된 행동이 없으
며 기구(崎嶇)하고 험난하여 이랬다 저랬다 하는 편안하지 않은 뜻이
없다. "경(逕)"은 꼬불꼬불한 작은 길이다.

故誠心而王, 則王矣, 假之而伯, 則伯矣. 二者其道不同, 在審其初
而已. 『易』所謂'差若毫釐, 繆以千里'者, 其初不可不審也.

그러므로 정성된 마음으로 왕도를 행하면 왕이 되고 거짓으로 패도
를 행하면 패자가 됩니다. 두 가지는 도가 다르니, 그 최초의 동기를
잘 살펴야 합니다. 『역』에서 (이른바) '털끝만한 차이가 천리의 어긋남
을 이룬다'[4]고 한 말과 같으니, 그 처음 동기를 살피지 않을 수 없습
니다.

---

3) 『시경』「소아」〈대동〉에는 "주나라의 도는 숫돌과 같다"고 나온다. "有饛簋飱,
有捄棘匕, 周道如砥, 其直如矢. 君子所履, 小人所視."
4) 이 말은 「易緯通卦驗」에 나온다. 『근사록상주집평』 387쪽.

ㅇ 王者, 脩己愛民, 正中國攘夷狄, 無非以誠心而行乎天理. 霸者, 假尊王攘夷, 救災討叛之名義, 以號令天下, 而自尊大耳. 其道雖霄壤之不侔, 然其初但根於一念之公私誠僞而已.

ㅇ 朱子曰: "宣帝雜王伯, 元不識王伯. 只是以寬慈喚做王, 嚴酷喚作伯. 自古論王伯, 至明道先生, 此箚無餘蘊矣."

ㅇ 왕자는 자기를 수양하고 백성을 사랑하며, 중국을 바로잡고 이적을 물리침에 성실한 마음으로 천리를 행하지 않음이 없다. 패자는 왕자를 존숭하고 오랑캐를 물리치며, 재앙에서 백성들을 구하고 반란자들을 토벌한다는 의로운 이름을 빌려서 천하를 호령하지만 스스로를 존대할 뿐이다. 그 도(道)는 비록 하늘과 땅의 차이와도 같지만, 그 시초는 한 번 생각하는 것의 공정함과 사사로움, 진실함과 거짓됨에 근본할 따름이다.

ㅇ 주희가 말했다.

"선제(宣帝, 재위: 기원전 73-49)는 왕도와 패도를 뒤섞어 행하여 원래부터 왕도와 패도의 차이를 알지 못하였다. 단지 너그럽고 자비한 것을 왕도라 부르고, 엄하고 혹독한 것을 패도라 불렀다. 예로부터 왕도와 패도를 논하였으나, 정호의 이 차자(箚子)에 이르러서야 여지없이 밝혀졌다."

惟陛下稽先聖之言, 察人事之理, 知堯舜之道備於己, 反身而誠之, 推之以及四海, 則萬世幸甚." 〔『程氏文集』 1卷(明道先生文 1) 「論王霸箚子」〕

오직 폐하께서 옛 성인의 말씀을 상고하시고 인사의 이치를 살피시어, 요임금과 순임금의 도가 내게 구비되어 있음을 이해하셔서 스스로를 반성해서 성실하게 하시고, 이를 미루어 온 천하에 미치도록 하신다면, 만 세대에 이르기까지 매우 다행하게 될 것입니다."

3

伊川先生曰:

"當世之務, 所尤先者有三. 一曰立志, 二曰責任, 三曰求賢. 今雖納嘉謀, 陳善筭, 非君志先立, 其能聽而用之乎? 君欲用之, 非責任宰輔, 其孰承而行之乎? 君相協心, 非賢者任職, 其能施於天下乎? 此三者本也, 制於事者用也. 三者之中, 復以立志爲本. 所謂'立志'者, 至誠一心, 以道自任, 以聖人之訓爲可必信, 先王之治爲可必行, 不狃滯於近規, 不遷惑於衆口, 必期致天下如三代之世也."〔『程氏文集』5卷(伊川先生文 1)「爲家君應詔上英宗皇帝書」〕

정이가 말했다.

"당면한 세상의 일 가운데서 특히 먼저 해야 할 것에 세 가지가 있다. 첫째가 뜻을 세우는 일이요, 둘째가 임무를 맡기는 것이요, 셋째가 현자를 구하는 것이다. 이제 비록 좋은 계획을 올리고 좋은 계책을 벌여놓는다 하더라도 임금의 뜻이 먼저 서지 않는다면 그것을 잘 들어서 채용할 수 있겠는가? 임금이 이를 채용하려고 하더라도 그 일을 맡을 재상의 보필이 아니라면 누가 받들어 시행할 수 있겠는가? 임금과 재상이 협심하여도 현자가 관직을 맡지 않는다면, 누가 천하에 베풀 수 있겠는가? 이 세 가지는 근본이요, 구체적 일을 다스리는 것은 응용이다. 세 가지 가운데 다시 뜻을 세우는 것을 근본으로 삼는다. 이른바 '뜻을 세운다'는 것은 지극히 성실한 한결같은 마음으로 도를 스스로 맡아 선왕의 가르침을 반드시 믿으며, 성인의 다스림을 반드시 실행하여 가까운 규범에 얽매이지 않고, 많은 사람들의 말에 현혹되어 움직이지 아니하여, 반드시 천하를 삼대(三代)의 세상과 같이 만들겠다고 기약하는 것이다."

○立志篤實而遠大, 則不膠於淺近, 不惑於流俗.

○뜻을 세우는 것이 독실하고 원대하면, 얕고 가까운 데 얽매이지 않고 세상의 유행에 미혹되지 않는다.

4

比之九五曰: "顯比, 王用三驅, 失前禽." 『傳』曰: "人君比天下之道, 當顯明其比道而已. 如誠意以待物, 恕己以及人, 發政施仁, 使天下蒙其惠澤, 是人君親比天下之道也. 如是天下孰不親比於上!

『역경』의 비괘(比卦 : ䷇) 구오효(九五爻)에서 "친함을 드러내는 것이니, 임금은 세 방면에서 짐승을 몰아 앞으로 뛰는 짐승은 놓아준다"고 하였다. 『역전』에서는 이렇게 설명한다. "임금이 천하와 친하는 도(道)는 마땅히 자신의 친애하는 도를 드러낼 뿐이다. 뜻을 성실하게 해서 사람을 대하고, 자기의 처지를 미루어서 타인에게 미치며, 정사를 시행하고 인을 베풀어 천하로 하여금 그 은택을 입게 하는 것과 같은 것은 임금이 천하를 친애하는 도이다. 이와 같이 하면 천하에 그 누가 임금에게 친해지지 않겠는가!

○積誠實之意以待物, 推愛己之心以及人, 發政施仁, 公平正大, 羣心自然豫附, 人君顯比天下之道也.

○성실한 뜻을 쌓아서 사람을 대하고, 자기를 사랑하는 마음을 미루어서 타인에게 미치고, 정치를 행하여 인을 베풀며 공평하고 정대

662

(正大)하면 여러 사람들의 마음이 자연히 기뻐하여 좇을 것이니 임금이 천하에 친함을 드러내는 도이다.

若乃暴其小仁, 違道干譽, 欲以求下之比, 其道亦已狹矣, 其能得天下之比乎!

만약 임금이 그의 작은 인을 드러내어 도를 어기고 명예를 구하면서 아랫사람들이 친하기를 바란다면, 도가 또한 이미 협소한 것이니, 그것으로 어찌 천하의 친함을 얻을 수 있겠는가?

○ 暴小惠以市私恩, 違正道以干虛譽, 以是求比則非顯比矣.

○ 작은 은혜를 드러내어 과시하면서 사사로운 은혜를 팔고, 바른 도를 어기면서 헛된 명예를 구하여, 이것으로써 친해지기를 구하면 친함의 도를 드러내는 것이 아니다.

王者顯明其比道, 天下自然來比. 來者撫之, 固不煦煦然求比於物. 若田之三驅, 禽之去者, 從而不追, 來者則取之也. 此王道之大, 所以其民皞皞, 而莫知爲之者也.

임금이 친함의 도를 밝혀서 드러내면 천하는 자연히 친하여 올 것이다. 오는 자들을 어루만져 주니, 원래 억지로 부드러운 모습을 하고서 외물에 친해지기를 구하는 것이 아니다. 이것은 마치 사냥을 할 때 세 방향으로 짐승을 몰아 달아나는 짐승을 좇지 아니하고 앞으로 달려오는 것만을 잡는 것과 같다. 이것은 임금의 도(道)가 커서 그 백성이 만족하면서도[5] 그 이유를 알지 못하는 까닭이다.

○“煦煦”, 日出微溫之貌. 禮天子不合圍. 蓋蒐田之時圍於三面, 前開一路, 來者取之, 去者不追. 亦猶王者顯明比道, 初不執小惠以求人之比也. “皥皥”, 廣大自得之意.

○“후후(煦煦)”는 해가 나와 약간 따뜻한 모양이다. 예법에 천자는 사냥할 때에 사방을 포위하지 않았다. 대개 사냥할 때 세 방향은 에워싸고 앞에 있는 한 길은 열어두어 오는 것은 잡고 도망가는 것은 좇지 않았다. 임금이 친함의 도를 밝혀서 드러냄에 처음에 조그마한 은혜를 가지고 다른 사람과 친하기를 구하지 않은 것과 같다. “호호(皥皥)”는 광대하여 스스로 만족한다는 뜻이다.

非唯人君比天下之道如此, 大率人之相比, 莫不然. 以臣於君言之, 竭其忠誠, 致其才力, 乃顯其比君之道也. 用之與否, 在君而已, 不可阿諛逢迎, 求其比己也. 在朋友亦然, 修身誠意, 以待之. 親己與否, 在人而已, 不可巧言令色, 曲從苟合, 以求人之比己也. 於鄕黨親戚, 於衆人, 莫不皆然. 三驅失前禽之義也.”〔『易傳』 比卦(☷☵) 九五〕

오직 임금이 천하를 친애하는 도(道)만 이와 같은 것이 아니라, 대체로 사람들이 서로 친하는 것도 모두가 그러하다. 신하가 임금에 대한 경우로 말하면, 신하가 충성을 다하고 재능을 다하는 것은 곧 임금을 친애하는 도를 밝힌 것이다. 그러나 그를 기용하는가 않는가는 임금에게 (달려) 있을 뿐이니, 아첨하거나 비위를 맞추어 임금이 자기에게 친근해지기를 구해서는 안 된다. 친구들에 있어서도 그러하니 몸을 닦고 뜻을 성실하게 해서 그들을 대하면 된다. 그러나 자기에게 친해지거나 그렇지 않은 것은 남에게 있을 뿐이니, 교묘한 말과 보기 좋은

---

5) 『맹자』「진심」상 13장. “孟子曰, 覇者之民驩虞如也, 王者之民皥皥如也.”

얼굴빛을 지어 뜻을 굽혀 그를 따르며 억지로 그의 기분을 맞춰줌으로써 남이 자기에게 친근해지기를 구하여서는 안 된다. 마을 사람들이나, 친척들에게 있어서나 여러 사람을 대하는 것이 모두 그러하다. 이것이 세 방향에서 몰아 앞으로 뛰어가는 짐승을 놓아준다는 뜻이다."

5

古之時, 公卿大夫而下, 位各稱其德, 終身居之, 得其分也. 位未稱德, 則君擧而進之. 士脩其學, 學至而君求之, 皆非有預於己也. 農工商賈, 勤其事, 而所享有限, 故皆有定志, 而天下之心可一. 後世自庶士至于公卿, 日志於尊榮, 農工商賈, 日志於富侈. 億兆之心, 交騖於利, 天下紛然, 如之何其可一也? 欲其不亂, 難矣. 〔『易傳』 履卦(☰) 象傳〕

옛날에는 공·경·대부로부터 아래로 모든 벼슬아치의 지위가 각각 그 덕에 어울려서 종신토록 벼슬을 하였으니, 마땅한 분수를 얻었기 때문이다. 지위가 그 덕에 어울리지 아니하면 임금이 그를 등용하여 승진시켰다. 선비가 학문을 닦아 배움이 지극해지면 임금이 그를 찾았으니, 모두 자기가 미리 벼슬하고자 한 것은 아니었다. 농부와 공인과 상인들도 각자의 일에 부지런히 힘써서 일정한 한도의 이익을 누렸기 때문에 모두가 안정된 마음이 있어서 천하의 마음이 하나로 될 수 있었다. 그런데 후세에는 낮은 지위의 선비로부터 공·경에 이르기까지는 날마다 존귀하고 영화로움에 뜻을 두고, 농부와 공인과 상인은 날마다 부와 사치에 뜻을 두었다. 억조창생의 마음이 서로 이익을 위해 달리게 되어 천하가 어지러워졌으니, 어떻게 하여 천하의 마음을 하나로 할 수 있겠는가? 천하가 어지럽지 않기를 바란들 어려운 일이다.

○履卦象曰: "君子以辨上下, 定民志." 上之人不度其德而制爵位,
則庶士以至公卿, 日志于尊榮. 不明其分而立品節, 則農工商賈, 日志
于富侈. 貴賤競趨而心欲無窮. 此亂之所由生也.

○이괘(履卦)의 대상(大象)에 "군자는 (이괘의 상을 보고) 위와 아래
를 분별해서 백성의 뜻을 안정시킨다"고 하였다. 위에 있는 사람이 덕
을 헤아리지도 않고 작위를 만들어 나누어주면 낮은 지위의 선비로부
터 높은 지위의 공·경에 이르기까지 날마다 존귀와 영화에만 뜻을
두게 된다. 그 분수를 밝혀 등급과 차등을 세우지 않으면 농부와 공인
과 상인이 날마다 부와 사치에만 뜻을 두게 된다. 귀하고 천한 사람들
이 앞다투어 경쟁하여 마음속의 욕심이 끝이 없게 되니, 이것이 어지
러움이 생겨나는 까닭이다.

6

泰之九二曰: "包荒, 用馮河." 『傳』曰: "人情安肆, 則政舒緩, 而
法度廢弛, 庶事無節. 治之之道, 必有包含荒穢之量. 則其施爲寬裕詳
密, 弊革事理, 而人安之. 若無含弘之度, 有忿疾之心, 則無深遠之慮,
有暴擾之患, 深弊未去, 而近患已生矣. 故在包荒也.

『역경』의 태괘(泰卦 : ䷊) 구이효(九二爻)에서 "거친 것을 감싸주며
알몸으로 황하를 건넌다"라고 하였다. 『역전』에 설명하였다. "사람의
감정이 안이하고 방자해지면 정치가 느슨해져서 법도가 해이해지고,
모든 일에 절도가 없게 된다. 그것을 다스리는 도(道)는 반드시 거칠
고 더러운 것을 감싸주는 아량이 있어야 한다. 그러면 그 베푸는 정치
가 너그럽고 자세해져서 폐단은 바뀌고 일은 다스려져서 사람들은 편
안하게 여긴다. 만약 널리 감싸주는 도량은 없고 성내고 미워하는 마

음만 있으면 깊이 있고 멀리 내다보는 생각은 없고 사납게 어지럽기만 한 걱정이 있게 되어, 깊은 폐단이 없어지기도 전에 가까운 환란이 생기게 될 것이다. 그러므로 거친 것을 감싸주는 데 달려 있다.

○當泰之盛, 上下安肆, 政令舒緩而不振, 法度廢弛而不立. 庶事泛溢而無節, 未可以亟正驟起之也. 必有包含荒穢之量, 而後見於施爲者, 寬裕而不迫, 詳密而不疎. 不迫不疎, 則弊可革事可理而人且安之矣. 或者見其百度弛慢, 不能含忍, 而遽懷忿疾之心, 則不暇詳密, 何有深遠之慮? 不能寬裕, 寧免暴擾之憂? 無深遠之慮, 則深弊未易革, 有暴擾之憂, 則近忠已生矣.

○태평이 융성하게 되면 윗사람과 아랫사람이 안이하고 방자해지며, 정치와 명령이 느슨해져서 진작되지 않고, 법도가 해이해져서 확립되지 않는다. 그래서 여러 가지 일들이 법도를 넘어서 절도가 없게 되니, 급하게 바로잡아 갑자기 일으킬 수 없다. 반드시 거칠고 더러운 것을 감싸주는 아량이 있은 뒤에 정치를 통하여 드러나는 것이 너그러워서 핍박하지 아니하고, 상세하여 소원하지 않게 된다. 핍박하지 않고 소원하지도 않으면 곧 폐단이 개혁될 수 있고, 일들은 다스려져 사람들이 또한 편안하게 여길 것이다. 어떤 사람이 모든 법도가 해이하고 소홀한 것을 보고 참고 견딜 수 없어 갑자기 화내고 미워하는 마음을 품는다면, 세밀하게 생각할 겨를이 없으니 어떻게 심원하게 생각할 수 있겠는가? 너그러울 수 없으면 오히려 사납고 어지러운 근심을 면할 수 있겠는가? 심원한 생각이 없으면 깊은 폐단을 개혁하기가 쉽지 않고, 사납고 어지러운 근심이 있게 되면 가까운 근심이 이미 생기게 된다.

自古泰治之世, 必漸至於衰替, 蓋由狃習安逸, 因循而然. 自非剛斷

之君, 英烈之輔, 不能挺特奮發, 以革其弊也. 故曰'用馮河.'

옛날부터 태평하게 다스려지던 세상이 반드시 점점 쇠퇴하기에 이른 것은 대체로 안일한 습성에 젖어 타성에 따라 일을 처리했기 때문에 그러한 것이다. 임금이 스스로 굳세고 결단성이 있고 또한 영특하고 충열이 뛰어난 신하의 보좌가 있지 않다면 남보다 빼어나게 분발하여 그 폐단을 개혁할 수 없다. 그러므로 '알몸으로 황하를 건넌다'고 하였다.

○治泰之道, 雖不容峻迫. 然人情玩肆, 因循苟且, 漸已陵夷. 苟非一人剛斷, 宰輔英烈, 則亦未能挺特自立, 奮發有爲, 而作新積弊也. 無舟渡河曰馮, 謂必'用馮河'之勇也.

○태평한 시대를 다스리는 도는 준열하고 급박하게 해서는 안 된다. 태평한 시대에는 인정이 방자한 데 익숙해져 구습에 따라 구차하게 행하는 사이에 점점 쇠퇴해지게 된다. 임금이 진실로 굳세고 과단성이 있고 또한 보좌하는 재상이 빼어나고 세차지 않으면, 우뚝하게 자립하여 분발하여 일을 일으켜 쌓인 폐단을 새롭게 할 수 없다. 배가 없이 강을 건너는 것을 빙(馮)이라 하니 반드시 '알몸으로 황하를 건너는' 용기를 사용해야만 된다는 말이다.

或疑上云'包荒', 則是包含寬容, 此云'用馮河', 則是奮發改革, 似相反也. 不知以含容之量, 施剛果之用, 乃聖賢之爲也." 〔『易傳』 泰卦 (䷊) 九二〕

어떤 사람은 위에서 말한 '거친 것을 감싸주는 것'은 곧 너그럽게 감싸주는 것이고, 여기에서 말하는 '알몸으로 황하를 건넌다'는 것은 곧 분발하여 개혁한다는 뜻이니 서로 상반되는 것이 아닌가 의심한다. 너그러이 감싸주는 아량을 갖고 과감하게 정치를 행하는 것이 곧 성현의 행위임을 알지 못한다."

○ 有含容之量, 則剛果不至於疎迫, 有剛果之用, 則含容不至於委靡, 二者相資而後治泰之道可成也.

○ 포용하는 아량이 있으면 굳세고 과단성이 있어도 소원하거나 핍박하는 데 이르지 아니하고, 굳센 과단성을 씀[用]이 있으면 포용함이 쇠약함에 이르지 아니하니, 이 두 가지가 서로 도운 뒤에 태평시대를 다스리는 도가 이루어질 수 있다.

7

"觀盥而不薦, 有孚顒若." 『傳』曰: "君子居上, 爲天下之表儀, 必極其莊敬, 如始盥之初, 勿使誠意小散, 如旣薦之後, 則天下莫不盡其孚誠, 顒然瞻仰之矣." 〔『易傳』觀卦(☴☷) 卦辭〕

"관괘(觀卦 :   )의 도는 (제사 지낼 때) 손을 씻고 제물은 아직 올리지 않았을 때처럼 공경스러우면 믿음을 지니고 엄숙하게 우러러볼 것이다." 『역전』에서 설명하였다. "군자는 윗자리에 앉아 천하의 표준이 되니, 마치 손을 씻고 제사 지내는 처음과 같이 하여 반드시 엄숙한 공경을 다하고, 이미 제물을 올리고 난 뒤와 같이 성의가 조금이라도 흩어지게 하지 않으면, 천하가 믿음과 성의를 다하여 엄숙하게 그를 존경하여 우러러보지 않음이 없게 될 것이다."

○ "盥"者, 祭祀之始, 盥洗之時也. "薦"者, 獻腥熟之時也. 方盥之

始, 人心精純嚴肅, 旣薦之後, 則禮儀繁縟人心漸散. 故爲人上者必外
莊內敬, 常如始盥之時, 則天下之人莫不誠信其上, 顒顒然仰望之矣.

○"관(盥)"이란 제사 지내기 시작하여 손을 씻는 때이다. "천(薦)"
이란 날고기와 익은 고기를 바치는 때이다. 손을 씻는 처음에는 사람
의 마음은 정밀하고 순수하고 엄숙하지만, 이미 제물을 바치고 나면
예와 의식이 번잡해져서 사람의 마음은 점차 흩어지게 된다. 그러므로
백성을 다스리는 윗사람은 반드시 겉으로는 엄정하고 안으로는 공경
하여 항상 제사를 지내기 위해 처음 손을 씻을 때처럼 하면, 천하의
사람들이 윗사람을 성심으로 믿고 엄숙한 모양으로 우러러 바라보지
않음이 없게 된다.

8

凡天下至於一國一家, 至於萬事, 所以不和合者, 皆由有間也, 無間
則合矣. 以至天地之生, 萬物之成, 皆合而後能遂, 凡未合者, 皆有間
也. 若君臣父子, 親戚朋友之間, 有離貳怨隙者, 蓋讒邪間於其間也.
去其間隔而合之, 則無不和且治矣. 噬嗑者, 治天下之大用也.〔『易傳』
噬嗑卦(☲) 卦圖〕

한 나라, 한 집안, 그리고 만사에 이르기까지 천하의 모든 일이 화
합하지 못하는 이유는, 모두가 틈이 있는 것에서 말미암는다. 틈이 없
으면 곧 화합하게 된다. 천지가 낳아 만물이 생성되기까지 모두가 화
합한 뒤에라야 이루어지니, 합하지 못한 것은 모두가 틈이 있기 때문
이다. 만약 임금과 신하, 아버지와 아들, 친척이나 친구들 사이에 둘로
떨어지고 틈이 생겨 서로 원망하는 것은 대개 참언과 사악이 그 사이
에 끼어들었기 때문이다. 그 틈을 없애고 합하면 화합되고 다스려지지

않는 것이 없을 것이다. (그러므로) 서합(噬嗑)의 도는 천하를 다스리는 데 크게 쓰여지는 것이다.

○噬嗑卦傳. 天地有間, 則氣不通而生化莫遂. 人倫有間, 則情不通而恩義日暌. 頤中有物, 曰'噬嗑', 噬而合之, 所以去間也, 有治天下之大用焉.

○서합괘의 전에 나온다. 하늘과 땅에 틈이 있으면 기(氣)가 통하지 않아 생성과 조화가 이루어지지 않는다. 인륜에 틈이 있으면 감정[情]이 통하지 않아 은혜와 의리가 날로 어긋난다. 턱 사이에 사물이 있는 것이 서합(噬嗑)으로, 깨물어 합치시켜 틈을 제거한다는 의미이니 천하를 다스리는 대용이 거기에 있다.

9

大畜之六五曰 : "豶豕之牙吉." 傳曰 : "物有總攝, 事有機會. 聖人操得其要, 則視億兆之心猶一心. 道之斯行, 止之則戢, 故不勞而治, 其用若豶豕之牙也.

대축괘(大畜卦 : ䷙) 육오효(六五爻)에 "돼지의 어금니를 거세(去勢)하니 길하다"라고 하였다. 『역전』에서 설명하였다. "물건에는 전체를 총괄하는 것이 있고, 일에는 기회가 있다. 성인은 그 요점을 파악하고 있어서 억조창생의 마음을 한마음과 같이 본다. 따라서 인도하면 행하고 멈추게 하면 거두니, 수고하지 않아도 다스려져서 그 효용은 돼지의 어금니를 거세한 것과 같다.

○得其要會則視繁猶簡, 令行而禁止矣.

○ 일의 요체를 얻게 되면 번잡한 것을 간단한 일처럼 보게 되니, 명령을 내리면 시행되고, 금지하면 멈추게 된다.

豕剛躁之物, 若强制其牙, 則用力勞而不能止. 若豶去其勢, 則牙雖存, 而剛躁自止. 君子法豶豕之義, 知天下之惡, 不可以力制也, 則察其機, 持其要, 塞絶其本原, 故不假刑法嚴峻, 而惡自止也. 且如止盜, 民有欲心, 見利則動, 苟不知敎, 而迫於饑寒, 雖刑殺日施, 其能勝億兆利欲之心乎? 聖人則知所以止之之道, 不尙威刑, 而修政敎, 使之有農桑之業, 知廉恥之道. 雖賞之不竊矣."〔『易傳』大畜卦(䷙) 六五〕

돼지는 강하고 성미가 급한 짐승이어서, 만약 그 어금니를 억지로 다스리려고 하면 힘을 수고롭게 써도 제지하지 못한다. 만약 돼지를 거세하면, 어금니를 비록 가지고 있다고 해도, 강하고 조급한 성질을 저절로 멈추게 된다. 군자는 '어금니를 거세하는' 의미를 본받아서 천하의 악을 힘으로는 제압할 수 없음을 알게 되면, 그 기틀을 살피고 그 요점을 파악하여 그 근본을 막아 끊어버리므로, 엄중한 형벌이나 법을 빌리지 않더라도 악은 저절로 멈추게 된다. 또 도둑을 없애는 일과 같은 경우, 백성에게는 욕심이 있어서, 이익을 보면 곧 움직이게 되니, 진실로 교화를 알지 못하는데 굶주림과 추위에 시달린다면, 비록 형벌로 가르치는 일을 매일 실시한다고 하더라도, 어찌 억조창생의 이익을 탐하는 마음을 이겨낼 수 있겠는가? 성인은 그것을 멈추게 하는 도를 알고 있어서 위압과 형벌을 숭상하지 않고, 정치와 교화를 잘 펴서 그들로 하여금 농사 짓고 누에 치는 직업을 갖게 하고 염치의 도를 알게 한다. '비록 상을 준다고 하더라도 도둑질을 하지 않을 것이다.[6]"

6) 『논어』 「안연」, 18장, "季康子患盜, 問於孔子, 孔子對曰, 苟子之不欲, 雖賞之不

○ 聖人所以制強暴者, 蓋亦察其機要而治其本原, 則人自服矣. 如
所謂止盜之法, 是也. 非若後世權謀之術, 執其要害以御人之謂也.

○ 성인이 힘세고 사나운 자를 제어하는 방법은 대개 그 기틀과 요
점을 살펴 그 근원을 다스리면 사람들이 스스로 복종하는 것이다. 도
둑질을 금지하는 방법이라고 말한 것이 이것이다. 후세의 권모술수를
행하는 자들이 그 요해처를 잡아서 사람들을 제어하는 것을 가리키지
않는다.

10

"解利西南, 無所往, 其來復吉. 有攸往, 夙吉." 『傳』曰 : "西南坤
方, 坤之體, 廣大平易. 當天下之難方解, 人始離艱苦, 不可復以煩苛
嚴急治之. 要濟以寬大簡易, 乃其宜也.

"해괘(解卦)의 도는 서남(西南)쪽이 이롭다. 갈 곳이 없으면 다시 돌
아와 회복하는 것이 길하다. 갈 곳이 있으면 빨리 가는 것이 길하다."
『역전』에서 설명하였다. "서남쪽은 곤(坤)의 방향이니 곤의 본체는 광
대하고 평이하다. 천하의 어려움이 마침내 풀릴 때를 당하여, 사람들
은 비로소 어려움과 괴로움에서 떠나게 되므로 다시 번거롭고 가혹하
고 엄하고 급한 방법으로 다스려서는 안 된다. 요컨대[7] 관대하고 간이
하게 백성들을 구제해야만 한다.

○「文王八卦方位」, 坤居西南, 維故西南爲坤. 大難初解, 與民休息

竊."

7) 『역전』 원문에는 '要'자가 '當'자로 되어 있다 원문에 따르면 '요컨대'는 필요
없다.

之意.

　○「문왕팔괘방위도」에 의하면 곤(坤)은 서남(西南)쪽에 있으므로,
서남쪽은 곤(坤)을 의미한다. 커다란 어려움이 처음으로 풀려지면 백
성들과 함께 휴식한다는 뜻이다.

　旣解其難, 而安平無事矣, 是無所往也. 則當脩復治道, 正紀剛, 明
法度, 進復先代明王之治, 是來復也, 謂反正理也. 自古聖王, 救難定
亂, 其始未暇遽爲也. 旣安定, 則爲可久可繼之治. 自漢以下, 亂旣除,
則不復有爲, 姑隨時維持而已. 故不能成善治, 蓋不知來復之義也.

　이미 그 어려움을 풀어서 평안하고 태평하여 아무 일도 없는 것이
'갈 곳이 없는 것'이다. 그러면 마땅히 다스리는 도(道)를 닦아 회복하
고 기강(紀綱)을 바로잡고 법도를 밝히어 옛날의 밝은 임금들의 다스
림으로 되돌아가야 하니, 이것이 '돌아와 회복하는 것'이니 올바른 도
리를 돌이키는 것이다. 옛날부터 성인이 어려움을 구제하고 어지러움
을 안정시킴에 있어 처음부터 갑자기 할 수는 없다. 안정되면 오래 갈
수 있고 계속할 수 있는 정치가 된다. 그런데 한대 이후부터는 혼란이
제거되면 더 이상 일을 하지 아니하고, 고식적으로 때에 따라서 유지
해 왔을 따름이다. 그러므로 선한 다스림을 이룰 수가 없었으니, 그것
은 '돌아와 회복한다'는 뜻을 몰랐기 때문이다.

　○大難旣解, 雖已安平而無所事, 然興廢擧墜, 脩復治道, 以爲久安
長治之計者, 不容苟且而遂已也.

　○커다란 어려움이 이미 해결되면, 비록 편안하고 태평해서 할 일
이 없다 하더라도, 폐하여 중지된 것을 부흥시키고 무너진 것을 일으

커 세워 다시 다스리는 도(道)를 닦아 회복하여, 오래도록 편안하고 장기적으로 다스리는 계책을 세워야지, 구차하게 이루고서 그만두어서는 안 된다.

'有攸往, 夙吉', 謂尚有當解之事, 則早爲之乃吉也. 當解而未盡者, 不早去, 則將復盛, 事之復生者, 不早爲, 則將漸大. 故夙則吉也."
〔『易傳』解卦(䷧) 卦辭〕

'갈 곳이 있으면 빨리 가는 것이 길하다'는 것은 아직도 풀어야 마땅한 일이 있으면 일찍이 그것을 해야 길하다는 것이다. 풀어야 마땅한데 미진한 일을 빨리 제거하지 않으면 그 일이 다시 복잡해지며, 일이 다시 생겼을 때 빨리 처리하지 않으면 장차 점점 커질 것이다. 그러므로 '빨리 가면 길하다'고 하였다."

○張柬之等不殺武三思, 及其勢復盛, 乃欲除之, 則亦晚矣.

○장간지(張柬之)[8] 등이 무삼사(武三思)[9]를 죽이지 않았다가, 그 세력이 다시 융성해짐에 이르러서는 그를 제거하고자 해도 너무 늦었다.

11

夫'有物必有則.' 父止於慈, 子止於孝, 君止於仁, 臣止於敬. 萬物庶事, 莫不各有其所. 得其所則安, 失其所則悖. 聖人所以能使天下順治, 非能爲物作則也, 唯止之各於其所而已. 〔『易傳』艮卦(䷳)「象傳」〕

---

8) 唐 則天武后 때의 사람으로 武氏의 세력을 제거하기 위하여 노력하다가 오히려 죽임을 당하였다.
9) 측천무후의 조카이다.

무릇 '사물이 있으면 법칙이 있다.'[10] 아버지는 자애로움에 머물러야
하고, 자식은 효도에 머물러야 하고, 임금은 인에 머물러야 하고, 신하
는 공경에 머물러야 한다.[11] 만물과 모든 일은 각기 올바른 위치가 있
다. 올바른 위치를 얻으면 편안하고, 올바른 위치를 잃으면 어긋나게
된다. 성인이 천하를 순조롭게 다스릴 수 있었던 까닭은 사물을 위해
법칙을 만들 수 있었기 때문이 아니라, 다만 각각 머물러야 할 곳에
머물게 했기 때문이다.

○ 艮卦「象傳」. 事物各有天然之則, 聖人非能爲物作則. 但處之各
當其則而已.

○ 간괘 「단전」에 나온다. 사물에는 각각 자연 그대로의 법칙이 있
으므로 성인은 사물을 위하여 법칙을 만들 수 없다. 다만 그것이 각각
그 법칙에 합당하도록 처하게 할 따름이다.

12

兌説而能貞. 是以上順天理, 下應人心, 説道之至正至善者也.

태괘(兌卦 : ☱)는 기뻐하면서 바름을 지킬 수 있다. 이러한 까닭에
위로는 천리를 따르고 아래로는 인심에 호응하니, 기쁨의 도 가운데서
지극히 바르고 지극히 선한 것이다.

---

10) 『시경』 「대아」 〈증민〉. "天生烝民, 有物有則. 民之秉彛, 好是懿德."
11) 『대학』 3장. "子曰, '於止, 知其所止, 可以人而不如鳥乎!' 詩云, '穆穆文王, 於
緝熙敬止.' 爲人君, 止於仁, 爲人臣, 止於敬, 爲人子, 止於孝, 爲人父, 止於慈,
與國人交, 止於信."

○ 兌卦彖曰：“說以利貞, 是以順乎天而應乎人.”

○ 태괘(兌卦)의 「단전(彖傳)」에, “기뻐하면서 바름을 지켜 이로우니, 이러한 까닭에 하늘을 따르고 사람에게 호응한다”고 말했다.

若夫違道以干百姓之譽者, 苟說之道, 違道不順天, 干譽非應人. 苟取一時之說耳, 非君子之正道. 君子之道, 其說於民, 如天地之施, 感之於心, 而說服無斁.〔『易傳』兌卦(䷹)「彖傳」〕

저 ‘도를 어기면서 백성의 칭송을 구하는 자들'[12]의 구차하게 기뻐하는 도의 경우에, 도를 어기는 것은 하늘을 따르지 않는 것이고, 칭송을 구하는 것은 사람들에게 호응하는 것이 아니다. 그것은 구차하게 일시적인 기쁨을 취하는 것일 뿐이지, 군자의 올바른 도가 아니다. 군자의 도는 백성을 기쁘게 하는 것이 천지가 은택을 베푸는 것 같이 하니, 백성들이 마음으로 감동하여 기꺼이 복종하여 싫어하지 않는다.

○ 道出於天, 違道則非順天矣. 譽出於人, 干譽則非應人矣.

○ 도(道)는 하늘에서 나오므로 도를 어기면 하늘을 따르는 것이 아니다. 칭송은 사람에게서 나오므로 칭송을 구하면 사람에게 호응하는 것이 아니다.

---

12) 『서경』「대우모」, “罔違道以干百姓之譽, 罔咈百姓以從己之欲, 無怠無荒, 四夷來王.”

天下之事, 不進則退, 無一定之理. 濟之終, 不進而止矣. 無常止也, 衰亂至矣. 蓋其道已窮極也. 聖人至此奈何? 曰:"唯聖人爲能通其變 於未窮, 不使至於極, 堯舜是也. 故有終而無亂."〔『易傳』既濟卦(䷾) 「象傳」〕

천하의 일은 나아가지 않으면 물러나니 일정한 이치는 없다. 일이 이루어진 끝에는 나아가지 않고 멈추게 된다. 항상 멈추어 있을 수는 없으니 쇠퇴하여 어지러움에 이르게 된다. 대개 도가 이미 궁극에 도 달했기 때문이다. 성인은 이러한 처지에 이르면 어떻게 할 것인가? "성인만은 변화가 궁극에 이르기 이전에 변화에 통달할 수 있어서 극 에 이르지 않게 하니, 요임금과 순임금이 그러하였다. 그러므로 성인 은 끝이 있되 혼란은 없다."

○既濟象曰:"終止則亂, 其道窮也." 盛止必衰者, 天下之常勢, 有 盛無衰者, 聖人之常道. 常人苟安於既濟, 乃衰亂之所由生. 聖人通變 於未窮, 故有終而無亂. 「易大傳」曰:"堯舜氏作, 通其變, 使民不倦", 是也.

○기제괘(旣濟卦)의 단(象)에 "끝에 가서 멈추게 되면 어지러운 것 은 도가 궁하기 때문이다"라고 하였다. 성대함이 멈추게 되면 반드시 쇠퇴하는 것은 천하의 항상된 추세이고, 성대하고서도 쇠퇴함이 없는 것은 성인의 상도이다. 보통사람들은 이미 이룬 상태에 구차하게 안주 하니, 곧 쇠퇴와 어지러움이 생기는 까닭이다. 성인은 아직 변화가 다 하기 이전에 변화에 통달하므로, 끝은 있으나 혼란은 없다. 「역대전」[13] 에 "요임금과 순임금이 일어나자 변화에 통달하여 백성들로 하여금

게으르지 않게 하였다"[14]고 하니, 바로 이것을 가리킨다.

14

爲民立君, 所以養之也. 養民之道, 在愛其力. 民力足則生養遂, 生
養遂則敎化行, 而風俗美. 故爲政以民力爲重也. 『春秋』凡用民力, 必
書其所興作. 不時害義, 固爲罪也, 雖時且義必書, 見勞民爲重事也.

백성을 위해 임금을 세우는 것은 백성을 기르기 위함이다. 백성을
기르는 도는 그들의 힘을 아껴주는 데 있다. 백성의 힘이 넉넉하면 낳
고 기르는 일이 이루어지고, 낳고 기르는 일이 이루어지면 교화가 행
해져서 풍속이 아름다워진다. 그러므로 정치를 하는 데는 백성의 힘을
중요하게 여긴다. 『춘추』에서 백성의 힘을 사용하게 되면 반드시 일
으킨 일을 기록해 두었다. 일이 때에 맞지 않고 의(義)로움을 해치는
일이라면 본래 죄가 되는 것이지만, 비록 때에 맞고 또한 의로운 일이
라 하더라도 반드시 기록한 것은 백성을 수고롭게 하는 것이 중대한
일임을 보여주기 위해서이다.

○『春秋』, 書不時者, 如隱公七年夏城中丘之類. 書時者, 如桓十六
年冬城向之類. 書不義者, 如莊二十三年丹桓宮楹之類. 書義者, 如莊
元年築王姬之館之類.

○『춘추』에서 때에 맞지 않은 것을 기록한 것은 은공(隱公: 재위

---

13) 『주역』「계사」를 가리킨다.

14) 『주역』「계사」하 2장. "神農氏沒, 黃帝堯舜氏作, 通其變, 使民不倦, 神而化
之, 使民宜之. 易窮則變, 變則通, 通則久, 是以自天佑之. 吉無不利. 黃帝堯舜,
垂衣裳而天下治. 蓋取諸乾坤."

기원전 722-712) 7년 여름에 중구(中丘)라는 땅에 성을 쌓은 일을 기록한 것과 같은 종류이다. 때에 맞는 것을 기록한 것은 환공(桓公 : 재위 기원전 711-694) 16년 겨울에 향(向)이라는 땅에 성을 쌓은 일을 기록한 것과 같은 종류이다. 의롭지 않은 것을 기록한 경우는 장공(莊公 : 재위 기원전 693-662) 23년에 환궁(桓宮)의 기둥에 붉은 칠을 한 것을 기록한 것과 같은 종류이다. 의로운 것을 기록한 경우는 장공(莊公) 원년에 왕희(王姬)의 별관을 축조한 것을 기록한 것과 같은 종류이다.

然有用民力之大而不書者, 爲敎之意深矣. 僖公修泮宮, 復閟宮, 非不用民力也, 然而不書, 二者復古興廢之大事, 爲國之先務. 如是而用民力, 乃所當用也, 人君知此義, 知爲政之先後輕重矣.〔『程氏經說』4卷「春秋傳」'隱公 7年, 夏城中丘'〕

그러나 백성의 힘을 사용한 것이 큰데도 기록하지 않은 것이 있으니, 교화의 뜻이 깊다. 노나라의 희공(재위 기원전 659-626)이 반궁(泮宮)을 수축하고, 비궁(閟宮)을 복원할 때 백성의 힘을 사용했지만 기록하지 않은 것은, 이 두 가지 일은 옛 것을 회복하고 못쓰게 된 것을 일으키는 큰 일이어서, 나라가 먼저 해야 할 일이기 때문이다. 이와 같은 일에 백성의 힘을 사용하는 것은 마땅히 써야 하는 것이다. 임금이 이러한 뜻을 알면 정치를 함에 있어 먼저 할 일과 나중에 할 일, 가벼이 여길 것과 소중하게 다루어야 할 것을 알 것이다.

○『經說』, 下同.
○"泮", 半也. 帝侯之學, 鄕射之宮, 其東西南方有水, 形如半璧. 以其半於天子之辟廱, 故曰泮宮也. "閟", 閉也, 幽陰之義, "宮", 廟也. 毛氏曰"先妣姜嫄之廟", 孟仲子曰"是禖宮也." 泮宮者所以敎育賢材, 閟宮者所以尊事祖先. 二者皆爲國之先務. 以是而用民力, 故無議焉.

○『경설』에 나오며, 아래도 같다.

○ "반(泮)"은 '반(半)'의 뜻이다. 제후의 학교와 향사례(鄕射禮)를 행하는 궁(宮)은 그 동·서·남쪽 방향에 물이 있어서 형상이 반벽(半璧)과 같다. 천자의 벽옹(辟廱)[15]의 반이기 때문에 반궁(泮宮)이라고 하였다. "비(閟)"는 닫혀 있는 것이니, '그윽하고 그늘지다'라는 뜻이고, "궁(宮)"은 묘(廟)이다. 모씨(毛氏)는 "후직(后稷)의 돌아가신 어머니인 강원(姜嫄)의 묘이다"라고 하였고, 맹중자(孟仲子)는 "이것은 매궁(媒宮)[16]이다"라고 하였다. 반궁(泮宮)은 어진 인재를 교육하는 장소이고, 비궁(閟宮)은 선조들을 섬기는 장소이다. 두 가지는 모두 나라를 다스릴 때 먼저 해야 하는 일들이다. 여기에 백성의 힘을 사용했기 때문에 의론할 필요가 없다.

15

治身齊家, 以至平天下者, 治之道也. 建立治綱, 分正百職, 順天時以制事, 至於創制立度, 盡天下之事者, 治之法也. 聖人治天下之道, 唯此二端而已. 〔『程氏經說』 2卷 「書解」 '堯傳'〕

자기 몸을 다스리고 집안을 가지런하게 하여 천하를 평안하게 하는데 이르는 것은 다스림의 도(道)이다. 정치의 원칙을 세우고 모든 직책을 나누고 계절에 따라 일을 처리하게 되니, 제도를 창립해서 천하의 일을 다하는 것은 다스림의 법(法)이다. 성인이 천하를 다스리는 도(道)는 이 두 가지 단서에 근거할 뿐이다.

○ 道者治之本, 法者治之具, 不可偏廢. 然亦必本之立, 而後其具可

---

15) 벽옹은 천자가 공부하는 곳이다.
16) 매궁은 매파의 신을 모시는 집이다.

舉也.

ㅇ 도(道)는 다스림의 근본이고, 법(法)은 다스림의 도구이니, 어느 한쪽이라도 버릴 수 없다. 그러나 또한 반드시 근본이 선 뒤에야 도구들을 갖출 수 있다.

16

明道先生曰:
"先王之世, 以道治天下, 後世只是以法把持天下." 〔『程氏遺書』1-13〕

정호가 말했다.
"선왕의 시대에는 도로써 천하를 다스렸지만, 후세에는 (오직) 법으로써 천하를 유지할 뿐이다."

ㅇ 『遺書』, 下同.
ㅇ 先王治天下以仁義爲主, 治固在其中. 後世惟持法令以控制天下, 而法亦非先王之法矣.

ㅇ 『유서』에 나오며, 아래도 같다.
ㅇ 선왕이 천하를 다스릴 때는 인의를 주로 삼았지만, 그렇게 하는 가운데 다스려졌다. 후세에는 법령만 가지고 천하를 속박하고 제어하지만, 법도 선왕의 법이 아니다.

17

爲政, 須要有紀綱文章. 先有司, 鄕官讀法, 平價謹權量, 皆不可闕也.

정치를 하는 데는 반드시 기강과 법도가 있어야 한다. 먼저 담당관리에게 직분을 맡기는 일과 향촌의 관리가 백성에게 법을 숙지시키는 일, 물가를 조절하고 도량형을 통일하는 일 등은 모두 빠뜨릴 수 없다.

○ 大曰'綱', 小曰'紀'. 文章謂文法章程也. 有司, 衆職也. 必先正有司而後攷其成會其要. 鄕官如黨正 · 族師 · 閭胥 · 比長之屬. 讀法如州長於正月之吉及歲時祭祀, 各屬其州之民而讀法, 以攷其德行道藝而勸之, 以糾其過惡而戒之, 是也. 平價, 如賈師各掌其次之貨賄之治, 辨其物而均平之, 展其成而奠其賈之類, 是也. 權, 五, 銖 · 兩 · 斤 · 鈞 · 石也. 量, 五, 龠 · 合 · 升 · 斗 · 斛也.

○ 큰 것을 '강(綱)'이라 하고, 작은 것을 '기(紀)'라 한다. 문장은 문자로 된 법과 규칙을 이른다. 유사(有司)는 여러 관직이다. 반드시 먼저 유사를 바르게 한 후에 그 성적을 살펴, 그 일의 핵심을 이해한다. 향관(鄕官)은 당정(黨正) · 족사(族師) · 여서(閭胥) · 비장(比長) 등의 종류이다.[17] 독법(讀法)은 주장(州長)이 정월 초하루와 세시(歲時)의 제사를 지낼 때에 각각 그 주(州)의 백성들을 한 군데 모아서 법을 읽어주어, 그 도덕과 학예가 잘 행해지도록 권면하고 그 허물을 밝혀 바로잡아 경계한 것과 같은 것이 이것이다. 평가(平價)는 고사(賈師)가 (각각) 자기 지역의 재화를 주관하여 물건들을 변별해서 공평하게 하고, 결과

---

17) 『주례』 「지관」 「대사도」. "令五家爲比, 使之相保. 五比爲閭, 使之相受, 四閭爲族, 使之相葬, 五族爲黨, 使之相救, 五黨爲州, 使之相賙, 五州爲鄕, 使之相賓."

물들을 전시하고 그 가격을 결정하는 종류와 같은 것이 이것이다. 저울에는 다섯 가지 단위가 있으니, 수(銖)와 양(兩), 근(斤)과 균(鈞), 그리고 석(石)이다.[18] 양을 재는 단위에 다섯 가지가 있으니, 약(龠)과 합(合), 승(升)과 두(斗), 그리고 곡(斛)이다.[19]

人各親其親, 然後能不獨親其親.

사람들은 각자 자기의 어버이를 어버이로 섬긴 뒤에야 자기 어버이만을 어버이로 위하는 것을 넘어설 수 있게 된다.[20]

○ 使人各親其親, 則親親之道公於天下.

○ 사람들로 하여금 각자 그 어버이를 어버이로 섬기게 하면, 어버이를 어버이로 섬기는 도(道)가 천하에 확대될 것이다.

仲弓曰: "焉知賢才而擧之?", 子曰: "擧爾所知. 爾所不知, 人其舍諸?" 便見仲弓與聖人, 用心之大小. 推此義, 則一心可以喪邦, 一心可以興邦. 只在公私之間爾. 〔『程氏遺書』11-190〕

중궁(仲弓)이, "어떻게 하면 어질고 재주 있는 인물을 알고 천거할 수 있습니까?" 하고 물으니, 공자가 말하기를, "네가 알고 있는 사람을 천거하라. 네가 모르는 사람이야 남들이 버려두겠느냐?"라고 하였다.[21] 여기서 곧 중궁과 성인의 마음 씀의 크고 작음을 볼 수 있다. 이

---

18) 1석 = 4균, 1균 = 30근, 1근 = 16양, 1양 = 24수이다.

19) 1곡 = 10두, 1두 = 10승, 1승 = 10합, 1합 = 2약이다.

20) 『예기』「예운」, "今大道旣隱, 天下爲家, 各親其親, 各子其子, 貨力爲己, 大人世及以爲禮, 城郭溝池以爲固."

뜻을 미루어 본다면, (위에 있는 임금의) 한 마음으로 해서 나라를 잃을 수도 있고, 한 마음으로 해서 나라를 일으켜 세울 수도 있는 것이다.[22] 이것은 다만 공(公)과 사(私)의 사이에 달려 있다.

○ 仲弓欲以一人之知, 擧天下之賢, 故疑其不足. 夫子則因天下之賢, 擧天下之賢, 惟見其有餘. 用心之公私大小如此, 推其極致, 則一可以喪邦, 一可以興邦.

○ 중궁(仲弓)은 한 사람의 지혜로써 천하의 어진 사람을 천거하고자 했으므로 지혜의 부족함을 의심하였다. 공자는 천하의 어진 사람에 의지하여 천하의 어진 사람들을 천거하고자 하였으니 지혜가 여유가 있다고 생각하였다. 마음을 쓰는 공(公)과 사(私), 크고 작음이 이와 같으니 그 극치를 미루어 보면 한 사람이 나라를 망하게도 할 수 있고, 한 사람이 나라를 흥하게도 할 수 있는 것이다.

18

治道亦有從本而言, 亦有從事而言. 從本而言, 惟從格君心之非. 正心以正朝廷, 正朝廷以正百官. 若從事而言, 不救則已, 若須救之, 則須變. 大變則大益, 小變則小益. 〔『程氏遺書』15-155〕

다스리는 도는 근본에 따라 말하기도 하고, 일에 따라 말하기도 한다. 근본에 따라 말하면 오직 임금의 마음이 그릇된 것을 바로잡는 것[23]이다. "임금의 마음을 바로 잡음으로써 조정을 바로잡고, 조정을

---

21) 『논어』「자로」 2장. "仲弓爲季氏宰. 子曰 : 先有司. 赦小過, 擧賢才. 曰 : 焉知賢才而擧之. 曰 : 擧爾所知, 爾所不知, 人其舍諸?"
22) 『논어』「자로」 15장. "定公問, 一言而可以興邦, 有諸?"

바로잡음으로써 모든 벼슬아치들을 바로잡게 된다."[24] 만약 일에 따라 말한다면 구제하지 않으려면 그만이지만, 만약 반드시 구제해야 할 것 같으면 반드시 변혁을 해야만 한다. 크게 변혁한다면 크게 이익이 있고, 작게 변혁하면 작게 유익한 것이다.

○ 論治本, 則正君而國定矣. 就事而言, 則必有大更革, 然後能救積弊. 然要以格君心爲本.

○ 다스리는 근본을 논하면, 임금을 바르게 하면 나라가 안정된다. 일을 성취하는 것으로 말하면, 반드시 대변혁이 있은 뒤에야 쌓인 폐단을 구제할 수 있다. 그러나 이것은 임금의 마음을 바로잡는 것으로써 근본을 삼아야 한다.

19

唐有天下, 雖號治平, 然亦有夷狄之風. 三綱不正, 無君臣父子夫婦, 其原始於太宗也. 故其後世子弟, 皆不可止, 使君不君, 臣不臣. 故藩鎭不賓, 權臣跋扈, 陵夷有五代之亂.

당나라(618-907)가 천하를 소유함에 비록 태평스럽게 잘 다스렸다고들 하지만, 또한 오랑캐의 풍속을 가지고 있었다. 삼강(三綱)이 바르지 않아서 임금과 신하, 아버지와 아들, 남편과 아내의 구별이 없었는데, 그 근원은 당(唐) 태종(太宗 : 재위 627-649)으로부터 시작되었다. 그러므로 그 후세의 자손들이 멈추지 못하여 임금은 임금답지 못하고,

---

23) 『맹자』「이루」 상 20장. "孟子曰, 人不足與適也, 政不足間也, 唯大人爲能格君心之非. 君仁, 莫不仁, 君義, 莫不義, 君正, 莫不正. 一正君而國正矣."

24) 이것은 동중서의 말이다. 『한서』 권56.

신하는 신하답지 못하였다. 그러므로 국경 변두리의 신하들은 황제에게 조회를 하지 않았고, 권력 있는 신하는 제멋대로 날뛰었으며, 점점 쇠퇴하게 되어 오대(五代)[25]의 난이 있게 된 것이다.

○ 太宗以智力, 劫持取天下, 其於君臣父子之義, 有慙. 閨門之間又有慙德, 三綱皆已不正. 是以後世子孫氣習相傳, 綱常陵夷而不可止. 玄宗使肅宗至靈武, 則自立稱帝, 使永王璘使江南, 則反. 君臣之道不正, 遂使藩鎭獝狙於外, 閹竪擅專于內, 馴致五季之極亂也.

○ 당 태종은 지혜와 힘〔智力〕으로써 강제로 천하를 취하여, 임금과 신하, 아버지와 자식이 지켜야 할 올바른 법도에 있어서 어그러짐이 있었다. 집안에서도 부끄러운 일이 있어서 삼강(三綱)이 모두 바르지 않았다. 이러한 까닭에 후세의 자손들은 기질과 습관을 서로 전하여, 삼강과 오상(五常)은 점점 쇠퇴해졌지만 멈출 수 없었다. 현종이 숙종을 사신으로 보내어 영무(靈武) 땅에 이르게 하자 스스로 즉위하여 황제라 참칭했고, 영왕(永王) 인(璘)을 강남의 사신으로 보내니 반란을 일으켰다. 임금과 신하의 도가 바르지 아니하여, 드디어 밖에서는 국경 변두리의 신하들이 함부로 날뛰고, 안에서는 환관과 내시들이 정권을 제멋대로 전횡하여, 점차 오대의 지극한 어지러움으로 변해 갔다.

漢之治過於唐. 漢大綱正, 唐萬目擧, 本朝大綱正, 萬目亦未盡.
〔『程氏遺書』18-217〕

한나라의 다스림은 당나라보다는 나았다. 한(漢)은 큰 법도가 바르

고 당(唐)은 세세한 제도가 잘 시행되었는데, 우리 송(宋)의 조정은 큰 법도는 바르게 되었으나 많은 세세한 제도는 제대로 시행되지 못하고 있다.

○“大綱”, 謂綱常. 唐之治目, 若世業, 若府兵, 若租庸調, 若省府. 其區畫法制略放先王之遺意. 故亦足以維持天下.

○“대강(大綱)”은 삼강(三綱)과 오상(五常)을 이른다. 당나라 정치의 세목은 세업(世業),[26] 부병제(府兵制),[27] 조용조(租庸調)의 세법,[28] 성부(省府)[29] 등이다. 그 구획과 법제가 선왕이 남겨준 뜻을 대략 모방한 것이었으므로 천하를 유지할 수 있었다.

20

敎人者, 養其善心, 而惡自消. 治民者, 導之敬讓, 而爭自息. 〔『程氏外書』 11-15〕

남을 가르치는 사람이 그의 착한 마음을 길러주면 악은 저절로 사라진다. 백성을 다스리는 사람이 그들을 공경하고 사양하도록 이끌어주면 다투는 일이 저절로 없어지게 된다.

---

26) 『근사록석의』에 의하면 균전법으로, 부모·처자가 있는 장정에게 100畝의 땅을 주고, 그 중 20무는 자기가 죽을 때까지 자기의 것으로 하고, 80무는 식구를 위한 것으로 부모·처자를 잃게 되면 나라에 돌려주는 제도를 가리킨다.
27) 『근사록석의』에 의하면 12軍을 설치하여 관내의 府를 다스리게 한 군사제도를 가리킨다.
28) 租는 저세(田稅), 庸은 부역, 調는 곡물을 가리킨다.
29) 『근사록석의』에 의하면 6省과 10率府의 관제를 가리킨다.

○『外書』, 下同.
○道之以德, 齊之以禮.

○『외서』에 나오며, 아래도 같다.
○덕(德)으로써 인도하고, 예(禮)로써 가지런하게 다스린다.[30]

<h1 style="text-align:center">21</h1>

明道先生曰:
"必有關雎麟趾之意, 然後可行周官之法度."〔『程氏外書』12-58〕

정호가 말했다.
"반드시 관저(關雎)와 인지(麟趾)의 뜻을 지닌 뒤에야 주관(周官)[31]
의 법도를 행할 수 있다."

○〈關雎〉, 詠文王妃姒氏, 有幽閑正靜之德. 〈麟趾〉, 詠文王子·孫宗
族, 有仁愛忠厚之性. 朱子曰: "自閨門衽席之微積累至薰蒸洋溢天
下, 無一民一物不被其化, 然後可以行周官之法度. 不然則爲王莽矣."

○『시경』의 〈관저〉편은 문왕의 왕비인 사씨(姒氏)가 정숙하고 바르
고 고요한 덕을 지니고 있음을 노래한 것이다. 『시경』의 〈인지〉편은
문왕의 자손과 종족이 인애(仁愛)와 충효(忠孝)의 성품을 가지고 있음
을 노래한 것이다.
주희가 말했다.

---

30) 『논어』「위정」3장. "子曰, 道之以政, 齊之以刑, 民免而無恥, 道之以德, 齊之
以禮, 有恥且格."
31) 『주례』라고도 하며, 天·地·春·夏·秋·冬의 六官을 가리킨다.

"가정과 침실의 아주 미세한 일로부터 쌓여 교화가 천하에 넘쳐흘러 한 사람의 백성이나 하나의 사물조차도 그 교화를 입지 않음이 없게 된 뒤에 (주나라의 법도인) 주관(周官)의 법도를 행할 수 있다. 그렇지 않으면 왕망(王莽)과 같이 될 것이다."

22

君仁莫不仁, 君義莫不義. 天下之治亂, 繫乎人君仁不仁耳. 離是而非, 則生於其心, 必害於其政, 豈待乎作之於外哉?

군주가 어질면 어질지 아니한 사람이 없게 되고, 군주가 의로우면 의롭지 아니한 사람이 없게 된다.[32] 천하가 다스려지기도 하고 혼란하기도 한 것은 군주의 인(仁)하고 인(仁)하지 않는 데에 달려 있을 뿐이다. 옳은 마음에서 벗어나서 그릇되게 되면 '그 마음에서 생겨나서 반드시 그 정치를 해치게 되니,'[33] 어찌 겉으로 드러나기를 기다린 뒤에야 알겠는가?

○ 一國以一人爲本, 一人以一心爲本. 使人君有一念私邪, 必將害於其政, 奚待作於外而後可知?

○ 한 나라〔一國〕는 한 사람〔一人〕으로써 근본을 삼고, 한 사람은 한 마음〔一心〕으로써 근본을 삼는다. 임금이 한 번 사사롭고 비뚤어진

---

32) 『맹자』「이루」상 20장. "孟子曰, 人不足與適也, 政不足閒也, 唯大人爲能格君心之非. 君仁, 莫不仁, 君義, 莫不義, 君正, 莫不正. 一正君而國正矣."

33) 『맹자』「공손추」상 2장. "何謂知言? 曰, 詖辭知其所蔽, 淫辭知其所陷, 邪辭知其所離, 遁辭知其所窮. 生於其心, 害於其政, 發於其政, 害於其事. 聖人復起, 必從吾言矣."

생각이 있으면 반드시 그 정치를 해치게 되니, 어찌 밖으로 드러나기를 기다린 뒤에야 알 수 있겠는가?

　昔者孟子三見齊王, 而不言事, 門人疑之. 孟子曰"我先攻其邪心."
心旣正, 然後天下之事, 可從而理也. 夫政事之失, 用人之非, 知者能更之, 直者能諫之. 然非心存焉, 則一事之失, 救而正之, 後之失者,
將不勝救矣. 格其非心, 使無不正, 非大人其孰能之! 〔『程氏外書』6-
140〕

　옛날에 맹자가 세 번 제(齊)나라 임금을 만났으나 정사(政事)에 대한 말을 하지 않았으므로 문인들이 그것을 이상하게 여겼다. 맹자는
"나는 먼저 그 사심(邪心)을 공격하였다"[34]라고 말했다. 마음이 바르게
된 다음에야 천하의 일들을 다스릴 수 있다. 대저 잘못된 정사와 인물
등용에 있어서의 잘못된 것들은 지혜로운 사람이 고칠 수 있으며, 곧
은 사람이 간(諫)할 수 있다. 그러나 군주의 마음이 바르지 아니하면
한 가지 잘못된 일은 구하여 바르게 할 수 있지만 뒷날 일어나는 계
속되는 잘못은 다 구할 수 없다. 그 그릇된 마음을 바로잡아서 바르지
않음이 없게 하는 일이야 대인(大人)이 아니고서는 그 누가 할 수 있
겠는가!

　○孟子見齊王, 首言仁術, 曰"是心足以王." 至將求其所大欲, 則曰:
"緣木求魚, 後必有災", "王欲行之, 盍反其本?" 凡皆以格其非心而興
其善意, 至於一政事之得失, 固未暇論.

---

34)『순자』「대략」. "孟子三見宣王不言事. 門人曰, 曷爲三遇齊王, 而不言事? 孟子
曰, 我先攻其邪心."

○ 맹자가 제나라 선왕(宣王)을 보고 먼저 인(仁)을 행하는 방법을 말하여, "이 마음이면 왕 노릇하기에 충분합니다"라고 하였다. 왕이 크게 바라는 것을 찾으려고 한다고 말하자, "이는 나무에 올라가서 물고기를 찾는 것과 같으니, 뒤에 반드시 재앙이 있을 것입니다"라고 하고, "왕이 행하고자 하는 뜻이 있다면 어찌 그 근본을 돌이켜 생각하지 않으십니까?"라고 말했다.[35] 무릇 모두가 그 인(仁)하지 아니한 마음을 바로잡아서 그 착한 뜻을 일으킨 것이니, 한 가지 정사(政事)의 이익과 손실에 이르리서는 진실로 의논할 겨를이 없었다.

23

橫渠先生曰:

"'道千乘之國', 不及禮樂刑政, 而云'節用而愛人, 使民以時'. 言能如是, 則法行, 不能如是, 則法不徒行. 禮樂刑政, 亦制數而已耳."
〔『正蒙』「有司」7〕

장재가 말했다.

"'천승의 나라를 다스림'에 있어서 예(禮)·악(樂)·형(刑)·정(政)은 말하지 않고 '쓰는 물건을 절약하고 사람을 사랑하며, 백성을 부리되 때에 맞추어야 한다'[36]고만 하였다. 말하자면, 이와 같이 할 수 있으면 법이 잘 시행될 수 있고, 이와 같이 할 수 없으면 법이 제대로 시행되지 못할 것이다. 예·악·형·정은 또한 제도와 명목일 뿐이다."

○『正蒙』, 下同.
○ 說見『論語』. "道", 治也. '千乘', 諸侯之國, 其賦可出兵車千乘

---

35) 『맹자』 「양혜왕」 상 7장 "王欲行之, 則盍反其本矣."
36) 『논어』 「학이」 5장 "子曰, 道千乘之國, 敬事而信, 節用而愛人, 使民以時."

者. 治國以人心爲本. 必節己裕民, 德意孚洽, 民安其生, 然後禮樂刑政有所措.

○『정몽』에 나오며, 아래도 같다.
○ 설명이 『논어』에 보인다. "도(道)"는 다스림이다. '천승(千乘)'은 제후의 나라인데, 그 군대가 병거 천승을 동원할 수 있는 자이다. 나라를 다스림은 인간의 마음으로써 근본을 삼는다. 반드시 자기를 절제하고 백성을 넉넉하게 하여, 덕성스러운 뜻이 백성에게 믿음을 사고 흡족하게 되어, 백성이 그 삶을 편안하게 여긴 다음에야 예·악·형·정을 베풀 곳이 있게 된다.

24

法立而能守, 則德可久, 業可大. 鄭聲佞人, 能使爲邦者, 喪所以守, 故放遠之. 〔『正蒙』「三十」29〕

법이 확립되고 (그것을) 잘 지켜나가면 덕이 오래 가고 업적도 위대하게 될 수 있다. 음란한 정나라의 음악과 간사한 사람들은 나라를 다스리는 사람들로 하여금 그가 지켜야 할 바를 잃게 하므로 (공자는) 그것들을 내쳐서 멀리하였다.

○ "鄭聲"者, 鄭國之俗淫邪, 其作之詩著於樂者, 聲皆淫靡. "佞人"者口給面諛之人也. 夫子旣告顏子以四代之禮樂而必欲放鄭聲遠佞人, 蓋二者蕩心之原, 敗法亂紀之要也.

○ "정나라 소리"라는 것은 정나라의 풍속이 음란하고 사특하여 그들이 시를 지어 음악으로 만든 것인데, 소리가 모두 음탕하고 호사스

럽다. "간사한 사람"이란 입으로 말을 잘 하여 아첨하는 사람이다. 공자가 안연에게 사대(四代)의 예(禮)와 악(樂)을 말한 다음 반드시 정나라 음악을 내치고 간사한 사람을 멀리하게 했으니,[37] 대개 이 두 가지는 마음을 방탕하게 하는 근본이며 법(法)을 패하고 기강을 어지럽게 하는 요체이기 때문이다.

25

橫渠先生答范巽之書曰:
"朝廷以道學政術爲二事, 此正自古之可憂者. 巽之謂, 孔孟可作, 將推其所得, 而施諸天下邪? 將以其所不爲, 而强施之於天下歟?

장재가 범손지(范巽之)에게 답하는 글에서 말했다.
"조정에서 도학과 정치술을 두 가지 일로 나누어 생각하니, 이것은 바로 옛날부터 근심하던 것이다. 손지는 어떻게 생각하는가? 공자와 맹자가 오늘날 살아 있다고 가정한다면, 그들이 배워서 알게 된 도(道)를 미루어 천하에 널리 베풀겠는가? 아니면 그 배우지 않은 것을 억지로 천하에 시행하겠는가?

○道學政術分爲兩途, 則學與政皆非矣. 使孔孟復生, 必將推其所得之道, 措之天下. 必不以政術非吾所事, 而姑以是强施之天下也.

○도학과 정치술이 나누어져 둘로 되면 학문과 정치는 모두 잘못된다. 공자와 맹자가 오늘날 다시 태어난다면 반드시 배워서 알게 된 도를 미루어 천하에 시행할 것이다. 반드시 정치술은 내가 관여하는 바

---

37) 『논어』 「위령공」 10장 "放鄭聲 遠佞人 鄭聲淫 佞人殆"

694

가 아니라고 하여 천하에 억지로 베풀지는 아니할 것이다.

　大都君相, 以父母天下爲王道. 不能推父母之心於百姓, 謂之王道
可乎? 所謂父母之心, 非徒見於言. 必須視四海之民, 如己之子. 設使
四海之内, 皆爲己之子, 則講治之術, 必不爲秦漢之少恩, 必不爲五伯
之假名.

　대체로 임금과 재상은 모든 백성의 부모라는 생각으로 정치를 해
나가는 것이 왕도이다. 백성에게 부모의 마음을 미루어 나가지 못하면
왕도라 이를 수 있겠는가? 부모의 마음이라고 하는 것은 말의 표현에
만 나타날 뿐이 아니다. 반드시 천하의 백성 보기를 내 자식 같이 보
아야 한다. 만약 천하의 백성들을 모두 자기 자식으로 여긴다면 다스
림을 강구하는 방법이 반드시 진(秦)나라, 한(漢)나라와 같이 은혜를
무시하지 않을 것이고, 반드시 오패처럼 인의(仁義)의 이름을 거짓으
로 빌리지도 않을 것이다.

　○視民猶子, 則所以撫摩涵育敎誨輔翼之者, 何所不盡? 秦漢慘刻
少恩, 五伯假義圖利, 皆無誠愛之心者也.

　○백성 보기를 자식 같이 하면 어루만지며 함양·육성시키고 가르
쳐서 도와주는 모든 일을 어찌 다하지 않는 바가 있겠는가? 진(秦)나라
와 한(漢)나라는 참혹하여 은혜를 무시하고, 오패는 의(義)를 빌려서 실
리(實利)를 도모하였으니, 모두가 진실로 사랑하는 마음이 없는 것이다.

　巽之爲朝廷言 '人不足與適, 政不足與間.' 能使吾君愛天下之人, 如
赤子, 則治德必日新, 人之進者必良士. 帝王之道, 不必改途而成, 學
與政, 不殊心而得矣."〔『張載集』「文集佚存」〈答范巽之書〉〕

손지가 조정을 위하여 이렇게 말하여라. '사람을 쓰는 일은 꾸짖기에 부족하며 정치는 비난하기에 부족하다'[38]고 하니, 내 임금으로 하여금 천하의 백성들을 갓난아이처럼 사랑하게 한다면 다스리는 덕(德)은 반드시 날로 새로워지고 등용되는 관리들은 반드시 좋은 선비가 될 것이다. 제왕의 도는 반드시 방법을 바꾸지 않고서도 이루어질 것이고 도학과 정치는 마음을 서로 달리하지 않아도 얻게 될 것이다."

○『文集』.

○ "適", 過也, "間", 非也. 用人之非不足過謫, 行政之失不足非間. 惟能愛民如赤子懇惻切至, 則治德將日新, 何憂爲政之失? 所任皆良士, 何憂用之人非? 帝王之道, 卽今日之政事, 非有兩途. 今日之政術, 卽平日之學問, 非有二心也.

○『문집』에 나온다.

○ "적(適)"은 꾸짖는다는 뜻이고, "간(間)"은 비난한다는 뜻이다. 사람을 쓰는 일의 잘못은 꾸짖기에 부족하고, 정치를 실행하는 데 있어서의 실수는 비난하기에 부족하다. 오직 백성을 갓난아이처럼 사랑하여 지극히 간절하게 측은히 여긴다면 다스리는 덕(德)이 날로 새롭게 될 것이니 어떻게 정치를 함에서의 실수를 근심하겠는가? 직책을 맡은 사람들은 모두 선량한 선비들이 될 것이니, 어떻게 사람을 잘못 쓰는 것을 근심하겠는가? 제왕의 도는 곧 오늘의 정사(政事)이니, 두 길이 있을 수 없다. 오늘의 정술(政術)은 곧 평상시의 학문이니, 두 마음이 있지 않다.

---

38) 『맹자』「이루」상 20장. "孟子曰, 人不足與適也, 政不足閒也, 唯大人爲能格君心之非. 君仁, 莫不仁, 君義, 莫不義, 君正, 莫不正. 一正君而國正矣."

제9권

정치의 방법〔治法〕

○此卷論治法. 蓋治本雖立而治具不容闕. 禮·樂·刑·政有一之未備, 未足以成極治之功也.

○이 권은 다스리는 방법을 논한다. 다스림의 근본이 세워진다 해도 다스리는 도구들이 결여되어서는 안 된다. 예·악·형·정 가운데서 어느 하나라도 갖추어지지 않는다면 다스림은 완전히 실현될 수 없다.

1

濂溪先生曰:
"古者聖王, 制禮法, 修敎化, 三綱正, 九疇敍, 百姓大和, 萬物咸若.

주돈이가 말했다.
"옛날에 성왕이 예법을 제정하여 교화를 닦으니, 삼강이 바르게 되고 구주(九疇)가 베풀어져 백성들은 크게 화합하고 만물은 모두 순응하였다.

○朱子曰: "'綱', 網上大繩也. '三綱'者, 夫爲妻綱, 父爲子綱, 君爲臣綱也. '疇', 類也. 九疇見「洪範」. '若', 順也. 此所謂理而後和也."

○주희가 말했다.

"'강(綱)'은 그물 위의 굵은 끈이다. '삼강'은 남편은 아내의 벼리가 되는 것〔夫爲妻綱〕, 아버지는 자식의 벼리가 되는 것〔父爲子綱〕, 임금은 신하의 벼리가 되는 것〔君爲臣綱〕이다. '주(疇)'는 종류이다. 구주(九疇)[1]는 『서경』 「홍범」편에 보인다. '약(若)'은 순응이다. 이 구절은 질서가 잡히고 나서 조화된다는 것을 말한다."

乃作樂, 以宣八風之氣, 以平天下之情.

이에 음악을 지어 팔풍(八風)의 기를 펼치고 천하 사람들의 정을 고르게 하였다.

○朱子曰: "八音以宣八方之風, 見『國語』. '宣', 所以達其學之分, '平', 所以節其和之流."

○주희가 말했다.

"팔음(八音)[2]으로 팔풍(八風)[3]을 펼치는 것은 『국어(國語)』에 보인다.[4] '펼친다'는 것은 나누어진 조리를 통달시키는 것이고, '고르게 한

---

1) 구주는 (1) 五行, (2) 五事, (3) 八政, (4) 五紀, (5) 皇極, (6) 三德, (7) 稽疑, (8) 庶徵, (9) 五福 六極 등이다.

2) 金·石·絲·竹·匏·土·革·木 등 여덟 가지의 음을 가리킨다.

3) 여덟 방향에서 불어오는 바람인 팔풍은 팔음과 상응한다고 한다. 동북의 條風은 匏音에 응하고, 正東의 明庶風은 竹音에, 東南의 淸明風은 木音에, 正南의 凉風은 土音에, 正西의 閶闔風은 金音에, 西北의 不周風은 石音에, 正北의 廣莫風은 革音에 각기 상응한다고 한다.

다'는 것은 조화로움이 지나치게 되는 것을 조절하는 것이다."

故樂聲, 淡而不傷, 和而不淫, 入其耳, 感其心, 莫不淡且和焉. 淡
則欲心平, 和則操心釋.

그래서 음악 소리는 담박(淡泊)하지만 감상적이지 않고, 조화롭지만
지나치지 않아, 귀로 들어오면 마음을 감동시켜 담박하고 조화롭게 되
지 않는 사람이 없다. 담박하면 욕심이 안정되고, 조화로우면 조급한
마음이 풀어진다.

○朱子曰："淡者理之發, 和者和之爲. 先淡後和, 亦主靜之意也.
然古聖賢之論樂曰和而已, 此所謂淡, 蓋以今樂形之, 而後見其本於
莊正齊肅之意耳."

○주희가 말했다.
"담박함은 이치가 드러난 것이고 조화로움은 조화롭게 된 것이다.
담박함을 먼저 말한 다음 조화로움을 말하니, 고요함을 주로 삼는다는
뜻이다. 그러나 옛날에 성현이 음악을 논할 때에는 조화만을 말했는
데, 여기에서 담박함을 말한 것은 아마 요즘 음악으로 표현한 후 그것
이 장중하고 바르며 가지런하고 엄숙함에 근본을 두고 있다는 뜻을
보인 것일 뿐이다."

優柔平中, 德之盛也. 天下化中, 治之至也. 是謂道配天地, 古之極也.

---

4) 『국어』, 「周語」下의 景王 23년주에 나온다 "如是, 而鑄之金, 磨之石, 繫之絲
木, 越之匏竹, 節之鼓, 而行之以遂八風."

여유 있고 평안하며 절도에 맞는 것은 덕이 성대한 것이다. 천하가 변화하여 절도에 맞게 되는 것은 다스림이 지극한 것이다. 이것은 도가 천지와 짝하는 상태로 옛날의 표준이다.[5]

○朱子曰：“欲心平故平中, 躁心釋故優柔. 言聖人作樂功化之盛如此. 或云, '化中'當作'化成.'”

○주희가 말했다.

"욕심이 안정되기 때문에 평안하며 절도에 맞고, 조급한 마음이 풀어졌기 때문에 여유가 있다. 성인이 음악을 지어 교화시킨 공효가 이와 같이 성대하다는 말이다. 어떤 사람은 '化中'은 '化成'이 되어야 한다고 했다."

後世禮法不修, 政刑苛紊. 縱欲敗度, 下民困苦. 謂古樂不足聽也, 代變新聲. 妖淫愁怨, 導欲增悲, 不能自止. 故有賊君棄父, 輕生敗倫, 不可禁者矣.

후세에는 예법이 정비되지 않았고 정치와 형벌은 가혹하고 문란해졌다. 욕망대로 하여 법도를 무너뜨려 아래의 백성들은 곤란하고 고통스럽게 되었다. 옛 음악은 들을 만하지 않다고 하면서 새로운 음악으로 대체하거나 변화시켰다. 새로운 음악은 요사스럽고 방탕하며 근심과 원망을 담고 있어 욕망을 불러일으키고 슬픔을 더해 주어 스스로 그칠 수 없었다. 그래서 임금을 해치고 부모를 버리며 생명을 경시하고 윤리를 해치는 것을 금지시킬 수 없게 되었다.

---

5) 『노자』 68장, "善爲士者不武, 善戰者不怒, 善勝敵者不與, 善用人者爲之下, 是謂不爭之德, 是謂用人之力, 是謂配天古之極."

○朱子曰：“廢禮敗度, 故其聲不淡而妖淫. 政苛民困, 故其聲不和而愁怨. 妖淫故導欲而至於輕生敗倫. 愁怨故增悲而至於賊君棄父.”

○주희가 말했다.

“예와 법도를 허물어버렸기 때문에 그 소리는 담박하지 않고 요사하고 음탕하게 되었다. 정치가 가혹하여 백성들이 고통스러우므로 그 소리는 조화롭지 않고 근심하고 원망하였다. 요사스럽고 음탕했기 때문에 욕망을 불러일으켜 생명을 경시하고 윤리를 해치는 데에까지 이르게 되었다. 근심하고 원망했기 때문에 슬픔을 더해 주어 임금을 해치고 부모를 버리는 데에까지 이르게 되었다.”

嗚呼樂者! 古以平心, 今以助欲, 古以宣化, 今以長怨!

아아 음악이여! 옛날에는 음악으로 마음을 평안하게 했는데 오늘날에는 욕망을 조장하고, 옛날에는 교화를 펼쳤는데 오늘날에는 원망을 키우는구나!

○朱子曰：“古今之異, 淡與不淡, 和與不和而已.”

○주희가 말했다.

“옛날 음악과 지금 음악의 차이는 담박하고 담박하지 않고, 조화롭고 조화롭지 않은 것뿐이다.”

不復古禮, 不變今樂, 以欲至治者, 遠哉.”〔『通書』제17장「樂上」〕

옛날의 예를 회복하지 않고, 지금의 음악을 변화시키지 않으면서 지극한 다스림에 이르고자 하는 것은 요원한 일이다.”

○ 『通書』.

○ 朱子曰 : "復古禮, 然後可以變今樂."

○ 『통서』에 나온다.

○ 주희가 말했다.

"옛날의 예를 회복한 뒤에야 요즘 음악을 변화시킬 수 있다."

2

明道先生言於朝曰 :

"治天下, 以正風俗得賢才爲本. 宜先禮命近侍賢儒及百執事, 悉心
推訪有德業充備, 足爲師表者. 其次, 有篤志好學, 材良行修者, 延聘
敦遣, 萃於京師, 俾朝夕相與講明正學. 其道必本於人倫, 明乎物理.

정호가 조정에서 말했다.

"천하를 다스림에는 풍속을 바르게 하고 현명한 인재를 얻는 것을
근본으로 합니다. 먼저 가까이서 군주를 모시는 현명한 학자들과 모든
관직에 있는 사람들에게 예법에 따라 명령하여, 마음을 다해서 덕업
(德業)을 충만히 갖추고 있어 사표(師表)가 될 만한 사람을 두루 찾게
하십시오. 그 다음으로는 뜻이 돈독하고 학문을 좋아하는 사람과 재주
가 뛰어나고 행동거지가 수양된 사람이 있으면, 돈독한 예로 사자를
보내 불러들여 서울에 모이게 하여 아침부터 저녁까지 서로 함께 바
른 학문을 익히고 밝히게 하십시오. 그 도는 반드시 인륜에 근본하고
사물의 이치를 밝히는 것이어야 합니다.

○ 大而人倫, 微而物理, 皆道之體也.

702

○ 크게는 인륜이고 적게는 사물의 이치이지만, 모두가 도의 본체이다.

其教自小學洒掃應對以往, 修其孝悌忠信, 周旋禮樂. 其所以誘掖激厲, 漸摩成就之之道, 皆有節序.

그 가르침은 소학의 늘 뿌리고 소제하고 응대함에서부터 시작한 후 효제(孝悌), 충신(忠信)과 예악에 맞는 행동을 닦도록 하십시오. 이끌고 격려하여 점점 성취하게 하는 방법에는 모두 절차와 순서가 있습니다.

○ “誘掖”, 引而應之, “激厲”, 作而興之. 漸摩則有漸, 成就則周足.

○ “유액(誘掖)”은 이끌어 나아가게 하는 것이고, “격려(激厲)”는 고무시켜 흥기시키는 것이다. 점점 연마해 가면 점진적으로 나아가고, 성취하게 되면 두루 충분하게 된다.

其要在於擇善修身, 至於化成天下. 自鄉人而可至於聖人之道.

그 요점은 선을 택하여 몸을 닦아 천하를 교화시킴에 있습니다. 이것은 시골 사람에서 성인에 이를 수 있는 길입니다.

○ 擇善者致知格物也. 脩身者誠意正心脩身也. 化成天下者齊家治國平天下也. 鄉人, 鄉里之常人. 孟子曰: “我猶未免爲鄉人”, 是也.

○ 선을 택하는 것은 치지(致知)·격물(格物)이다. 몸을 닦는 것은 성의(誠意)·정심(正心)·수신(修身)이다. 천하를 교화시키는 것은 제

가(齊家)・치국(治國)・평천하(平天下)이다. 시골 사람은 시골의 보통
사람이다. 맹자가 "나는 오히려 시골 사람을 면하지 못했다"[6]라고 한
것이 이것이다.

其學行皆中於是者, 爲成德. 取材識明達, 可進於善者, 使日受其業.

학문과 행동이 모두 이에 부합하는 사람은 덕을 완성한 사람입니다.
재주 있고 명철하여 선에 나아갈 수 있는 사람들을 뽑아서 매일 학업
을 배우게 하십시오.

○ 所學所行中乎是者, 謂擇善脩身足以化成天下, 蓋成德之士. 則
又取夫材識明達可與適道者, 使受學於成德之人.

○ 학문과 행동이 이에 부합하는 사람은 선을 택하고 몸을 수양하여
천하를 교화시킬 수 있는 사람을 가리키니, 대개 덕을 성취한 학자이
다. 그러니 또 재주 있고 명철하여 더불어 도에 나아갈 수 있는 사람
을 뽑아서 덕을 성취한 학자에게 배우게 해야 한다.

擇其學明德尊者, 爲太學之師, 次以分教天下之學.

학문이 밝고 덕이 존귀한 사람을 뽑아 태학의 선생으로 임명한 다
음 천하의 학자들을 나누어 가르치게 하십시오.

○ 教成, 使爲學官, 推教法於天下.

---

6) 『맹자』 「이루」 하 28장. "是故君子有終身之憂, 無一朝之患也. 乃若所憂則有
之 舜, 人也, 我, 亦人也, 舜爲法於天下, 可傳於後世, 我由未免爲鄉人也, 是則
可憂也."

○ 교육이 성취되면 학관(學官)으로 임명하여 교법(敎法)을 온 나라에 퍼뜨리게 한다.

擇士入學, 縣升之州, 州賓興於太學. 太學聚而敎之, 歲論其賢者能者於朝.

학생을 뽑아 학교에 들어가게 하고 현에서는 주의 학교로 올려보내며, 주에서는 빈객의 자격으로 태학에 올려보내게 합니다. 태학에서는 모아서 교육하여 해마다 조정에서 현명한 사람과 능력 있는 사람을 선발하게 하십시오.

○ 此放『周禮』鄕大夫賓興, 司馬論士之制.

○ 이는 『주례(周禮)』에서 향대부(鄕大夫)를 빈객으로 추천하는 것을 본뜬 것으로, 사마광(司馬光)의 학자를 선발하는 제도이다.

凡選士之法, 皆以性行端潔, 居家孝悌, 有廉恥禮遜, 通明學業, 曉達治道者."〔『程氏文集』1卷(明道先生文 1)「請修學校尊師儒取士箚子」〕

대개 학자를 선발하는 법은 모두 품성과 행동이 단정하고 깨끗하며, 집에서는 효제하고 염치가 있어 예에 따라 겸손하며, 학문에 밝게 통달해 있고 다스림의 도를 두루 이해하는 것 등을 기준으로 해야 합니다."

○ 『文集』, 下同.
○ 以此選士, 則通於理而適於用, 本於身而及於天下, 其與後世以文詞記誦取士者, 有間矣.

○『문집』에 나오며, 아래도 같다.

○ 이렇게 학자를 선발하면 이치에 통달해 있으면서 쓰임에 적합하고, 자신에 근본을 두면서 천하에 미치게 되니, 후세에 문장이나 암송을 기준으로 학자를 선발한 것과는 차이가 있다.

3

明道先生論十事.
一曰'師傅.'

정호가 열 가지 일을 논하였다.
첫째는 '사부(師傅)'이다.

○ 古者自天子達於庶人, 必須師友以成就其德業. 今師傅之職不修, 友臣之義未著, 所以尊德樂善之風未成.

○ 옛날에는 천자에서부터 서인까지 반드시 스승과 친구가 있어 그들을 통해 덕업(德業)을 이루었다. 지금은 사부(師傅)의 직책을 정비하지 않고 신하를 벗으로 삼는 올바른 뜻이 드러나지 않아, 덕을 높이고 선을 즐거워하는 기풍(氣風)이 이루어지지 않고 있다.

二曰'六官.'

둘째는 '육관(六官)'이다.

○ 天地四時之官, 歷二帝三王, 未之或改. 今官秩淆亂, 職業廢弛, 太平之治所以未至.

○ 천지사시의 관(官)[7]은 이제(二帝)[8]와 삼황(三皇)[9]의 시대를 거치는 동안 혹시라도 바뀐 적이 없다. 지금은 관의 질서가 뒤섞이고 어지러워졌으며 직책과 일이 (해이하여) 행해지지 않아, 태평스러운 다스림이 이루어지지 못하는 것이다.

三曰'經界.'

셋째는 '경계(經界)'이다.

○ 制民常産使之厚生, 則經界不可不正, 井地不可不均. 今富者跨州縣而莫之止, 貧者流離餓殍而莫之恤. 幸民雖多而衣食不足者, 蓋無紀極. 生齒日益繁而不爲之制, 則衣食日蹙, 轉死日多.

○ 백성들에게 일정한 재산이 있게 하여 삶을 풍요롭게 하려면 경계를 바르게 하지 않으면 안 되고, 경작지를 균등하게 하지 않으면 안 된다. 지금 부유한 자들이 주현(州縣)을 점유하고 있는데도 누구도 막지 않고 있고, 가난한 사람들은 떠돌며 굶어 죽어가고 있는데도 누구도 구휼하지 않는다. 요행을 바라고 일에 힘쓰지 않는 자가 비록 많지만 의식이 부족한 것은 대개 기강과 표준이 없기 때문이다. 인구가 날로 많아지는데도 그것을 다스리지 않는다면, 의식은 나날이 부족해져 떠돌아다니다가 죽는 자가 나날이 많아질 것이다.

四曰'鄕黨.'

---

7) 육관, 즉 천관인 冢宰, 지관인 司徒, 춘관인 宗伯, 하관인 司馬, 추관인 司寇, 동관인 司空을 가리킨다.
8) 堯와 舜.
9) 夏의 禹王, 殷의 湯王, 周의 文王과 武王을 가리킨다.

넷째는 '향당(鄕黨)'[10]이다.

○古者政敎始乎鄕里, 其法起於比閭, 族·黨·州·鄕·酇·遂以相聯屬統治, 故民相安而親睦, 刑法鮮犯, 廉恥易格.

○옛날에는 정치와 교화는 향리(鄕里)에서 시작되었고 법은 비려(比閭)[11]에서 시작되어 족(族)·당(黨)·주(州)·향(鄕)·찬(酇)[12]·수(遂)[13]가 서로 연속적으로 통치되었기 때문에, 백성들은 서로 편안히 여겼고 화목하여 형벌을 받을 죄를 범한 경우가 적었고 염치를 알아 쉽게 교정되었다.

五曰'貢士.'

다섯째는 '선비를 추천하는 일[貢士]'이다.

○庠序, 所以明人倫化成天下. 今師學廢而道德不一, 鄕射亡而禮義不興, 貢士不本於鄕里而行實不修, 秀民不養於學校而人材多廢.

○상서(庠序)[14]는 인륜을 밝혀 천하를 교화시키는 곳이다. 지금은 스승과 학교가 제대로 되어 있지 않아 도덕이 일치하지 않고, 향사례(鄕士禮)가 제대로 행해지지 않아 예의가 흥기하지 않으며, 학자를 추

---

10) 주대의 법제에 의하면 향은 1만 2,500호이고 당은 500호이니 여기서 의미하는 것은 부락 단위의 공동체 생활이다.
11) 비는 5호, 려는 25호의 부락이다.
12) 周나라의 행정구역, 100집이 사는 마을.
13) 周나라의 행정구역으로 王城에서 100-300리 사이의 땅.
14) 상은 은나라 때의 학교이며 서는 주나라 때의 학교이니, 상서는 학교를 가리킨다.

천하는 일이 향리에 근본하지 않아 행실이 닦여지지 않고, 재주 있는 백성을 학교에서 가르치지 않아 인재가 버려지는 일이 많다.

六曰'兵役.'

여섯째는 '병역'이다.

○古者府·史·胥·徒受祿公上, 而兵農未始判也. 今驕兵耗匱國力, 禁衛之外不漸歸之農, 則將貽深慮. 府·史·胥·徒之役毒遍天下, 不更其制則未免大患.

○옛날에는 부(府)·사(史)·서(胥)·도(徒)[15]가 공상(公上)으로부터 봉록을 받았지만 처음부터 병(兵)과 농(農)이 구분된 적은 없었다. 지금은 교만한 군사들이 국력을 낭비하니, 금위군(禁衛軍) 이외에는 농사일로 돌려보내지 않으면 앞으로 매우 걱정거리가 될 것이다. 부·사·서·도의 일이 천하에 해독을 두루 끼치니, 제도를 고치지 않으면 큰 걱정을 피할 수 없을 것이다.

七曰'民食.'

일곱째는 '백성들의 식량'이다.

○古者民必有九年之食. 今天下耕之者少, 食之者衆. 地力不盡, 人功不勤, 固宜漸從古制均田務農, 公私交爲儲粟之法以爲凶歲之備.

---

15) 『주례』에 의하면 천관인 태재(太宰)의 아래에는 부 6인, 사 12인, 서 12인, 도 120인이 있었다.

○ 옛날에는 백성들은 반드시 9년치의 양식을 저장했다. 지금은 천하에 농사 짓는 자는 적고 먹는 자는 많다. 지력을 다 활용하지 않고 사람들은 힘쓰지 않으니, 마땅히 옛날의 제도를 따라 농지를 균등하게 나누어 농사 일에 힘쓰게 하고, 나라와 개인이 곡식을 저장하는 법을 만들어 흉년에 대비해야 한다.

八曰 '四民.'

여덟째는 '사민(四民)'이다.

○ 古者四民各有常職, 而農者十居八九, 故衣食易給. 今京師浮民, 數逾百萬. 此在酌古變今, 均多恤寡, 漸爲之業以救之耳.

○ 옛날에는 사민[16]이 각각 일정한 직분이 있었고 농사 짓는 사람이 열 중에서 팔구 명이어서 의식은 쉽게 공급되었다. 지금은 서울에 떠도는 사람 수가 백만이 넘는다. 이런 것은 옛 제도를 참고하여 현재 상황을 바꾸어서 부유한 사람의 것을 나누어 가난한 사람을 구휼하고, 점차적으로 직업을 마련해주어 구제해야 할 뿐이다.

九曰 '山澤.'

아홉째는 '산택(山澤)'이다.

○ 聖人理物, 山虞澤衡, 各有常禁. 故萬物阜豐而財用不乏. 今五官不修, 六府不治, 用之無節, 取之不時. 推修虞衡之職使將養之, 則有

16) 士·農·工·商을 말한다.

變通長久之勢.

○ 성인이 만물을 관리할 때 산에는 우인(虞人)를 두어 다스렸고 못에는 형인(衡人)을 두어 다스려 각각 일정한 금지가 있었다. 그래서 만물은 풍성하였고 재물은 부족하지 않았다. 지금 오관(五官)[17]은 정비되지 않았고, 육부(六府)[18]는 다스려지지 않고 있고, 사용하는 데 절도가 없고, 채취하는 데 시기가 없다. 우·형(虞衡)의 관직을 성비하여 기르게 한다면 변통하여 오래도록 유지되는 형세를 갖추게 될 것이다.

十曰'分數.'

열째는 '분수'이다.

○ 古者冠昏喪祭, 車服器用, 等差分別, 莫敢踰僭, 故財用易給而民有常心. 今禮制不足以檢飭人情, 名數不足以旌別貴賤. 奸詐攘奪人人求厭其欲. 此爭亂之道也.
○ 以上十條並節錄本文.

○ 옛날에는 관혼상제(冠婚喪祭)와 거마(車馬)와 용기(用器)에 등차와 분별이 있어 분수를 넘지 못해서 재물이 쉽게 공급되었고 백성들은 일정한 마음이 있었다. 지금은 예제가 인정을 검속하기에 부족하고 이름과 숫자로 귀천을 구별하기에 부족하다. 간사하게 빼앗고 훔쳐 사람들마다 자기의 욕심을 채우려 하니, 이것은 서로 다투는 어지러운 도이다.
○ 이상 10개의 조목은 모두 본문을 줄인 것이다.

---

17) 오관은 司徒·司馬·司空·司士·司寇를 말한다.
18) 육부는 司土·司木·司水·司草·司器·司貨를 말한다.

其言曰:"無古今, 無治亂, 如生民之理有窮, 則聖王之法可改. 後世能盡其道, 則大治, 或用其偏, 則小康, 此歷代彰灼著明之效也. 苟或徒知泥古, 而不能施之於今, 姑欲徇名, 而遂廢其實, 此則陋儒之見, 何足以論治道哉? 然儻謂今人之情, 皆已異於古, 先王之迹, 不可復於今, 趣便目前, 不務高遠, 則亦恐非大有爲之論, 而未足以濟當今之極弊也."〔『程氏文集』1卷(明道先生文 1)「論十事箚子」〕

그가 말했다. "고금(古今)과 치란(治亂)을 막론하고 백성을 길러주는 이치가 곤궁하면 곧 성왕의 법으로 고칠 수 있습니다.[19] 후세에 그 도를 다할 수 있으면 크게 다스려지고, 그 부분만이라도 시행하면 조금 편안하게 되니, 이것은 대대로 분명하게 드러난 효과입니다. 만일 옛날에 집착하는 것만 알고 지금에 시행하지 못하여 고식적으로 이름만 좋으려고 참된 알맹이를 그르친다면 이것은 비루한 학자의 견해이니 어떻게 다스리는 도를 논할 수 있겠습니까? 그러나 혹 요즘 사람들의 실정은 모두 이미 옛날과 달라 선왕의 자취는 오늘날 회복할 수 없다고 하면서 눈앞의 일만 추구하고 고원한 일은 힘쓰지 않는다면 역시 큰 일을 할 수 있는 논의가 아니니, 오늘날의 심한 폐단을 해결하기에는 부족합니다."

○ 泥古而不度今之宜, 徇復古之名而失其實, 此固陋儒之見. 然遂謂先王治法不可用於今, 苟且卑陋, 此又世俗之淺識, 豈足以大有爲而拯極弊哉?

○ 옛날에 집착하여 오늘날에 적절한 것을 헤아리지 못하고 복고(復

---

19) 대부분의 번역서에서는 "성왕의 법을 고칠 수 있다"고 새기지만, 여기에서는 『근사록석의』에 나오는 율곡의 견해에 따라서 새겼다.

占)라는 이름만 좇아서 그 참된 알맹이를 잃는 것은 본디 고루한 유
자의 견해이다. 그렇다고 선왕의 다스리는 법은 오늘날 쓸 수 없다고
하여 구차하고 비루하게 한다면, 이는 또한 세속의 얕은 식견이니 어
찌 큰 일을 하여 심한 폐단을 구제하기에 충분하겠는가?

4

伊川先生上疏曰:

정이가 상소하여 말했다.

○先生除崇政殿說書, 首上此疏.

○선생이 숭정전(崇政殿) 설서(說書)를 제수받을 때, 먼저 이 소를
올렸다.

"三代之時, 人君必有師·傅·保之官. 師道之敎訓, 傅傅之德義,
保保其身體.

"삼대의 시대에는 군주는 반드시 사(師)·부(傅)·보(保)의 관직을
두었습니다. 사는 교훈으로 군주를 인도했고, 부는 덕의를 도와주었고,
보는 군주의 몸을 보호하였습니다.

○"道", 開誘也. "傅", 附益也. "保", 安全也.

○"도(道)"는 열어주고 이끌어주는 것이다. "부(傅)"는 도와주고 보
태어주는 것이다. "보(保)"는 편안하고 온전하게 하는 것이다.

後世作事無本, 知求治, 而不知正君, 知規過, 而不知養德.

후세에는 일을 할 때 근본이 없어, 다스림을 구할 줄은 알지만 군주를 바로잡을 줄은 모르고, 잘못을 바로잡을 줄은 알지만 덕을 길러주는 것은 알지 못합니다.

○君正則治可擧, 德盛則過自消. 正君養德者本也. 求治規過者末也.

○임금이 바르면 정치는 거행되고, 덕이 성대해지면 잘못은 저절로 사라진다. 임금을 바로잡고 덕을 길러주는 것은 근본이다. 다스림을 구하고 잘못을 바로잡는 것은 말단이다.

傅德義之道, 固已疎矣, 保身體之法, 復無聞焉.

덕의를 도와주는 도는 이미 소원해졌고, 몸을 보호해 주는 법도 다시 듣지 못했습니다.

○後世徒存傅保之名, 而無其職. 不言師者, 今日經筵之官, 則道之敎訓之事.

○후세에는 부(傅)와 보(保)의 명칭만 있고 그에 해당하는 직책은 없다. 사(師)를 말하지 않은 것은 요즘은 경연관(經筵官)이 군주를 교훈으로 인도하는 일을 하기 때문이다.

臣以爲, 傅德義者, 在乎防見聞之非, 節嗜好之過.

714

저는 덕의를 도와주는 것은, 바르지 않은 것을 보고 듣는 것을 막아주고, 지나친 기호(嗜好)를 절제하는 데 달렸다고 생각합니다.

○ 非禮之事不接于耳目, 嗜好之私不溺乎心術, 則德義進矣.

○ 예가 아닌 일을 눈과 귀에 접하지 않고 사사로운 기호에 마음을 빠지게 하지 않는다면 덕의가 나아질 것이다.

保身體者, 在乎適起居之宜, 存畏愼之心.

몸을 보호하는 것은 일상생활을 적절하게 하고, 두려워하고 조심하는 마음을 지니는 데 달려 있습니다.

○ 外適起居之宜, 內存畏謹之念, 則心神莊肅, 氣體和平矣.

○ 밖으로 일상생활을 적절하게 하고 안으로 두려워하고 삼가는 생각을 보존하면, 마음과 정신은 장엄하고 엄숙할 것이고 기운과 몸은 화평할 것이다.

今旣不設保傅之官, 則此責皆在經筵. 欲乞皇帝在宮中, 言動服食皆使經筵官知之.

지금은 보와 부의 관을 설치하지 않았으니 이 책임은 모두 경연관에게 있습니다. 신이 바라옵건대 황제께서 궁중에 계실 때의 언동(言動)과 복식(服食)을 경연관이 모두 알도록 하십시오.

○ 宮中言動服食之間, 經筵官皆得與聞之, 則深宮燕私之時, 無異於經筵講誦之際, 對宦官宮妾之頃, 猶若師保之臨乎前也.

○ 궁중에서 말하고 행동하며 입고 먹는 일상의 일까지 경연관이 알 수 있다면, 깊은 궁중에서 연회하거나 혼자 있을 때에도 경연하고 강송하는 때와 다르지 않고, 환관과 처첩(妻妾)을 대할 때에도 사보가 앞에 있는 것처럼 할 것이다.

有翦桐之戲, 則隨事箴規, 違持養之方, 則應時諫止." 〔『程氏文集』 6卷(伊川先生文 2)「論經筵第二箚子」〕

오동잎 자르기 장난과 같은 일이 있으면 일에 따라 경계하여 바로 잡고, 유지하고 기르는 방법을 어기면 때에 따라 간(諫)하여 멈추도록 하십시오."

○『文集』.
○『史記』, 成王與叔虞戲, 削桐葉爲珪, 曰"以此封若." 史佚曰: "天子無戲言, 遂請封叔虞於唐."
○ 本註, 『遺書』又云: "某嘗進言, 欲令上於一日之中, 親賢士大夫 之時多, 親宦官宮人之時少, 所以涵養氣質薰陶德性."

○『문집』에 나온다.
○『사기』에 따르면, 성왕(成王)이 숙우(叔虞)와 장난하면서 오동잎을 잘라 규(珪)로 삼아 "이것으로 너를 봉한다"라고 했다. 사일(史佚)이 말했다. "천자는 장난으로 말해서는 안 되니 숙우(叔虞)를 당(唐)에 봉해야 합니다."
○ 본주에 따르면,『유서』에서 또 다음과 같이 말했다. "내가 일찍이 임금께 말씀을 올려 '임금으로 하여금 하루 중에 현명한 사대부들과

많은 시간을 같이 보내고, 환관과 궁인들과 지내는 시간을 적게 가지도록' 한 것은 기질을 함양하고 덕성에 훈습되게 하고자 한 것이다."

5

伊川先生看詳三學條制云:
"舊制公私試補, 蓋無虛月. 學校禮義相先之地. 而月使之爭, 殊非教養之道. 請改試爲課, 有所未至, 則學官召而敎之. 更不考定高下.

정이가 삼학[20]의 법제를 상세히 살펴보고 말했다.
"구제도는 공사의 시험을 통해 결과에 따라 승급시키니 대개 시행하지 않은 달이 없었습니다. 학교는 예의를 서로 앞세우는 곳입니다. 달마다 경쟁하게 하는 것은 정말로 교육하고 길러주는 방법이 아닙니다. 시험을 과제로 바꾸게 하고 부족한 사람이 있으면 학관이 불러 교육하게 하십시오. 더 이상 시험으로 등급을 정해서는 안 됩니다.

○ 設敎之道, 禮遜爲先.

○ 가르침을 펴는 방법은 예로 사양함을 우선으로 해야 한다.

制尊賢堂, 以延天下之道德之士, 及置待賓吏師齋, 立檢察士人行檢等法."

존현당(尊賢堂)을 지어 도덕을 갖춘 천하의 학자들을 불러들이고 대

---

20) 삼학은 太學, 律學, 武學을 가리킨다. 《현무대계》본 및 『근사록집주집평』
  417쪽.

빈재(待賓齋)와 이사재(吏師齋)를 세우고, 학자들의 행동을 검속(檢束)하는 법을 만드십시오."

○"尊賢", 謂道德可矜式者, "待賓", 謂行能可賓敬者. "吏師", 通於治道, 可爲吏之師法也. 三者皆才德過人, 首延禮之, 使士人知所向慕. 次乃立檢察士行之法.

○"존현(尊賢)"이란 도덕이 모범으로 삼을 만한 사람을 높이는 것이고, "대빈(待賓)"은 행동이 손님으로 공경할 만한 사람을 대우하는 것이다. "이사(吏師)"는 다스리는 도에 통달하여 관리들의 사표가 될 만한 사람이다. 이 세 경우의 사람은 다 재주와 덕이 다른 사람보다 뛰어난 사람이니, 먼저 초빙하여 예로 대해 주어 선비들로 하여금 지향하고 흠모해야 할 바를 알게 해야 한다. 그런 다음에 학자들의 행동을 검속하고 살피는 법을 만들어야 한다.

又云 : "自元豐後, 設利誘之法, 增國學解額, 至五百人. 來者奔湊, 捨父母之養, 忘骨肉之愛, 往來道路, 旅寓他土, 人心日偷, 士風日薄.

또 말했다.
"원풍(元豐)[21] 연간부터 이익으로 사람들을 끌어들이는 법을 만들고 국학의 정원을 늘여 오백 명에 이르렀습니다. 오는 사람은 분주히 와 부모의 봉양을 팽개치고 골육간의 사랑을 잊고, 도로를 왕래하고 객지에 머물러, 인심이 날로 구차해지고 학자들의 기풍이 날로 경박해졌습니다.

21) 宋 神宗의 연호, 1078-1085.

○ "偸", 苟得也. "薄", 謂薄於人倫.

○ "투(偸)"는 구차해지는 것이다. "박(薄)"은 인륜이 경박해지는 것이다.

今欲量留一百人, 餘四百人, 分在州郡解額窄處, 自然士人各安鄉土, 養其孝愛之心, 息其奔趨流浪之志, 風俗亦當稍厚." 又云: "三舍升補之法, 皆案文責跡, 有司之事, 非庠序育材論秀之道.

이제는 백 명의 정원만 남게 하고 나머지 사백 명은 주군(州郡)의 정원[22]이 작은 곳에 나누어 보내 거처하게 하면, 자연히 학자들은 각각 고향에 편히 있으면서 효도하고 사랑하는 마음을 길러, 쫓아다니고 유랑하는 뜻이 멈추게 될 것이니, 풍속 또한 점점 두터워질 것입니다."
또 다음과 같이 말했다.
"삼사승보법(三舍升補法)[23]은 모두가 문장을 살피고 업적을 요구하는 것으로, 유사(有司)의 일이지 상서(庠序)에서 인재를 교육하고 뛰어난 자를 선발하는 방법은 아닙니다.

○ 舊制以不犯罰爲行, 試在高等爲藝. 按其文而不考其實, 責其迹而不察其心. 敎之者非育才之道, 取之者非論秀之法.

○ 구제도는 범죄를 저지르지 않는 것을 행동할 바로 삼았고 시험에서 좋은 등급을 받는 것을 재주 있는 것으로 여겼다. 학생의 문장은

---

22) 解는 鄉에서 추천하는 進士를 가리키고 額은 숫자를 의미한다.

23) 태학에서 학생들의 거처를 세 등급[外舍·內舍·上舍]으로 나누고 시험을 통해 거처를 옮기게 하고 상등급의 거처에 머무는 사람들을 다시 시험 보아 승진시켜 지위를 주는 법도이다. 『근사록상주집평』 417쪽.

보면서 그의 알맹이는 살펴보지 않으며, 그의 업적은 요구하면서 그의 마음은 살피지 않는다. 이렇게 가르치는 것은 인재를 교육하는 방법이 아니고, 그렇게 발탁하는 것은 뛰어난 자를 발탁하는 방법이 아니다.

蓋朝廷授法, 必達乎下, 長官守法, 而不得有爲. 是以事成於下, 而下得以制其上. 此後世所以不治也.

조정에서 내리는 법은 반드시 아래에까지 도달하고 관의 우두머리는 법만 고수하고 있어 제대로 일을 할 수 없습니다. 그래서 일은 아래에서 이루어져 아랫사람이 윗사람을 통제하게 됩니다. 이것이 후세에 다스려지지 않게 된 이유입니다.

○朝廷之法直達於下, 中間更不任人. 故長吏拘於法而不得自任, 在下者反得執法以取必於上. 後世不治, 皆此之由. 非獨庠序而已.

○조정의 법은 직접 아래로 내려가고 중간에는 다시 사람에게 맡기지 않는다. 그래서 관리의 우두머리는 법에 구속되어 스스로 맡아서 하지 못하고, 아래에 있는 사람이 도리어 법을 집행하여 윗사람을 제어한다. 후세에 다스려지지 않은 것은 모두가 여기에서 연유한다. 학교만이 그런 것이 아니다.

或曰 : '長貳得人, 則善矣, 或非其人, 不若防閑詳密, 可循守也.' 殊不知先王制法, 待人而行. 未聞立不得人之法也. 苟長貳非人, 不知敎育之道, 徒守虛文密法, 果足以成人材乎?"〔『程氏文集』7卷(伊川先生文 3)「三學看詳文」,「論改學制事目」,「論禮部看詳狀」〕

혹자는 '장관과 부관에 마땅한 사람을 얻으면 좋지만, 그런 사람이 아닌 경우에는 방비하고 막기를 잘 하여 법에 따라 지킬 수 있도록 하는 것이 좋다'고 말합니다. 그러나 이는 선왕이 제정한 법은 그것을 실행할 수 있는 적임자를 얻어야만 행해질 수 있다는 것을 정말 모르고 하는 말입니다. 적임자를 얻지 않는 경우를 전제로 한 법을 세웠다는 말은 들어 보지 못했습니다. 장관과 부관이 적합한 사람이 아니라면 교육의 도를 알지 못하고 한갓 허문(虛文)과 밀법(密法)만 지킬 것이니, 과연 인재를 만들기에 충분하겠습니까?"

○ 或者謂: "任人則人不能保其皆善, 任法則法猶可守也." 殊不知法待人而後行. 苟不得人, 則雖有密法而無益於成才. 苟得其人, 則無待於密法. 而法之密反害其成才之道. 故不若略文法而專責任也.

○ 어떤 사람은 "사람에게 맡기면, 사람의 선함을 보증할 수 없지만 법에 맡기면, 법은 오히려 지킬 수 있다"고 말한다. 법은 사람이 있어야 행해질 수 있다는 것을 정말 모르고 하는 말이다. 만약 적합한 사람을 얻지 못하면 상세한 법이 있다 해도 인재를 완성시키는 데에는 도움이 되지 않는다. 적합한 사람을 얻으면 법이 상세하지 않아도 된다. 법이 상세한 것은 도리어 인재를 완성시키는 것을 해치는 방법이다. 그래서 법 조항들을 간략히 하고 책임을 완전히 맡기는 것이 더 낫다.

6

「明道先生行狀」云:
"先生爲澤州晉城令, 民以事至邑者, 必告之以孝悌忠信, 入所以事父兄, 出所以事長上. 度鄉村遠近爲伍保, 使之力役相助, 患難相恤, 而姦僞無所容.

「명도선생행장」에 나온다.

"선생이 택주(澤州) 진성령(晉城令)으로 있을 때 백성이 일이 있어 읍(邑)에 오면 반드시 효제와 충신을 말해주어 집에 들어가서는 부형을 섬기고, 나와서는 어른들을 섬기게 하였다. 향촌의 멀고 가까움을 고려하여, 오보(伍保)를 만들어 힘든 일은 서로 돕게 하고 환난은 서로 구제하고, 간사하고 거짓된 것은 용납되지 않게 하였다.

○ 教民孝悌, 爲政先務. 五家爲伍, 五伍爲保. 伍謂相參比也, 保謂相保任也.

○ 백성들을 효제로 교화하는 것이 정사를 행하면서 먼저 힘써야 할 일이다. 다섯 집이 오(伍)가 되고, 다섯 오가 보(保)가 된다. 오(伍)는 서로 함께 하는 것이고, 보(保)는 서로 보호하는 것이다.

凡孤煢殘廢者, 責之親戚鄕黨, 使無失所. 行旅出於其塗者, 疾病皆有所養.

고아나 외로운 사람, 불구자는 친척과 동네에 책임을 지워 보살핌을 받게 하였다. 여행자가 길에서 병이 나면 보살핌을 받을 수 있도록 하였다.

○ 孤煢而無依, 殘廢而不全, 羈旅而疾病者, 皆窮民無告, 使之各得所養.

○ 고아이거나 외로우면서 의지할 데 없는 사람과, 몸의 한 부분이 없어 온전하지 않은 사람과, 여행 중이면서 병든 사람은 모두 궁벽한 처지이면서도 어려움을 하소연할 데가 없는 사람들이니, 그들을 각각

양육받을 수 있게 했다.

諸鄕皆有校, 暇時親至, 召父老與之語. 兒童所讀書, 親爲正句讀.
敎者不善, 則爲易置. 擇子弟之秀者, 聚而敎之. 鄕民爲社會, 爲立科
條, 旌別善惡, 使有勸有恥."〔『程氏文集』11卷(伊川先生文 7)「明道先
生行狀」〕

모든 향촌에 학교가 있어, 틈이 나면 직접 가서 부형을 불러 함께
이야기하였다. 아이들이 읽을 책에 친히 구두를 바로잡아 주기도 하였
다. 가르치는 자가 좋지 않으면 바꾸었다. 자제 중에 우수한 자를 뽑
아 모아서 가르쳤다. 향민(鄕民)은 사회(社會)[24]를 만들어 규칙을 세우
고, 선인과 악인을 구별하여 표시하여 선을 권하고 악을 부끄러워하도
록 하였다."

○觀此, 則養民善俗平易忠厚之政, 可知矣.

○이를 보면 백성을 양육하고 풍속을 선하게 하는 평이하면서도 충
후(忠厚)한 정치를 알 수 있다.

7

"萃王假有廟", 『傳』曰: "羣生至衆也, 而可一其歸仰, 人心莫知其
鄕也, 而能致其誠敬, 鬼神之不可度也, 而能致其來格. 天下萃合人心,
摠攝衆志之道非一, 其至大莫過於宗廟. 故王者萃天下之道, 至於有
廟, 則萃道之至也.

---

24) 社는 15家이니, 15가를 단위로 자치조직을 만든 것이다.

"쵀괘(萃卦 : ䷬)는 왕이 종묘(宗廟)에 이른다"에 대하여 『역전』에서는 이렇게 설명한다. "뭇 생명은 지극히 많지만 그들이 귀의하고 우러러보는 것을 하나로 할 수 있으며, 인심은 향할 곳을 알지 못하지만 성실과 공경을 다하게 할 수 있고, 귀신은 헤아릴 수 없지만 이르게 할 수 있다. 천하의 인심을 합하고 백성들의 뜻을 총섭(摠攝)하는 방법은 한 가지가 아니지만 종묘에 가서 제사 지내는 일이 가장 크다. 그러므로 왕자가 천하의 인심을 모으는 방법은 종묘에 가는 것이었으니, 쵀도의 지극한 것이다.

　　○"假", 至也. 王者至於有廟, 則萃道之盛也. 蓋羣生向背不齊, 惟於鬼神則歸仰無二. 人心出入無時, 惟奉鬼神則誠敬自盡. 言人心之渙散, 每萃於祭享也. 鬼神視之而弗見, 聽之而弗聞. 然齊明盛服以承祭祀, 則洋洋如在可致來格. 言鬼神之遊散, 亦每萃於宗廟也.

　　○"가(假)"는 이르는 것이다. 왕이 종묘에 가는 것은 민심을 가장 잘 모으는 방법이다. 대개 여러 백성들은 향배가 동일하지 않지만 귀신에 대해서는 귀의하고 우러러보는 것에 차이가 없다. 인심은 일정하지 않게 출입하지만 귀신을 받들 때에는 정성과 공경을 스스로 다한다. 흩어진 인심이 매번 제사를 드릴 때 모아진다는 말이다. 귀신은 보려고 해도 눈에 보이지 않고, 들으려고 해도 들리지 않는다. 그러나 재계(齋戒)하여 제복을 차려입고 제사를 받들면 양양(洋洋)하여 마치 그 자리에 있는 것 같이 이르게 할 수 있다. 흩어져 떠도는 귀신도 매번 제사를 지낼 때에는 종묘에 모인다는 말이다.

　　祭祀之報, 本於人心. 聖人制禮, 以成其德耳, 故豺獺能祭, 其性然也." 〔『易傳』 萃卦(䷬) 卦辭〕

제사를 지내 근본에 보답하는 것은 인심에 근본하고 있다. 성인이 예를 만든 것은 그 덕을 이루어주기 위한 것일 뿐이다. (그래서) 승냥이와 수달이 제사 지내는 것은 그들의 본성이 그러해서이다."

○『易傳』.
○『역전』에 나온다.

8

古者戍役再期而還. 今年春暮行, 明年夏代者至, 復留備秋, 至過十一月而歸. 又明年中春遣次戍者. 每秋與冬初, 兩番戍者, 皆在疆圉, 乃今之防秋也. 〔『程氏經說』3卷「詩解」‘采薇’〕

옛날에 수자리 서는 사람은 두 해 만에 돌아왔다. 올 늦은 봄에 가면 내년 여름에 교대자가 오지만, 더 남아서 가을을 대비해야 하기 때문에 십일월이 지나야 돌아왔다. 또 내년 중춘(中春)에 다음 수자리 설 사람이 간다. 매년 가을과 초겨울은 두 사람이 함께 국경에 있게 되는데 바로 지금의 가을 방위제도이다.

○『經說』.
○ 論「采薇」遣戍役. 北狄畏暑耐寒. 又秋氣折膠則弓弩可用. 故秋冬易爲侵暴, 每留戍以防之.

○『경설』에 나온다.
○『시경』〈채미(采薇)〉편에서 수자리를 말하고 있다. 북적(北狄)은 더위를 싫어하고 추위를 잘 견딘다. 또 가을철 기후는 아교가 굳어서 꺾이기 때문에 활과 화살을 사용할 수 있다. 그래서 가을과 겨울에 침

입하기 쉬워 매년 수자리 서는 사람을 두어 지키게 한다.

9

聖人無一事不順天時, 故至日閉關. 〔『程氏外書』3-9〕

성인은 계절을 따르지 않는 경우가 없었으므로, 동지에는 관문을 닫았다.

○『遺書』, 下同.
○復卦「象傳」, 說見第四卷.

○『유서』에 나오며, 아래도 같다.
○복괘(復卦) 「상전」에 있는 말로, 설명이 제4권에 보인다.

10

韓信多多益辨, 只是分數明. 〔『程氏遺書』7-55〕

한신(韓信)은 군사의 숫자가 많으면 많을수록 더욱 잘 관리했는데, 이는 계급을 나누는 것과 대열의 질서에 밝았기 때문이다.

○分者, 管轄階級之分. 數者, 行伍多寡之數. 分數明, 則上下相臨, 統紀不紊. 所御者愈衆, 而所操者常寡.

○분(分)은 관할하는 계급의 나뉨이다. 수(數)는 항(行)과 열(列)의 많고 적은 수이다. 계급을 나누는 것과 대열의 수가 분명하면 상하가

함께 있어도 질서가 문란하지 않게 된다. 부려야 할 사람이 많아도 조절해야 할 일은 항상 적다.

11

伊川先生曰：

"管轄人亦須有法. 徒嚴不濟事. 今帥千人, 能使千人依時及節, 得飯喫, 只如此者, 亦能有幾人?

정이가 말했다.

"관할하는 사람은 반드시 법이 있어야 한다. 엄하게만 해서는 일을 이룰 수 없다. 지금 천 사람을 통솔하면서 천 사람이 밥을 제때 먹게 할 수 있는 사람이 몇이나 되겠는가?

○ 管轄, 統軍之官. 法謂區畫分數之法.

○ 관할은 군대를 통솔하는 관직이다. 법은 구획하고 분수 짓는 법이다.

嘗謂'軍中夜驚, 亞夫堅臥不起', 不起善矣, 然猶夜驚何也? 亦是未盡善." 〔『程氏遺書』 10-20〕

언젠가 이렇게 생각해 보았다. '군중에서 밤에 동요가 일어났다고 말하여도 아부(亞夫)[25]는 계속 누워 있었다'라는 말이 있는데, 계속 누워 있었던 것은 잘한 일이지만 밤에 왜 놀랐겠는가? 역시 통솔을 아

---

25) 周勃의 아들이다.

주 잘 한 것은 아니다."

○ 漢景帝時, 七國反, 遣周亞夫將兵擊之. 軍中夜驚擾至帳下, 亞夫
堅臥帳中不起, 有頃遂定.

○ 한(漢) 경제(景帝) 때 일곱 나라가 반란을 일으키자 주아부(周亞
夫)를 보내 군대을 이끌고 공격하게 하였다. 군중에서 밤에 소동이 일
어나 군막까지 전해졌지만, 아부는 장막 안에 누워서 일어나지 않았는
데, 조금 있다 안정되었다.

12

管攝天下人心, 收宗族, 厚風俗, 使人不忘本, 須是明譜系, 收世族
立宗子法. 〔『程氏遺書』 6-82〕

천하의 인심을 총괄하고 종족을 거두어들이며 풍속을 두텁게 하여
사람들로 하여금 근본을 잊지 않게 하기 위해서는, 반드시 족보를 밝
히고 세족(世族)을 거두어들이며, 종자(宗子)의 법을 확립해야 한다.

○ "譜", 籍錄也. "系", 聯屬也. 明之者辨著其宗派. 古者諸侯之適
子適孫, 繼世爲君. 其餘庶子不得禰其先君. 因各自立爲本派之始祖.
其子孫百世皆宗之, 所謂太宗也. 族人雖五世外皆爲之齊衰三月. 太
宗之庶子又別爲小宗. 而小宗有四. 其繼高祖之適長子, 則與三從兄
弟爲宗, 繼曾祖之適長子, 則與再從兄弟爲宗, 繼祖之適長子, 則與同
堂兄弟爲宗, 繼禰之適長子, 則與親兄弟爲宗. 蓋一身凡事四宗, 與太
宗爲五宗也.

○ "보(譜)"는 족보이다. "계(系)"는 혈통이다. 밝힌다는 것은 그 종파를 구별하여 드러내는 것이다. 옛날에 제후의 적자와 적손은 대대로 군주가 되었다. 그 나머지 여러 아들들은 아버지의 사당을 모실 수 없었다. 그래서 각각은 자기 종파의 시조로 세워졌다. 그 자손들은 백세 동안 모두 그를 종주(宗主)로 삼았으니 대종(大宗)이라고 불린다. 족인(族人)들은 5세를 지나더라도 모두 그들 위해 삼개월의 자최복(齊衰服)을 입었다. 대종의 여러 아들들은 또 별도로 소종(小宗)이 된다. 소종에는 네 가지가 있다. 고조의 적장자를 계승한 경우는 삼종 형제와 함께 종이 되고, 증조의 적장자를 계승한 경우는 재종 형제와 더불어 종이 되며, 조부의 적장자를 계승한 경우는 사촌 형제와 더불어 종이 되고, 아버지의 적장자를 계승한 경우는 친형제와 더불어 종이 된다. 한 사람이 사종을 섬기니 대종과 함께 오종이다.

〔本註〕 又曰 : "一年有一年工夫."

〔본주〕 또 말했다. "한 해에는 한 해에 해야 할 공부가 있다."

○ 行之以漸, 持之以久.

○ 점차적으로 행하면 오랫동안 지속된다.

13

宗子法壞, 則人不自知來處. 以至流轉四方, 往往親未絶, 不相識. 今且試以一二巨公之家行之, 其術要得拘守得. 須是且如唐時立廟院, 仍不得分割了祖業, 使一人主之. 〔『程氏遺書』15-57〕

종자(宗子)의 법이 무너지면 사람은 자기가 어디서 왔는지를 모르게 된다. 사방으로 떠돌아 다니다가 때로는 친족관계가 끝나지 않은 사이인데도 서로 알아보지 못하게 된다. 지금 우선 한두 대가의 집에서 시험삼아 행하게 하여 그 방법을 굳게 지킬 수 있도록 해야 한다. 또 당대(唐代)와 같이 묘원(廟院)을 세우고, 조상의 전지(田地)를 나누지 말고 한 사람에게 관리하게 해야 한다.

○立廟院, 則人知所自出而不散. 不分祖業, 則人重其宗而不遷.

○묘원(廟院)을 세우면 사람들은 자신이 유래한 곳을 알아 흩어지지 않는다. 조상의 가업(家業)을 나누지 않으면 사람들은 그 종자(宗子)를 귀하게 여겨 옮기지 않는다.

14

凡人家法, 須月爲一會以合族. 古人有花樹韋家宗會法, 可取也. 每有族人遠來, 亦一爲之. 吉凶嫁娶之類, 更須相與爲禮, 使骨肉之意常相通. 骨肉日疎者, 只爲不相見, 情不相接爾. 〔『程氏遺書』 1-31〕

무릇 사람의 가법은 한 달에 한 번은 모임을 만들어 친족이 모여야 한다. 옛날 '꽃나무 아래에서 위씨(韋氏) 집안이 종회(宗會)를 연 일'[26]이 있었으니 취할 만하다. 족인이 멀리서 올 때마다 또한 함께 모여야 한다. 길흉의 일이나 시집 가고 장가 가는 일이 있으면 서로 함께 예를 행하여 골육의 뜻이 항상 통하게 해야 한다. 골육의 친척이 나날이 소원해지는 것은 서로 만나지 않아 정으로 서로 접촉하지 않기 때문이다.

---

26) ≪한문대계≫본에 唐 岑參이 지은 '韋員外花樹歌'가 소개되어 있다.

15

冠婚喪祭, 禮之大者, 今人都不理會. 豺獺皆知報本, 今士大夫家多
忽此. 厚於奉養, 而薄於先祖, 甚不可也. 某嘗修六禮大略. 家必有廟,

관혼상제는 예 가운데 중요한 것인데, 지금 사람들은 모두 이해하
지 못하고 있다. 승냥이와 수달도 모두 근본에 보답할 줄 아는데 지금
사대부의 집안에서도 이 일을 소홀히 하는 경우가 많다. 부모를 모시
는 일은 후하게 하면서 조상에게는 박하게 하니, 매우 옳지 않은 일이
다. 나는 일찍이 육례(六禮)²⁷⁾의 대략을 정리하였다. 집안에는 반드시
가묘(家廟)가 있어야 하고,

○庶人立影堂.
○自庶人以下, 皆本注.

○(『유서』의 본주에서) '서인(庶人)은 영당(影堂)을 세운다'(고 하였다).
○서인 이하부터는 모두 본주에 나온다.

廟必有主.

가묘에는 신주(神主)가 있어야 한다.

○高祖以上卽當祧也. 主式見『文集』. 又云 : "今人以影祭, 或一髭
髮不相似, 則所祭已是別人, 大不便."

---

27)『예기』「앙제」. "六禮, 冠‧昏‧喪‧祭‧鄕‧相見. 七敎, 父子‧兄弟‧夫
婦‧君臣‧長幼‧朋友‧賓客. 八政, 飮食‧衣服‧事爲‧異別‧度‧量‧數‧
制." 冠‧婚‧喪‧祭‧鄕飮酒‧士相見의 여섯 예이다.

○고조(高祖) 이상은 합사(合祀)해야 한다. 신주의 형식은 『문집』에 나와 있다.

또 말했다.

"요즘 사람은 영정(影幀)을 사용하여 제사를 지내는데, 혹 수염 하나 머리털 하나라도 돌아가신 분과 비슷하지 않으면 이미 제사받는 사람과 다른 사람이 되니, 크게 불편하다."

月朔必薦新, 時祭用仲月. 冬至祭始祖,

매월 초하루에는 반드시 새로 나온 음식을 올리고, 계절에 따라 지내는 제사는 중월(仲月)에 지낸다. 동지에는 시조에게 제사 지내고,

○薦後方食.
○止於高祖. 旁親無後者, 祭之別位.
○冬至, 陽之始也. 始祖, 厥初生民之祖也. 無主, 於廟中正位設一位, 合考妣享之.

○제사에 올린 후 먹는다.
○(계절에 따라 지내는 제사는) 고조까지만 지낸다. 방계(旁系)의 친족 중에 후손이 없는 경우는 별도로 신위(神位)를 마련하여 제사 지낸다.
○동지에는 양이 시작된다. 시조는 처음에 백성을 낳은 조상이다. 신주는 없고 묘(廟) 가운데 자리를 하나 설치하여 부부를 함께 제향한다.

立春祭先祖, 季秋祭禰.

입춘에는 선조에게 제사 지내며, 계추(季秋)에는 선친에게 제사 지낸다.

○立春, 生物之始也. 先祖, 始祖而下, 高祖而上, 非一人也, 亦無主, 設兩位分享考妣.

○季秋, 成物之時也.

○ 입춘은 만물을 낳는 시작이다. 선조는 시조 이하, 그리고 고조 이상인데, 그래서 한 사람이 아니고 또 신주가 없으니, 두 위패를 설치해서 돌아가신 아버지와 어머니로 나누어서 제사 지낸다.

○ 계추는 곡물이 완전히 이루어지는 때이다.

忌日遷主祭于正寢. 凡事死之禮, 當厚於奉生者. 人家能存得此等事數件, 雖幼者可使漸知禮義. 〔『程氏遺書』18-232〕

기일(忌日)에는 신주를 정침(正寢)에 옮겨 제사 지낸다. 대개 죽은 이를 섬기는 예는 산 자를 봉양하는 것보다 두터워야 한다. 집에서 이런 여러 가지 일을 잘 지키면 어린아이에게도 점차 예의를 알게 할 수 있다.

16

卜其宅兆, 卜其地之美惡也. 地美則神靈安, 其子孫盛. 然則曷謂地之美者? 土色之光潤, 草木之茂盛, 乃其驗也. 而拘忌者, 惑以擇地之方位, 決日之吉凶. 甚者不以奉先爲計, 而專以利後爲慮, 尤非孝子安措之用心也. 惟五患者, 不得不愼. 須使異日不爲道路, 不爲城郭, 不爲溝池, 不爲貴勢所奪, 不爲耕犂所及. 〔『程氏文集』10卷(伊川先生文6)「葬説」〕

택조(宅兆)를 정한다는 것은 좋고 나쁜 땅을 정하는 것이다. 땅이 좋으면 신령이 편안하고 자손이 번성하게 된다. 그렇다면 좋은 땅이란 어떤 곳을 말하는가? 흙색이 윤이 나고 초목이 번성한 것이 좋은 땅이라는 증거다. 그러나 금기(禁忌)에 사로잡힌 사람들은 택지의 방위와 택일의 길흉에 미혹되곤 한다. 심한 사람은 조상 섬기는 것은 생각하지 않고 오직 후손의 이로움만을 생각하니, 이것은 효자가 선친의 영구를 편안히 모시는 마음이 아니다. 다만 다섯 가지는 조심해야 한다. 후일에 길이 나지 않도록 하고, 성곽이 되지 않도록 하며, 못이나 개울이 되지 않도록 하고, 권세 있는 사람에게 땅을 빼앗기지 않도록 하고, 밭을 가는 쟁기가 미치지 않도록 해야 한다.

○ "宅", 墓穴也. "兆", 塋域也.
○ 本註云 : "一本所謂五患者, 城郭・溝渠・道路, 避村落, 遠井窰."

○ "택(宅)"은 묘혈(墓穴)이며, "조(兆)"는 묘지이다.
○ 본주에서 말했다.
"어떤 판본에는 다섯 가지 걱정이라는 것이 성곽・도랑・도로, 촌락을 피하는 것, 우물과 가마를 멀리하는 것으로 되어 있다."

17

正叔云 :
"某家治喪不用浮圖. 在洛亦有一二人家化之." 〔『程氏遺書』10-24〕

정이가 말했다.
"우리 집에서는 상(喪)을 지낼 때 불교의 방법을 쓰지 않았다. 낙양에서도 한두 사람이 여기에 감화되었다."

○司馬公曰: "世俗信浮屠誑誘, 飯僧設道場, 寫經造像修建塔廟. 曰: '爲此者滅彌天罪惡, 必生天堂, 不爲者必入地獄, 受無邊波吒之苦.' 殊不知. 人生含氣血, 知痛癢. 或剪爪剃髮從而燒斫之, 已不知苦. 況於死者形神相離, 形則入於黃壤朽腐消滅與木石等, 神則飄若風火不知何之, 借使剉燒舂磨, 豈復知之? 安得有天堂地獄之理?"

○사마광(司馬光)이 말했다.

"세속의 사람들이 부처의 거짓 유혹을 믿어, 중들을 먹여주고 도장(道場)을 만들고, 경전을 필사하고 불상을 만들며 탑묘(塔墓)를 건축한다. 그러면서 '이런 일을 하면 천벌과 죄악이 없어져 반드시 천당에 태어나게 되고, 이런 일을 하지 않으면 반드시 지옥에 들어가 끝없는 파타(波吒)[28]의 괴로움을 당한다'라고 말한다. 정말 알지 못하는 것이다. 사람은 태어날 때 기운과 피를 갖고 있어서 고통을 지각할 수 있다. 손톱을 자르고 머리카락을 잘라, 태우고 가루로 만들면 이미 고통을 지각할 수 없다. 하물며 죽은 자는 몸과 정신이 서로 분리되어 형체는 흙으로 돌아가 썩어 없어져 목석과 같이 되고 정신은 바람과 불처럼 표연히 날아가 어디로 갔는지도 모르는데, 부수고 태우며 절구질하고 갈아버린다 해도 어떻게 지각할 수 있겠는가? 어찌 지옥, 천당이 있을 이치가 있겠는가?"

18

今無宗子, 故朝庭無世臣. 若立宗子法, 則人知尊祖重本. 人旣重本, 則朝廷之勢自尊.

---

28) 『근사록석의』에 의하면, 佛書에는 "波波吒吒"로 나오며 추위를 참는 소리라고 한다.

요즘은 종자(宗子)가 없으므로, 조정에 대를 이은 신하가 없다. 종자법을 확립한다면 사람들은 조상을 높이고 근본을 중시할 줄 알게 될 것이다. 사람들이 근본을 중시하게 되면 조정의 위세가 저절로 높아질 것이다.

○古者宗子襲其世祿. 故有世臣. 人知尊祖而重本, 上下相維, 自然固結, 而不渙散. 故朝廷之勢自尊.

○옛날에 종자는 대대로의 녹을 세습했다. 그래서 세신(世臣)이 있었다. 사람이 조상을 높이고 근본을 소중히 할 줄 알면, 상하가 서로 연결되어 자연히 굳게 결속되어 흩어지지 않는다. 그래서 조정의 위세가 자연히 높아진다.

古者子弟從父兄, 今父兄從子弟, 由不知本也. 且如漢高祖欲下沛時, 只是以帛書與沛父老, 其父兄便能率子弟從之. 又如相如使蜀, 亦移書責父老, 然後子弟皆聽其命而從之. 只有一箇尊卑上下之分, 然後順從而不亂也. 若無法以聯屬之, 安可?

옛날에는 자제들이 부형을 따랐는데, 요즘 부형이 자제를 따르는 것은 근본을 모르는 데에서 연유한 것이다. 한나라의 고조(高祖)가 패(沛) 땅을 함락시킬 때 단지 백서(帛書)를 패의 부로에게 주어서 그 부형들이 자제를 거느리고 따르게 하였다. 사마상여(司馬相如)가 촉(蜀)에 사신으로 갔을 때에도 역시 부로에게 글을 보내 문책하자 자제들은 모두 그 명령을 받고 따랐다. 단지 존비와 상하의 일관된 구분이 있은 이후에 순종하고 좇아 어지럽지 않을 수 있었던 것이다. 만일 종자법으로 연속되지 않았다면 어찌 가능할 수 있었겠는가?

736

○ 漢初, 去古未遠, 猶有先王之遺俗, 尊卑之分素定. 所以上下順承而無違悖也.

○ 한나라 초기에는 옛날과 별로 시간상으로 멀지 않아 선왕의 남겨진 풍속이 있어 존비의 분수가 원래 정해져 있었다. 그래서 상하가 순응하여 받들어 어그러짐이 없었다.

且立宗子法, 亦是天理. 譬如木必有從根直上一幹, 亦必有旁枝. 又如水雖遠, 必有正源, 亦必有分派處, 自然之勢也.

종자의 법을 세우는 것은 또한 천리(天理)이다. 나무에 비유하면 뿌리에서 곧게 올라간 줄기가 하나 있고 또 반드시 곁가지가 있는 것과 같다. 또 물이 멀리 흘러가지만 반드시 바른 근원이 있고 나뉘어지는 곳이 있는 것과 같으니, 이는 자연스러운 형세인 것이다.

○ 直榦正源, 猶大宗也, 旁枝分派, 猶小宗也.

○ 곧은 줄기와 바른 근원은 대종(大宗)과 같고, 곁가지와 나누어진 지류는 소종(小宗)과 같다.

然而又有旁枝, 達而爲幹者. 故曰: "古者天子建國, 諸侯奪宗"云. 〔『程氏遺書』18-238〕

그러나 또 곁가지가 커져서 줄기가 된 것도 있다. 그래서 "옛날에 천자가 나라를 세워주면 제후는 종(宗)을 빼앗게 된다"[29]고 말한다.

---

29) 『白虎通』, 「宗族」.

○天子爲天下主, 故得封建侯國, 賜之土, 而命之胙. 諸侯爲一國之主, 雖非宗子, 亦得移宗于己, 建宗廟爲祭主.

○천자는 천하의 주인이기 때문에 제후에게 나라를 봉해 주고, 그에게 땅을 주고, 조(胙)[30]를 내려준다. 제후는 한 나라의 주인이기 때문에 종자가 아니더라도 역시 종자의 지위를 자기에게 옮겨와 종묘를 짓고 제주가 될 수 있다.

19

邢和叔敍明道先生事云:
"堯舜三代帝王之治, 所以博大悠遠, 上下與天地同流者, 先生固已默而識之.

형화숙(邢和叔)이 정호의 일을 서술하였다.
"요순과 삼대 제왕의 다스림이 넓고 크며 유원하여 '상하로 천지와 그 흐름을 같이 한다'[31]는 것을 선생은 진실로 묵묵히 깨달았다.

○所謂'識其大'者.

○이른바 '대체(大體)를 알았다'는 것이다.

至於興造禮樂制度文爲, 下至行師用兵戰陣之法, 無所不講, 皆造

---

30) 『근사록석의』에 의하면 조는 社稷을 의미하니, 사직을 세워 제사 지낼 수 있게 한다는 뜻이다.
31) 『맹자』「진심」상 13장 "夫君子所過者化, 所存者神, 上下與天地同流, 豈曰小補之哉?"

其極. 外之, 夷狄情狀, 山川道路之險易, 邊鄙防戍, 城寨斥候控帶之
要, 靡不究知.

위로는 예악과 제도와 문물을 일으키고, 아래로는 군대를 움직이고
병사를 부리고 전쟁에서 진을 배치하는 방법에 이르기까지, 강구하지
않은 것이 없어서 모든 일이 지극한 경지에 이르렀다. 밖으로는 이적
들의 정황과 산천 도로의 험하고 평탄함 그리고 변방을 지키는 일, 성
채(城寨)를 쌓고, 적정을 살피고, 적을 막고 진영을 보호하는 요령까지
모두 연구하여 알고 있었다.

○ 壘土居民曰"城." 木柵處兵曰"寨." "斥", 遠也, "候", 伺也, 謂遠
伺敵人. "控", 制禦也, "帶", 圍護也.

○ 흙을 쌓아 백성들을 거주하게 한 곳을 "성(城)"이라고 한다. 나무
를 엮어 막아 병사들을 거처하게 한 곳을 "채(寨)"라 한다. "척(斥)"은
멀다는 뜻이고 "후(候)"는 살핀다는 뜻으로, 멀리 적들을 살핀다는 것
이다. "공(控)"은 막는다는 뜻이고 "대(帶)"는 둘러싸서 보호한다는 뜻
이다.

其吏事操決, 文法簿書, 又皆精密詳練. 若先生可謂通儒全才矣."
〔『程氏遺書』「附錄」'門人朋友敍述' 중 形恕〕

일을 처리하고 결정하는 것과 법률과 장부도 모두 상세히 익히고
있었다. 선생과 같은 분은 만사에 통달한 학자이며 완전한 재주를 가
진 사람이라고 할 수 있다."

○附錄.
○“操決”, 謂操持斷決也.

○「부록」에 있다.
○“조결(操決)”은 잡아서 결단을 내린다는 뜻이다.

20

介甫言“律是八分書”, 是他見得. 〔『程氏外書』10-35〕

개보(介甫)[32]가 “『형통(刑統)』은 팔분(80%) 정도의 책이다”라고 말했는데, 이는 그가 제대로 본 것이다.

○『外書』.
○朱子曰: “律是『刑統』, 歷代相傳, 至周世宗命竇儀註解, 名曰『刑統』. 與古法相近, 故曰八分書.” 又曰: “律所以明法禁非, 亦有助於敎化, 但於根本上少有欠缺耳. ‘是他見得’, 蓋許之之詞.”

○『외서』에 나온다.
○주희가 말했다.
“율(律)은 『형통(刑統)』으로, 역대로 전해 온 것인데 주(周)[33] 세종(世宗: 재위 955-959) 때에 이르러 두의(竇儀)에게 주해(註解)하도록 명령하고 이름을 『형통』이라 하였다. 옛날의 법과 비슷하므로 팔분(80%) 정도의 책이라고 하였다.”
또 말했다.

---

32) 개보는 王安石(1021-1086)의 字이다.
33) 五代의 周나라를 가리킨다.

"율은 법을 밝히고 잘못된 것을 금지하는 것이니, 교화에 도움은 되지만 근본에 대해서는 조금 모자란 부분이 있다. '이는 그가 제대로 본 것이다'라고 한 것은 그의 말을 인정하는 말이다."

21

橫渠先生曰:

"兵謀師律, 聖人不得已而用之, 其術見三王方策, 歷代簡書. 惟志士仁人, 爲能識其遠者大者. 素求預備, 而不敢忽忘."〔『張載集』「近思錄拾遺」18〕

장재가 말했다.

"군사적 계획이나 군사의 율법은 성인이 어쩔 수 없이 사용하였는데, 그 방법은 삼왕의 방책(方策)[34]이나 역대의 문서에서 볼 수 있다. 오직 뜻 있는 사람과 어진 사람만이 그 원대함을 알 수 있다. 평소에 미리 대비하여 소홀히 하거나 잊지 말아야 한다."

○『文集』, 下同.
○好謀而成, 師出以律. 雖聖人用師, 無謀則必敗, 無律則必亂. 特非若後世譎詐以爲謀, 酷暴以爲律. 斯其爲遠者大者, 惟志士仁人爲能識之.

○『문집』에 나오며, 아래도 같다.
○"계획을 좋아하되 일을 성공하도록 해야 하며",[35] "군대를 출병할

---

34) 목판에 기록된 것을 '方'이라고 하고 대쪽에 기록된 것을 '策'이라고 하니, 방책이란 그러한 기록물을 가리킨다.

35) 『논어』「술이」10장. "子路曰, 子行三軍, 則誰與? 子曰, 暴虎馮河, 死而無悔

때에는 군율로써 다스려야 한다."[36] 비록 성인이라도 군대를 부릴 때 계획하지 않으면 반드시 패하며, 군율이 없으면 반드시 어지러워진다. 다만 후세의 속이고 거짓으로 행하는 것을 모의로 삼고, 잔폭한 것을 군율로 삼는 것과는 같지 않다. 이는 원대한 것이니, 오직 지사(志士)와 인인(仁人)만이 알 수 있다.

22

肉辟於今世死刑中取之, 亦足寬民之死. 過此, 當念其散之之久. 〔『張載集』 「近思錄拾遺」 19〕

육벽(肉辟)[37]은 오늘날 사형수 중에서 취한다면 백성들의 죽을 죄를 늦추어 주기에 충분할 것이다. 이것을 넘어서 백성들의 마음이 흩어진 지 오래라는 것을 생각해야 한다.

○肉刑有五. 刻額曰 '墨辟.' 辟截鼻曰 '劓辟.' 刖足曰 '剕辟.' 淫刑曰 '宮辟.' 死刑曰 '大辟.' 至漢文帝始罷墨劓剕宮之刑. 或曰: "宮刑不廢." 今欲取死刑情輕者, 用肉刑以代之, 外此當念民心渙散之久, 必明禮義敎化以維持之, 不但省刑以緩死.

○육형(肉刑)에는 다섯 가지가 있다. 이마에 새기는 것을 '묵벽(墨辟)'이라 한다. 코를 베는 것을 '의벽(劓辟)'이라 한다. 발꿈치를 베는 것을 '비벽(剕辟)'이라 한다. 생식기를 못 쓰게 하는 것을 '궁벽(宮辟)'이라 하고 사형을 '대벽(大辟)'이라 한다. 한(漢) 문제(文帝) 때 처음으

者, 吾不與也. 必也臨事而懼, 好謀而成者也."
36) 『주역』 師卦 초육 효사 "初六, 師出以律, 否臧凶."
37) 육체적 형벌을 가리킨다. 설명은 아래 주해에 나온다.

로 묵벽, 의벽, 비벽, 궁벽을 없앴다. 어떤 사람은 "궁형은 없애지 않았다"고 말한다.

현재의 사형에 해당하는 사람 중 범법한 사실이 가벼운 자를 가려 육형으로 대신하려고 하니, 이 밖에도 민심이 흩어진 지 오래되었다는 것을 생각하여 반드시 예의를 밝혀 교화하여 민심을 유지시킬 것을 생각해야지, 단지 형벌을 가볍게 해서 죽음을 늦추어주는 것만으로는 안 된다.

23

呂與叔撰「橫渠先生行狀」云:
"先生慨然有意三代之治, 論治人先務, 未始不以經界爲急. 嘗曰: '仁政必自經界始. 貧富不均, 敎養無法, 雖欲言治, 皆苟而已.

여여숙(呂與叔)이 「횡거선생행장」을 지어 말했다.
"선생은 분연히 삼대의 다스림에 뜻을 두어, 사람을 다스리는 일을 논할 때 경계(經界)를 정하는 것을 가장 급한 일로 생각하였다. 일찍이 다음과 같이 말했다. '인정(仁政)은 반드시 경계에서 시작된다. 빈부가 균등하지 않으면 가르치고 길러줄 방법이 없으니, 다스림을 말하고자 해도 구차해질 뿐이다.

○孟子曰: "仁政必自經界始." 蓋經界不正, 則富者有所恃而易於爲惡, 貧者失所養而不暇爲善, 敎養之法俱廢, 其治苟且而已.

○맹자가 말했다. "인정(仁政)은 경계에서부터 시작한다."[38] 대개 경

---

38) 『맹자』 「등문공」 상 3장. "夫仁政, 必自經界始. 經界不正, 井地不均, 穀祿不

계가 바르지 않으면 부자는 믿는 바가 있어 악을 행하기 쉽고, 가난한 자는 먹고살 길이 없어 선을 행할 여유가 없게 되어, 가르치고 기르는 방법이 모두 쓸모없게 되어버릴 것이니 정치가 구차할 뿐이다.

世之病難行者, 未始不以亞奪富人之田爲辭. 然茲法之行, 悅之者衆. 苟處之有術, 期以數年, 不刑一人而可復. 所病者, 特上之人未行耳.' 乃言曰: '縱不能行之天下, 猶可驗之一鄕.' 方與學者議古之法, 共買田一方, 畫爲數井. 上不失公家之賦役, 退以其私正經界. 分宅里, 立斂法, 廣儲蓋, 興學校, 成禮俗. 救菑恤患, 敦本抑末. 足以推先王之遺法, 明當今之可行. 此皆有志未就."〔『張載集』「橫渠先生行狀」〕

세상에서 실천하기 어려운 일이라고 걱정하는 사람들은 부자들의 땅을 빼앗는 것의 어려움을 변명으로 삼는다. 그러나 이 법을 행하면 기뻐할 사람이 많을 것이다. 만약 처리하는 기술이 있고 수 년 동안 기한을 둔다면 한 사람도 벌을 주지 않고 옛날로 돌아갈 수 있다. 걱정되는 것은 단지 위에 있는 사람들이 행하지 않는 것일 뿐이다.' 그래서 이렇게 말했다. '천하에 행할 수 없다면 한 마을에라도 시험할 수 있다.' 마침내 학자들과 옛법을 의논하고 함께 한 지방의 땅을 사서 여러 개의 정(井)으로 구획하였다. 위로는 공가(公家)의 부역을 잃지 않게 하고, 물러나서는 사전(私田)의 경계를 바르게 하였다. 마을을 나누고, 조세를 거두는 법을 제정하고, 저축을 늘이고, 학교를 세워 예속(禮俗)을 이루었다. 재앙을 구하고 환란을 도우며, 근본을 돈독히 하고 말단을 억눌렀다. 선왕의 남긴 법을 미루어 지금 시대에 행할 만한 일을 밝히기에 충분하였다. 이것들은 모두 뜻은 있었지만 실행되지는 못했다."

平, 是故暴君汙吏必慢其經界. 經界旣正, 分田制祿可坐而定也."

24

橫渠先生爲雲巖令, 政事大抵以敦本善俗爲先.

장재가 운암령(雲巖令)으로 있을 때 정사는 대개 근본을 두텁게 하고 풍속을 선하게 하는 것을 우선으로 삼았다.

○去浮華而務質, 抑末作而尙本, 皆敦本之事也. 勉其孝悌, 興于禮遜, 皆善俗之事也.

○ 겉만 화려하게 꾸미는 것을 버리고 실질에 힘쓰고, 말단이 일어나는 것을 누르고 근본을 숭상하는 것은, 모두 근본을 두텁게 하는 일이다. 효제에 힘쓰고 예의와 겸손을 흥기시키는 것은 모두가 풍속을 선하게 하는 일이다.

每以月吉, 具酒食, 召鄕人高年, 會縣庭, 親爲勸酬, 使人知養老事長之義. 因問民疾苦, 及告所以訓戒子弟之意. 〔『張載集』「橫渠先生行狀」〕

매달 초하루에 술과 음식을 마련하여 마을의 나이든 사람을 관청의 뜰에 모아 직접 술을 권하여, 사람들로 하여금 노인을 대접하고 어른을 모시는 뜻을 알도록 하였다. 그리고 그들에게 백성들의 어려움을 묻고 자제를 훈계하는 뜻을 알려주었다.

○「行狀」.
○ "月吉", 月朔也.

○「행장」에 나온다.

○ "월길(月吉)"은 매달 초하루다.

25

橫渠先生曰:

"古者有東宮, 有西宮, 有南宮, 有北宮. 異宮而同財, 此禮亦可行. 古人慮遠. 日下雖似相疎, 其實如此乃能久相親. 蓋數十百口之家, 自是飮食衣服, 難爲得一.

장재가 말했다.

"옛날에는 동궁도 있고 서궁도 있고 남궁도 있고 북궁도 있었다. 건물은 달랐지만 재산을 공유하였으니,[39] 이런 예는 지금도 행할 수 있다. 옛사람들은 앞일을 미리 생각했다. 당장은 서로 소원한 것처럼 보이지만 실제로는 이렇게 해야 서로 오래 친할 수 있다. 수십 명이나 수백 명이 되는 집안에서 음식과 의복이 통일되기는 자연히 어렵다.

○ 族大人衆, 則服食器用固有不能齊者. 同宮合處, 則怨爭之風或作矣.

○ 집안이 커서 식구가 많으면 복식과 기물을 같게 할 수 없다. 한 건물에서 함께 사는 경우에는 원망하고 다투는 풍습이 혹 생겨날 수 있다.

又異宮, 乃容子得伸其私, 所以避子之私也. 子不私其父, 則不成爲

39) 『의례』「喪服」에는 "異居而同財"로 되어 있다.

746

子. 古之人曲盡人情, 必也. 同宮有叔父伯父, 則爲子者, 何以獨厚於
其父, 爲父者, 又烏得而當之?

또한 건물을 달리하여 자식이 부모에게 사사로운 정을 베푸는 것을
용납하니, 자식의 사사로움을 보호하는 것이다. 자식이 부모에게 사사
롭지 않다면 자식이 될 수 없다. 옛사람들은 반드시 인정에 곡진하였
다. 한 건물에 숙부와 백부가 같이 살고 있다면 자식은 어떻게 자기
어버이만 두텁게 봉양할 수 있겠으며, 아버이는 어떻게 그것을 받을
수 있겠는가?

○ 雖同宗祖, 然親疎有分. 異宮者, 亦使人子各得盡情於其親也. 不
然則交相病矣.

○ 조상이 같지만 친하고 소원한 구별이 있다. 집을 따로 하는 것은
자식들이 각각 자기의 어버이에게 애정을 다 펼 수 있게 하는 것이다.
그렇지 않으면 서로 문제가 생긴다.

父子異宮, 爲命士以上, 愈貴則愈嚴.

아비와 자식이 집을 다르게 쓰는 것은 일명(一命) 이상의 신분이 될
때이다. 신분이 귀하게 되면 이궁의 제도는 더욱 엄했다.

○ 一命爲士, 則父子亦異宮. 愈貴則分制愈密.

○ 일명(一命)을 받아 사(士)가 되면 부자는 거처를 달리한다. 신분
이 귀하게 될수록 나뉘는 제도는 더욱 엄격하다.

故異宮猶今世有逐位, 非如異居也."〔『張載集』「近思錄拾遺」20〕

그러므로 이궁은 요즘 여러 집이 나란히 사는 것과 비슷하지만, 따로 떨어져 사는 것과는 다르다."

○「樂說」.

○「악설」에 나온다.

26

治天下, 不由井地, 終無由得平. 周道止是均平.〔『經學理窟』「周禮」2〕

천하를 다스리는 데에는 정전제부터 시작하지 않으면 끝내 공평하게 할 수 없다. 주나라의 도는 다만 고르고 평등한 것일 뿐이다.

○『語錄』, 下同.
○"周道如砥", 言其平也.

○『어록』에 나오며, 아래도 같다.
○"주나라의 도가 숫돌과 같다"[40]는 것은 공평한 것을 말하는 것이다.

---

40) 『시경』, 「소아」, 〈大東〉, "有饛簋飧, 有捄棘匕, 周道如砥, 其直如矢. 君子所履, 小人所視, 睠言顧之, 潸焉出涕,"

27

井田卒歸於封建乃定. 〔『經學理窟』「周禮」10〕

정전제는 봉건제로 귀착되어야 안정된다.

○ 國有定君, 官有定守. 故民有定業. 後世長吏, 更易不常, 相仍苟且. 縱復井田, 不歸於封建, 則其欺蔽紛爭之患, 庸可定乎?

○ 나라에는 일정한 임금이 있고, 관직에는 일정한 자리가 있다. 그러므로 백성들은 일정한 직업이 있다. 후세의 관리들은 일정하지 않게 서로 바뀌고, 서로 바뀌면서 구차하게 되었다. 정전제를 회복하더라도 봉건으로 돌아가지 않는다면 그 기만과 폐단과 분쟁의 걱정거리를 어떻게 안정시킬 수 있겠는가?

제10권

정사(政事)[1]

○此卷論臨政處事. 蓋明乎治道而通乎治法, 則施於有政矣. 凡居
官任職, 事上撫下, 待同列選賢才, 處世之道具焉.

○ 이 권은 정치에 임하여 일을 처리하는 것을 논한다. 다스리는 도
리에 밝고 다스리는 방법에 통하면 정치를 할 수 있다. 무릇 관직에
있으면서 직책에 임하는 법, 윗사람을 섬기고 아랫사람을 어루만지는
법, 동료를 대우함과 현명한 인재를 선별하는 법, 처세의 도리가 이
권에 갖추어져 있다.

1

伊川先生上疏曰:

"夫鐘, 怒而擊之則武, 悲而擊之則哀, 誠意之感而入也. 告於人亦

---

1) 김평묵의 『근사록부주』에서는 아래의 총론의 해설에 따라 '임정처사(臨政處事)'
라고 제목을 붙였다. 그러나 이 권의 내용 전체가 정치와 관련된 것은 아니다. 주
희가 붙인 '군자가 일을 처리하는 방법'이라는 제목이 『근사록집해』와 『근사록부
주』의 제목보다 타당하다고 생각한다.

如是, 古人所以齋戒而告君也.

정이가 상소하여 말했다.

"대개 종은 화를 내어 치면 씩씩한 소리를 내고, 슬퍼하면서 치면 슬픈 소리를 내니,[2] 성의가 작용하여 들어가는 것입니다. 남에게 말하는 것도 이와 같으므로, 옛사람들은 재계(齋戒)하고 임금님께 아뢰었습니다.

○心誠則氣專. 氣專則聲應. 不誠而能感乎?

○마음이 성실하면 기운이 전일하게 된다. 기운이 전일하게 되면 종소리가 응한다. 성실하지 않고서 감동시킬 수 있으랴?

臣前後兩得進講, 未嘗敢不宿齋預戒, 潛思存誠, 覬感動於上心. 若使營營於職事, 紛紛其思慮, 待至上前, 然後善其辭說, 徒以煩舌感人, 不亦淺乎!"〔『程氏文集』6卷(伊川先生文 2)「上太皇太后書」〕

저는 앞뒤로 두 번 진강(進講)[3]할 수 있었는데, 하루 전에 미리 재계하고, 생각을 가라앉혀 성실함을 보존하여, 임금님의 마음을 감동시키기를 바라지 않은 적이 없습니다. 만일 직무에 분주하고 생각을 어지럽게 하여, 임금님 앞에 선 뒤에야 그 말을 아름답게 꾸며 말재주만으로 남을 감동시키고자 한다면,[4] 역시 천박하지 않겠습니까!"

---

2) 『孔子家語』「六本」. "大鐘之音, 怒而擊之則武, 憂而擊之則悲, 其志變者, 聲亦隨之. 故志誠感之, 通於金石, 而況人乎!"
3) '진강'은 군주 앞에서 논의하고 토론하는 것을 말한다.
4) 『역』咸卦(䷞) 상육의 효사 "광대뼈와 뺨과 혀로 느끼게 한다〔咸其輔頰舌〕"에 대하여, 「상전」에서는 "말만 번지르한 것이다〔滕口說〕"라고 풀이하고 있다. 함괘는 사람의 감응을 중심으로 한 괘로서, 바른 감응은 정성스러운 마음을 통해 이루어져야 함을 설명하고 있다.

○『文集』, 下同.

○ 或問: "伊川未進講已前, 還有間斷否?" 朱子曰: "尋常未嘗不誠. 臨見君時又加意爾. 如孔子沐浴而告哀公, 是也."

○『문집』에 나오며, 아래도 같다.

○ 어떤 이가 물었다.

"정이가 진강하지 않을 때에는 도리어 성실함을 중단한 일이 있었습니까?"

주희가 말했다.

"평상시에도 성실하지 않은 때가 없었다. 임금님을 뵐 때는 더욱 성의를 더하였을 뿐이다. 공자께서 목욕한 뒤에 애공(哀公)에게 아뢴 것[5]과 같은 것이 이것이다."

2

伊川答人示奏薰書云:

"觀公之意, 專以畏亂爲主. 頤欲公以愛民爲先. 力言百姓饑且死, 丐朝廷哀憐, 因懼將爲寇亂, 可也. 不惟告君之體當如是, 事勢亦宜爾.

어떤 사람이 상주문(上奏文)의 초고를 보여줌에 답하여 정이가 말했다.

"그대의 의견을 보면, 오로지 난리를 두려워함을 주로 하고 있습니

---

[5] 『논어』「헌문」 21장. 齊의 陳成子가 簡公을 시해한 사건을 보고 공자가 토벌하자고 진언하러 갈 때, 목욕재계하고서 조정에 들어간 일을 가리킨다(陳成子弑簡公. 孔子沐浴而朝, 告於哀公曰: 陳恒弑其君, 請討之. 公曰: 告夫三子. 孔子曰: 以吾從大大之後, 不敢不告也. 君曰: 告夫三子者. 之三子告, 不可. 孔子曰: 以吾從大夫之後, 不敢不告也).

다. 저는 그대가 백성을 아끼는 것을 우선으로 하기를 바랍니다. 백성
이 굶주려서 장차 죽어감을 힘써 말하여 조정의 연민을 빌고, 그런 뒤
에 백성들이 장차 난리를 일으킬 것을 조정으로 하여금 두려워하게
하면 괜찮습니다. 임금에게 고하는 법도가 이와 같아야 할 뿐만 아니
라, 일의 형세도 이래야 됩니다.

○徒言民飢將亂爲可慮, 而不言民饑將死爲可傷, 則人主徒有憂懼
忿疾之心, 而無哀矜惻怛之意矣. 告君之體, 必詞順而理直, 可也.

○백성이 굶주려 난리를 일으킬 것이 우려할 만하다고만 말하고,
백성이 굶주려 죽으려고 하니 가련하게 여길 만하다고 말하지 않으면,
임금이 우려하고 두려워하며 화를 내고 미워하는 마음만 가지고, 가련
하고 불쌍하게 여기는 마음이 없게 된다. 임금에게 아뢰는 법도는 반
드시 말은 온순하되 도리는 곧아야 한다.

公方求財以活人. 祈之以仁愛, 則當輕財而重民. 懼之以利害, 則將
恀財以自保.

그대는 바야흐로 재물을 구하여 사람을 살리고자 합니다. 어진 사
랑으로써 그렇게 하기를 바란다면, (조정은 당연히) 재물을 가볍게 여
기고 백성을 중요하게 여길 것입니다. 이해(利害)로써 두렵게 한다면,
조정은 재물에 의지하여 자신을 보호하고자 할 것입니다.

○哀矜之心生, 則能輕財以救民之死. 憂懼之心作, 反將恀財以防
民之變.

○불쌍하게 여기는 마음이 생기면 재물을 가볍게 여겨 백성의 주

음을 구할 수 있다. 걱정하고 두려워하는 마음이 일어나면, 도리어 재물을 아껴 백성의 반란을 막고자 할 것이다.

　古之時, 得丘民則得天下. 後世以兵制民, 以財聚衆, 衆財者能守, 保民者爲迂. 惟當以誠意感動, 覬其有不忍之心而已."〔『程氏文集』9卷(伊川先生文 5)「答人示奏草書」〕

　옛날에는 구(丘)의 민심을 얻으면 천하를 얻었습니다. 후세에는 군사로써 백성을 제압하고 재물로 사람들을 모으니, 재물이 많은 자는 천하를 지킬 수 있고, 백성을 보호하는 자는 우원(迂遠)한 자가 됩니다. 오직 성의로써 감동시켜 차마 못하는 마음을 가지도록 바라야 할 따름입니다."

　○四井爲甸, 四甸爲丘. 得乎一丘之民, 則可以得天下. 說見『孟子』. "後世以兵制民", 謂民有所不足畏. '以財養兵', 謂財有所不可闕. 於是以聚財爲守國之道, 以愛民爲迂緩之事. 苟徒懼之以禍亂, 則無惻隱愛民之心, 愈增其聚財, 自守之慮矣.

　○네 정(井)[6]이 전(甸)이 되고, 네 전(甸)이 구(丘)가 된다. 한 구(丘)의 백성에게 인정을 받으면 천하를 얻는다. 이 설명은 『맹자』[7]에 보인다. "후세에는 군사로써 백성을 제압한다"는 것은, 백성들이 두려워할 만한 것이 아니라는 말이다. '재물로 군대를 기르니', 재물이 모자라면 안 된다고 생각한다. 이 때문에 재물을 모으는 것을 나라를 지키

---

6) 900畝가 1井이다.

7) 『맹자』「진심」하 14장. "孟子曰: 民爲貴, 社稷次之, 君爲輕. 是故得乎丘民, 而爲天子. 得乎天子爲諸侯, 得乎諸侯爲大夫." '구(丘)'는 16정을 의미하는 것으로, '구민(丘民)'은 전야의 일반 백성을 뜻하는 말이다.

는 방법이라고 생각하고, 백성을 사랑하는 것이 우원(迂遠)한 일이라고 생각한다. 화란(禍亂)으로 두려워하도록만 한다면, 백성을 측은하게 여겨 사랑하는 마음을 없애고, 재물을 모아 자신을 지키려는 생각만 증대시킬 것이다.

3

明道爲邑, 及民之事, 多衆人所謂法所拘者. 然爲之未嘗大戾於法, 衆亦不甚駭. 謂之得伸其志則不可, 求小補, 則過今之爲政者遠矣. 人雖異之, 不至指爲狂也. 至謂之狂, 則大駭矣.

명도[정호]가 읍(邑)[8]을 다스리며 백성의 일을 처리할 때, 다른 사람들이 보기에 법으로는 금지하고 있는 일이 많았다. 그러나 이것을 하되 법에 크게 어긋나지는 않아, 사람들도 심하게 놀라지는 않았다. 그 뜻을 펼 수 있었다고 말할 수는 없지만 약간의 보완을 추구하였으니, 지금의 정치를 하는 자보다는 훨씬 낫다. 사람들이 이상하게 여겼지만, 광자(狂者)라고 지목하는 데에까지 이르지는 않았다. 광자라고 말할 정도가 되었다면, 사람들이 크게 놀랐을 것이다.

○法令有未便於民者, 衆人爲之未免拘礙. 惟先生道德之盛, 從容裁處, 故不大戾當時之法, 而有補於民. 人雖異之而不至於駭者, 亦其存心寬平, 而區處有方也.

○백성에게 불편한 법령이 있는 경우, 다른 사람들이 다스릴 때는

---

8) 宋代에는 縣을 이렇게 말했다. 그러므로 이 이야기는 명도가 현의 知事가 되었을 때의 일을 가리킨다.

여기에 구애됨을 면하지 못하였다. 오직 선생은 도덕이 성대하여 자연스럽게 재단하여 처리하였으므로, 당시의 법에 크게 어긋나지 않으면서도 백성에게 도움이 있었다. 사람들은 이것을 이상하게 여기면서도 놀라기에 이르지는 않았던 것은, 역시 그의 마음가짐이 넓고 평탄하며, 올바른 방법에 따라 구분하여 처리하였기 때문이다.

盡誠爲之, 不容而後去, 又何嫌乎![『程氏文集』9卷(伊川先生文 5) 「答呂進伯⁹⁾簡三」]

성실함을 다해서 다스리고, 받아들여지지 않은 뒤에 그만두고 돌아가니, 또 무엇을 꺼리겠는가!

○此又可以見先生忠厚懇惻之心. 豈若悻悻然小丈夫之爲哉?

○여기서 또 선생의 충후(忠厚)하고 간절(懇切)하며 측은하게 여기는 마음을 볼 수 있다. 어찌 발끈 화를 내는 소장부와 같겠는가?¹⁰⁾

4

明道先生曰:
"一命之士, 苟存心於愛物, 於人必有所濟."[『程氏文集』11卷(伊川先生文 7)「明道先生行狀」]

정호가 말했다.
"최하급의 관리라도 (실로) 사람을 사랑하는 마음을 가진다면, 사람

---

9) '진백'은 呂本中(1084-1138)의 字이며, 호는 紫微이다.
10) 원문에서의 '爲'자는 초사에서 가끔 사용되는 의문사이다.

들에게 반드시 이루어주는 바가 있을 것이다."

○苟存愛物之心, 必有及物之効.

○사람을 사랑하는 마음을 가진다면 반드시 사람들에게 미치는 효과가 있을 것이다.

5

伊川先生曰:
"君子觀天水違行之象, 知人情有爭訟之道. 故凡所作事, 必謀其始. 絶訟端於事之始, 則訟無由生矣. 謀始之義廣矣, 若愼交結明契券之類是也."〔『易傳』訟卦(☰)「象傳」〕

정이가 말했다.
"군자는 하늘과 물이 서로 반대로 가는 현상을 보고서 사람의 정에 다투는 도리가 있음을 안다. 그러므로 모든 일을 할 때 반드시 그 시작을 신중하게 한다. 소송의 단서를 일의 시작에서 끊어버리면, 소송이 생겨날 빌미가 없어진다. 일의 시작을 신중하게 여긴다는 뜻은 넓으니, 남과 처음으로 사귈 때를 신중하게 하고, 계약의 증서를 명확히 하는 것 등이 이것이다."

○『易傳』, 下同.
○訟卦「象傳」. 坎下乾上爲訟. 天西運, 水東流. 故曰"違行." "交結", 朋遊親戚也. "契券", 文書要約也. 此皆生訟之端. 慮其始必謹必明.

○『역전』에 나오며, 아래도 같다.

○송괘「상전」에 나온다. 아래가 감(坎)괘(☵)이며 위가 건(乾)괘(☰)인 것이 송괘(䷅)이다. 하늘은 서쪽으로 움직이고, 물은 동쪽으로 흐른다. 그러므로 "가는 방향이 어긋난다"고 한다. "교결(交結)"은 친구 및 친척과 놀고 사귀는 것이다. "계권(契券)"은 문서로 약속하는 것이다. 이것들은 모두 다툼이 생기는 단서이다. 시작할 때 잘 생각하여 반드시 삼가며 명확히 해야 된다.

6

師之九二, 爲師之主. 恃專則失爲下之道, 不專則無成功之理, 故得中爲吉.

사괘(師卦 : ䷆)의 구이(九二)는 사괘의 주인이다. 전단(專斷)[11]에 의지하면 아랫사람의 도리를 잃게 되고, 전단하지 않으면 성공할 리가 없으므로, 중도를 얻으면 길하다.

○"恃專則失爲下之道", 如衛靑不敢專誅, 而具歸天子, 使自裁之, 是也. '不專則不能成功', 所謂將在軍君令有所不受, 是也. 二居中, 故有得中之象.

○"전단에 의지하면 아랫사람의 도리를 잃게 된다"는 것은, 위청(衛靑)[12]이 주살(誅殺)을 전단하지 않고 모두 천자에게 돌려보내어 천자가 스스로 판단하게 한 것이 이것이다.[13] '전단하지 않으면 공을 이룰

---

11) 윗사람의 허락이나 명령이 없이 자신의 마음대로 판단하여 행동함.
12) 漢 무제 때의 장군. 字는 仲卿. 위청이 흉노를 공격하였을 때 우장군 蘇建의 죄를 전단하지 않고 왕의 조서를 기다려 처벌한 고사를 가리킴(김평묵의 『구사록부주』에 자세함).

수 없다'는 것은, 이른바 장군이 군영에서는 임금의 명령이라도 받아들이지 않는 바가 있다는 것이 이것이다. 제이효는 내괘(內卦) 가운데 있으므로 중(中)을 얻은 상(象)이 있다.

凡師之道, 威和竝至, 則吉也. 〔『易傳』師卦(䷆) 九二〕

무릇 장군의 도리는 위엄과 온화함이 함께 지극하면 길하다.

○威而不和, 則人心懼而離. 和而少威, 則人心玩而弛. 九二剛中. 故有威和相濟之象.

○ 위엄이 있으면서 온화하지 않으면 인심이 두려워하고 떠난다. 온화하면서 위엄이 적으면 인심이 희롱하고 느슨해진다. 구이는 강(剛)이면서 중(中)에 있다. 그러므로 위엄과 온화함이 서로 도와 이루는 상이 있다.

7

世儒有論魯祀周公以天子禮樂. 以爲周公能爲人臣不能爲之功, 則可用人臣不得之禮樂. 是不知人臣之道也. 夫居周公之位, 則爲周公之事, 由其位而能爲者, 皆所當爲也. 周公乃盡其職耳. 〔『易傳』師卦(䷆) 九二〕

세속의 유자(儒者) 가운데 노나라가 주공(周公)[14]을 천자의 예악(禮

---

13) 위청은 아랫사람으로서의 도리를 제대로 다한 자이니, 예가 잘못 설정되었다.
14) 주공의 이름은 旦이며, 周를 통일한 武王의 동생이다. 무왕의 아들인 성왕이 어려서 천자가 되자, 그는 오래도록 섭정을 하며 주나라의 제도를 정비하였다. 그는

樂)으로 제사 지내는 일을 논하는 자가 있었다. 그는 주공이 신하로서 할 수 없는 공을 세웠으면 신하가 사용할 수 없는 예악을 사용할 수 있다고 생각하였다. 이것은 신하의 도리를 모르는 것이다. 대저 주공의 자리에 있게 되면 주공의 일을 하는 것은 그 자리에서 할 수 있는 것이니, 모두 당연히 해야 할 바이다. 주공은 바로 그의 직책을 다했을 따름이다.

○師卦九二傳. 成王幼, 周公攝政. 周公沒, 成王思其勳德, 錫魯以天子之禮樂, 使祀周公焉. 孔子曰: "成王之賜, 伯禽之受, 皆非也." 或者謂: "周公能爲人臣不能爲之功, 故可用人臣不得用之禮樂." 夫聖人之於事君也, 有盡其道而已. 非有加於職分之外也. 若職分之外, 是乃過爲矣.

○사괘 구이효의 전에 나온다. 성왕(成王)이 어려서 주공이 섭정(攝政)을 하였다. 주공이 죽자 성왕은 그의 공훈(功勳)과 덕행을 생각하여 노나라에 천자의 예악을 하사하여 주공을 제사 지내게 하였다. 공자가 말했다. "성왕이 하사한 것과 백금(伯禽)이 받은 것은 모두 잘못이다." 어떤 사람은 다음과 같이 말한다. "주공이 신하로서 할 수 없는 공훈을 잘 세웠으므로 신하가 쓸 수 없는 예악을 써도 된다." 대저 성인이 임금을 섬김에는 그 도리를 다함이 있을 뿐이다. 직분 밖의 일을 더하지 않는다. 직분 밖의 일을 한다면 이는 바로 지나치게 하는 것이다.

魯의 제후가 되었는데, 성왕은 주공의 공이 크다고 해서 그가 죽고 난 뒤에 그의 아들 伯禽에게 천자의 예악을 사용하여 주공을 제사 지낼 수 있는 권한을 부여하였다.

大有之九三曰: "公用亨于天子. 小人弗克." 『傳』曰: "三當大有之
時, 居諸侯之位, 有其富盛, 必用亨通於天子. 謂以其有爲天子之有也,
乃人臣之常義也.

대유괘(大有卦 : ䷍)의 구삼에서 말한다. "제후가 천자에게 진헌한다.
소인은 감당하지 못한다." 『역전』에서 말한다. "삼효는 대유(大有)의
때를 맞아 제후의 자리에 있으면서 성대한 부유함을 가졌으니, 반드시
(바칠 것으로) 천자에게 통하게 될 것이다. 이것은 자기가 가진 것을
천자의 소유로 생각하는 것이니, 신하로서의 떳떳한 의리이다.

○當大有之時, 公侯擅所有之富, 故戒之以用亨通于天子. 如朝覲
供貢之儀, 凡所以奉上之道. 皆不敢自有其有, 乃爲盡人臣之義也.

○대유의 때를 맞아 공후(公侯)가 가진 부를 마음대로 하므로 천자
에게 진헌하는 일로 경계하였다. 조회하고 알현드리며 공물을 바치는
의식과 같은 것은 모두 천자를 받드는 도리이다. 모든 것에 대하여 자
기의 것을 자기의 것으로 가지지 않는 것이 바로 신하로서의 의리를
다하는 것이 된다.

若小人處之, 則專其富有以爲私, 不知公己奉上之道, 故曰'小人弗
克'也." 〔『易傳』大有卦(䷍) 九三〕

소인이 이러한 처지에 있게 되면, 자기가 가진 부유함을 독점하여
사적인 소유로 하고, 자기를 공(公)적인 존재로 여겨 윗사람을 섬기는
도리를 모른다. 그러므로 '소인은 감당하지 못한다'고 하였다."

9

人心所從, 多所親愛者也. 常人之情, 愛之則見其是, 惡之則見其非. 故妻孥之言, 雖失而多從, 所憎之言, 雖善爲惡也. 苟以親愛而隨之, 則是私情所與, 豈合正理? 故隨之初九, 出門而交, 則有功也. 〔『易傳』隨卦(☶) 初九〕

사람의 마음은 친애하는 자를 따르는 경우가 많다. 보통사람의 감정은, 사랑하면 그 올바른 점을 보고, 미워하면 그 잘못됨을 보게 된다. 그러므로 처자식의 말은 도리에 어긋나더라도 따르는 경우가 많고, 미워하는 사람의 말은 선하더라도 나쁘다고 한다. 친애함에 의해서만 따르게 되면, 이는 사사로운 감정이 관여하는 바이니, 어찌 올바른 이치에 맞겠는가? 그러므로 수괘(隨卦)의 초구에 "대문을 나와 교제하면 공이 있다"고 하였다.

○ 人心之從違, 多蔽於好惡之私, 而失其是非之正. 卦主於隨. 苟惟親暱之隨, 則違正理矣. 故必出門而交, 則無所係累, 而所從者有功也.

○ 사람의 마음이 따르고 어기고 하는 것은, 사사로운 호오(好惡)에 가려져서 시비의 올바름을 잃는 경우가 많다. 수괘(隨卦)는 따르는 것을 주로 한다. 친근하고 가까운 사람만 따른다면 올바른 도리를 어기게 된다. 그러므로 반드시 대문 밖으로 나가서 교제하면 얽매이는 바가 없어지게 되어, 따르는 것이 공을 거두게 된다.

10

隨九五之象曰: "孚于嘉吉, 位正中也." 『傳』曰: "隨以得中爲善.

隨之所防者過也. 蓋心所說隨, 則不知其過矣."〔『易傳』隨卦(䷐) 九五 「象傳」〕

수괘 구오의 「상전」에서 말한다. "아름다운 일에 성실함이 있어 길하다는 것은 자리가 바르고 중[15]이기 때문이다." 『역전』에서 말한다. "따르는 것은 중을 얻음을 좋게 여긴다. 따름에 있어서 막아야 하는 것은 지나침이다. 대개 마음이 기뻐하여 따르게 되면 그 지나침을 모르게 된다."

○ 震下兌上爲隨. '震', 動也, '兌', 悅也. 以悅而動易過於隨, 而不自知. 故必得中爲善.

○ 아래가 진(震)괘(☳)이고 위가 태(兌)괘(☱)인 것이 수(隨)괘(䷐)가 된다. '진'은 움직이는 것이고, '태'는 기뻐하는 것이다. 기뻐함에 따라 움직이게 되면 따르는 것이 잘못되기 쉽지만 스스로는 모른다. 그러므로 반드시 중을 얻는 것을 선하게 여긴다.

11

坎之六四曰:"樽酒簋貳, 用缶, 納約自牖. 終无咎."『傳』曰:"此言人臣以忠信善道, 結於君心, 必自其所明處, 乃能入也.

감괘(坎卦: ䷜)의 육사에서 말한다. "술 한 통과 두 그릇의 곡물, 그리고 질그릇을 예물로 사용하여, 창으로부터 약속을 받아들이게 한다.

---

15) 제5효는 양효의 자리이고 上卦[外卦]의 가운데이다. 中爻가 正位(양효가 양효 자리에 음효가 음효 자리에 있는 것)이므로 中正이라 한다.

끝내 허물이 없다."『역전』에서 말한다. "이것은 신하가 충신과 선한 도리로써 임금의 마음과 결합할 때, 반드시 임금의 지혜가 밝은 곳에서 시작해야 들어갈 수 있다는 것을 말한 것이다.

○'一樽之酒, 二簋之食, 復以瓦缶爲器', 質之至也, 所謂忠信, 善道也. "牖"者, 室中所以通明也. 蓋忠信者納約之本. 雖懷朴素之誠, 苟不因其明而納焉, 則亦不能入矣.

○'한 통의 술, 두 그릇의 곡물, 그리고 질그릇을 사용한 것'은, 질박함이 지극한 것이니, 그래서 충신하고 선한 도리라고 말한다. "유(牖)"는 밝은 빛을 통하게 하는 방의 창문이다. 대개 충신함은 약속을 받아들이게 하는 근본이다. 자신이 소박한 성실함을 품었더라도 진실로 상대방이 밝게 아는 것을 통하여 받아들이게 하지 않으면 역시 들어갈 수 없다.

人心有所蔽, 有所通, 通者明處也. 當就其明處而告之. 求信則易也, 故曰'納約自牖.' 能如是, 則雖艱險之時, 終得无咎也.

사람의 마음은 가려진 곳도 있고 통하는 곳도 있으니, 통하는 곳은 밝은 곳이다. 그 밝은 곳에 나아가서 고해야만 한다. 그러면 신뢰를 구하는 것이 쉬우므로 '창으로부터 약속을 받아들이게 한다'고 말했다. 이와 같이 할 수 있다면, 험난할 때라도 끝까지 허물이 없게 된다.

○人心各有所蔽, 各有所通. 攻其蔽, 則未免扞格. 因其明而導之, 則易於聽信.

○사람의 마음은 각각 가려진 곳과 통하는 곳이 있다. 그 가려진

것을 공략하면 충돌을 면할 수 없다. 그 밝은 곳을 시작으로 삼아 인도한다면 쉽게 믿고 받아들이게 된다.

且如君心蔽於荒樂, 唯其蔽也, 故爾雖力詆其荒樂之非, 如其不省何? 必於所不蔽之事, 推而及之, 則能悟其心矣. 自古能諫其君者, 未有不因其所明者也. 故訐直强勁者, 率多取忤, 而溫厚明辨者, 其說多行.

또 임금의 마음이 탐닉하게 된 향락에 가려지게 되면, 오직 가려졌기 때문에 그대가 힘써 탐닉하게 된 향락의 잘못을 비방한다고 하더라도, 반성하지 않음을 어찌 하겠는가? 반드시 가려지지 않은 일에서 미루어 나간다면, 그 마음을 깨닫게 할 수 있을 것이다. 예로부터 임금을 간할 수 있는 자는 그 밝은 곳으로부터 말미암지 않은 자가 없었다. 그러므로 남의 잘못을 들추어내는 것을 곧다고 생각하면서 강하고 굳센 자는 대개 임금의 노여움을 사게 되고, 온후하여 도리를 잘 분별하는 자는 그의 주장이 시행되는 경우가 많다.

○ "訐"者, 發人之陰惡也. 訐直則乏委曲. 强勁則乏和順. 故矯拂之過, 每至牴牾. 溫厚者, 其氣和. 明辨者, 其理著. 故感悟之易, 每多聽從納約. 自牖, 惟溫厚明辨者能之.

○ "알(訐)"은 사람의 드러나지 않는 악을 들추어내는 것이다. 남의 잘못을 드러내는 것을 곧다고 여기면 자상함이 없게 된다. 강하고 굳세면 화순(和順)함이 모자란다. 그러므로 지나치게 바로잡으려다가 서로 어그러지는 경우가 많다. 온후한 자는 그 기질이 화평스럽다. 명백히 분별하는 자에게는 이치가 현저하다. 그러므로 느끼고 깨닫는 것이 쉬워서 항상 듣고 따르는 경우가 많다. 창으로부터 약속을 받아들이게 하는 것은 오직 온후하여 도리를 잘 분별하는 자만이 할 수 있다.

非唯告於君者如此, 爲敎者亦然. 夫敎必就人之所長. 所長者, 心之所明也. 從其心之所明而入, 然後推及其餘. 孟子所謂'成德達財'是也."〔『易傳』坎卦(䷜) 六四〕

임금에게 아뢰는 것이 이와 같을 뿐 아니라, 가르치는 것도 그렇다. 대저 가르침은 사람의 장점을 따라야 한다. 장점은 마음이 밝은 곳이다. 그 마음의 밝은 곳을 따라 들어간 뒤에 미루어 그 나머지 곳으로 미친다. 맹자의 이른바 '덕을 이루고 재능을 달성시킨다는 것'[16]이 이 것이다."

○ 成德者因其有德而成就之. 達才者因其有才而遂達之. 皆謂就其所長開導之也.

○ 덕을 이룬다는 것는 그가 덕을 지닌 것을 말미로 삼아 그것을 성취하도록 하는 것이다. 재능을 달성시킨다는 것은 그가 재능을 지닌 것을 말미로 삼아 이것을 달성하게 하는 것이다. 모두 그 잘하는 바를 따라 계발하고 이끄는 것을 말한다.

12

恒之初六曰: "浚恒, 貞凶." 象曰: "浚恒之凶, 始求深也." 『傳』曰: "初六居下, 而四爲正應. 四以剛居高, 又爲二三所隔. 應初之志, 異乎

---

16) 『맹자』「진심」상 40장에는 군자가 남을 가르치는 다섯 가지 방법이 나온다. 위의 두 가지와 더불어 다음 세 방법이 있다. 1) 때에 맞춰 내리는 비처럼 변화시키는 법, 2) 물음에 대답해 주는 법, 3) 직접 가르치지 않아도 모범을 보여 군자의 언행을 본받게 하는 법〔私淑艾〕. "孟子曰ᆞ 君子之所以敎者五, 有如時雨化之者, 有成德者, 有達財者, 有答問者, 有私淑艾者, 此五者, 君子之所以敎也."

常矣. 而初乃求望之深, 是知常而不知變也.

　항괘(恒卦: ䷟)의 초육에서 말한다. "항상 깊게 요구한다면, 올바르나 흉하다." 「상전」에서 말한다. "항상 깊게 요구한다면 흉하다는 것은 시초에 요구함이 깊기 때문이다." 『역전』에서 말한다. "초육은 아래에 있고, 사효는 바른 응의 관계[17]에 있다. 사효는 강으로서 높은 자리에 있고 또 이효와 삼효에 의하여 막혀 있다. 초효에 응하는 뜻이 보통과는 다르다. 그런데 초효가 깊게 요구하고 바라니, 이것은 일정함만 알고 변화를 모르는 것이다.

　○ 初與四爲位應. 九與六爲爻應. 此理之常也. 然爲九二九三所隔, 則已改其常矣. 初六當常之時, 知常而不知變, 求之過深, 是以至於凶悔也.

　○ 초효와 사효는 응하는 자리이다. 구와 육은 응하는 효이다. 이것은 떳떳한 이치이다. 그러나 구이와 구삼에 의해 격리되면 이미 그 떳떳함이 바뀐 것이다. 초육은 일정한 상황을 맞이하여 일정한 것만 알고 변화를 몰라 지나치게 깊게 요구하기 때문에 흉하고 후회함에 이른다.

　世之責望故素, 而至悔咎者, 皆浚恒者也." 〔『易傳』恒卦(䷟) 初六〕

　세상에서 옛날 그대로 해주기를 요구하다가 후회나 허물에 이르는

---

17) 역의 괘효에서 초효와 사효, 이효와 오효, 삼효와 상효는 서로 돕는 배필과도 같은 관계에 있다. 그러므로 이 두 효는 서로 응하는 자리에 있다고 한다. 응하는 효는 음양이 서로 다른 것이 정상적이며, 이런 경우에 이 두 효는 응을 얻었다고 한다.

자들은 모두 항상 깊게 요구하는 자이다."

○ "素", 舊也.

○ "본디"라는 말은 옛날이라는 의미이다.

13

遯之九三曰: "係遯有疾厲. 畜臣妾吉." 『傳』曰: "係戀之私恩, 懷小人女子之道也. 故以畜養臣妾則吉.

둔괘(遯卦 : ䷠)의 구삼에서 말한다. "얽매여 은둔하지 못한다면, 질병과 위험이 있을 것이다. 신하와 첩을 기르는 데는 길하다." 『역전』에서 말한다. "얽매이고 그리워하는 사사로운 은혜는 소인이나 여자를 품는 방법이다. 그러므로 이것으로써 신하와 첩을 기른다면 길하다.

○ 九三下乘六二. 有係戀之心, 則失宜遯之時矣. 故有災危. 然君子用是道, 以畜其臣妾, 則可以固結其欲遯之心, 是以吉也.

○ 구삼은 아래로 육이를 타고 있다. 얽매이고 그리워하는 마음이 있으면 은둔해야 할 때를 잃게 된다. 그러므로 재앙과 위험이 있다. 그러나 군자가 이 방법을 써서 신하와 첩을 기른다면, 도망가고자 하는 마음을 동결시키기 때문에 길하다.

然君子之待小人, 亦不如是也." 〔『易傳』遯卦(䷠) 九三〕

그러나 군자가 소인을 대하는 것이 이와 같아서는 안 된다."

○御下之道, 苟所當去, 亦不可以係戀而姑息也.

○아랫사람을 다스릴 때, 제거하는 것이 마땅한 경우에, 얽매이고 그리워하여 고식적으로 처리하면 안 된다.

14

睽之象曰: "君子以同而異." 『傳』曰: "聖賢之處世, 在人理之常, 莫不大同. 於世俗所同者, 則有時而獨異.

규괘(睽卦: ䷥)의 「상전」에서 말한다. "군자는 이를 본받아 같으면서 다르다." 『역전』에서 말한다. "성인과 현인이 세상사에 대처할 때, 사람의 떳떳한 도리에 대해서는 크게 같지 않음이 없다. 세속 사람들이 동의하는 것에 대해서는 때로는 홀로 달리 한다.

○聖賢之所爲, 惟順乎理而已. 豈顧夫世俗之同異哉? 故循於天理之常者, 聖賢安得不與人同? 出於流俗之變者, 聖賢安得不與人異?

○성인과 현인이 하는 바는 오직 도리에 따를 뿐이다. 어찌 저 세속과 같고 다름을 돌아보겠는가? 그러므로 떳떳한 천리에 따르는 것이라면 성현이 어찌 남과 같이 하지 않으리오? 법도에서 벗어난 세속의 변화에서 나온 것이라면 성현이 어찌 남과 달리 하지 않으리오?

不能大同者, 亂常拂理之人也. 不能獨異者, 隨俗習非之人也. 要在同而能異耳."〔『易傳』睽卦(䷥)「象傳」〕

크게 같을 수 없는 자는 떳떳함을 어지럽히고 도리를 어기는 사람이다. 홀로 달리 할 수 없는 자는 세속을 따라 잘못에 습관이 된 사람이다. 중요한 것은 같으면서도 달리 할 수 있는 데에 있을 따름이다."

○ 同而能異, 則不拂於人理之常, 而亦不徇乎習俗之化. 惟理之從耳. 然其所以爲異者, 乃所以成其大同也, 是亦一事而已.

○ 같으면서 달리 할 수 있으면 사람의 떳떳한 도리를 어기지 않으면서도 습속의 변화를 따르지 않게 된다. 오직 도리를 따를 뿐이다. 그러나 달리 할 수 있는 것은 바로 크게 같음을 이룰 수 있는 까닭이 되니, 이것은 또한 하나의 일일 따름이다.

15

睽之初九. 當睽之時, 雖同德者相與, 然小人乖異者至衆. 若棄絶之, 不幾盡天下以仇君子乎! 如此, 則失含弘之義, 致凶咎之道也. 又安能化不善而使之合乎? 故必見惡人則无咎也.

규괘(睽卦)의 초구(의 의미는 다음과 같다). 서로 어긋나는 때를 맞아 덕을 같이 하는 자는 서로 함께 하지만, 그러나 거역하고 어기는 소인들이 지극히 많다. 만약 그들을 끊어버린다면 온 천하를 다 군자의 적으로 하는 것에 가깝지 않겠는가! 이와 같으면 넓게 포용하는 의리를 잃게 되니, 흉한 허물을 이루는 길이다. 또 어찌 선하지 않은 자를 감화시켜 뜻을 같이 하도록 할 수 있겠는가? 그러므로 반드시 '악인을 만나게 되면 허물이 없게 된다.'[18]

---

18) 규괘 초구의 효사. "初九, 悔亡, 喪馬, 勿逐自復, 見惡人, 无咎." 인간관계가 좋지 않은 상황을 당해서 악인이라고 하여 피하면 세상에 친할 만한 사람이 없게 된다. 그러므로 악인을 만나야만 관계가 유지되어 허물이 없게 된다는 의미이다.

○ 初與四位相應, 而爻皆陽, 爲同德相與, 不至睽孤. 然當睽之時, 乖異者衆. 故必恢含洪之義而, 無棄絶之意, 則不善者可化, 乖異者可合. 乃無咎也.

○ 초효와 사효는 지위가 서로 대응하면서 효가 모두 양이므로, 덕이 같은 자가 서로 돕는 상황이어서 어긋나서 외롭게 되는 데 이르지는 않는다. 그러나 서로 어긋나는 때를 만나 거역하고 어긋나는 자들이 많다. 그러므로 반드시 넓게 포용하는 의리를 넓히고, 끊어버리려는 마음을 없앤다면, 선하지 않은 자를 감화할 수 있고 거스르는 자를 포섭할 수 있다. 그래야 허물이 없다.

古之聖王, 所以能化姦凶爲善良, 革仇敵爲臣民者, 由弗絶也. 〔『易傳』睽卦(䷥) 初九〕

옛 성왕이 흉악한 자를 감화하여 선량하게 만들고 원수를 변화시켜 신민으로 만들 수 있었던 이유는, 끊어버리지 않았기 때문이다.

○ 弗絶之, 則開其自新之路, 而啓其從善之機也.

○ 끊어버리지 않으면 스스로 새로워지는 길을 열어주고 선을 따르는 기회를 열어주게 된다.

16

睽之九二. 當睽之時, 君心未合. 賢臣在下, 竭力盡誠, 期使之信合而已.

규쾌의 구이(의 의미는 다음과 같다). 서로 어긋나는 때를 맞이하여 임금의 마음이 아직 합치되지 않는다. 현명한 신하는 밑에 있으면서 힘을 다하고 성실함을 다하여 임금이 믿고 합치하도록 기대할 뿐이다.

○ 二五相應. 然時方睽違, 上下乖戾. 故二必外竭其力, 內盡其誠, 期使疑者信, 睽者合耳.

○ 이효와 오효는 서로 응한다. 그러나 바야흐로 서로 어긋나는 때를 만나 위와 아래가 어긋난다. 그러므로 이효는 반드시 밖으로는 그 힘을 다하고, 안으로는 그 성실함을 다하여, 의심하는 자는 믿게 하고 어긋나는 자는 합치하기를 기대할 따름이다.

至誠以感動之, 盡力以扶持之, 明理義以致其知, 杜蔽惑以誠其意. 如是宛轉以求其合也.

지극한 성실함으로써 임금을 감동시키고, 힘을 다해서 도우며, 의리를 밝힘으로써 그 앎을 이루어주고, 가려지고 미혹됨을 막음으로써 뜻을 성실하게 한다. 이와 같이 곡진하게 함으로써 마음이 합치하기를 구한다.

○ 內竭其誠以感動君心, 外盡其力以扶持國政. 此盡其在我者也. 推明義理, 使君之知無不至, 杜塞蔽惑, 使君之意無不誠. 此啓其君者也. 如是宛轉求之, 睽者庶其可合. 所謂"遇主于巷"也. "巷"者, 委曲也.

○ 안으로는 그 성실함을 다함으로써 임금의 마음을 감동시키고, 밖으로는 그 힘을 다함으로써 나라의 정치를 도와준다. 이것은 자기에게 있는 것을 다하는 것이다. 의리를 미루어 밝혀서 임금의 앎이 이르지

못함이 없게 하고, 가려지고 미혹됨을 막아서 임금의 뜻이 성실하지 않음이 없게 한다. 이것은 임금을 계발하는 것이다. 이와 같이 곡진하게 구한다면, 어긋나는 자를 거의 합하게 할 수 있다. 이른바 "골목길에서 군주를 만난다"는 것이다. "항(巷)"이란 꼬불꼬불한 길이다.

遇非枉道逢迎也, 巷非邪僻由徑也. 故象曰："遇主于巷, 未失道也."〔『易傳』睽卦(☲☱) 九二「象傳」〕

만난다는 것은 도리를 굽혀서 맞이하는 것이 아니며, 꼬불꼬불한 길이란 간사하고 편벽되게 가는 지름길을 가리키는 것이 아니다. 그러므로 「상전(象傳)」에서 "골목길에서 군주를 만나지만 도를 잃지 않았다"고 하였다.

○上言"遇主于巷", 亦正理之當然. 苟遇不以直而至於枉道逢迎, 巷不以正而至於邪僻由徑, 苟求其合而陷於邪枉, 則又非"遇主于巷"之道也.

○위에서 "군주를 골목길에서 만난다"고 하였는데, 또한 올바르고 당연한 이치이다. 만일 곧음으로써 만나지 않고 도리를 굽혀서 만나거나, 골목길을 바르게 가지 않고 간사하고 편벽되게 지름길을 가거나, 임금의 뜻에 맞으려고 간사하고 잘못된 일에 빠진다면 또한 "군주를 골목길에서 만난다"는 도리가 아니다.

17

損之九二曰："弗損益之."『傳』曰："不自損其剛貞, 則能益其上. 乃益之也. 若失其剛貞而用柔說, 適足以損之而已.

손괘(損卦 : ䷨)의 구이에서 말한다. "자신의 덕을 덜지 않고 윗사람을 도운다." 『역전』에서 말한다. "스스로 강하고 바름을 덜지 않으면 윗사람을 도울 수 있다. 그런데 도와준다고 하여 자신의 강하고 바름을 잃고, 부드럽게 기쁘게 하는 방법을 쓴다면, 손해를 끼치기에 족할 뿐이다.

○ 剛正不撓, 乃能有益於君. 蓋柔邪之人, 阿意順旨, 惟務容悅. 善而遇柔悅, 善亦不進, 惡而遇柔悅, 必長其惡矣. 故國有憸佞之臣, 士有善柔之友, 皆有損而無益.

○ 강하고 바르기 때문에 굽히지 않으면 바로 임금에게 도움이 될 수 있다. 대개 부드럽고 간사한 사람은 생각에 아첨하고 뜻을 따르면서 오직 기쁘게 하는 것에만 힘쓴다. 선하면서 부드럽게 기쁘게 하는 사람을 만난다면 선이 더 나아가지 않게 되고, 악하면서 부드럽게 기쁘게 하는 사람을 만난다면 반드시 악을 기르게 된다. 그러므로 나라에 간사하고 아첨을 잘 하는 신하가 있거나, 선비에게 부드럽게 대하기를 잘 하는 벗이 있다면 모두 손해만 있고 도움은 없다.

世之愚者, 有雖無邪心, 而惟知竭力順上爲忠者. 蓋不知弗損益之之義也." 〔『易傳』損卦(䷨) 九二〕

세상의 어리석은 자들 가운데는, 사악한 마음이 없지만 오직 힘을 다해서 윗사람을 따르는 것만이 충인 줄 아는 자가 있다. 그들은 대개 '덜지 않고 도와주는' 뜻을 모른다."

○九二剛中. 非有邪心者, 但當損下益上之時, 惟知損己以奉上, 而不知臣道之少貶, 未有能致益其君者. 故有"弗損益之"之戒.

○ 구이는 강이면서 중이다.[19] 사악한 마음을 가지지 않은 자는 아래 것을 덜어서 윗사람을 돕는 때를 맞아, 오직 자기를 손상시킴으로써 윗사람에게 봉사하는 것만 알고, 신하로서의 도리를 조금이라도 덜면 임금에게 도움을 이룰 수 있는 자가 없음을 모른다. 그러므로 "덜지 않고 더한다"는 경계를 하게 되었다.

18

益之初九曰: "利用爲大作, 元吉无咎." 象曰: "元吉无咎, 下不厚 事也." 『傳』曰: "在下者本不當處厚事. 厚事, 重大之事也. 以爲在上 所任, 所以當大事, 必能濟大事而致元吉, 乃爲无咎. 能致元吉, 則在 上者任之爲知人, 己當之爲勝任. 不然, 則上下皆有咎也." 〔『易傳』益 卦(䷩) 初九「象傳」〕

익괘(益卦: ䷩)의 초구에서 말한다. "큰 일을 하는 것이 이로우나 크게 길해야 허물이 없다." 「상전(象傳)」에서 말한다. "크게 길해야 허물이 없다는 것은 아랫사람이 큰 일을 처리하지 않기 때문이다." 『역전』에서 말한다. "밑에 있는 자는 본래 큰 일을 처리하지 말아야 된다. 후사(厚事)란 중대한 일이다. 생각건대, 위에 있는 자의 신임을 받아 큰 일을 담당하게 되면 반드시 큰 일을 잘 처리하여 크게 길함 을 이루어야 허물이 없게 된다. 크게 길함을 이룰 수 있으면, 위에 있 는 자는 이 사람에게 맡긴 것은 사람을 알아본 것이 되고, 자기가 맡 은 것은 임무를 잘 감당한 것이 된다. 그렇지 않으면 위와 아래가 모 두 허물이 있게 된다."

---

19) 양효이므로 '剛'이라 하고, 내괘의 가운데에 있으므로 '中'이라 한다.

○“大作”, 卽厚事之謂也. 卦當損上益下. 初居最下, 受上之益, 是
當大任者. 必克濟其事而大善, 上下乃可無咎.

○“큰 일”이란 중대한 일을 일컫는다. 괘는 위를 덜어 아래를 더하
는 것에 해당된다. 초구는 가장 아래 있으면서 위의 도움을 받으니,
큰 임무를 담당하는 자이다. 반드시 그 일을 잘 해결하여 크게 좋아야
위와 아래가 허물이 없을 수 있다.

19

革而無甚益, 猶可悔也. 況反害乎! 古人所以重改作也. 〔『易傳』革
卦(䷰) 卦辭〕

개혁해서 큰 도움이 없으면 오히려 후회할 수 있다. 하물며 도리어
해가 되는 데 있어서랴! 그래서 옛사람들은 개혁을 신중하게 여겼다.

○革卦「彖傳」. 事之變更, 則於大體不能無傷. 苟非有大益無後患,
君子不輕於改作.

○혁괘의 「단전」에 나온다. 일이 변혁되면 큰 체제가 다치지 않을
수 없다. 진실로 큰 이로움이 있어서 뒤탈이 없는 경우가 아니면 군자
는 가볍게 개혁하지 않는다.

20

漸之九三曰: “利禦寇.” 『傳』曰: “君子之與小人比也, 自守以正,
豈惟君子自完其己而已乎? 亦使小人得不陷於非義. 是以順道相保, 禦

止其惡也."〔『易傳』漸卦(䷴) 九三「象傳」〕

점괘(漸卦: ䷴)괘의 구삼에서 말한다. "적을 막는 데 이롭다." 『역전』에서 말한다. "군자는 소인과 친할 때 올바름으로써 스스로 자신을 지키니, 어찌 군자가 자기 자신만 완전하게 할 뿐이겠는가? 소인으로 하여금도 옳지 않은 일에 빠지지 않도록 하는 것이다. 이는 순조로운 도리로써 서로 보존하여 악을 막아 저지하는 것이다."

○九三上下皆陰. 是君子與小人同列相比也. 君子以守正而不失其身. 小人亦以近正而不敢爲惡. 以順道而相保, 是能止其惡也.

○구삼의 상하는 모두 음이다. 이것은 군자와 소인이 같은 줄에 나란히 있는 것이다. 군자는 올바름을 지킴으로써 자신을 잃지 않는다. 소인도 바른 군자와 가까워 감히 악을 행하지 않는다. 순조로운 도리로써 서로 보존하니, 그래서 악을 막을 수 있다.

21

旅之初六曰: "旅瑣瑣. 斯其所取災." 『傳』曰: "志卑之人, 旣處旅困, 鄙猥瑣細, 無所不至. 乃其所以致悔辱, 取災咎也."〔『易傳』旅卦(䷷) 初六〕

여괘(旅卦: ䷷)괘의 초육에서 말한다. "여행할 때 곰상스럽다. 이것은 재앙을 초래하는 바이다." 『역전』에서 말한다. "뜻이 낮은 사람이 이미 어려운 여행길에 처하였으면서 비천하고 곰상스러워하지 않는 일이 없다. 그래서 후회하고 욕을 당하니, 재앙과 허물을 초래한 것이다."

○初居旅之下, 故爲志卑之人. 此敎人處旅困之道. 當略細故存大體, 斯免悔咎也.

○초육은 여괘의 가장 아래에 있으므로 뜻이 낮은 사람이 된다. 이것은 어려운 여행길에서 처신하는 도리를 가르친다. 작은 일은 생략하고 대체(大體)를 지키면 후회와 허물을 면하게 된다.

22

在旅而過剛自高, 致困災之道也. 〔『易傳』 旅卦(☴) 九三〕

여행하면서 지나치게 강하고 스스로 뽐내는 것은 곤경과 재앙을 초래하는 길이다.

○旅卦九三「象傳」. 過剛, 則暴戾而乏和順. 自高, 則矯亢而人不親附. 處旅如是, 必致困災.

○여괘 구삼효의 「상전」에 나온다. 지나치게 강하면 사납고 도리를 어겨 화순(和順)함이 모자라게 된다. 스스로 뽐내면 거만하고 잘난 체하니 남이 친하지 않는다. 여행길에 있으면서 이와 같으면 반드시 곤경과 재앙을 초래하게 된다.

23

兌之上六曰: "引兌." 象曰: "未光也." 『傳』曰: "說旣極矣, 又引而長之. 雖說之之心不已, 而事理已過, 實無所說. 事之盛則有光輝. 旣極而强引之長, 其無意味甚矣. 豈有光也?" 〔『易傳』 兌卦(☱) 上六

태괘(兌卦 : ☱)의 상육에서 말한다. "끌어서 기뻐한다."「상전」에서 말한다. "빛나지 않는다." 『역전』에서 말한다. "기쁨이 이미 극도에 달하였는데, 또 이것을 끌어서 늘인다. 기뻐하는 마음은 그치지 않더라도 일의 이치는 이미 지나가버렸으니, 실은 기뻐할 바가 없다. 일이 왕성하면 빛남이 있다. 이미 지극해졌는데도 이것을 억지로 끌어 늘인다면 별 의미가 없다. 어찌 빛이 나겠는가?"

○ 兌之上六, 悅之極也. 悅極而復. 引之, 事旣過而强爲悅, 何輝光之有?

○ 태괘의 상육은 기쁨의 극치이다. 기쁨이 극에 달하면 돌아간다. 이것을 끌어당겨도 일은 이미 지나가버렸으니, 억지로 기뻐한들 어찌 빛남이 있겠는가?

24

中孚之象曰 : "君子以議獄緩死." 『傳』曰 : "君子之於議獄, 盡其忠而已. 於決死, 極於惻而已. 天下之事, 無所不盡其忠. 而議獄緩死, 最其大者也."〔『易傳』中孚卦(☲)「象傳」〕

중부괘(中孚卦 : ☲)의 「상전」에서 말한다. "군자는 이를 본받아 옥사를 논의하여 사형을 늦춘다."[20] 『역전』에서 말한다. "군자가 옥사를

---

20) 영역본의 "사형을 늦추기 위해서 옥사를 논의한다"는 번역은 너무 제한적인 듯하다 옥사를 논의한다는 일은 옥사 전체와 관련된 광범위한 일이며, 사형을 늦춘다는 것은 사형수에게만 해당되는 일이다.

논의할 때는 진실한 마음을 다할 따름이다. 사형을 결정하는 데는 측은함을 다할 따름이다. 천하의 일 가운데 진실한 마음을 다하지 않아도 되는 일은 없다. 그러나 옥사를 논의하고 사형을 늦추는 것은 그 중 가장 큰 것이다."

○ 議獄而無不盡之心, 致其審也. 決死而有不忍之心, 致其愛也. 君子雖無往不盡其中心之誠, 而於議獄緩死, 則尤其所謹重者也.

○ 옥사를 논의하면서 다하지 않는 마음이 없다는 것은 극진하게 살핀다는 것이다. 사형을 결정하면서 차마 못할 마음을 가진다는 것은 사랑을 극진히 하는 것이다. 군자는 가는 곳마다 그 마음의 성실함을 다하지 않음이 없지만, 옥사를 논의하고 사형을 늦추는 일은 더욱 삼가고 중시하는 것이다.

25

事有時而當過, 所以從宜. 然豈可甚過也? 如過恭過哀過儉, 大過則不可. 所以小過爲順乎宜也. 能順乎宜, 所以大吉. 〔『易傳』 小過卦 (☳☶)「象傳」〕

일은 때로는 지나치게 하는 것이 마땅함을 따르는 것이 된다. 그러나 어찌 심하게 지나칠 수야 있겠는가? 지나치게 공손함, 지나치게 슬퍼함, 지나치게 검소함과 같은 것은 크게 지나치면 안 된다.[21] 조금 지나치게 하는 것은 마땅함을 따르기 위해서이다. 마땅함을 따를 수 있으므로 크게 길하다.

---

21) '不可'와 '所以' 사이의 내용은 생략되었음.

○小過卦「象傳」. 行過乎恭, 喪過乎哀, 用過乎儉, 皆小過之以順乎
事之宜. 若過之甚, 則恭爲足恭, 哀爲毀瘠, 儉爲鄙嗇, 又失其宜矣.

○소과괘 「단전」에 나온다. 행동을 지나치게 공손하게 하고, 상을
당하여 지나치게 슬퍼하며, 씀씀이를 지나치게 검소하게 하는 것 등은
모두 조금 지나치게 하여 일의 마땅함을 따르는 것이다. 만약 지나침
이 심하면 공손함은 지나친 공손함이 되고, 슬퍼함은 몸을 손상시키게
되며, 검소함은 비루한 인색이 되어 또 마땅함을 잃게 된다.

26

防小人之道, 正己爲先. 〔『易傳』小過卦(䷽) 九三〕

소인을 막는 길은 자기를 올바르게 함을 우선으로 한다.

○小過卦九三傳. 待小人之道, 先當正己. 己一於正則彼雖姦詐, 將
無間之可乘矣. 其他防患之道, 皆當以正己爲先.

○소과괘 구삼효 전에 나온다. 소인을 대하는 방법은 우선 자기를
바로잡는 것이다. 자기가 한결같이 올바르면, 상대방이 교활하고 간사
하더라도 탈 수 있는 틈이 없다. 그 밖에 환난을 막는 길도 모두 자기
를 바르게 하는 것을 우선으로 해야 한다.

27

周公至公不私. 進退以道, 無利欲之蔽.

주공(周公)은 지극히 공정하여 사사롭지 않았다. 도리에 따라 나아
가고 물러나 이익을 위한 욕망에 가려짐이 없었다.

○ 周公之心在於天下國家, 而不在其身. 是以至公無私, 而進退合
道. 蓋無一毫利欲之蔽.

○ 수공의 마음은 천하와 국가에 있었으며 자기 자신에게 있지 않았
다. 이 때문에 지극히 공정하고 사사로움이 없어서, 나아가고 물러나
는 것이 도리에 맞았다. 대개 털끝만큼도 이익을 위한 욕망에 가려짐
이 없었기 때문이다.

其處己也, 夔夔然存恭畏之心. 其存誠也, 蕩蕩然無顧慮之意. 所以
雖在危疑之地, 而不失其聖也.

그가 자기를 관리함에 있어서는 조심스럽게 공손하고 두려워하는
마음을 지녔다. 그가 성실함을 보존함에 있어서는 거리낌이 없어 걱정
하는 생각이 없었다. 그래서 위험하고 의심스러운 지경에 처하더라도
그 성스러움을 잃지 않았다.

○ "夔夔", 戒謹卑順之貌. "存誠"者, 自信之篤也. "蕩蕩", 明白坦
平之義. 聖人雖當危疑之地, 旣不忿戾而改常, 亦不疑懼而失守. 是爲
不失其聖也.

○ "기기(夔夔)"는 삼가며 자기를 낮추어서 따르는 모양이다. "성실
함을 보존한다"는 것은 독실하게 자신을 믿는 것이다. "탕탕(蕩蕩)"은
명백하고 평탄하다는 뜻이다. 성인은 위험하고 의심스러운 지경에 처
하더라도, 화를 내며 상도를 바꾸거나 의심하고 두려워하며 지키던 것

을 잃지도 않는다. 이것이 그 성스러움을 잃지 않는다는 것이다.

詩曰："公孫碩膚, 赤舃几几."〔『程氏經説』3卷「詩解」〈狼跋〉〕

『시경』에서 말했다. "공은 겸손하고 크게 아름다우시며, 붉은 신발을 신으신 모습은 편안하시도다."

○『經説』, 下同.
○『詩』〈狼跋〉篇.
○"碩", 大也, "膚", 美也. "孫", 避讓也. 謂有大美而謙避不居也. "赤舃", 冕服之舃也. "几几", 進退安重貌. 蓋其恭順安舒之意, 如此.

○『경설』에 나오며, 아래도 같다.
○『시경』〈낭발〉편에 나온다.
○"석(碩)"은 크다는 뜻이며, "부(膚)"는 아름다움이다. "손(孫)"은 피하고 양보함이다. 큰 아름다움이 있으면서 겸허하게 피하여 자처하지 않는다는 것이다. "적석(赤舃)"은 면복(冕服)[22]을 하고 신는 신발이다. "궤궤(几几)"는 진퇴가 안정되고 무게가 있는 모양이다. 대개 공순(恭順)하고 안정되며 편안한 뜻이 이와 같다는 것이다.

28

採察求訪, 使臣之大務.〔『程氏經説』3卷「詩解」「小雅」〈皇皇者華〉〕

백성의 상황을 채집하여 살피고 물어서 현자를 찾는 것은 사신의

---

22) 冕旒冠과 禮服.

큰 임무이다.

○ 探察民隱, 求訪賢材, 二事使職之大者也.

○ 백성의 숨은 사정을 채집하여 살피고, 현명한 인재를 물어서 찾는 일, 이 두 가지는 사신의 큰 직무이다.

29

明道先生與吳師禮談介甫之學錯處. 謂師禮曰: "爲我盡達諸介甫. 我亦未敢自以爲是. 如有說, 願往復. 此天下公理, 無彼我, 果能明辨, 不有益于介甫, 則必有益于我." 〔『程氏遺書』 1-44〕

정호가 오사례(吳師禮)²³⁾와 더불어 개보(介甫)²⁴⁾의 학문이 잘못된 점을 담론하였다. 사례에게 말했다. "나를 위해 이것을 다 개보에게 알리시오. 나도 역시 아직 감히 스스로 옳다고 하지 못하오. 만약 주장하는 바가 있으면 서로 의견을 교환하기를 원하오. 이 천하의 공리(公理)는 너와 나의 구별이 없으니, 과연 명백히 밝힐 수 있다면, 개보에게 도움이 안 되면 반드시 나에게 도움이 있으리라."

○ 『遺書』, 下同.
○ 先生忠誠懇至. 詞氣和平如此. 豈若悻悻好勝自是者之爲哉?

○ 『유서』에 나오며, 아래도 같다.

---

23) 자는 安仲, 錢塘 사람. 송의 徽宗 때 開封의 推官이 됨.
24) 개보는 왕안석의 자. 그는 神宗 때 재상이 되어 신법을 제정하여 집권했는데, 정호는 구파에 속하여 사고방식이 그와는 달랐다.

○ 선생의 진실한 성심은 간절하고 지극하였다. 말의 기운이 편하고 따뜻한 것은 이와 같았다. 어찌 발끈 성내어 이기기를 좋아하고 스스로 옳다고 하는 자와 같으랴?

30

天祺在司竹, 常愛用一卒長. 及將代, 自見其人盜筍皮, 遂治之無少貸. 罪已正, 待之復如初, 略不介意. 其德量如此. 〔『程氏遺書』 2上-218〕

장천기(張天祺)[25]가 사죽감(司竹監)으로 있을 때 항상 한 졸장(卒長)을 아껴 썼다. 그가 교대하려고 할 때 그 사람이 죽순 껍질을 훔치는 것을 스스로 보고서는 마침내 조금도 용서하지 않고 그 사람을 다스렸다. 죄가 이미 바로잡히자, 그를 다시 처음과 같이 대우하고 전혀 개의치 않았다. 그의 덕량(德量)이 이와 같았다.

○ 德量大, 則不爲喜怒所遷.

○ 덕량이 크면, 기뻐하고 화를 내는 것에 의하여 바뀌지 않는다.

31

因論'口將言而囁嚅'云: "若合開口時, 要他頭也須開口.

그리고 '입은 말하고자 하지만 말이 머뭇거린다'는 것을 논하며 말

---

25) 천기는 張載의 아우인 張戩(장전 : 1031-1089)의 자이다.

했다. "입을 열어야만 할 때라면, 그의 머리를 요구할 경우라도 반드시 입을 열어야 한다.

○ 本注云 : "如荊軻於樊於期."

○ 본주에서 말했다.
"형가(荊軻)가 번어기(樊於期)에 대한 관계와 같다."[26]

須是'聽其言也厲.'"〔『程氏遺書』3-27〕

반드시 '그의 말을 들으면 엄정해야 한다'[27]와 같아야 된다."

○ "囁嚅", 欲言而不敢發之貌. "厲", 剛決之意. 理明義直, 內無不足, 則出於口者, 自然剛決不可回撓, 安有囁嚅之態?
○ 朱子曰 : "'合開口'者, 亦曰理之所當言. 樊於期事, 非理所得言. 特取其事之難言, 而猶言之耳."

○ "섭유(囁嚅)"는 말하고자 하면서도 감히 발언할 수 없는 모양이다. "려(厲)"는 강하게 결단한다는 뜻이다. 이치가 밝고 의리가 곧아 안에 부족함이 없으면, 입에서 나오는 말은 자연히 강하고 결단력이 있어서 흔들리지 않으니, 어찌 머뭇거리는 태도가 있겠는가?
○ 주희가 말했다.

---

26) 형가가 번어기에게 진시황을 죽이기 위해서는 당신의 머리가 필요하다고 말하자, 번어기는 자기도 바라는 바라고 하여 자살하였다. 형가는 그의 머리를 잘라서 진시황을 만났다. 머리를 바치는 기회를 이용하여 진시황을 죽이고자 하였으나 뜻을 이루지 못하고 죽었다. 『사기』 「형가열전」 참조.
27) 『논어』 「자장」 9장. "子夏曰, 君子有三變, 望之儼然, 卽之也溫, 聽其言也厲."

"'입을 열어야 한다'는 것은 도리상 말해야만 하는 것이다. 번어기의 일은 도리로써 말할 수 있는 것이 아니다. 단지 말하기 어려운 일을 예를 들어 말했을 뿐이다."

32

須是就事上學. 蠱"振民育德." 然有所知後, 方能如此. "何必讀書
然後爲學?" 〔『程氏遺書』 3-31〕

반드시 일에 나아가서 배워야 한다. 고괘(蠱卦 : ䷑)에서 "백성을 구제하고 자신의 덕을 기른다"[28]고 하였다. 그러나 아는 바가 있은 뒤에 바야흐로 이렇게 할 수 있다. "어찌 반드시 독서한 뒤에야 학문을 한다고 하겠는가?"[29]

○ "振民育德", 脩己治人之事也. 然必知之至而後行之至, 無非學也. 豈但讀書而謂之學哉? 子路亦嘗有是言, 而夫子斥之, 何也? 蓋爲學之道, 固不專於讀書, 必以讀書爲窮理之本. 子羔旣未及爲學, 而遽使之以仕爲學, 則非特失知行之序, 而且廢窮理之大端, 臨事錯繆, 安能各當其則哉? 程子之敎, 固以讀書窮理爲先務. 然不就事而學, 則捨簡策之外, 凡應事接物之際, 不知所以用力, 其學之間斷, 多矣. 二者之言各有在也.

○ "백성을 구제하고 자신의 덕을 기른다"는 것은 자신을 수양하고

---

28) 『주역』 고괘 대상(大象)에 나옴.

29) 『논어』 「선진」 24장. 子路가 子羔를 費宰(비읍의 지방관)로 천거하자, 공자는 아직 준비가 부족한 사람을 관직에 천거한다면 "남의 자식을 해칠 뿐이다"라고 말했다. 그러자 자로는 위와 같이 대꾸하였다.

남을 다스리는 일이다. 그러나 반드시 앎이 지극해진 뒤에 행함이 지극해지니, 학문이 아닌 것이 없다. 어찌 독서만 학문이라고 할 수 있겠는가? 자로도 일찍이 이 말을 했는데, 공자께서 왜 배척했겠는가? 생각건대 학문을 하는 방법은 원래 독서에 전일하는 것만이 아니지만 반드시 독서를 진리탐구의 근본으로 삼아야 한다. 자고(子羔)[30]는 아직 학문을 하는 데 미치지 않았는데, 갑자기 공직에 종사함으로써 학문을 하게 한다면, 지와 행의 순서를 잃을 뿐 아니라 진리 탐구의 큰 단서를 폐하게 되어, 일에 임하면 잘못되고 어긋날 것이니 어찌 일마다 법도에 맞을 수 있겠는가? 정자의 가르침은 원래 독서로써 진리 탐구하는 것을 우선적인 임무로 삼는다. 그러나 일에 나아가서 배우지 않으면, 책을 지니지 않았을 때 즉 일에 대응하고 남을 응접할 때 힘쓸 방법을 모르게 된다면, 학문의 중단 상태가 많게 된다. 두 사람의 말은 각각 뜻을 둔 곳이 있는 것이다.

33

先生見一學者忙迫, 問其故. 曰: "欲了幾處人事." 曰: "某非不欲周旋人事者. 曷嘗似賢急迫?" 〔『程氏遺書』 3-87〕

선생이 어떤 학생이 바쁘고 조급한 것을 보고 그 이유를 물었다. "몇 가지 일들을 끝내려고 합니다"라고 대답하였다. 선생이 말했다. "나도 인사를 잘 꾸려나가고자 하지 않는 자는 아니다. 그러나 어찌 당신처럼 급박하게 하던가?"

○ 事雖多, 爲之必有序. 事雖急, 應之必有節. 未聞可以急遽苟且而

---

30) 자고는 공자의 제자이며 성은 高, 이름은 채(柴)이다.

處之者.

o 일이 많아도 하는 데에는 반드시 순서가 있다. 일이 급하더라도
응하는 데에는 반드시 절도가 있다. 급하고 구차하게 해서 일을 처리
할 수 있는 자는 없었다.

34

安定之門人, 往往知稽古愛民矣, 則於爲政也何有? 〔『程氏遺書』4-
27〕

호안정(胡安定 : 993-1059)[31]의 문인은 옛 일을 상고하고 백성을 사랑
하는 것을 아는 자가 많으니, 정치를 하는 데 무슨 어려움이 있겠는가?

o 胡安定敎學者, 以通經術, 治時務, 明體適用, 故其門人皆知以稽
古愛民爲事. 稽古則爲政之法, 愛民則爲政之本.

o 호안정은 학자들을 가르칠 때 경학에 통달하여 시사적인 실무를
다스리게 하고, 체를 밝혀 쓰임〔用〕에 적합하게 하였으므로 그의 문인
들은 모두 옛 것을 상고하고 백성을 사랑하는 데에 힘쓸 줄 알았다.
옛 것을 상고하는 것은 정치의 법도이고, 백성을 사랑하는 정치의 근
본이다.

---

31) 이름은 瑗, 자는 翼之이다. 제3권 54조 참조.

35

門人有曰: "吾與人居, 視其有過而不告, 則於心有所不安. 告之而人不受, 則奈何?" 曰: "與之處而不告其過, 非忠也. 要使誠意之交通, 在於未言之前, 則言出而人信矣." 〔『程氏遺書』 4-37〕

어떤 문인이 말했다. "저는 다른 사람과 함께 있을 때, 그에게 과실이 있음을 보면서도 이야기하지 않으면 마음에 불안한 바가 있습니다. 그에게 이야기하지만 그가 받아들이지 않으면 어떻게 해야 합니까?" 대답하였다. "그와 함께 있으면서 그의 과실을 말해 주지 않는 것은 진실한 마음이 아니다. 요컨대 말을 하기 전에 정성스러운 뜻이 서로 통하게 하고 말하면 그 사람이 믿게 된다."

○ 誠意素孚, 則信在言前.

○ 정성스러운 뜻이 평소에 신임을 얻게 되면 말하기 이전에 믿게 된다.

又曰: "責善之道, 要使誠有餘而言不足, 則於人有益而在我者無自辱矣." 〔『程氏遺書』 4-41〕

또 말했다. "선을 책망하는 방법은, 요컨대 성실함은 남음이 있게 하고 말은 모자라게 하면, 남에게는 도움이 있고 나에게는 스스로 욕됨이 없을 것이다."

○ 誠意多於言語, 則在彼有感悟之益, 在我無煩瀆之辱.

○ 정성스러운 뜻이 말보다 많으면, 상대는 감동하여 깨닫는 이익이 있고, 나는 번거롭게 여러 번 말하는 욕을 당하지 않게 된다.

36

職事不可以巧免.〔『程氏遺書』7-51〕

관직의 일은 교묘한 꾀로 피해서는 안 된다.

○ 職所當爲, 而巧圖規避, 是自私用智之人也.

○ 직분상 해야 하는 일을 교묘하게 도모하고 꾀하여서 피한다면, 이는 스스로 사사로운 슬기를 부리는 사람이다.

37

居是邦不非其大夫. 此理最好.〔『程氏遺書』6-162〕

어떤 나라에 있으면 그 나라의 대부를 비난하지 않는다.[32] 이 도리가 가장 좋다.

○ 朱子曰 : "下訕上, 則無忠敬之心."

○ 주희가 말했다.
"아랫사람이 윗사람을 헐뜯으면 충과 경(敬)의 마음이 없는 것이다."

---

32)『순자』「子道」. "禮, 居是邑, 不非其大夫."

38

克勤小物, 最難. 〔『程氏遺書』 11-19〕

작은 일을 열심히 잘 한다는 것이 가장 어렵다.

○ 不忽於小, 謹之至也.

○ 작은 일을 소홀히 하지 않음은 신중함의 극치이다.

39

欲當大任, 須是篤實. 〔『程氏遺書』 11-36〕

큰 임무를 담당하고자 하면 반드시 독실해야 된다.

○ 篤實, 則力量深厚而謀慮審固, 斯可以任大事.

○ 독실하면 역량이 깊고 두터워지고 도모하는 생각이 자세하고 견고하게 되니, 큰 일을 맡을 수 있다.

40

凡爲人言者, 理勝則事明, 氣忿則招怫. 〔『程氏遺書』 11-164〕

다른 사람과 말하는 경우에, 이성이 이기면 일이 분명해지고, 기가 성을 내면 상대를 화나게 한다.

○理勝而氣平, 則人易曉而聽亦順. 或者理雖直而挾忿氣以臨之, 則反致扞格矣.

○이성이 이겨서 기가 화평하면, 남이 이해하기 쉽고 듣는 것도 순조롭게 된다. 어떤 경우에는 이치는 곧더라도 분한 기운을 가지고 임하면 도리어 거역하게 만든다.

41

居今之時, 不安今之法令, 非義也. 若論爲治, 不爲則已, 如復爲之, 須於今之法度內, 處得其當, 方爲合義. 若須更改而後爲, 則何義之有? 〔『程氏遺書』2上-38〕

요즈음 시대에 살면서 지금의 법령에 만족하지 않는 것은 옳지 않다. 정치를 논한다면, 정치를 하지 않으면 그만이지만, 만약 정치를 한다면 반드시 지금의 법도 안에서 마땅하게 처리해야 바야흐로 의리에 맞는 것이다. 만약 반드시 개혁하고 난 뒤에 정치를 하고자 한다면, 어찌 올바르겠는가?

○『中庸』曰: "非天子, 不議禮, 不制度, 不考文." 居下位而守上之法令, 義也. 由今之法而處得其宜, 斯爲善矣. 若率意改作, 則已失爲下之義.

○『중용』에 "천자가 아니면 예를 논하지 않고, 제도를 창설하지 않으며, 문자를 연구하여 통일하지 않는다"[33]고 하였다. 아랫자리에 있으

---

33) 『중용』 28장. "子曰, 愚而好自用, 賤而好自專, 生乎今之世反古之道, 如此者,

면서 윗사람의 법령을 지키는 것은 의이다. 지금의 법에 의하여 마땅하게 처리하는 것이 선이다. 만약 경솔한 생각으로 고친다면 이미 아랫사람의 의리를 잃게 된다.

42

今之監司, 多不與州縣一體. 監司專欲伺察, 州縣專欲掩蔽. 不若推誠心與之共治. 有所不逮, 可敎者敎之, 可督者督之, 至於不聽, 擇其甚者去一二, 使足以警衆可也. 〔『程氏遺書』2上-42〕

오늘날의 감사(監司)는 주현(州縣)의 지사(知事)와 일체가 되지 않는 경우가 많다. 감사는 오로지 사찰(査察)하고자 하고, 주현의 지사는 오로지 은폐하고자 한다. 성실한 마음을 미루어 함께 다스리는 것이 낫다. 미치지 못한 바가 있으면 가르칠 만한 자는 가르치고, 꾸짖어야 할 자는 꾸짖고 난 다음, 말을 안 듣게 되면 그 중 심한 자를 골라 한두 사람을 파면시킴으로써 많은 사람들을 경계시키기에 충분하면 된다.

43

伊川先生曰:
"人惡多事. 或人憫之. 世事雖多, 盡是人事. 人事不敎人做, 更責誰做?"〔『程氏遺書』15-28〕

정이가 말했다.
"사람은 일이 많은 것을 싫어한다. 어떤 사람은 이것을 유감으로

災及其身者也. 非天子不議禮, 不制度, 不考文."

여긴다. 세상일이 많다고 하더라도 모두 사람의 일이다. 사람의 일을
사람으로 하여금 하게 하지 않으면 또 누구에게 하도록 하겠는가?"

○ 人事雖多, 皆人所當爲者. 苟有厭事之意, 則應之, 必不盡其理矣.

○ 사람의 일은 많더라도 모두 사람이 해야만 하는 것이다. 진실로
일을 싫어하는 마음이 있다면 일을 처리하는 데 반드시 이치를 다하
지 못할 것이다.

44

感慨殺身者易, 從容就義者難. 〔『程氏遺書』11-165〕

감개(感慨)하여 자살하는 것은 쉽고, 자연스럽게 의에 나아가는 것
은 어렵다.

○ 一時感慨至於殺身而不顧, 此匹夫匹婦猶或能之. 若夫從容就義,
死得其所, 自非義精仁熟者, 莫之能也. 『中庸』曰: "白刃可蹈, 中庸
不可能", 是也.
○ 張南軒曰: "君子不避難, 亦不入於難. 惟當夫理而已. 於所不當
避而避, 固私也. 於所不當預而預, 乃勇於就難, 是亦私而已. 如曾子
子思之避寇或不避, 三仁之或死或不死, 皆從容乎義之所當然而已."

○ 한때 감개(感慨)하여 몸을 죽이는 데에 이르러도 돌아보지 않는
것은 필부필부라도 오히려 할 수 있다. 자연스럽게 의로 나아가서 죽
을 때에 죽는 것은 스스로 의가 정밀(精密)하고 인(仁)이 익숙하게 익
은 자가 아니면 할 수 없다. 『중용』에서 "시퍼런 칼날은 밟을 수 있

어도 중용은 할 수 없다"³⁴⁾고 한 것이 이것이다.

○ 장남헌이 말했다.

"군자는 어려움을 피하지 않지만 어려움에 빠지지도 않는다. 오직 이치에 마땅하게 할 뿐이다. 피하지 말아야 하는 것을 피하는 것은 물론 사사로움이다. 관여하지 말아야 하는 것에 관여하는 것은 어려운 일에 나아가는 용기인데, 이것 역시 사사로움일 뿐이다. 증자(曾子)나 사사(子思)가 도적을 피하거나 피하지 않은 것,³⁵⁾ 은나라의 세 어진 사람³⁶⁾이 혹은 죽고 혹은 죽지 않았던 것들은 모두 의의 당연한 바에 자연스럽게 따랐을 뿐이다."

45

人或勸先生以加禮近貴. 先生曰: "何不見責以盡禮, 而責之以加禮? 禮盡則已, 豈有加也?"〔『程氏遺書』17-16〕

어떤 사람들이 선생에게 예를 더함으로 귀인에게 가까워지기를 권하였다. 선생이 말했다. "어찌 예를 다하도록 책망하지 않고, 예를 더하도록 책망하는 것입니까? 예를 다하면 그만이지, 어찌 더할 것이 있겠습니까?"

---

34) 『중용』 9장. "子曰, 天下國家可均也, 爵祿可辭也, 白刃可蹈也, 中庸不可能也."

35) 『맹자』 「이루」 하 31장. "曾子居武城, 有越寇. 或曰, 寇至, 盍去諸? 曰, 無寓人於我室, 毁傷其薪木. 寇退, 則曰, 修我牆屋, 我將反. 寇退, 曾子反. 左右曰, 待先生如此其忠且敬也, 寇至, 則先去以爲民望, 寇退, 則反, 殆於不可. 沈猶行曰, 是非汝所知也. 昔沈猶有負芻之禍, 從先生者七十人, 未有與焉. 子思居於衛, 有齊寇. 或曰, 寇至, 盍去諸? 子思曰, 如伋去, 君誰與守?"

36) 간언을 하다가 죽은 比干, 미친 체하고 돌아다닌 箕子, 나라를 떠난 微子, 이 세 사람을 공자는 은나라의 세 어진 사람이라고 불렀다. 『논어』 「미자」 1장 참조.

○ 此與孟子‘不與右師言’同意.

○ 이것은 맹자가 ‘우사(右師)와 이야기를 하지 않았다’[37]는 것과 같은 뜻이다.

<h1>46</h1>

或問:“簿佐令者也. 簿所欲爲, 令或不從, 奈何?” 曰:“當以誠意動之. 今令與簿不和, 只是爭私意. 令是邑之長. 若能以事父兄之道事之, 過則歸己, 善則唯恐不歸於令. 積此誠意, 豈有不動得人?”〔『程氏遺書』18-15〕

어떤 사람이 물었다. “주부(主簿)는 현령(縣令)을 도우는 자입니다. 주부가 하고자 하는 바에 현령이 혹시 따르지 않으면 어떻게 해야 합니까?” 말했다. “성의로써 감동시켜야 한다. 요즈음 현령과 주부가 불화한 것은 오직 사사로운 의사를 다투는 것일 뿐이다. 현령은 읍의 어른이다. 만약 아버지와 형님을 섬기는 도리로써 섬겨, 과실이 있으면 자기에게 돌리고, 좋은 것이면 오직 현령에게 돌아가지 않을 것을 걱정해야 한다. 이러한 성의를 쌓는다면 어찌 사람을 감동시키지 못하겠는가?”

○ 過則歸之己, 善則歸之令, 非曰姑爲此以悅人. 蓋事長之道, 當如是也.

---

37) 우사는 제나라의 貴臣인 王驩이다. 맹자는 제나라 대부인 公行子의 아들 상례에 왕환과 함께 참석하였으나 그와 얘기를 하지 않았다. 이는 예를 다하기 위한 것이었다. 『맹자』「이루」하 27장에 나온다.

○ 잘못은 자기에게 돌리고 좋은 일은 현령에게 돌리는 것이 일부러 그렇게 해서 윗사람을 기쁘게 하려는 것은 아니다. 대개 윗사람을 섬기는 도리는 이래야 되는 것이다.

47

問:"人於議論, 多欲直己, 無含容之氣. 是氣不平否?"曰:"固是氣不平, 亦是量狹.

물었다. "사람이 논의할 때 자기가 옳다고 주장하고자 하여 남을 받아들이는 기상이 없는 경우가 많습니다. 이것은 기질이 화평하지 않아서인가요?" 답했다. "본래 기질이 화평하지 않지만, 또한 도량이 좁은 것이다.

○ 量狹, 故常欲己勝而無含容之氣.

○ 도량이 좁기 때문에 항상 자기가 이기고자 하고 너그러이 포용하는 기상이 없다.

人量隨識長. 亦有人識高而量不長者, 是識實未至也.

사람의 도량은 견식(見識)이 증가함에 따라 늘어난다. 또 견식이 높은데 도량은 늘어나지 않는 사람도 있는데, 이것은 견식이 실제로는 통달하지 않은 것이다.

○ 見識陋, 則人己得失之間, 皆爲之動. 是卽量之狹也. 故識之長, 則量亦長.

○ 견식이 고루하면 남과 자기의 득실 사이에 일일이 마음을 움직이게 된다. 이것이 바로 도량이 좁다는 것이다. 그러므로 견식이 늘어나면 도량도 늘어난다.

大凡別事, 人都强得, 惟識量不可强.

대개 다른 일들은 모두 억지로 할 수 있지만, 오직 견식과 도량만은 억지로 늘일 수 없다.

○ 惟識與量, 則隨人天資學力所至, 而不可强也.

○ 오직 견식과 도량만은 사람의 천부의 자질과 학문의 힘이 이르는 바에 따르는 것으로, 억지로 할 수 없다.

今人有斗筲之量, 有釜斛之量, 有鍾鼎之量,

지금 사람 가운데는 두(斗)와 소(筲)의 도량도 있고, 부(釜)와 곡(斛)의 도량도 있고, 종(鍾)과 정(鼎)의 도량이 있고,

○ 十升爲斗. 筲竹器容斗二升. 釜容六斗四升. 十斗爲斛. 十釜爲鍾.

○ 열 되[升]가 한 말[斗]이다. 소(筲)는 대나무 용기로 한 말 두 되들이이다. 부(釜)는 여섯 말 네 되들이이다. 열 말이 한 섬[斛]이다. 열 부(釜)가 한 종(鍾)이다.

有江河之量. 江河之量亦大矣, 然有涯. 有涯亦有時而滿. 惟天地之

量則無滿,　故聖人者,　天地之量也.　聖人之量,　道也,　常人之有量者,
天資也.

양자강과 황하의 도량도 있다. 양자강과 황하의 도량도 크지만, 한
계가 있다. 한계가 있으면 가득 찰 때도 있다. 오직 천지의 도량만이
가득 차지 않으므로 성인은 천지의 도량이다. 성인의 도량은 도이고,
보통사람들의 도량에 한계가 있는 것은 천부의 자질이다.

○ 聖人之心純乎道.　道本無外,　故其量亦無涯. "天資"者,　氣稟也.
氣稟則有涯.　常人而能學以通乎道.　極其至則亦聖人之無涯也.

○ 성인의 마음은 순수한 도이다. 도는 본래 바깥이 없으므로 그 양
도 끝이 없다. "천자(天資)"라는 것은 품수받은 기질이다. 기품은 한계
가 있다. 보통사람도 학문으로써 도에 통달할 수 있다. 그 지극함을
다한다면 역시 한계가 없는 성인과 같이 된다.

天資有量,　須有限.　大抵六尺之軀,　力量只如此,　雖欲不滿,　不可得
也.　如鄧艾位三公,　年七十,　處得甚好,　及因下蜀有功,　便動了.　謝安
聞謝玄破苻堅,　對客圍碁,　報至不喜.　及歸折屐齒,　强終不得也.

천부의 자질에는 일정한 양이 있으니 반드시 한계가 있다. 대저 여
섯 자가 되는 몸은 역량이 오로지 이와 같을 뿐이니, 가득 차지 않고
자 하더라도 할 수 없다. 예를 들어 등애(鄧艾 : 197-264)[38]는 삼공의
지위에 올라 나이가 일흔이었으며 처지가 매우 좋았는데도, 촉(蜀)나

---

38) 자는 士載. 하남성 棘陽 사람. 魏를 섬겨 征西 장군이 되고 蜀을 항복시킨 뒤에
는 太尉가 되었다. 삼공이 된 것은 촉을 항복시킨 이후의 일이다. 본문의 내용은
순서가 바뀌어 오해하기 쉽다.

라를 물리침으로써 공을 세우자 곧 마음이 움직여버렸다. 사안(謝安: 320-385)[39]은 사현(謝玄: 343-388)[40]이 부견(符堅)[41]을 이겼다고 들었을 때, 손님을 맞아 바둑을 두고 있었는데, 보고를 듣고도 기뻐하지 않았다. 집에 돌아가다가 나막신의 굽을 부러뜨렸으니, 끝내 억지로 억누를 수 없었다.

○ 事見魏晉史.

○ 이 일은 위진(魏晉)의 역사에 보인다.

更如人大醉後, 益恭謹者, 只益恭謹, 便是動了. 雖與放肆者不同, 其爲酒所動一也. 又如貴公子, 位益高, 益卑謙, 只卑謙, 便是動了. 雖與驕傲者不同, 其爲位所動一也.

또 크게 술에 취한 뒤에 더욱 공손하고 삼가는 사람의 경우, 단지 더욱 공손하고 삼가는 것은 바로 마음이 움직인 것이다. 방자하고 제 멋대로인 사람과는 같지 않더라도 술에 의하여 움직인 것은 같다. 또 귀공자로 자리가 높을수록 더욱 낮추고 겸허한 경우도, 다만 낮추고 겸허한 것은 바로 움직인 것이다. 비록 뽐내는 사람과는 같지 않더라도 그 자리에 의하여 움직인 것은 같다.

○ 居之如常而不爲異者, 量足以勝之也. 一有意於其間, 雖驕肆謙

---

39) 자는 安石. 하남성 陽夏 사람. 晋의 孝武帝 때 中書監이 됨. 符堅의 군대가 淮肥까지 왔을 때 征討大將軍이 되어 이를 쳤다.
40) 자는 幻度. 謝安의 형의 아들.
41) 晉 때의 前秦의 규주. 자는 永固. 晉의 升平 연간에 鄴에 의거하여 秦천왕이라 일컬으며 세를 확장하여 晉을 공격하다가 사현에게 패함.

恭之不同, 要皆爲彼所動矣.

○ 보통 때와 같이 있으면서 다르게 행동하지 않는 자는 도량이 감당하기에 족한 것이다. 어떤 일에 마음 씀이 있게 되면, 교만하고 제멋대로 하거나 공손하고 겸허하게 하는 차이는 있더라도, 요컨대 모두 저 일에 동요된 것이다.

然惟知道者, 量自然宏大, 不待勉强而成.

그러나 오직 도를 아는 자만이 도량이 자연히 넓고 커서, 억지로 할 필요가 없이 이루게 된다.

○ 知道者雖窮居陋巷而不加損. 雖祿之以天下而不加益. 擧世譽之而不加勸, 擧世非之而不加沮. 何者, 道固不爲之而有增損也.

○ 도를 아는 자는 비록 누추한 곳에서 어렵게 살더라도 더하거나 덜지 않는다. 이 사람에게는 천하를 녹봉으로 주더라도 더하게 할 수 없다. 세상사람들이 다 칭찬하더라도 더욱 힘쓰지 않으며, 세상사람들이 다 이 사람을 비난하더라도 꺾이지 않는다. 왜냐하면 도는 원래 그것 때문에 더하고 덜함이 있지 않기 때문이다.

今人有所見卑下者, 無他. 亦是識量不足也." 〔『程氏遺書』18-45〕

지금 사람 가운데 소견이 비루하고 낮은 자가 있으니, 다른 이유가 없다. 역시 견식과 도량이 부족한 때문이다."

48

人纔有意於爲公, 便是私心.

사람이 공정하게 하려는 마음을 가지면 이미 사사로운 마음이다.

○公者天理之自然. 有意爲之, 則計較安排, 卽是私意.

○공은 천리의 자연스러움이다. 의도적으로 한다면 계산하고 비교
하여 안배하니 곧 사사로운 마음이다.

昔有人典選, 其子弟係磨勘, 皆不爲理. 此乃是私心.

옛날에 관리의 인선(人選)을 맡은 사람이 있었는데, 그의 자제가
평가[42]와 관련되면 모두 처리하지 않았다. 이것이 바로 사사로운 마
음이다.

○選擧者, 朝廷之選擧也. 進退之權, 實非己之所得而有. 子弟該磨
勘而不爲理, 蓋避私嫌. 而不知如此是以選擧爲己之私恩, 乃是私意
也. 於此可以識大公之道矣.

○사람을 골라 기용한다는 것은 조정에서 골라 기용하는 것이다.
승진과 후퇴의 권한은 자기가 마음대로 할 수 있는 것이 아니다. 자제
가 평가의 대상이 되면 처리하지 않은 것은 대개 사사로운 혐의를 피

---

42) 송대에 관리의 성적을 조사하던 일을 '磨勘'이라고 하였다. 후세에는 일정한 재
직년한에 의하여 진급시키던 일을 '마감'이라고 불렀다.

하기 위한 것이다. 그러나 이렇게 하는 것이 사람을 골라 기용하는 일을 자기의 사사로운 은혜라고 생각하는 것이 되어 그것이 바로 사사로운 생각이라는 것은 모른다. 여기서 큰 공평함의 도리를 알 수 있다.

人多言古時用直, 不避嫌得, 後世用此不得. 自是無人, 豈是無時?
〔『程氏遺書』18-46〕

옛날에는 정직했으므로 혐의를 피하지 않아도 되었는데, 후세에는 그렇게 할 수 없다고 말하는 사람들이 많다. 사람이 없는 것이지, 어찌 때가 아니겠는가?

○ 本注云: "因言少師典擧, 明道薦才事."
○ 苟能以至公之心, 行至公之道, 何嫌之避, 何時而不可行?

○ 본주(本注)에서 말했다.
"이어서 소사(少師)[43]가 사람을 뽑는 일을 했다는 것과 정호가 인재를 추천한 일을 말했다."
○ 지극히 공평한 마음으로 지극히 공정한 도리를 행할 수 있다면 어찌 혐의를 피하겠으며, 어느 시대인들 행하지 못하겠는가?

49

君實嘗問先生云: "欲除一人給事中, 誰可爲者?" 先生曰: "初若泛論人才, 却可. 今旣如此, 頤雖有其人, 何可言?" 君實曰: "出於公口, 入於光耳, 又何害?" 先生終不言. 〔『程氏遺書』19-40〕

---

43) 伊川의 四代 조상인 程羽를 말함.

군실(君實: 1019-1086)[44]이 일찍이 선생에게 물었다. "급사중(給事中)[45]을 한 사람 임명하고자 하는데, 누가 할 만한 사람입니까?" 선생이 말했다. "처음부터 만약 일반적으로 인재를 논한다면 도리어 괜찮다. 그러나 지금 이미 이렇게 되었으니, 나에게 적당한 사람이 있다고 하더라도 어찌 말할 수 있겠는가?" 군실이 말했다. "공의 입에서 나와 저의 귀에 들어올 뿐이니, 어찌 또 해가 있겠습니까?" 선생이 끝내 말하지 않았다.

○ 泛論人物則無不可. 若擇人任職, 乃宰相之事. 非在下位者所可與矣. 此制義之方也.

○ 널리 인물을 논하면 안 될 것이 없다. 사람을 골라 관직을 임명하는 것은 재상의 일이다. 아랫자리에 있는 자가 관여할 수 있는 바가 아니다. 이것은 의를 바로잡는 방법이다.

50

先生云:

"韓持國服義, 最不可得. 一日頤與持國范夷叟, 泛舟於潁昌西湖. 須臾客將云: '有一官員上書, 謁見大資.' 頤將謂有甚急切公事. 乃是求知己. 頤云: '大資居位, 却不求人, 乃使人倒來求己, 是甚道理?'

---

44) 군실은 司馬光의 자. 그는 哲宗 때의 재상으로 왕안석의 신법을 고치고 『資治通鑑』을 지음.

45) 관직 이름. 문하후성(門下后省)의 장관으로, 중앙에서 반포하거나 지방에서 상주(上奏)하는 중요한 문서를 자세히 검토하여, 합당하지 않으면 반박해 돌려보내고, 윤허할 수 있으면 서명하여 시행하는 것을 관장하는 관직이다.

정이가 말했다.

"한지국(韓持國 : 1017-1098)[46]이 의에 승복하는 것은 가장 얻을 수 없는 것이다. 어느 날 나는 지국 및 범이수(范夷叟 : 1031-1106)[47]와 더불어 영창(穎昌)의 서호(西湖)에 배를 띄웠다. 얼마 안 되어 손님을 안내하던 장교가 말했다. '한 관리가 편지를 올려 대자(大資)[48]를 알현하려고 합니다.' 나는 매우 급박한 공적인 일이 있나 보다고 생각하였다. 그런데 바로 자기를 알아주기를 요구한 것이었다. 나는 말했다. '대관이 자리에 있으면서 오히려 사람을 구하지 않고, 사람으로 하여금 거꾸로 와서 자기를 구하게 하고 있는데, 이것이 무슨 도리인가?'

○ 韓維, 字持國. 范純禮, 字夷叟. 在上位者當勤於求賢. 豈當待人之求知? 求知者失己, 使之求知者失士.

○ 한유(韓維)의 자가 지국(持國)이다. 범순례(范純禮)의 자가 이수(夷叟)이다. 윗자리에 있는 자는 현명한 인재를 구하는 데 힘을 써야만 한다. 어찌 사람이 알아주도록 요구하기를 기다려서야 되겠는가? 알아주기를 구하는 자는 자기를 잃은 것이니, 자신(알아주기를 구한 자)으로 하여금 선비다움을 잃게 한 것이다.

夷叟云 : '只爲正叔太執. 求薦章, 常事也.' 頤云 : '不然. 只爲曾有不求者不與, 來求者與之, 遂致人如此.' 持國便服." 〔『程氏遺書』19-75〕

---

46) 韓維의 호. 하남성 雍正 사람. 神宗 때 翰林學士가 되고, 哲宗 때 門下侍郎이 되고 太子少傅로 치사하였다.

47) 范純禮의 자. 강소성 吳縣 사람. 范仲淹의 셋째아들.

48) 大官과 같은 뜻. 韓持國을 가리킴.

이수(夷叟)가 말했다. '정숙(正叔)[49]은 단지 너무 의를 고집하는 것이다. 추천을 구하는 편지는 일상적인 일이다.' 나는 말했다. '그렇지 않다. 다만 일찍이 구하지 않은 자에게는 주지 않고, 와서 구하는 자에게는 주었기 때문에 마침내 사람들을 이렇게 오게 만든 것이다.' 지극이 바로 승복하였다."

51

先生因言:

"今日供職, 只第一件, 便做他底不得. 吏人押申轉運司狀, 頤不曾簽. 國子監自係臺省, 臺省係朝廷官. 外司有事, 合行申狀. 豈有臺省倒申外司之理? 只爲從前人只計較利害, 不計較事體, 直得恁地.

선생이 이어서 말했다.

"오늘날에 직책을 맡아서 하고 있지만, 단지 첫째 건인 바로 저 일은 할 수 없다. 관리가 전운사(轉運司)로 올린 편지에 서명하는데, 나는 서명한 적이 없다. 국자감(國子監)은 원래 대성(臺省)에 관계되고,[50] 대성은 조정에 관계되는 관청이다. 외사(外司)[51]에 일이 있으면 거기서 올리는 서류를 보내야 한다. 어찌 대성이 거꾸로 외사에게 글을 올릴 도리가 있겠는가? 단지 종전의 사람이 오로지 이해를 계산하여 비교하고 일의 본질을 헤아리지 않았기 때문에 바로 이와 같이 되어버렸다.

○ 春秋書法, 王人雖微, 序於諸侯之上, 尊王也.

---

49) 伊川의 字.

50) 대성은 尙書省으로 吏戶禮兵刑工의 육부를 통괄하여 관장하는데, 국자감(국립학교)은 상서성의 직속기관이다.

51) 여기서는 轉運司(관청의 물품 운반을 맡아보는 관원)를 가리킨다.

○ 춘추의 필법에 의하면 왕을 섬기는 사람은 미천하더라도 제후보다 위에 나열하였으니, 왕을 높이기 때문이다.

須看聖人欲正名處. 見得道名不正時, 便至'禮樂不興', 是自然住不得."〔『程氏遺書』19-77〕

성인(공자)이 반드시 이름을 바로잡고자 한 것을 이해해야 한다. 이름이 바로잡히지 않을 때, 곧 '예악이 일어나지 못함'[52]에 이른다고 말한 것은, 자연히 그렇게 되지 않을 수 없는 것임을 알아야 한다."

○ 說見『論語』. 名分不正, 則施之於事者, 顚倒而無序, 乖戾而不和, 禮樂何以興? 此自然必至之勢.

○ 설명이 『논어』에 보인다. 명분이 올바르지 못하면 일을 할 때 거꾸로 되어 서열이 없어지고, 서로 어긋나 조화롭지 않게 되니, 예악이 어떻게 일어날 수 있겠는가? 이것은 자연스럽게 반드시 그렇게 되는 형세이다.

52

學者不可不通世務. 天下事譬如一家. 非我爲, 則彼爲, 非甲爲, 則乙爲. 〔『程氏遺書』22下-30〕

학문을 하는 자는 세상의 일들에 통하지 않으면 안 된다. 천하의

---

52) 『논어』 「자로」 3장 "名不正, 則言不順, 言不順, 則事不成, 事不成, 則禮樂不興, 禮樂不興, 則刑罰不中, 刑罰不中, 則民無所錯手足."

일은 비유컨대 한 집안의 일과 같다. 내가 하지 않으면 저 사람이 해야 하며, 갑이 하지 않으면 을이 해야 한다.

○ 君子存心正大如此. 其所以講明世道者, 蓋亦非分外之事也.

○ 군자의 마음가짐이 올바르고 큰 것은 이와 같다. 세상의 도리를 강론하고 밝히는 것은 대개 또한 자기 분수 밖의 일이 아니기 때문이다.

53

"人無遠慮, 必有近憂", 思慮當在事外. 〔『程氏外書』 2-6〕

"사람이 원대한 생각이 없으면 반드시 가까운 근심이 있다."[53] 사려는 일의 밖에까지 미쳐야 한다.

○ 『外書』, 下同.
○ 蘇氏曰: "慮不在千里之外, 則患在几席之下." 此以地之遠近言也. 一說先事而圖之, 則事至而無患. 此以時之遠近言也. 然其理則一也.

○ 『외서』에 보이며, 아래도 같다.
○ 소씨(蘇氏)[54]가 말했다. "생각이 천 리 밖에 있지 않으면 근심이 자리 밑에 있다."[55] 이것은 장소의 멀고 가까움으로써 말한 것이다. 어

---

53) 『논어』 「위령공」 11장.

54) 蘇轍(1039-1112)을 가리킨다. 소철은 북송의 문장가로 자는 子由 혹은 同叔이며 호는 潁濱遺老이다. 아버지인 洵, 그리고 형인 軾과 함께 三蘇로 불리는 唐宋八大家의 한 사람이다.

떤 이는 일에 앞서 도모하면 일이 닥치더라도 걱정이 없다고 하였다. 이것은 시간의 멀고 가까움으로써 말한 것이다. 그러나 그 이치는 하나이다.

54

聖人之責人也常緩. 便見只欲事正, 無顯人過惡之意. 〔『程氏外書』 7-16〕

성인이 남을 책망하는 것은 항상 너그럽다. 단지 일이 바르게 되기를 바랄 뿐, 남의 잘못과 악을 드러낼 뜻이 없음을 볼 수 있다.

55

伊川先生云：
"今之守令, 惟制民之産一事, 不得爲. 其他在法度中, 甚有可爲者. 患人不爲耳." 〔『程氏外書』 12-4〕

정이가 말했다.
"지금의 수령은 백성들의 재산을 다스리는 일 한 가지만을 할 수 없다. 그 나머지는 법의 범위 안에서 할 수 있는 것이 상당히 많다. 사람들이 하지 않는 것이 근심일 따름이다."

○ 制民之産, 謂井田貢助之法.

---

55) 『논어』「위령공」 11장에 대한 주희의 『집주』에 나온다.

○백성들의 재산을 다스린다는 것은 정전법(井田法)과 공조(貢助)의
세법[56]을 말한다.

56

明道先生作縣, 凡坐處皆書"視民如傷"四字, 常曰"顥常愧此四字."
〔『程氏外書』12-61〕

정호가 현령이 되었을 때, 앉는 자리마다 모두 "백성을 부상당한
사람 보듯이 한다"[57]는 네 글자를 써 놓고, 항상 "나는 언제나 이 네
글자에 부끄럽다"고 말했다.

57

伊川每見人論前輩之短, 則曰: "汝輩且取他長處." 〔『程氏外書』12-
102〕

정이는 사람들이 선배들의 단점을 논함을 볼 때마다 "너희들은 먼
저 그들의 장점을 취하라"고 하였다.

---

56) 『맹자』 「등문공」 상 3장. "夏后氏五十而貢, 殷人七十而助, 周人百畝而徹, 其
實皆什一也. 徹者, 徹也, 助者, 藉也. 龍子曰, '治地莫善於助, 莫不善於貢.' 貢
者, 校數歲之中以爲常. 樂歲, 粒米狼戾, 多取之而不爲虐, 則寡取之, 凶年, 糞其
田而不足, 則必取盈焉. 爲民父母, 使民盻盻然, 將終歲勤動, 不得以養其父母,
又稱貸而益之, 使老稚轉乎溝壑, 惡在其爲民父母也? 夫世祿, 滕固行之矣."
57) 『맹자』 「이루」 하 20장에 나오는 말로 문왕의 仁政을 가리킨다. "孟子曰, 禹惡
旨酒而好善言, 湯執中, 立賢無方, 文王視民如傷, 望道而未之見, 武王不泄邇,
不忘遠."

○ 揚人之短, 木爲薄德. 況前輩乎?

○ 남의 단점을 드러내는 것은 원래 덕이 부족하기 때문이다. 하물며 선배들에 대해서랴?

58

劉安禮云: "王荊公執政, 議法改令, 言者攻之甚力. 明道先生嘗被旨赴中堂議事. 荊公方怒言者, 厲色待之. 先生徐曰: '天下之事, 非一家私議. 願公平氣以聽.' 荊公爲之愧屈." 〔『程氏遺書』附錄〕

유안예(劉安禮)[58]가 말했다. "왕형공(왕안석)이 법령을 개정하니, 이야기하는 자들이 이것을 매우 힘껏 공격하였다. 명도 선생[정호]이 일찍이 칙명을 받아 중당(中堂)[59]에 가서 일을 논의하였다. 형공이 금방 이야기하는 자에게 화를 내어 안색을 엄정하게 하고 기다렸다. 선생이 서서히 말했다. '천하의 일은 한 집안의 사사로운 논의가 아니오. 원컨대 공은 기운을 화평하게 하고 들으시오.' 형공이 그것을 부끄러워하였다."

○ 附錄, 下同.
○ 劉立之, 字安禮, 程子門人也. 熙寧初王荊公安石參知政事, 創制新法, 中外皆言其不便. 荊公獨憤然不顧. 明道先生權監察御史裏行, 被旨赴中堂議事. 從容一言之間, 荊公乃爲之愧屈. 蓋有以破其私己之見, 而消其忿厲之氣也.

---

58) 이름은 立之이다. 그는 어려서 고아가 되어 정이천의 가정에서 자란 후 이천의 제자가 되었다.
59) 中書省에 있는 재상이 정사를 베푸는 곳.

○ 부록에 나오며, 아래도 같다.

○ 유입지(劉立之)의 자는 안례(安禮)이며, 정자의 문인이다. 희령(熙寧) 초년[60]에 형공(荊公) 왕안석(王安石)이 참지정사(參知政事)로서 신법을 창제하니, 안팎에서 모두 불편함을 이야기하였다. 형공만은 홀로 화를 내고 돌아보지 않았다. 정호가 권감찰어사이행(權監察御史裏行)으로서 왕명을 받고 중당으로 가서 일을 논의하였다. 자연스럽게 한 마디 하는 사이에 형공은 자신을 부끄러워하였다. 대개 사사로운 개인적 견해를 깨뜨리고 그 분노하고 사나운 기질을 녹여 없앴기 때문이다.

59

劉安禮問臨民. 明道先生曰 : "使民各得輸其情."

유안례가 백성을 다스리는 법을 물었다. 정호가 말했다. "백성으로 하여금 각각 그 정을 다할 수 있게 해야 한다."

○ 民情皆得以上聞, 則自無不得其所之患. 然非平易聰達者, 能之乎?

○ 백성의 정이 모두 윗사람에게 보고될 수 있다면 저절로 백성들이 마땅한 삶을 얻지 못할 근심이 없다. 그러나 마음이 평안하고 총명함이 사방에 통달한 자가 아니면 이럴 수 있으리오?

問御吏. 曰 : "正己以格物." 〔『程氏遺書』 附錄〕

---

60) 희령(1068-1077)은 宋나라 神宗 때의 연호이며, 희령 초년은 1068년이다.

관리를 다스리는 법을 물었다. 말했다. "자기를 올바르게 함으로써 남을 바르게 한다."

○ 居上旣正, 則下有所感而正矣. 非徒事乎刑罰之嚴也.

○ 위에 있는 사람이 이미 올바르면 아래에 있는 사람은 감동하여 올바르게 된다. 헛되이 엄격한 형벌을 일삼아서는 안 된다.

60

橫渠先生曰:
"凡人爲上則易, 爲下則難. 然不能爲下, 亦未能使下, 不盡其情僞也. 大抵使人, 常在其前, 己嘗爲之, 則能使人." 〔『經學理窟』「義理」7〕

장재가 말했다.
"무릇 사람은 윗사람이 되기는 쉽고, 아랫사람이 되기는 어렵다. 그러나 아랫사람이 될 수 없다면 역시 아랫사람을 쓸 수도 없으니, 그 성실함과 거짓됨을 다 이해하지 못하기 때문이다. 대저 사람을 부리는 것은 항상 그 이전에 자기가 일찍이 그 일을 했다면 사람을 부릴 수 있다."

○ 『文集』.
○ 樂於使人而憚於事人, 此常情也. 然知事人之道, 然後知使人之道. 己未嘗事人, 則使人之際, 必不能盡其情.

○ 『문집』에 나온다.
○ 사람을 부리기를 좋아하고 사람을 섬기기를 꺼리는 것은 보통 감

정이다. 그러나 사람을 섬기는 도리를 안 뒤에 사람을 부리는 도를 안다. 자기가 아직 사람을 섬겨본 적이 없다면 사람을 부릴 때 반드시 그 정을 다 이해할 수 없을 것이다.

61

坎維心亨, 故行有尙. 外雖積險, 苟處之心亨不疑, 則雖難必濟, 而往有功也.

감괘(坎卦 : ䷜)는 마음이 형통하므로 나아가면 좋은 일이 있다. 밖으로 위험이 쌓여 있더라도 마음이 형통해서 의심하지 않는 태도로 처신한다면, 어렵더라도 반드시 건너가서 공이 있을 것이다.

○ 坎爲重險. 故曰 "積險." 二五以剛居中. 故外雖有積險, 其中心自亨通, 而無所疑懼也. 心亨而無疑, 則可以出險矣.

○ 감괘는 험난함이 중복되어 있다. 그러므로 "위험이 쌓여 있다"고 한다. 이효와 오효는 강으로서 중에 있다. 그러므로 바깥에는 쌓인 험난이 있더라도 그 속마음은 스스로 형통하여, 의심하고 두려워하는 바가 없다. 마음이 형통하고 의심이 없다면 험난에서 빠져나갈 수 있다.

今水臨萬仞之山, 要下卽下, 無復凝滯之在前. 惟知有義理而已, 則復何回避? 所以心通. 〔『橫渠易說』坎卦(䷜) 象傳〕

지금 물이 만 길 되는 산 앞에 있게 되면, 내려가려면 즉시 내려가니, 다시 앞에서 막을 수 있는 것이 없다. 오직 의리가 있음을 알 뿐이니, 어찌 회피하겠는가? 그러므로 마음이 형통한다.

○『易說』, 下同.

○ 此以坎象而言. 人於義理, 苟能信之篤, 行之決, 如水之就下, 則沛然而莫禦. 何往而不心亨哉?

○『역설』에 나오며, 아래도 같다.

○ 이것은 감괘의 상으로써 말했다. 사람이 의리에 대하여 진실로 독실하게 믿고, 결단성 있게 행동하여, 물이 아래로 내려가는 것과 같으면, 성대하여 아무도 막을 수 없다. 어디 간들 마음이 형통하지 않겠는가?

62

人所以不能行己者, 於其所難者則惰, 其異俗者, 雖易而羞縮. 惟心弘, 則不顧人之非笑, 所趨義理耳, 視天下, 莫能移其道.

사람이 자기가 옳다고 여기는 것을 스스로 실행하지 못하는 까닭은, 어려운 것에 대해서는 게으르고, 습속과 다른 것에 대해서는 쉽더라도 부끄러워 위축되기 때문이다. 오직 마음이 넓으면 남의 비웃음도 돌아보지 않으며, 나아갈 바는 의리뿐이니, 온 천하를 보아도 그 도를 옮길 수 있는 것은 없다.

○ 志不立, 氣不充, 故有怠惰與羞縮. 惟心弘則立志遠大, 義理勝則氣充.

○ 뜻이 서지 않으면 기운이 가득 차지 않으므로 게으름과 위축됨이 있다. 오직 마음이 넓으면 뜻을 원대하게 세우게 되고, 의리가 이기면 기가 충만하게 된다.

然爲之, 人亦未必怪. 正以在己者義理不勝. 惰與羞縮之病, 消則有
長, 不消則病常在. 意思齷齪, 無由作事.

그러나 그가 옳다고 여기는 것을 행하면 사람들도 반드시 이상하게
여기지는 않을 것이다. 바로 자기 안에서 의리가 이기지 못하기 때문
이다. 게으름과 위축의 병통이 소멸되면 의리는 늘어남이 있고, 소멸
되지 않으면 병통이 항상 존재하게 된다. 그러면 생각이 악착스러워
일을 제대로 처리하지 못한다.

○滕文公行三年之喪, 始也父兄百官皆不欲. 文公以義理所當爲發
哀戚之誠心, 人亦莫不悅服. 所患在我. 義理不勝, 則不能自强. 故有
惰與羞縮之患.

○등문공(滕文公)이 삼년상을 치르려고 하자, 처음에는 부형과 백관
(百官)이 모두 바라지 않았다. 문공이 의리의 마땅함에 따라 슬퍼하는
성심을 발하니 사람들도 기뻐하며 감복하지 않는 이가 없었다.[61] 근심
할 바는 나에게 있는 것이다. 의리가 이기지 못하면 스스로 힘쓸 수
없다. 그러므로 게으름과 부끄러워 위축되는 근심이 있다.

在古氣節之士, 冒死以有爲, 於義未必中. 然非有志槪者莫能. 況吾
於義理已明, 何爲不爲? 〔『橫渠易說』 大壯卦(䷡)〕

옛날의 기개가 있는 선비는 죽음을 무릅쓰고 일을 하였는데, 반드
시 도의에 들어맞지는 않았다. 그러나 뜻에 기개가 있는 자가 아니면

---

61) 『맹자』 「등문공」 상 2장 "然友反命. 世子曰然. 是誠在我, 五月居廬, 未有命
戒. 百官族人可謂曰知. 及至葬, 四方來觀之, 顔色之戚, 哭泣之哀, 弔者大悅."

하지 못한다. 하물며 내가 이미 의리에 밝은데, 어찌 하지 않겠는가?

○ 志氣感慨, 雖未必中於義, 而死且不顧. 況吾義理旣明, 尙何怠惰
羞縮之爲? 擧重明輕, 所以激昂柔懦之士.

○ 지기나 감개는 반드시 의에 맞지 않더라도 죽음조차 돌아보지 않
는다. 하물며 나의 의리가 이미 밝은데 오히려 어찌 게으르고 위축되
겠는가? 중요한 것을 들고 가벼운 것을 밝힌 것은 나약한 선비들을
격분시키기 위한 것이다.

63

姤初六. "羸豕孚蹢躅." 豕方羸時, 力未能動. 然至誠在於蹢躅, 得
伸則伸矣.

구괘(姤卦 : ䷫)의 초육에서 말한다. "파리한 돼지가 틀림없이 날뛴
다." 돼지가 파리할 때는 힘이 아직 움직이지 못한다. 그러나 지극한
성실함은 날뛰는 데 있으므로, 펼 수 있게 되면 펴고야 만다.

○"羸", 弱也. "蹢躅", 跳躍也. 豕性陰躁. 雖當羸弱之時, 其誠心未
嘗不在於動也. 得肆則肆矣. 猶小人雖困, 志在求逞. 君子所當察也.

○"리(羸)"는 약하다는 것이다. "척촉(蹢躅)"은 뛰는 것이다. 돼지의
성질은 음이어서 조급하다. 파리하고 약할 때라도 그 성실한 마음은
반드시 움직이는 데 있다. 제멋대로 할 수 있으면 제멋대로 한다. 소
인이 곤혹하더라도 뜻은 자신을 드러내고자 하는 데 있는 것과 같다.
군자가 살펴야 하는 바이다.

如李德裕處置閤宦, 徒知其怗⁶²⁾息威伏, 而忽於志不忘逞. 照察少不至, 則失其幾也.〔『橫渠易説』 姤卦(☰)〕

이덕유(李德裕 : 787-849)⁶³⁾가 환관을 처치할 때에 환관들이 조용히 숨을 죽이고 위엄에 복종하는 것만 알고, 환관의 뜻이 욕망을 잊지 않는 데 있다는 것을 소홀히 하였다. 관찰이 조금 모자라면, 일의 기회를 잃게 된다.

○唐武宗時, 德裕爲相. 君臣契合, 莫能間之. 宦寺之徒, 怗息畏伏, 誠若無能爲者. 而不知其志在求逞也. 繼嗣重事, 卒定於宦者之手, 而德裕逐矣. 蓋幾微之間, 所當深察.

○당(唐)나라 무종(武宗 : 재위 841-846) 때, 이덕유가 재상이 되었다. 임금과 신하가 부합하여 아무도 이간할 수 없었다. 환관의 무리가 조용히 숨을 죽이고 두려워하여 엎드려, 진실로 할 수 있는 일이 없는 듯하였다. 그래서 그들의 뜻이 욕망을 드러내는 데에 있음을 몰랐다. 후계자를 계승시키는 중대한 일이 마침내 환관의 손에 의하여 결정되니, 마침내 이덕유는 쫓겨났다. 대개 기미의 사이에서 깊이 살펴야 한다.

---

62) ≪한문대계≫본과 중앙도서(일본)에서 발행된 ≪중국사상총서≫ 『周張全書』에는 '怗'으로 되어 있다. 한국본과 중국의 里仁書局本 『장재집』에는 '帖'으로 되어 있다. '帖息'은 편안하게 안도의 숨을 쉰다는 의미이고, '怗息'은 숨을 죽이다, 숨을 제대로 쉬지 못한다는 의미이다. 문맥상의 의미는 '怗息'이 어울린다. 『근사록집해』의 '怗'자도 이와 같다.

63) 字는 文饒이다.

64

人教小童, 亦可取益. 絆己不出入, 一益也.

사람이 어린아이를 가르치는 데에서도 도움을 받을 수 있다. 자기를 구속하여 벗어나지 않게 하는 것이 첫번째 도움이다.

○"取益", 謂有益於己. "絆", 牽繫也.

○"도움을 취한다"는 것은 자기에게 도움이 된다는 것이다. "반(絆)"은 묶는 것이다.

授人數數, 己亦了此文義, 二益也.

남에게 자주 가르치면 자기도 이 글의 뜻을 이해하게 되는 것은 두번째 도움이다.

○"數數", 猶頻數也. "了", 曉徹也.

○"삭삭(數數)"은 빈도가 잦은 것이다. "료(了)"는 환히 통철함이다.

對之必正衣冠, 尊瞻視, 三益也. 常以因己而壞人之才爲憂, 則不敢惰, 四益也.〔『經學理窟』「義理」42〕

아이에 대해 반드시 의관을 바로 하고 눈길을 존엄하게 하는 것은 세번째 도움이다. 항상 자기로 말미암아 남의 재능을 못 쓰게 하는 것을 근심으로 여긴다면 감히 게으르지 못하는 것이 네번째 도움이다.

○『語錄』.
○ 此段, 疑當在十一卷之末.

○『횡거어록』의 말이다.
○ 이 조목은 11권의 말미에 있어야 되지 않을까 의심스럽다.[64]

---

64) 이 조목은 가르치는 방법에 대한 논의가 아니라 가르침으로써 자신을 수양하는
    방법에 대해 논한 것이다. 따라서 엽채의 의견은 부적절하다는 견해도 많다. 진영
    첩의 영역본, 259쪽, 주89.

제11권

교육〔敎學〕[1]

○此卷論敎人之道. 蓋君子進則推斯道, 以覺天下, 退則明斯道, 以
淑其徒. 所謂得英才而敎育之, 卽新民之事也.

○이 권은 사람을 가르치는 도를 논한다. 대개 군자는 나아가서는
이 도를 미루어 천하 사람을 깨우치고, 물러나서는 이 도를 밝혀 제자
들을 선하게 한다. 이른바 영재를 얻어 교육하는 것[2]이고 백성을 새롭
게 하는 일[3]이다.

---

1) 김평묵의 『근사록부주』에서는 아래 총론의 설명에 따라 '교인(敎人)'이라고 제목
   을 붙였다.
2) 『맹자』 「진심」 상 20장. "孟子曰, 君子有三樂, 而王天下不與存焉. 父母俱存,
   兄弟無故, 一樂也, 仰不愧於天, 俯不怍於人, 二樂也, 得天下英才而敎育之, 三
   樂也."
3) 유학사상의 이상은 修己와 治人의 온전한 실현이며, 이러한 이상은 『대학』에 제
   시되어 있다. 정자와 주자에 의하여 재해석된 『대학』에 의하면 수기는 자신의 밝
   은 덕을 밝힘으로써 스스로 지극히 선한 도를 실천하는 것이며, 치인은 백성들로
   하여금 그들의 밝은 덕을 밝히게 함으로써 백성들이 지극히 선한 도를 실천하게
   하는 것이다.

1

濂溪先生曰:

"剛善爲義, 爲直, 爲斷, 爲嚴毅, 爲幹固. 惡爲猛, 爲隘, 爲强梁. 柔善爲慈, 爲順, 爲巽. 惡爲懦弱, 爲無斷, 爲邪佞.

주돈이가 말했다.

"강한 선은 절의, 정직, 과단, 엄하고 꿋꿋함, 줄기처럼 굳셈이다. 강한 악은 사나움, 편협함, 억지이다. 부드러운 선은 자애, 온순, 겸손이다. 부드러운 악은 나약함, 결단성이 없음, 사악하고 교활함이다.

○ 朱子曰:"氣稟剛柔, 固陰陽之大分, 而其中又各有善惡之分焉. 惡者固爲非正, 而善者亦未必皆得乎中也."

○ 주희가 말했다.

"품수받은 기질의 강유는 본래 음양이 크게 나누어진 것이지만, 그 가운데에는 또 각각 선악의 구분이 있다. 악은 본래 바른 것이 아니지만 선한 것도 반드시 모두 중에 맞는 것은 아니다."

惟中也者, 和也, 中節也, 天下之達道也, 聖人之事也.

오직 중이라는 것은 조화이며 절도에 맞는 것으로, 천하의 보편적인 도[4]이며 성인의 일이다.

---

4) 『중용』 1장. "중은 천하의 큰 근본이며, 조화는 천하의 보편적 도이다(中也者, 天下之大本也, 和也者, 天下之達道也)."

○ 朱子曰 : "此以得性之正而言也. 然其以和爲中, 與『中庸』不合. 蓋就已發無過不及者而言之, 如『書』所謂'允執厥中'者也."

○ 주희가 말했다.

"이것은 성의 바름을 얻은 것으로 말한 것이다. 그러나 조화를 중으로 여기는 것은 『중용』과 일치되지 않는다.[5] 이미 발하여 지나치거나 모자람이 없는 것에 나아가 말한 것이니, 『서경』에서 말하는 '진실되게 그 중을 잡는다'[6]는 것과 같은 것이다."

故聖人立教, 俾人自易其惡, 自至其中而止矣."〔『通書』제7장「師」〕

그래서 성인이 가르침을 세우는 것은 사람들로 하여금 스스로 그 악함을 바꾸어 스스로 그 중에 이르게 할 뿐이다."

○『通書』.
○ 朱子曰 : "易其惡, 則剛柔皆善, 有嚴毅慈順之德, 而無强梁懦弱之病矣. 至其中, 則其或爲嚴毅, 或爲慈順也. 又皆中節而無太過不及之偏矣."

○『통서』에 나온다.
○ 주희가 말했다.

"그 악함을 바꾸게 되면 강하고 부드러운 것 모두가 선한 것으로 되어, 엄하고 꿋꿋하며 자애롭고 온순한 덕이 있게 되고 억지와 나약함의 병통이 없어지게 된다. 그 중(中)에 이르게 되면 혹 엄하고 꿋꿋

---

5) 여기서는 발현되어 절도에 맞는 것을 중이라고 하지만, 『중용』에서는 희노애락이 발현되지 않은 상태를 중이라고 하였다.
6) 『서경』「虞書·皐陶謨」. "人心惟危, 道心惟微, 惟精惟一, 允執厥中."

하게 되며 혹 자애롭고 온순하게 된다. 또한 모든 것이 절도에 맞아서 크게 지나치거나 미치지 못하는 치우침이 없게 된다."

2

伊川先生曰:
"古人生子, 能食能言, 而敎之.

정이가 말했다.
"옛날 사람들은 아이를 낳아, 먹을 수 있고 말할 수 있게 되면 가르쳤다.

○ 古者, 子生能食, 則敎之以右手, 能言, 則敎之唯諾.

○ 옛날에 아이가 태어나 먹을 수 있게 되면 오른손으로 먹도록 가르치고, 말할 수 있게 되면 대답하는 방법[7]을 가르쳤다.

大學之法, 以豫爲先. 人之幼也, 知思未有所主, 便當以格言至論日陳於前. 雖未曉知, 且當薰聒, 使盈耳充腹. 久自安習, 若固有之. 雖以他言惑之, 不能入也.

대학의 법은 미리 하는 것을 우선으로 여겼다. 사람이 어려서 지각하고 생각함에 주장이 없을 때, 바른 말과 지당한 의론을 날마다 앞에 펼쳐주어야만 한다. 비록 이해하여 알지 못하더라도 영향이 미치도록

---

7) 『소학』 「명륜」 13장. "曲禮曰: 父召無諾, 先生召無諾, 唯而起." 「명륜」 14장. "禮記曰: 父命呼, 唯而不諾." '唯'는 즉시 대답하는 것이며, '諾'은 천천히 대답하는 것, 또는 대답만 하고 가만히 있는 것이다.

시끄럽게 얘기하여 귀와 배를 가득 채우게 해야 한다. 오래 되면 스스로 편안하게 습관이 되어 마치 원래 가지고 있던 것처럼 된다. 그러면 비록 다른 말로써 유혹하더라도 유혹에 빠지지 않을 것이다.

○「學記」曰: "禁於未發之謂豫." 此所謂'少成若天性, 習慣如自然'者也.

○『예기』「학기(學記)」편에 "나타나기 전에 금하는 것을 예(豫)라고 한다"고 하였다. 이것이 '어려서 익히면 천성과 같이 되고, 습관이 되면 저절로 그런 것처럼 된다[8]'는 것이다.

若爲之不豫, 及乎稍長, 私意偏好生於內, 衆口辨言鑠於外, 欲其純完, 不可得也." 〔『程氏文集』 6卷(伊川先生文 2)「上太皇太后書」〕

미리 하지 않으면 차츰 자라게 될 때, 사사로운 뜻과 치우친 기호가 안에서 생겨나고, 갖가지 변론하는 말들이 바깥에서 스며들어, 순수하고 완전해지려고 해도 될 수 없다."

○『文集』.
○ 敎之不早, 及其稍長, 內爲物欲所陷溺, 外爲流俗所鎖靡, 欲其心德之無偏駁, 難矣.

○『문집』에 나온다.
○ 일찍 가르치지 않으면 점점 자라나서, 안으로는 물욕에 빠지게 되고 밖으로는 세속에 어지러워지게 되니, 마음의 덕이 치우침이 없기

---

8) 김평묵의 『근사록부주』에는 공자의 말이라고 주를 달고 있다.

를 바라더라도 어려울 것이다.

3

觀之上九曰: "觀其生, 君子无咎." 象曰: "觀其生, 志未平也."
『傳』曰: "君子雖不在位, 然以人觀其德, 用爲儀法, 故當自愼省. 觀
其所生, 常不失於君子, 則人不失所望而化之矣.

관괘(觀卦: ䷓) 상구에서 말한다. "자신의 삶을 관찰하여 군자다우
면 허물이 없다." 「상전」에서 말한다. "자기의 삶을 관찰한다는 것은
뜻이 평안하지 않은 것이다." 『역전』에서 말한다. "군자는 비록 지위
에 있지 않을지라도 남들이 그의 덕을 보고 모범으로 삼으므로 스스
로 삼가고 살펴야 한다. 자신의 삶을 관찰하여 항상 군자다움을 잃지
않는다면 사람들은 실망하지 않고 교화될 것이다.

○上爲無位之地, 故曰"不在位." 然當觀之時, 高而在上, 固衆人所
觀瞻而用爲法則者. 要當謹畏反觀, 內省己之所爲, 常不違乎君子之
道, 而後人心慰滿, 得所矜式也.

○상효는 지위가 없는 자리이므로 "지위에 있지 않다"고 말한다.
그러나 바라보는 상황을 만나 높은 윗자리에 있어서 진실로 뭇사람들
이 (우러러) 보고서 법도로 삼는 사람이다. 그러므로 요컨대 그는 삼가
고 두려워하며 돌이켜보아, 안으로 자기가 행한 바를 살펴서 항상 군
자의 도를 어기지 않은 뒤에야 사람들의 마음이 위로되고 만족하여
본받을 바를 얻게 될 것이다.

不可以不在於位, 故安然放意, 無所事也." 〔『易傳』 觀卦(䷓) 上九

828

「象傳」〕

　지위에 있지 않다고 해서 편안히 뜻을 마음대로 하여 노력함이 없
어서는 안 된다.”

　○『易傳』.
　○釋“志未平”也. 言高尚之士, 亦不可以輕意肆志也.

　○『역전』에 나온다.
　○“뜻이 편안치 않다”는 것을 해석하였다. 고상한 선비라고 해서
또한 생각을 가볍게 하고 뜻을 함부로 펼쳐서는 안 된다는 말이다.

4

　聖人之道如天然, 與衆人之識甚殊邈也. 門人弟子旣親炙, 而後益
知其高遠. 旣若不可及, 則趨望之心怠矣. 故聖人之敎, 常俯而就之.

　성인의 도는 하늘과 같이 높아서 뭇사람들의 인식과는 크게 차이가
난다. 문인 제자들은 직접 가르침을 받고 나서 성인의 도가 더욱 높고
멀다는 것을 알았다. 미칠 수 없다면 좇고 바라는 마음이 태만하게 된
다. 그래서 성인의 가르침은 항상 내려다보고 행하였다.

　○聖人敎人循循善誘. 常俯而就之, 蓋亦因其資以設敎, 不使之徒
見高遠而自沮也.

　○성인이 사람을 가르칠 때에는 순서에 따라 잘 인도하셨다. 항상
내려다보고 행하는 것은 대개 그 자질에 따라 가르침을 베풀어 그들

로 하여금 고원하다고만 생각하여 스스로 그만두지 않게 하기 위한 것이었다.

事上臨喪, 不敢不勉, 君子之常行. 不困於酒, 尤其近也. 而以己處 之者, 不獨使夫資之下者, 勉思企及, 而才之高者, 亦不敢易乎近矣.[9]

'윗사람을 섬기고, 상에 임하여 감히 힘쓰지 않음이 없는 것'은 군 자의 떳떳한 행동이다. '술 때문에 곤란하게 되지 않는 것'은 더욱 가 까운 것이다.[10] 그러나 (그렇게 비근한 일을) 자기의 일로 삼은 것은 자 질이 낮은 자로 하여금 부지런히 생각하여 미치기를 도모하게 한 것 일 뿐 아니라 자질이 높은 자로 하여금도 비근한 것을 소홀히 여기지 못하게 한 것이다.

○『經說』.
○ 說見『論語』. 道固不外乎日用常行之間. 在聖人無事乎思勉耳. 夫 子設教固常人之所可勉, 而賢者之所不可忽也.

○『경설』에 나온다.
○ 설명이 『논어』(「자한」 15장)에 보인다. 도는 진실로 일상적으로 행해지는 일들 바깥에 있는 것이 아니다. 성인은 생각하고 힘쓰는 것 을 일삼지 않는다. 부자께서 가르친 것은 진실로 보통사람이 힘쓸 수

---

9) 이 조목은 『근사록』 小註에 "『경설』에 나온다"고 되어 있지만, 현존하는 『경 설』에는 이 이야기가 실려 있지 않다. 또 『유서』나 『문집』에도 없다. 다만 『논 어』 「술이」 23장의 『집주』에 비슷한 내용이 "程子曰"로 시작하여 인용되어 있다.
10) 『논어』 「자한」 15장. "나가서는 公卿을 섬기고 (집에) 들어와서는 父兄을 섬긴 다 초상에는 힘쓰지 않을 수 없고 술 때문에 정신이 어지러워지지 않는다(子曰, 出則事公卿, 入則事父兄. 喪事不敢不勉, 不爲酒困)."

있는 것이지만, 현명한 사람도 소홀히 할 수 없는 것이다.

5

明道先生曰:
"憂子弟之輕俊者, 只敎以經學念書, 不得令作文字." 〔『程氏遺書』
1 38〕

정호가 말했다.
"경박하고 재능이 뛰어난 자제들을 걱정한다면 경전을 외우게 하
고[11] 글은 짓게 하지 말라."

○ 志輕才俊者, 憚於檢束而樂於馳逞. 使之習經念書則心平氣定, 使
作文字則得以用其才而長其輕俊矣.

○ 뜻이 경박하고 재주가 뛰어난 사람들은 단속하기를 싫어하고 마
음대로 드러내기를 좋아한다. 그들로 하여금 경을 익혀 그 책을 외우
게 한다면 마음이 평정해지고 기운이 안정되지만, 시문을 짓게 한다면
그 재주를 사용하여 경박한 재능을 키우게 된다.

"子弟之凡百玩好, 皆奪志. 至於書札, 於儒者事最近. 然一向好著,
亦自喪志. 如王虞顔柳輩, 誠爲好人則有之. 曾見有善書者知道否? 平
生精力一用於此, 非惟徒廢時日, 於道便有妨處, 足知喪志也." 〔『程氏
遺書』1-39〕

---

11) ≪한문대계≫본에서는 『近思錄欄外書』를 인용하여 背誦과 念書를 구별하고 있
    다. 배송은 외우기 위하여 외우는 것이고, 염서는 외울 뜻이 없이 보고 생각하는
    사이에 자연스럽게 외우는 것이라고 한다.

"자제들의 온갖 취미는 모두가 뜻을 빼앗는다. 서찰[12]은 유학자의 일에 가장 가깝다. 그러나 한결같이 좋아한다면 역시 스스로 뜻을 잃어버리게 된다. 왕희지(王羲之 : 303-379),[13] 우세남(虞世南 : 558-638),[14] 안진경(顏眞卿 : 709-785),[15] 유공권(柳公權 : 778-865)[16]과 같이 정말 뛰어난 사람들이 있다. 그러나 글씨 잘 쓰는 사람이 도를 아는 경우를 보았는가? 평소에 글씨 쓰는 것에 한결같이 정력을 쏟는다면 시간을 낭비할 뿐만 아니라 도를 체득하는 데에 방해되는 점이 있는 것이니, 뜻을 잃게 된다는 것을 충분히 알 수 있다."

○『遺書』, 下同.

○ 王右軍羲之, 虞永興世南, 顏魯公眞卿, 柳河東公權, 皆上書札, 亦各有風節, 表見當世, 然終不足以知道. 蓋專工一藝, 豈特徒費時

---

12) 서찰은 대체로 편지를 의미하지만, 여기서는 서예를 의미한다.

13) 晉나라 사람. 자는 逸少이며, 벼슬이 右軍將軍에 이르러 왕우군이라 불린다. 서법을 대성하여 '書聖'이라고 불린다. 행서로는 樂毅論, 黃庭經, 東方朔畵讚, 蘭亭序가 유명하며, 초서로는 姨母帖, 初月帖 등이 가장 유명하다.

14) 『唐史』에서 영흥공 우세남은 사람됨이 밖은 온화하고 부드러우며 안은 충직하여 황제가 항상 그의 다섯 가지 뛰어난 점을 칭찬하였다. 첫째는 덕행, 둘째는 충직, 셋째는 박학, 넷째는 文辭, 다섯째는 서한이다(唐史, 永興公虞世南爲人, 外和柔而内忠直, 帝每稱其五絶. 一曰'德行', 二曰'忠直', 三曰'博學', 四曰'文詞', 五曰'書翰.' 김평묵의 『근사록부주』에서 인용함).

15) 당나라 사람. 자는 淸臣. 安祿山의 난을 미리 알고 대비하였으며 난이 일어나자 의병을 일으킴. 뒤에 刑部尙書가 되어 魯郡公에 봉해져 顏魯公이라고 불렸다. 서법에 대가를 이루어 구양순체와 함께 서체의 쌍벽을 이룬다.

16) 당나라 사람. 주자가 말했다. "푸른 하늘의 밝은 태양과 같고, 높은 산 큰 시내와 같고, 雨露의 윤택함과 같고, 雷霆의 위엄과 같고, 龍虎의 사나움과도 같고, 기린과 봉황의 상서로움과도 같고, 光明正大하고 磊磊落落하여 조금도 의심스러운 점이 없으니 군자로다(朱子曰 : 如靑天白日, 如高山大川, 如雨露之爲澤, 而雷霆之爲威, 如龍虎之爲猛, 而麟鳳之爲祥, 正大完明, 磊磊落落, 無纖芥可疑者, 君子人也. 김평묵의 『근사록부주』에서 인용함)."

日? 妨於學問而志局於此, 已失其操存之本矣.

○『유서』에 나오며, 아래도 같다.
○ 우군(右軍) 왕희지와 영흥(永興) 우세남, 노공(魯公) 안진경, 하동(河東) 유공권은 모두 서찰을 중시하였으며, 또한 풍치와 절도가 있어서 당대에 이름이 드러났지만, 도를 안다고 하기에는 부족하다. 아마도 한 가지 기예를 전공한다면 어찌 시일만 허비한 뿐이겠는가? 학문에 방해가 되고 뜻은 여기에만 국한되어, 마음을 붙잡아서 보존하는 근본을 이미 잃게 된다.

6

胡安定在湖洲, 置治道齋. 學者有欲明治道者, 講之於中. 如治民治兵水利算數之類. 嘗言劉彝善治水利, 後累爲政, 皆興水利有功. 〔『程氏遺書』 2上-34〕

호안정(993-1059)[17]은 호주에 있을 때 치도재를 설치했다. 통치의 도리를 이해하고자 하는 학생들이 있으면, 그 곳에서 공부시켰다. 백성을 다스리는 법, 군사를 다스리는 법, 수리(水利), 산수(算數)와 같은 것을 가르쳤다. 유이(劉彝 : 1017-1086)[18]는 수리를 잘 다스렸다고 하였는데, 뒤에 여러 번 정사를 맡아 언제나 수리를 일으키는 데 공이 있었다.

○ "治民"如政敎施設之方, "治兵"如戰陳部伍之法, "水利"如江河渠

---

17) 이름은 瑗, 자는 翼之, 安定은 호이다. 송대 강소성 海陵 사람이다. 그는 실용적 공부를 중시하는 治事齋와 함께 경서 공부를 중시하는 經義齋를 설치하였다.
18) 자는 執中. 송대 복건성의 福州 사람이다.

堰之利, "算數"如律曆九章之數.

○ "치민"은 정교를 시행하는 방법 같은 것이고, "치병"은 전쟁에서 진을 치고 군사를 편제하는 방법 같은 것이며, "수리"는 강과 하천에 물길을 트고 제방을 쌓는 이로움이며, "산수"는 달력과 구장(九章)의 수법(數法)[19]과 같은 것이다.

7

凡立言欲涵蓄意思, 不使知德者厭, 無德者惑.

무릇 설(說)을 세울 때는 뜻을 함축성 있게 하여 덕을 아는 사람으로 하여금 싫증나지 않게 하며, 덕이 없는 사람으로 하여금 미혹되지 않게 하기를 바란다. 〔『유서』 2上-53〕

○ 知德者玩其意而不厭, 無德者守其說而不惑.
○ 朱子曰: "近看尹先生『論語說』, 句句有意味. 不可以爲常談而忽之也."

○ 덕을 아는 사람은 그 뜻을 완상하여 싫증내지 않고, 덕이 없는 사람은 그 설을 지켜서 미혹되지 않는다.
○ 주희가 말했다.
"최근에 윤언명(尹彦明)의 『논어설』을 읽었는데 구절구절마다 의미가 있었다. 일상적인 이야기로 여겨 소홀히 해서는 안 된다."

---

19) '구장'이란 요즈음 구구단과 비슷한 중국 고대의 산법이다.

8

教人, 未見意趣, 必不樂學. 欲且教之歌舞. 如古詩三百篇, 皆古人作之. 如關雎之類, 正家之始, 故用之鄉人, 用之邦國, 日使人聞之. 此等詩, 其言簡奧, 今人未易曉. 欲別作詩, 略言教童子灑掃應對事長之節. 令朝夕歌之, 似當有助. 〔『程氏遺書』 2上-62〕

사람을 가르칠 때, 의미를 알지 못하면 반드시 배우기를 즐기지 않는다. 그래서 먼저 가무를 가르치려고 한다. 『시경』 삼백 편은 모두 옛날 사람이 지은 것이다. 〈관저〉편 같은 경우는 집안을 다스리는 출발점이 되므로, 마을 사람들에게 들려주고 나라 사람들에게 들려주어 날마다 사람들로 하여금 듣게 하였다. 그러나 이런 시들은 그 말하고 있는 것이 간결하면서도 뜻이 깊어 지금 사람이 이해하기 쉽지 않다. 그래서 따로 시를 지어서 간략하게 아이들에게 물 뿌리고 비질하며 물음에 대답하는 것과 어른을 섬기는 예절을 가르치려고 한다. 아침저녁으로 노래 부르게 하면 도움되는 점이 있을 듯하다.

9

子厚以禮教學者最善. 使學者先有所據守. 〔『程氏遺書』 2上-79〕

자후(장재)가 예로 학생들을 가르친 것은 매우 잘한 일이다. 학생들에게 먼저 의지하여 지킬 것이 있게 한 것이다.

○禮以恭敬辭遜爲本, 而有節文度數之詳. 學者從事乎此, 則日用言動之間, 皆有依據持守之地.

○ 예는 공경하고 사양하며 겸손한 것을 근본으로 하고 절도와 형식과 법도와 수를 상세히 갖추고 있다. 배우는 자가 이것을 일삼는다면 평상시의 말하고 움직이는 사이에 모든 것이 의지하여 지킬 것이 있게 된다.

10

語學者以所見未到之理, 不惟所聞不深徹, 反將理低看了. 〔『程氏遺書』 3-63〕

자신이 이해에 도달하지 못한 이치를 학생에게 말한다면 학생들이 들은 바를 깊이 이해하지 못할 뿐 아니라, 도리어 도리를 얕보게 된다.

○ 學者見所未到而驟以語之, 則彼不惟無深造自得之功, 而亦且輕視之矣.

○ 선생이 이해하지 못하면서 급하게 말하는 것을 학생들이 보게 되면 학생들은 깊은 이치에 나아가 자득하게 되는 결과가 없게 될 뿐 아니라 또한 도리를 경시하게 된다.

11

舞射便見人誠. 古之敎人, 莫非使之成己.

춤추고 활 쏘는 것에서 곧 사람의 성실성을 볼 수 있다. 옛날에 사람을 가르치는 것은 그들로 하여금 자기를 이루게 하지 않은 것이 없었다.

○舞者所以導其和, 射者所以正其志, 要必以誠心爲之. 誠者所以成己也.

○춤은 조화를 이끄는 것이고 활쏘기는 뜻을 바르게 하는 것이니, 반드시 성실한 마음으로 해야 한다. 성실이라는 것은 자기를 이루는 것이다.

自灑掃應對上, 便可到聖人事. 〔『程氏遺書』5-31〕

물 뿌리고 소제하고 물음에 대답하는 것〔灑掃應對〕으로부터 곧 성인의 일에 이를 수 있다.

○洒掃應對, 卽是敎之以誠. 誠之至, 卽是聖人事.

○물 뿌리고 소제하고 물음에 대답하는 것은 곧 성실함을 가르치는 것이다. 성실이 지극해지면 바로 성인의 일이다.

12

自'幼子常視無誑'以上, 便是敎以聖人事. 〔『程氏遺書』6-23〕

'어린아이에게는 항상 속임이 없는 것을 보여야 한다'[20]는 가르침 이상은 곧 성인의 일을 가르치는 것이다.

---

20) 『예기』「곡례」 상에 나오는 구절이다. "幼子常視母誑, 童子不衣裘裳. 立必正方, 不傾聽. 長者與之提攜, 則兩手奉長者之手, 負劍辟咡詔之, 則掩口而對." 여기서 '視'자는 '示〔보이다〕'의 의미이다.

○ "無"本作"毋."

○ 說見「曲禮」. "視", 與‘示’同. "誑", 欺妄也. 小未有知, 常示以正事, 此卽聖人無妄之道也.

○ "무(無)"자는 본래는 "무(毋)"자이다.

○ 설명이 「곡례」에 보인다. "시(視)"는 ‘시(示)’와 같다. "광(誑)"은 속이는 것이다. 어려서 지각이 없을 때 항상 바른 일을 보이는 것은 곧 성인의 거짓 없는 도이다.

13

先傳後倦, 君子敎人有序. 先傳以小者近者, 而後敎以大者遠者, 非是先傳以近小, 而後不敎以遠大也. 〔『程氏遺書』8-20〕

먼저 가르치고 뒤에 가르칠 것이 있으니,[21] 군자가 사람을 가르치는 것은 순서가 있다. 먼저 사소한 것과 비근한 것을 전한 뒤에 중요하고 고원한 것을 가르친다는 것은, 비근하고 사소한 것을 먼저 전하고 나서 고원하고 중요한 것을 가르치지 않는 것은 아니다.

○ 子游譏‘子夏之門人, 於洒掃應對進退末事, 則可矣, 於道之本原, 則無如之何.’ 子夏聞而非之曰: "君子之道, 孰先傳焉, 孰後倦焉?" 蓋君子敎人先後有序, 不容躐等而驟進, 非謂傳以近小者於先, 而不敎以遠大者於後也.

○ 朱子曰: "洒掃應對, 精義入神, 事有大小, 而理無大小. 事有大

---

21) 이는 『논어』「자장」 12장에 나오는 "孰先傳焉, 孰後倦焉"이란 글을 압축한 것이다.

小, 故其教有序而不可躐. 理無大小, 故隨其所處而皆不可不盡." 愚
謂: "子夏正謂, 敎人小大有別. 前段程子之說, 却就洒掃應對上發明
理無大小, 自是一義."

○ 자유(子游)는 '자하(子夏)의 문인들이 쇄소응대와 진퇴 등의 말단
의 일은 제대로 하지만 도의 본원에 대해서는 어찌 해야 할지 모른다'
고 놀렸다. 자하는 그것을 듣고 비난하여 말했다. "군자의 도는 어느
것을 먼저 하고 어느 것을 뒤에 남겨두어야 하는가?"[22) 아마도 군자
가 사람을 가르치는 것은 선후의 순서가 있어서 순서를 뛰어넘어서
갑자기 나아가는 것을 용납하지 않는다는 뜻이지, 비근하고 사소한 것
을 먼저 하고, 고원하고 중요한 것을 뒤로 하여 가르치지 않는다는 것
을 말하는 것은 아닐 것이다.
○ 주희가 말했다.
"물 뿌리고 소제하고 물음에 대답하는 것〔洒掃應對〕과 '뜻을 정밀히
하여 신묘한 경지에 들어간다〔精義入神〕'[23)는 것은 일(事)에 있어서는
대소가 있지만 이치에 있어서는 대소가 없다는 말이다. 일은 대소가
있어서 가르침에 순서가 있고 뛰어넘을 수 없다. 이치에는 대소가 없
기 때문에 경우에 따라서 모두 다하지 않을 수 없다."
내(엽채)가 생각건대 "자하는 바로 사람을 가르치는 데 크고 작은
것의 구별이 있다는 것을 말한 것일 것이다. 앞의 정자의 말은 쇄소응
대에 나아가 이치에는 대소가 없다는 것을 밝혔으니 이것도 하나의
뜻이 된다."

---

22) 『논어』 「자장」 12장. "君子之道, 孰先傳焉? 孰後倦焉?"
23) 『주역』, 「계사」 하 5장. "精義入神, 以致用也, 利用安身, 以崇德也."

14

伊川先生曰:

"説書必非古意, 轉使人薄. 學者須是潛心積慮, 優游涵養, 使之自
得. 今一日説盡, 只是教得薄. 至如漢時説下帷講誦, 猶未必説書."
〔『程氏遺書』 15-174〕

정이가 말했다.

"책의 내용을 상세히 설명하는 것은 반드시 옛사람의 뜻은 아니어
서 도리어 사람을 경박하게 만든다. 배우는 자는 마음을 가라앉히고
생각을 쌓고 여유 있게 함양하여 자득함이 있도록 해야 한다. 지금 하
루 만에 다 말해버리면 가르치는 것이 경박하게 된다. 한대에 장막을
치고 강송했다는 이야기와 같은 것은 반드시 책의 내용을 설명한 것
은 아닐 것이다."

○ 理貴玩索. 至於口耳之傳, 末矣. 下帷講誦, 如董仲舒之徒, 説見
漢史.

○ 이치는 완미하며 찾는 것을 귀하게 여긴다. 입과 귀로 전하는 것
은 말단이다. 장막을 내리고 강습하였다는 것은 동중서(董仲舒)의 무
리들 같은 경우인데, 이야기가 『한서(漢書)』에 보인다.

15

古者八歲入小學, 十五入大學. 擇其才可教者聚之, 不肖者復之農
畝. 蓋士農不易業. 旣入學則不治農, 然後士農判.

옛날에는 여덟 살에 소학에 들어갔고 열다섯에 대학에 들어갔다. 가르칠 만한 재능이 있는 자를 뽑아서 학교에 모았고, 불초자는 농사일에 돌려보냈다. 사의 일과 농사의 일은 바꿀 수 있는 일이 아니다. 학교에 들어가면 농사일을 하지 않은 뒤에 사와 농이 나뉘어졌다.

○ 古者, 自國之貴遊子弟及士庶人之子, 八歲則皆入小學, 十五則入大學. 然後擇其材之可教者, 聚之於學, 其不可教者, 復歸之農畝.

○ 옛날에는 나라의 귀하고 여유 있는 자제들에서부터 선비와 서민의 자제에 이르기까지 모두 여덟 살에 소학에 들어갔고 열다섯 살에는 대학에 들어갔다. 그런 뒤에 가르칠 만한 재주 있는 자를 뽑아 학교에 모았고 가르칠 수 없는 자는 농사 짓는 데로 돌려보냈다.

在學之養, 若士大夫之子, 則不慮無養. 雖庶人之子, 旣入學則亦必有養. 古之士者, 自十五入學, 至四十方仕, 中間自有二十五年學. 又無利可趨, 則所志可知. 須去趨善, 便自此成德. 後之人, 自童稚間, 已有汲汲趨利之意, 何由得向善? 故古人必使四十而仕, 然後志定. 只營衣食, 却無害, 惟利祿之誘, 最害人. 〔『程氏遺書』15-162〕

재학 중의 생활문제에 있어서, 사대부의 아들들은 걱정하지 않았다. 서인의 자식들이라도 학교에 들어가게 되면 반드시 부양해주었다. 옛날의 선비는 열다섯에 대학에 들어가고부터 사십이 되어 벼슬하기까지 그 사이에 이십오년 동안의 배움이 있었다. 게다가 좇을 수 있는 이익이 없으니, 그 뜻을 둘 바를 알 수 있다. 반드시 선을 좇아 이로부터 덕을 이루게 된다. 후세의 사람들은 어릴 때부터 이미 이익을 좇으려는 뜻이 급하니, 어떻게 선에 나아갈 수 있겠는가? 그러므로 옛사람들은 반드시 사십세에 벼슬하게 하였는데, 그런 뒤에 그 뜻이 정해지는 것이다. 먹고사는 생활을 위해서 힘쓰는 것은 해가 없지만, 이익과 봉록에만 끌리는 것은 가장 사람을 해친다.

○ 本註云 : "人有養, 便方定志於學."
○ 先王設敎養之周, 而待之久, 士有定志, 專於修己, 而緩於干祿. 故能一意趨善, 卒於成德. 後世反是. 只營衣食者, 求於力分之內, 未足以奪志, 故無害. 若誘於利祿, 則所學皆非爲己, 而根本已撥矣, 故害最甚.

○ 본주(本註)에서 말한다.
"사람들은 길러줌이 있을 때 비로소 학문에 뜻을 두게 된다."
○ 선왕이 가르침을 베풀 때 부양을 두루하고 오랫동안 행하니, 선비들은 뜻을 정하고 자기를 닦는 것에 전념하고 관록을 구하는 것에 급급해 하지 않았다. 그러므로 한결같은 생각으로 선에 나아가 끝내는 덕을 이룰 수 있었다. 후세에는 이와 반대이다. 단지 의식에 힘쓰는 것은 자신의 분수 안에서 힘쓰는 것이니, 뜻을 뺏기에는 부족하므로 해가 없다. 이익과 봉록에 유혹된다면 학문하는 것이 모두 자기 완성을 위한 것이 아니어서 근본이 이미 뽑히고 마니, 해가 가장 심하다.

16

天下有多少才. 只爲道不明於天下, 故不得有所成就. 且古者"興於詩, 立於禮, 成於樂." 如今人怎生會得? 古人於詩, 如今人歌曲一般. 雖閭巷童稚, 皆習聞其說, 而曉其義. 故能興起於詩. 後世老師宿儒, 尚不能曉其義. 怎生責得學者? 是不得興於詩也.

천하에 재능이 있는 사람이 많다. 다만 도가 천하에 밝혀지지 않아서 성취하는 바를 가질 수 없을 뿐이다. 또 옛날에는 "시에서 흥기하고 예에서 섰으며 악에서 완성하였다."[24] 요즘 사람들이 어떻게 그렇게 할 수 있겠는가? 시에 대한 옛사람의 태도는 가곡에 대한 지금 사람들의 태도와 같다. 마을의 아이들도 모두 그 설을 익숙하게 들어서 그 뜻을 이해하고 있었다. 그래서 시를 읽고 마음을 흥기시킬 수 있었다. 후세에는 노련한 선생과 완숙한 학자들도 오히려 시의 뜻을 깨달을 수 없었다. 어떻게 배우는 사람들을 질책할 수 있겠는가? 이렇기 때문에 시에서 흥기할 수 없게 되었다.

○ 古人歌詩, 習熟其說, 而通達其義. 故吟諷之間, 足以感發其善心, 而懲創其逸志.

○ 고인들은 시를 노래하며 그 가사를 익숙하게 익혀 그 의미에 통달했다. 그래서 읊조리고 노래하는 가운데 선한 마음을 감흥시켜 발휘하고 나태한 뜻을 징계할 수 있었다.

古禮旣廢, 人倫不明, 以至治家, 皆無法度. 是不得立於禮也.

옛날의 예는 폐지되어버리고 인륜은 밝혀지지 않아 집안을 다스리는 데 이르기까지 모두 법도가 없다. 이렇기 때문에 예에서 설 수 없게 되었다.

○ 禮所以敍人倫, 而施之家國者. 皆有法度以爲據依, 故能有立也.

○ 예는 인륜을 펼쳐 집안과 나라에 베푸는 것이다. 모든 것이 법도

---

24) 『논어』 「태백」 8장. "子曰: 興於詩, 立於禮, 成於樂."

가 있어서 그것에 의거하기 때문에 설 수 있었다.

古人有歌詠以養其性情, 聲音以養其耳目, 舞蹈以養其血脈. 今皆無之. 是不得成於樂也.

옛날 사람들은 노래 부르고 읊조림으로써 성정을 기르고, 그 성음으로 이목을 키웠고, 춤을 추어서 그 혈맥을 길렀다. 지금은 모두가 없다. 이렇기 때문에 음악으로 완성될 수 없게 되었다.

○歌詠聲詩, 溫柔篤厚, 有以養其性情也. 五聲成文, 八音相比, 鴻殺疏數, 節奏和平, 有以養其耳目也. 至於手之舞足之蹈, 執其羽籥干戚之器, 習其屈伸俯仰綴兆舒疾之文. 是以容貌得莊, 行列得正, 進退得齊, 心志條暢, 而血氣和平. 是有以養其血脈也.

○노래 부르고 읊조리고 소리 내고 시를 읊는 것은 온유하고 돈독하여 그것으로써 성정을 키움이 있었다. 다섯 가지 소리는 문채를 이루고 여덟 가지 악기는 서로 어울려, 소리가 크고 작고 성글고 소밀하니 절조가 화평하여 그것으로써 이목을 기름이 있었다. 손발로 춤추는데 이르러서는, 부채와 피리, 방패와 창과 같은 도구를 잡고 굽혔다 펴며 내려다보고 우러러보며 춤추는 줄이 느리게 또는 빠르게 하는 형식을 익혔다. 이런 까닭에 용모는 장엄하게 되었고, 행렬은 바르게 되고, 나아가고 물러나는 것이 가지런하였고, 마음과 뜻이 조리있고 화창하게 되어 혈기가 화평해졌다. 이렇게 해서 혈맥을 기름이 있었다.

古之成材也易, 今之成材也難. 〔『程氏遺書』 18-80〕

옛날에 재능을 이루기는 쉬웠지만 오늘날 재능을 이루기는 어렵다.

844

孔子敎人, "不憤不啓, 不悱不發." 蓋不待憤悱而發, 則知之不固. 待憤悱而後發, 則沛然矣. 學者須是深思之. 思之不得, 然後爲他說, 便好.

공자가 사람을 가르칠 때 "마음으로 애쓰지 않으면 그 뜻을 열어주지 않았고, 입으로 말하려고 애쓰지 않으면 표현할 수 있도록 해주지 않았다."[25] 마음으로 구하려고 않고 말하려고 애쓰지 않는데도 계발시켜 준다면, 아는 것이 굳건해지지 않는다. 마음으로 구하고 입으로 말하려고 했을 때 계발시켜 주면 성대하게 된다. 배우는 자는 깊이 생각해야 한다. 생각하여도 얻지 못한 뒤에 그를 위해 설명해 주면 좋다.

○ 朱子曰: "'憤'者, 心求通而未得之意. '悱'者, 口欲言而未能之貌. '啓', 謂開其意. '發', 謂達其辭." 愚謂: "不待憤悱而遽啓發之, 則未嘗深思. 其受之也必淺, 旣無所得, 其聽之也若亡. 啓發於憤悱之餘, 則思深力窮, 而倏爾有得, 必沛然而通達矣."

○ 주희가 말했다.
"'분(憤)'은 마음으로 통하기를 구하지만 통하지 못한다는 뜻이다. '비(悱)'는 입으로 말하고자 하지만 말하지 못하는 모양이다. '계(啓)'는 그 뜻을 열어주는 것을 말한다. '발(發)'은 그 말을 할 수 있게 해준다는 것이다."
내가 생각하건대, "분비하기를 기다리지 않고 성급하게 계발시켜

---

25) 『논어』 「술이」 8장. "子曰, 不憤不啓, 不悱不發, 擧一隅, 不以三隅反, 則不復也."

준다면, 깊이 생각하지 않을 것이다. 그래서 받아들이는 것이 반드시 얕아서 얻는 것이 없고, 들은 것이 마치 없는 것처럼 될 것이다. 분비한 뒤에 계발시켜 준다면, 생각은 깊고 힘을 다해서 홀연히 얻는 것이 있어서, 반드시 성대하게 통달하게 될 것이다."

初學者, 須是且爲他說. 不然, 非獨他不曉, 亦止人好問之心也.〔『程氏遺書』18-108〕

초학자에게는 반드시 설명해 주어야 한다. 그렇지 않으면 그가 이해하지 못할 뿐 아니라 묻기를 좋아하는 마음마저 막아버리게 된다.

○ 此又誘進初學之道.

○ 이것은 또한 초학자를 인도하여 나아가게 하는 방법이다.

18

橫渠先生曰:
"恭敬撙節退讓以明禮, 仁之至也, 愛道之極也.

장재가 말했다.
"공경하고 절제를 따르고[26] 물러나 양보함으로써 예를 밝히는 것은 인의 지극함이고 사랑하는 도의 극치이다.

---

26) "撙節"을 정현 주를 따라 "절약을 따른다"고 새겼으나, 陳澔『集說』의 "억제하여 절도 있게 한다"는 뜻이 낫다.

o「曲禮」曰: "君子恭敬, 撙節, 退讓以明禮." 鄭氏曰"撙猶趨也", 謂趨就乎節約也. 恭敬者禮之本. 撙節退讓者禮之文. 君子從事乎此, 則視聽言動之間, 天理流行, 人欲消盡, 而心德全矣, 是仁之至也. 恭敬則無忽慢, 撙節則無驕溢. 退讓則無怨爭, 是皆所以盡仁愛之道者也.

o「곡례(曲禮)」상에서 말한다. "군자는 공경하고 절제를 따르고 물러나 사양함으로써 예를 밝힌다." 정씨〔鄭玄〕가 "준은 따른다〔趨〕는 뜻과 같다"고 하였으니, 절약을 따른다는 말이다. 공경은 예의 근본이다. 절제를 따르고 물러나 사양하는 것은 예의 형식이다. 군자가 이렇게 행동한다면 보고 듣고 말하고 움직이는 동안에 천리는 유행하고 인욕은 없어져 마음의 덕이 온전하게 될 것이니, 이것이 인의 지극함이다. 공경하면 태만하거나 소홀히 함이 없을 것이고, 절도를 따르면 교만하고 지나침이 없을 것이다. 물러나 사양한다면 원망하거나 다툼이 없을 것이니, 이는 모두가 인애(仁愛)의 도를 다하는 것이다.

己不勉明, 則人無從倡, 道無從弘, 敎無從成矣."〔『正蒙』「至當」6, 7〕

자기가 밝히기를 힘쓰지 않으면 다른 사람들이 따라오지 않을 것이니, 도는 넓혀지지 않고 가르침은 이루어지지 않는다."

o『正蒙』.
o"明", 謂明禮也. 人必以禮而倡率. 道必以禮而宏大, 敎必以禮而成就.

o『정몽』에 나온다.
o"밝힌다"는 것은 예를 밝히는 것이다. 사람들은 반드시 예로써 창도하여 이끌어야 한다. 도는 반드시 예로써 해야 커지게 되며, 가르

침은 반드시 예로써 해야 성취된다.

19

「學記」曰 : "進而不顧其安, 使人不由其誠, 教人不盡其材."

『예기』「학기(學記)」편에서 말하였다. "나아가게 하면서 그의 편안함을 돌아보지 않고, 사람을 부릴 때[27] 그의 성실함에서 나오지 않게 하고, 사람을 가르치되 그의 재주를 다하게 하지 않는다."

○ 其安其誠其材, 皆謂受教者.

○ 편안함과 성실함과 재주는 모두 가르침을 받는 자를 말한다.

人未安之, 又進之, 未喻之, 又告之, 徒使人生此節目. 不盡材, 不顧安, 不由誠, 皆是施之妄也.

사람이 편안하게 여기지 않는데도 또 나아가게 하고, 깨닫지 못했는데도 또 일러주는 것은 사람으로 하여금 '한갓 새로운 절목(節目)만 생기게 하는 것이다.'[28] 재주를 다하게 하지 않고, 편안한가를 돌아보지 않으며, 성실에서 나오지 않게 하는 것은 모두 잘못 베푼 것이다.

---

27) 영역본에는 "In using people"로 번역하였다(진영첩의 영역본, 266쪽). "사인(使人)"은 뒷구절의 "교인(教人)"과 대구로 사람을 부릴 때에 하는 것이 합당하다.
28) 이 부분에 대한 해석은 매우 다양하다. 진영첩의 영역본에서는 배우는 사람들을 혼란시키기만 한다고 하고, 신석한문대계에서는 새로운 절목을 「학기」편의 후반부에 이어서 설명되고 있는 폐단들을 가리킨다고 보고 있다. 역자에게는 만족스럽지 않다. 배우는 사람들에게 새롭게 공부할 거리만 증대시킨다는 의미로 보는 것이 타당하다고 생각한다.

○此言進而不顧其安, 徒使人生此節目. 蓋三患實相因而然. 皆陵節蹲等, 不當其可而施之也.

○이는 나아가게 하면서 그 편안함을 돌아보지 않는 것은 한갓 사람으로 하여금 새로운 절목만 생기게 하는 것이라는 말이다. 대개 세 가지 근심거리는 실제로는 서로 원인이 되어 그렇게 된다. 모두가 절차를 무시하고 단계를 뛰어넘어, 그렇게 해서는 안 되는데 그렇게 하는 것이다.

敎人至難. 必盡人之材, 乃不誤人. 觀可及處, 然後告之. 聖人之明, 直若庖丁之解牛. 皆知其隙, 刃投餘地, 無全牛矣.

사람을 가르치는 것은 지극히 어려운 일이다. 반드시 사람의 재주를 다하게 하여야만 사람을 잘못되게 하지 않는다. 도달할 수 있는 곳을 본 뒤에 일러주어야 한다. 성인의 밝음은, '포정(庖丁)이 소를 잡는 것과 같다. 소의 뼈와 살의 틈새를 다 알고 있어서 칼날을 그 틈새로 밀어넣으니, 포정의 눈에는 온전한 소가 없었다.'[29]

○此言敎人必盡其材. 聖人隨材施敎, 各當其可. 如庖丁解牛, 洞見間隙, 無全牛矣. 事見『莊子』.

○이것은 사람을 가르칠 때에는 반드시 그 재주를 다하게 해야 한다는 것을 말한다. 성인은 재능에 따라서 가르침을 펴서 각각 마땅하게 하였다. 마치 포정이 소를 잡을 때 틈을 훤히 꿰뚫어보아 눈에 온전한 소가 없는 것과 같다. 이 고사는 『장자』에 보인다.

---

29) 『장자』「양생주」참조.

人之才足以有爲. 但以其不由於誠, 則不盡其才. 若曰勉率而爲之,
則豈有由誠哉! 〔『張子語錄』 「語錄抄」 5〕

사람의 재능은 어떤 일을 하기에 충분하다. 다만 정성에서 나오지
않기 때문에 재능을 다하지 못한다. 만일 남이 시켜서 하는 것이라면
어떻게 정성에서 우러나서 함이 있겠는가!

○ 橫渠『禮記說』, 下同.
○ 此言使人不由其誠勉强爲之, 而無誠意, 雖材所可爲者, 亦不能
盡之矣.
○ 朱子曰 : "嘗見橫渠簡與人, 謂'其子日來誦書, 不熟. 宜敎他熟誦
盡其誠與材.'"

○ 장재의 『예기설』에 나오며, 아래도 같다.
○ 이것은 사람으로 하여금 성실함에서 나오게 하지 않고 힘써서 억
지로 하게 하여 성실한 뜻이 없게 하면, 비록 어떤 일을 할 만한 재능
이 있더라도 그 재능을 다할 수 없다는 말이다.
○ 주희가 말했다.
"장재가 다른 사람에게 보낸 편지를 이전에 보았는데, 편지에서 '아
들이 날마다 와서 책을 읽지만 익숙하지 않다. 그에게 익숙하게 읽도
록 하여 정성과 재능을 다하도록 하여야 한다'고 하였다."

20

古之小兒, 便能敬事. 長者與之提携, 則兩手奉長者之手, 問之, 掩
口而對.

옛날에 어린아이들은 일을 공경스럽게 할 줄 알았다. 어른이 손으로 이끌어주면 두 손으로 어른의 손을 받들었고, 물어보면 입을 가리고 대답했다.

○ 說見「曲禮」. 捧手, 習扶持尊者, 掩口而對, 習其鄕尊者屛氣也.

○「곡례」상에 보인다. 손을 받드는 것은 어른을 도우는 것을 익힌 것이고, 입을 가리고 대답하는 것은 어른 쪽으로 입김이 가지 않게 하는 것을 익힌 것이다.

蓋稍不敬事, 便不忠信. 故敎小兒, 且先安詳恭敬. 〔『張子語錄』「語錄抄」6〕

조금이라도 일을 공경스럽게 하지 않으면 충신하지 못한 것이다. 그래서 어린아이를 가르칠 때에는 편안하고 자상한 것과 공경하는 것을 우선으로 해야 한다.

○ 安詳則不躁率, 恭敬則不誕慢, 此忠信之本也.

○ 편안하고 자상하면 조급하거나 거칠지 않으며, 공경스러우면 거짓되거나 태만히 하지 않으니, 이것이 충신의 근본이다.

21

孟子曰: "人不足與適也, 政不足與間也. 唯大人爲能格君心之非." 非惟君心, 至于朋游學者之際, 彼雖議論異同, 未欲深較. 惟整理其心, 使歸之正, 豈小補哉! 〔『張子語錄』「語錄抄」7〕

맹자가 말했다. "관리에 대하여 탓할 것이 없고, 정치도 비난하기에 부족하다. 대인이야말로 군주의 잘못된 마음을 바로잡을 수 있다."[30] 군주의 마음만이 아니라 벗이나 동창과의 교제에 이르기까지 상대가 자기와 의론이 다르더라도 깊게 비교하려고 하지 않는다. 오직 상대의 마음을 정리하여 그것을 올바른 상태로 돌아가게 해줄 뿐이니, 어찌 작은 보램이겠는가!

---

30) 『맹자』 「이루」 상 20장 "孟子曰, 人不足與適也, 政不足開也. 唯大人爲能格君心之非. 君仁, 莫不仁. 君義, 莫不義. 君正, 莫不正. 一正君而國正矣."

제12권

경계(警戒)

○此卷論戒謹之道. 修己治人, 常當存警省之意. 不然則私慾易萌, 善日逍而惡日積矣.

○이 권은 경계하고 삼가는 도를 논한다. 자신을 수양하고 남을 다스리기 위해서는 항상 경계하고 살피는 생각을 지녀야 한다. 그렇지 않으면 사욕이 싹트기 쉬워, 선은 날로 소멸하고 악은 날로 쌓이게 된다.

1

濂溪先生曰:
"仲由喜聞過, 令名無窮焉. 今人有過, 不喜人規. 如護疾而忌醫, 寧滅其身而無悟也, 噫." 〔『通書』 제26장 「過」〕

주돈이가 말했다.
"중유(仲由 : 기원전 542~480)[1]는 자신의 잘못에 대하여 듣는 것을

---

1) 공자의 제자로 자는 子路. 魯의 卞사람이다.

기뻐하여[2] 아름다운 이름이 무궁하게 전해졌다. 요즘 사람들은 잘못이 있을 때 다른 사람이 바로잡아 주는 것을 기뻐하지 않는다. 마치 병을 보호하고 의사를 피하는 것과 같아서, 차라리 그 몸을 망치면서도 잘못을 깨닫지 못하니, 아! 슬프구나."

○『通書』.
○ 子路有改過遷善之實, 故令名無窮焉.

○『통서』에 나온다.
○ 자로는 잘못을 고치고 선한 데로 나아가는 실상이 있으므로 아름다운 이름이 무궁하게 전한다.

2

伊川先生曰:
"德善日積, 則福祿日臻. 德踰於祿, 則雖盛而非滿. 自古隆盛, 未有不失道而喪敗者也."〔『易傳』泰卦(䷊) 九三〕

정이가 말했다.
"덕과 선이 날로 쌓이면 복록이 나날이 이른다. 덕이 복록보다 지나치면 (복록이) 성대하지만 가득 찬 것은 아니다. 예로부터 (복록이) 융성한 자들 가운데 도를 잃어 지위를 잃고 패망하지 않은 자가 없었다."

○『易傳』, 下同.

---

2)『맹자』「공손추」상 8장에서 "자로는 다른 사람이 잘못이 있다고 말해 주면 기뻐하였다(孟子曰, 子路, 人告之以有過, 則喜)"고 하였다.

○泰卦九三傳. 德勝於祿, 則所享者雖厚, 而不爲過. 祿過其德, 則所享者雖薄且不能勝, 況於隆盛乎? 隆盛之喪敗, 必自無德者致之也.

○『역전』에 나오며, 아래도 같다.

○태괘 구삼효의 전이다. 덕이 복록보다 많으면 향유하는 것이 두텁더라도 지나치지 않는다. 복록이 덕보다 지나치면 향유하는 것이 박하더라도 감당하지 못하는데, 하불며 융성한 데 있어서랴? 융성하면서 지위를 잃고 패망하게 되는 것은 반드시 덕이 없는 것에서 초래되는 것이다.

3

人之於豫樂, 心說之, 故遲遲, 遂至於耽戀, 不能已也. 豫之六二, 以中正自守, 其介如石. 其去之速, 不俟終日, 故貞正而吉也.

사람은 즐거운 것에 대해서는 마음으로 즐기기 때문에 머뭇거리게 되고, 드디어는 즐거움에 빠져 그만둘 수 없는 데에 이른다. 예괘(豫卦: ䷏)의 육이효는 중정으로써 그 스스로를 지키니, 견고하기가 돌과 같다. 그는 신속하게 떠나 종일토록 기다리지 않기 때문에 곧고 바르며 길하다.

○人處豫樂, 易至耽戀. 六二中正. 上又無應, 特立自守. 其節之堅介然如石, 無所轉移也. 其去之速, 不俟終日, 無所耽戀也.

○사람이 즐거움에 처하면 탐닉하여 잊지 못하는 데 이르기 쉽다. 육이효는 중정이다. 또 위에 응하는 것이 없어서 우뚝 서서 스스로를 지킨다. 그 절조의 굳건함은 돌처럼 단단하여 옮겨가는 바가 없다. 그

떠나는 것이 신속하여 종일 동안 기다리지 않으니 탐닉하여 잊지 못함이 없다.

處豫, 不可安且久也. 久則溺矣. 如二可謂見幾而作者也. 蓋中正故其守堅, 而能辨之早, 去之速也. 〔『易傳』豫卦(䷏) 六二〕

즐거움에 처하여 편안히 여기고 오래 머물러서는 안 된다. 오래되면 빠지게 된다. 제이효와 같은 경우는, 기미를 보고 일어나는 자리고 할 수 있다. 대개 중정하기 때문에 그 지키는 것이 견고하여, 일찍 판단하여 빨리 떠날 수 있다.

○ 惟其自守之堅, 故能見幾而作.

○ 스스로를 지키는 것이 견고하기 때문에 기미를 보고 일어날 수 있다.

4

人君致危亡之道, 非一, 而以豫爲多. 〔『易傳』豫卦(䷏) 六五〕

군주가 위태로움과 망함을 초래하는 길은 한 가지가 아니지만, 즐거움 때문인 경우가 많다.

○ 豫卦六五傳. 衰世之君, 大率以逸豫致危亡, 可不深戒哉?

○ 예괘 육오효의 전이다. 쇠퇴한 세상의 군주는 대개 편안히 즐기는 것 때문에 위태로움과 망함을 초래하니, 깊이 경계하지 않을 수 있

젰는가?

5

聖人爲戒, 必於方盛之時. 方其盛而不知戒, 故狃安富則驕侈生, 樂舒肆則紀綱壞, 忘禍亂則釁孽萌. 是以浸淫, 不知亂之至也.[3]〔『易傳』臨卦(䷒) 「象傳」〕

성인이 경계하는 것은 반드시 한창 융성할 때이다. 한창 융성할 때 경계할 줄 모르기 때문에 편안하고 부유함에 익숙하게 되면 교만과 사치가 생기게 되고, 느긋하게 마음대로 하는 것을 즐기게 되면 기강이 무너지게 되고, 화(禍)와 어지러움을 잊어버리게 되면 틈과 재앙이 싹튼다. 이 때문에 점점 방탕하게 되어 난이 이르는 것도 알지 못하게 된다.

○臨卦「象傳」. 驕侈每生於安富之餘, 綱紀每廢於舒肆之日, 釁端禍孽每兆於無虞之中. 故方盛之時實將衰之漸. 聖人爲戒於早, 則可保其長盛矣.

○ 임괘의 「단전」이다. 교만하고 사치한 것은 언제나 편안하고 부유한 것에서 생겨나고, 기강은 언제나 느긋하게 마음대로 하는 날로부터 무너지게 되며, 틈의 단서와 재앙의 싹은 언제나 근심 없는 가운데서 조짐을 드러낸다. 그러므로 한창 융성한 때는 실제로 쇠퇴함의 시작이 된다. 성인이 일찍이 경계하면 장기적으로 융성함을 보존할 수 있다.

---

3) "方盛之時"와 "方其盛" 사이에 47글자가 생략되었음.

6

復之六三, 以陰躁處動之極. 復之頻數而不能固者也.

복괘(復卦 : ䷗) 육삼은 조급한 음으로 움직임의 극단에 있다. 회복을 자주 거듭하며 굳게 지키지 못하는 자이다.

○震下坤上爲復. 三旣陰躁又處震動之終, 其於復善也, 躁動而不能固守者也.

○ 진괘(☳)가 아래에 있고 곤괘(☷)가 위에 있는 것이 복괘(䷗)가 된다. 육삼은 조급한 음으로 움직이는 진괘의 끝에 처하고 있으니, 선을 회복하더라도 조급하게 움직여 굳게 지킬 수 없는 자이다.

復貴安固. 頻復頻失, 不安於復也. 復善而屢失, 危之道也.

복괘의 때에는 편안하고 굳게 지키는 것이 귀하다. 선을 자주 회복하고 자주 잃는 것은 복에 편안하지 않은 것이다. 선을 회복하였다가 자주 잃는 것은 위험으로 통하는 길이다.

○有失而後有復. 屢復而屢失, 不常其德, 危之道也.

○ 잃고 난 뒤에 회복함이 있다. 자주 회복하고 자주 잃어버리는 것은 그 덕을 일정하게 지키지 않는 것이니, 위험하게 되는 길이다.

聖人開其遷善之道, 與其復而危其屢失. 故云"厲無咎". 不可以頻失而戒其復也. 頻失則爲危, 屢復何咎? 過在失而不在復也. 〔『易傳』復

卦(䷗) 六三〕

성인은 선으로 옮겨가는 길을 열어주어 선을 회복하는 것은 인정하고 자주 잃는 것은 위험하게 여겼다. 그러므로 "위태롭지만 허물은 없다"[4]고 말하고 있다. 자주 잃었다고 해서 회복하는 것을 경계해서는 안 된다. 자주 잃어버리면 위험하게 되지만 자주 회복하는 것이 어찌 허물이 되겠는가? 잘못은 잃어버리는 데 있지, 회복하는 데 있는 것이 아니다.

○ 屢失故危厲, 屢復故無咎. 無咎者補過之稱.

○ 여러 차례 잃어버리기 때문에 위험하고, 여러 차례 회복하기 때문에 허물이 없다. 허물이 없다는 것은 잘못된 것을 보완하는 것을 일컫는다.

〔本註〕 劉質夫曰: "頻復不已, 遂至迷復." 〔『程氏外書』 4-9〕

〔본주〕 유질부가 말했다. "자주 회복하기를 그치지 않으면 드디어는 회복하는 것에 미혹하게 된다."[5]

○ 劉絢, 字質夫, 程子門人也. 頻復頻失而不止, 久則玩溺而不能復, 必至上六之"迷復"矣.

○ 유현(劉絢)은 자가 질부(質夫)이고, 정자(程子)의 문인이다. 자주 회복하고 자주 잃기를 그치지 않고 오래 하게 되면 익숙해지고 빠져

---

4) 복괘 육삼효의 효사. "六三頻復, 厲, 无咎."
5) "迷復"은 복괘 상육의 효사이다.

서 회복할 수 없게 되어, 반드시 상육의 "회복하는 것에 미혹하게 되는" 단계에 이르게 된다.

7

睽極則乖庚而難合. 剛極則躁暴而不詳, 明極則過察而多疑. 睽之
上九, 有六三之正應, 實不孤, 而其才性如此, 自睽孤也.

반목하는 것이 극도에 이르면 어기고 어그러져 합치하기 어렵다.
굳셈이 극도에 이르면 조급하고 난폭해서 상세하지 못하고, 명철한 것
이 지극하게 되면 지나치게 살펴서 의심이 많다. 규(睽)괘의 상구는
육삼과 바른 응의 관계여서 실제로는 고립되지 않았지만, 그 재질과
천성이 이와 같아서 스스로 반목하여 고립된다.

○ 兌下離上爲睽. 上居睽之終, 是睽之極也. 以九居上, 是剛之極
也. 居離之終, 是明之極也. 有是三者, 何往而不睽孤哉? 雖有正應,
亦不合矣.

○ 태괘(☱)가 아래에 있고 이괘(☲)가 위에 있는 것이 규괘(䷥)이다.
상구는 규괘의 제일 위쪽에 위치하니 반목함이 지극한 것이다. 양효가
제일 윗자리에 위치하니 굳셈이 지극한 것이다. 이괘의 끝에 있으니
밝음이 지극한 것이다. 이 세 가지가 있으니 어디를 간들 반목하고 고
독하지 않겠는가? 비록 바르게 호응하는 효가 있지만 서로 화합하지
못한다.

如人雖有親黨, 而多自疑猜, 妄生乖離, 雖處骨肉親黨之間, 而常孤
獨也.〔『易傳』睽卦(䷥) 上九〕

마치 사람이 비록 친한 무리가 있지만 스스로 의심하고 시기함이 많아서 망령되게 어그러지는 상황을 만들어, 친지들과 친한 무리들 속에 있으면서도 항상 고독한 것과 같다.

○ 多自疑猜, 過明之患也. 妄生乖離, 過剛好睽之致也.

○ 스스로 의심하고 시기하는 것이 많은 것은 밝음이 지나침에서 생기는 근심이다. 망령되게 어그러지는 상황을 만드는 것은 지나치게 강하여 반목하기를 좋아함이 초래한 것이다.

8

解之六三曰：“負且乘, 致寇至, 貞吝.”『傳』曰：“小人而竊盛位, 雖勉爲正事, 而氣質卑下, 本非在上之物, 終可吝也.

해괘(☷☵)의 육삼에서 말한다. “짐을 지고 수레를 타서 도둑을 초래하니 바르더라도 부끄럽다.”『역전』에서 말한다. “소인이면서 성대한 지위를 훔쳤으니 비록 바른 일을 하는 데 힘쓰지만 기질이 비천하고 낮아 본래 윗자리에 있을 사람이 아니니, 끝내 부끄러워할 만하다.

○ 負者小人之事也. 乘者君子之器也. 故爲小人竊盛位之象. 勉爲正事者貞也. 然而陰柔卑下之質, 冒居內卦之上, 非其所安. 是以吝也.

○ 짐을 지는 것은 소인의 일이다. 수레는 군자의 기물이다. 그래서 소인이 성대한 지위를 훔친 상이다. 바른 일을 하는 데 힘쓰는 것은 바른 일이다. 그러나 부드러운 음이 비천한 자질로 내괘(內卦)의 윗자리에 무모하게 위치하였으니 편안하게 여길 수 있는 것이 아니다. 이

때문에 부끄럽다.

若能大正, 則如何? 曰大正非陰柔所能也. 若能之, 則是化爲君子
矣."〔『易傳』解卦(䷧) 六三〕

만일 크게 옳은 일을 할 수 있다면 어떤가? 크게 옳은 일은 부드러
운 음이 할 수 있는 일이 아니다. (만약) 할 수 있다면 변화하여 군자
가 되었을 것이다."

9

益之上九曰: "莫益之, 或擊之." 『傳』曰: "理者天下之至公, 利者
衆人所同欲. 苟公其心, 不失其正理, 則與衆同利, 無侵於人, 人亦欲
與之. 若切於好利, 蔽於自私, 求自益以損於人, 則人亦與之力爭. 故
莫肯益之, 而有擊奪之者矣."〔『易傳』益卦(䷩) 上九「象傳」〕

익괘(益卦: ䷩)의 상구에서 말한다. "도와주는 사람은 없고 누군가
공격할 것이다." 『역전』에서 말한다. "리(理)는 천하의 지극히 공정한
것이며, 이익은 뭇사람들이 동일하게 바라는 것이다. 그 마음을 공평
히 하여 바른 이치를 잃지 않으면 사람들과 이익을 함께 하여 남을
침해하지 않아 다른 사람도 그에게 주려고 할 것이다. 만약 이익을 좋
아하는데 절실하고 자기의 사사로움에 가리워서 자기 자신을 이롭게
하려고 남에게 손해를 끼친다면, 다른 사람도 힘써 싸울 것이다. 그래
서 아무도 도와주려고 하지 않고 공격하여 뺏으려는 사람이 있게 될
것이다."

○在上者, 推至公之理而與衆同其利, 則衆亦與之同其利. 苟懷自

862

私之心而惟欲利己, 則人亦各欲利其己而奪其所利矣. 益之上九'人莫
益之而或擊之'者, 以其求益之過也.

　○ 윗자리에 있는 사람이 지극히 공평한 이치를 미루어서 사람들과
그 이익을 같이 하면 사람들도 그와 이익을 같이 할 것이다. 자기의
사사로운 마음을 품고 자기만 이롭게 하려고 하면 사람들도 각각 자
기를 이롭게 하려고 이로운 것을 빼앗을 것이다. 익괘의 상구에서 '아
무도 그를 도와주지 않고 혹 공격한다'는 것은 이익을 구함이 지나치
기 때문이다.

10

　艮之九三曰 : "艮其限, 列其夤, 厲薰心." 『傳』曰 : "夫止道貴乎得
宜. 行止不能以時, 而定於一. 其堅强如此, 則處世乖戾, 與物暌絶,
其危甚矣.

　간괘(☶☶)의 구삼에서 말한다. "그 경계에 머물러 척추가 부러지니
위태로워 마음을 태운다."『역전』에서 말한다. "저 머무는 도는 마땅
함을 얻는 것을 귀하게 여긴다. 가고 머무는 것을 때에 맞게 하지 못
하고 한가지로 정해져 있다. 그 견고하고 강함이 이와 같으면 세상에
처하는 것이 어그러지게 되어 사람들과 반목하고 단절되어 매우 위험
하다.

　○"限", 界分也. "列", 絶也. "夤", 膂肉也, 亦一身上下之限也. 三
居內卦之上, 實內外之分, 故取象. 皆爲限止之義. 所貴於止者, 謂各
得所宜止而無過與不及也. 苟不度時中而一於限止焉, 堅執强忍如此,
則違世絶物, 危厲甚也.

○"한(限)"은 경계 지어 나누는 것이다. "열(列)"은 끊어지는 것이다. "인(夤)"은 등골의 살이니, 몸의 상하의 경계이다. 삼효는 내괘의 위에 위치하고 있지만 실제로는 내괘와 외괘의 경계이므로 이러한 상을 취했다. 모두가 경계에 머무는 뜻이다. 머무는 데서 귀하게 여기는 것은 각각 마땅하게 머물 곳을 얻어 지나치거나 미치지 못함이 없는 것이다. 시중(時中)을 헤아리지 않고 한결같이 경계에 머물며 굳게 잡고 억지로 견디는 것이 이와 같으면 세상에 어긋나고 사람들과 단절되어 위태로움이 매우 심하게 된다.

人之固止一隅, 而擧世莫與宜者, 則艱蹇忿畏, 焚撓其中, 豈有安裕之理? 屬薰心, 謂不安之勢, 薰爍其中也."〔『易傳』艮卦(☶) 九三〕

사람이 한 모퉁이에 완강히 머물러 온 세상 누구도 그 마땅함에 동의하지 않는다면 어렵고 고생스러워 분노하고 두려워하는 마음이 그의 속을 태우고 흔들게 될 것이니, 어찌 편안하고 넉넉할 이치가 있겠는가? 위태로워 마음을 태운다는 것은 불안한 형세가 그 마음을 태워 녹인다는 것이다."

11

大率以說而動, 安有不失正者?〔『易傳』歸妹卦(☳) 「象傳」〕

대개 좋아서 움직인다면 어찌 바름을 잃지 않는 경우가 있겠는가?

○歸妹卦「象傳」. 兌下震上爲歸妹. '兌', 悅也, '震', 動也. 心有所好樂, 則不得其正. 況從欲而忘返者耶?

○ 귀매괘 「단전」이다. 태괘(☱)가 아래에 있고 진괘(☳)가 위에 있는 것이 귀매괘(䷵)이다. '태'는 기뻐하는 것이고, '진'은 움직이는 것이다. 마음에 좋아하고 즐거워하는 바가 있으면 그 바름을 얻지 못하게 된다. 하물며 욕망을 좇아 바른 데로 돌아가는 것을 잊어버린 자는 어떠하겠는가?

12

男女有尊卑之序, 夫婦有唱隨之理, 此常理也. 若徇情肆欲, 唯說是動, 男牽欲而失其剛, 婦狃說而忘其順, 則凶而無所利矣. 〔『易傳』歸妹卦(䷵)「象傳」〕

남녀는 존비의 순서가 있고 부부는 창도하고 따르는 이치가 있으니, 이것은 떳떳한 이치이다. 만일 인정을 따르고 욕망을 마음대로 하여 즐거움에 따라서만 움직여, 남자는 욕망에 이끌려 그 강함을 잃어버리고 부인은 즐거움에 익숙하게 되어 순종을 망각하게 된다면, 흉하고 이로운 바가 없다.

○ 同上. 震長男, 兌少女. 以說而動, 則徇情肆欲, 必且失其常理, 而致凶矣.

○ 위와 같다. 진은 장남이고, 태는 소녀이다. 즐거움 때문에 움직인다면 정에 따라 욕망을 마음대로 하여 반드시 그 떳떳한 이치를 잃어버려 흉함을 초래하게 된다.

13

雖舜之聖, 且畏'巧言令色'. 說之惑人, 易入而可懼也如此. 〔『易傳』
兌卦(䷹) 九五〕

순(舜)과 같은 성인이라도 '교묘하게 말을 잘하고 낯빛을 잘 꾸미는
사람'[6]을 두려워하였다. 즐거움이 사람을 미혹시켜 빠져들기 쉽고 두
려워할 만함이 이와 같다.

○ 兌卦九五傳. "巧言"者, 工佞之言, "令色"者, 善柔之色, 皆務以
悅人也. 人心喜順惡逆, 故巧言令色, 易以惑人. 凡說之道, 皆然, 不
可不戒也.

○ 태괘 구오효의 전에 나온다. "교언(巧言)"은 잘 꾸민 아첨하는 말
이고, "영색(令色)"은 부드럽게 잘 꾸민 표정으로, 모두 힘써 사람을
기쁘게 하려는 것이다. 사람의 마음은 따르는 것을 좋아하고 거스르는
것을 싫어하므로 교언영색은 사람을 쉽게 미혹시킨다. 무릇 즐거움의
도는 모두 이러하니 경계하지 않을 수 없다.

14

治水, 天下之大任也. 非其至公之心, 能捨己從人, 盡天下之議, 則
不能成其功. 豈方命圮族者所能乎?

---

6) 『논어』 「학이」 3장에서 공자는 이러한 사람 가운데는 어진 사람이 드물다고 하
였다. "子曰 : 巧言令色鮮矣仁."

치수는 천하를 다스리는 자의 큰 책임이다. 지극히 공정한 마음으로 '자기를 버리고 남을 좇아'[7] 천하의 논의를 다 수용할 수 있는 사람이 아니라면 그 공을 이룰 수 없다. 어찌 '천명을 어기고 동족을 해치는 자'[8]가 할 수 있는 일이겠는가?

○ "方", 不順也. "命", 天理也. "圮", 毁也. "族", 類也. 夫任天下之大事者, 非一人之私智所能集. 要必合天下之謀而後, 可也. 苟上不順乎天理, 下不依乎羣情, 恃其才智, 任己而行, 烏能有濟?

○ "방(方)"은 순종하지 않는 것이다. "명(命)"은 천리이다. "비(圮)"는 해치는 것이다. "족(族)"은 무리이다. 대개 천하를 다스리는 중대한 책임은 한 사람의 사사로운 지혜로 이룰 수 있는 것이 아니다. 반드시 천하 사람들의 도모함을 합한 뒤에야 가능하다. 만약 위로 천리를 따르지 않고 아래로 여러 사람들의 실정에 의지하지 않으며, 자신의 재주와 지혜만 믿고 자기 마음대로 행한다면 어찌 이룰 수 있겠는가?

鯀雖九年而功弗成, 然其所治, 固非他人所及也. 惟其功有敗, 故其自任益強, 咈庚圮類益甚, 公議隔而人心離矣. 是其惡益顯, 而功卒不可成也. 〔『程氏經說』「書解」'堯典'〕

곤(鯀)[9]이 9년 만에 공을 이루지 못했으나, 그가 다스린 것은 원래

---

7) 『서경』「대우모」. "帝曰, 俞. 允若茲, 嘉言罔攸伏, 野無遺賢, 萬邦咸寧, 稽于衆, 舍己從人, 不虐無告, 不廢困窮, 惟帝時克."
8) 『서경』「堯傳」에 나오며, 구체적으로는 鯀을 가리킨다. "帝曰: 咨四岳湯湯洪水, 方割湯湯, 懷山襄陵浩浩, 滔天下民. 其咨有能俾乂. 僉曰: 於鯀哉. 帝曰: 吁咈哉, 方命圮族."
9) 禹임금의 아버지. 『서경』「堯典」 참조.

는 다른 사람이 미칠 바가 아니었다. 다만 공이 펼쳐지게 되자 자부심이 더욱 강해지고 방자한 짓을 하여 동족을 해치는 일이 더욱 심해져서 여론이 막히고 인심이 떨어져나갔다. 그래서 그 나쁜 점이 더욱 드러나 공을 끝내 이룰 수 없었다.

○『經說』, 下同.
○公議隔, 而得失莫聞. 人心離, 而事功莫與共之者矣.

○『경설』에 나오며, 아래도 같다.
○여론이 막히면 잘되고 못된 것을 들을 수 없다. 인심이 떨어져나가면 일을 함께 할 사람이 없다.

15

君子敬以直內. 微生高所枉雖小, 而害則大. 〔『程氏經說』「論語解」 '公冶長'〕

군자는 '경으로 안을 바르게 한다.'[10] 미생고(微生高)가 굽힌 것은 비록 작을지라도 바름을 해친 것은 크다.

○子曰：“孰謂微生高直? 或乞醯焉, 乞諸其鄰而與之.” 微生, 姓, 高, 名. 君子敬以直內, 不容有一毫之邪枉, 所謂直也. 微生高以無爲有, 曲意徇人, 蓋邪枉之態不能掩者. 其事雖微, 所以害於其直者, 甚大. 故聖人固以立敎.

---

10)『주역』곤괘「문언」. "'直'其正也, '方'其義也. 君子敬以直內, 義以方外."

○ 공자가 말했다.

"누가 미생고를 곧다고 했는가? 누군가 식초를 빌리러 왔는데 이웃집에서 빌려다 주었다."[11] 미생은 성이고, 고는 이름이다. 군자는 경으로 안을 바르게 하여 조금만 비뚤어지고 굽은 것을 용납하지 않으니 곧다고 한다. 미생고는 없는 것을 있다고 하여 뜻을 굽혀 다른 사람을 좇은 것이니, 잘못된 태도를 가릴 수 없다. 비록 그 일이 작다 할지라도 그 곧음을 해침이 매우 크다. 그래서 성인이 굳이 이것으로써 가르침을 세웠다.

16

人有慾則無剛. 剛則不屈於慾.〔『程氏經説』「論語解」'公冶長'〕

사람이 욕심이 있으면 굳셈이 없다. 굳세면 욕망에 굴복하지 않는다.[12]

○ 謝上蔡曰 : "剛與慾正相反. 能勝物之謂剛. 故常伸於萬物之上. 爲物掩之謂慾. 故常屈於萬物之下."

○ 사상채(謝上蔡 : 사량좌)가 말했다.

"군센 것과 욕망은 서로 정반대이다. 사물을 이길 수 있는 것을 굳세다고 한다. 그러므로 굳센 자는 항상 만물의 위에서 삶을 산다. 사물에 가려지는 것을 욕망이라고 한다. 그러므로 욕망이 있는 자는 항상 사물 아래에서 굴복한다."

---

11) 『논어』「공야장」 24장. "子曰 : 孰謂微生高直? 或乞醯焉, 乞諸其鄰而與之."
12) 『논어』「공야장」 11장. "공자가 '나는 굳센 자를 보지 못하였다'고 하자 어떤 자가 '申棖이 있습니다'라고 말했다. 공자는 '신정은 욕심이 있으니 어찌 굳세겠느냐?'고 말했다(子曰, 吾未見剛者, 或對曰, 申棖. 子曰, 棖也慾, 焉得剛)."

17

"人之過也, 各於其類." 君子常失於厚, 小仁常失於薄. 君子過於愛, 小人傷於忍. 〔『程氏經說』「論語解」'里仁'〕

"사람의 잘못은 그 사람의 부류에 따라 각각 다르다."[13] 군자는 항상 두텁게 하는 실수를 하고 소인은 항상 박하게 하는 실수를 한다. 군자는 애정이 지나치고 소인은 잔인함이 지나치다.

○君子小人之分, 在於仁與不仁而已. 故仁者之過, 亦在於厚與愛. 不仁者之過, 常在於薄與忍.

○군자와 소인의 구분은 인(仁)과 불인(不仁)에 있을 뿐이다. 그래서 인자의 잘못은 항상 두텁게 함과 사랑함에 있다. 불인한 사람의 잘못은 항상 박하게 하고 잔인한 데 있다.

18

明道先生曰:
"富貴驕人固不善, 學問驕人害亦不細." 〔『程氏遺書』1-16〕

정호가 말했다.
"재산이나 신분으로 다른 사람에게 교만한 것은 물론 좋지 않지만, 학문으로 다른 사람에게 교만한 것도 그 해가 적지 않다."

---

13) 『논어』「이인」7장. "子曰, 人之過也, 各於其黨. 觀過, 斯知仁矣."

○ 『遺書』, 下同.

○ 君子之學爲己而已. 以學問驕人, 非特其學爲務外, 而傲惰敗德, 學亦不進矣.

○ 『유서』에 나오며, 아래도 같다.

○ 군자의 학문은 자신의 인격완성을 위할〔爲己〕따름이다. 학문으로써 다른 사람에게 교만하면, 그 학문이 외적인 것에 힘쓰는 것이 될 뿐 아니라 오만하고 나태해져서 덕을 망치게 되니, 학문도 진척되지 못한다.

19

人以料事爲明, 便馺馺入逆詐億不信去也. 〔『程氏遺書』 1-45〕

일을 예측하는 것을 현명하다고 생각하게 되면, 곧 남이 속이지 않을까라고 미리 상상하고 믿을 만한 사람이 아니라고 미리 억측하는 데로 점점 이끌려 들어가게 된다.

○ 子曰 : "不逆詐, 不億不信." 朱子曰 : "'逆', 未至而迎之也, '億', 未見而意之也." 愚謂 : "事而無情曰'詐', 言而無實曰不信. 詐者巧, 而不信者誕也. 揚子雲謂 : '匿行曰詐, 易言曰誕', 是也. 若事未顯而逆料臆度之, 則自流於巧而惑於疑, 未必得事之情實矣. 人以料事爲明者, 必至於是. 周子曰 : '謂能疑爲明, 何啻千里?'"

○ 공자가 말했다.

"속이지 않을까라고 미리 생각하지 말고, 믿을 만한 사람이 아니라고 미리 억측하지 않는다."[14]

주희가 말했다.

"'역(逆)'은 이르기 전에 맞이하는 것이고, '억(億)'은 드러나기 전에 생각하는 것이다."

내가 생각하건대, "일이 실정이 없는 것을 '사(詐)'라 하고, 말이 실질이 없는 것을 '불신(不信)'이라 한다. 사(詐)는 교묘한 것이고 불신(不信)은 거짓된 것이다. 양자운(揚子雲 : 기원전 53-기원후 18)[15]이 '속이는 행위를 사(詐)라고 하고, 말을 바꾸는 것을 탄(誕)이라 한다'고 한 것이 이것이다. 일이 드러나지 않았는데 미리 생각해서 추측한다면 교묘한 데로 흐르고 의심스러운 일에 미혹되어 일의 실정을 알 수 없게 된다. 일을 예측하는 것을 현명하다고 생각하는 사람은 반드시 이러한 데 이르게 된다. 주자(周子 : 주돈이)는 '의심하기를 잘 하는 것을 현명하다고 생각한다면 어찌 어긋남이 천리만 되겠는가?'라고 말했다."

20

人於外物奉身者, 事事要好, 只有自家一箇身與心, 却不要好. 苟得外面物好時, 却不知道自家身與心, 却已先不好了也. 〔『程氏遺書』1-53〕

외물로 몸을 받드는 자는 외물에 대해서는 모두 훌륭함을 구하지만 자기의 몸과 마음에 대해서만은 훌륭함을 구하지 않는다. 바깥의 좋은 물건을 얻었을 때는 자신의 몸과 마음은 도리어 이미 좋지 않게 된다는 것을 알지 못한다.

---

14) 『논어』「헌문」32장. 그렇게 하지 않으면서도 미리 알아차리는 자라야 현명한 자라고 하였다. "子曰 : 不逆詐, 不億不信. 抑亦先覺者, 是賢乎."

15) 이름은 雄, 자운은 그의 호이다. 西漢 蜀郡 成都 사람이다. 『역경』을 모방하여 『太玄』을 짓고, 『논어』를 모방하여 『法言』을 지었다.

○ 所謂'以小害大, 賤害貴'者也.

○ 이른바 '작은 것 때문에 큰 것을 해치고 천한 것 때문에 귀한 것을 해친다'[16]는 것이다.

21

人於天理昏者, 是只爲嗜欲亂著他. 莊子言"其嗜欲深者, 其天機淺", 此言却最是.〔『程氏遺書』2上-187〕

사람이 천리에 어두운 것은 욕망이 그를 어지럽히기 때문이다. 장자(莊子)는 "욕망이 깊은 자는 하늘의 기틀이 얕다"[17]고 말했는데, 이 말은 도리어 아주 옳다.

○ 嗜欲多, 則志亂氣昏而天理微矣. 二者常相爲消長.

○ 좋아하고 바라는 것이 많으면 뜻이 어지럽고 기(氣)가 어두워 천리가 미약하게 된다. 두 가지는 항상 서로 상대적으로 줄었다가 늘어난다.

---

16) 『맹자』「고자」상 13장에서 "사람의 몸에는 귀하고 천한 것과 작고 큰 것이 있다. 작은 것 때문에 큰 것을 해치지 말고 천한 것 때문에 귀한 것을 해치지 말라(體有貴賤, 有大小. 無以小害大, 無以賤害貴. 養其小者爲小人, 養其大者爲大人)"고 하였다.

17) 『장자』「大宗師」, "古之眞人, 其寢不夢, 其覺無憂, 其食不甘, 其息深深. 眞人之息以踵, 衆人之息以喉. 屈服者, 其嗌言若哇. 其耆欲深者, 其天機淺."

22

伊川先生曰:

"閱機事之久, 機心必生. 蓋方其閱時, 心必喜. 旣喜則如種下種子."
〔『程氏遺書』 3-86〕

정이가 말했다.

"기계 작업을 오래 하면 반드시 기계적인 마음이 생기게 된다. 대개 기계를 경험할 때 마음이 반드시 기쁘게 된다. 이미 기쁘게 되면 종자를 뿌리는 것과 마찬가지가 된다."

○ 莊子曰: "有機械者, 必有機事. 有機事者, 必有機心."

○ 장자가 말했다.

"기계가 있으면 반드시 기계를 사용하는 일이 있다. 기계를 사용하는 일이 있으면 반드시 기계적인 마음이 있게 된다."[18]

23

疑病者, 未有事至時, 先有疑端在心. 周羅事者, 先有周事之端在心. 皆病也. 〔『程氏遺書』 3-89〕

의심하는 병이 있는 자는 일이 이르기도 전에 먼저 의심하는 마음이 싹튼다. 널리 주관하려는 사람은 먼저 널리 주관하려는 마음이 싹

---

18) 『장자』 「天地」. "吾聞之吾師, 有機械者心有機事, 有機事者必有機心. 機心存於胸中, 則純白不備. 純白不備, 則神生不定. 神生不定者, 道之所不載也. 吾非不知, 羞而不爲也."

튼다. 모두 병이다.

○ "周羅", 俚語. 猶兜攬也. 事未至而有好疑喜事之端, 則事至之時, 有不當疑而疑, 不當攬而攬者矣. 故治心者, 必去其端.

○ "주라(周羅)"는 사투리다. 널리 주관한다는 것과 같다. 일이 이르지 않았는데 의심하기 좋아하고 일을 주관하기 좋아하는 단서가 있으면, 일이 이르렀을 때 의심하지 말아야 할 것을 의심하고 주관하지 말아야 할 것을 주관한다. 그러므로 마음을 다스리는 자는 반드시 그 단서를 없앤다.

24

較事大小, 其弊爲'枉尺直尋'之病. 〔『程氏遺書』 3-90〕

일의 크고 작음을 비교하면 그 폐단이 '한 자를 굽혀 한 길(여덟 자)을 펴는'[19] 병통이 있게 된다.

○ 事無大小, 惟理是視. 或者有苟成急就之意, 謂道雖少屈而所伸者大, 義雖微害而所利者博, 則有冒而爲之者. 原其初心止於權大小, 遂至枉尺直尋, 其末流之弊乃有不可勝言矣.

○ 일은 대소를 막론하고 이치만을 살펴야 한다. 혹 구차하게 이루고 성급하게 이루려는 뜻이 있어서, 도는 비록 적게 굽히지만 펴는 것

---

19) 『맹자』 「이루」 하 1장. "夫枉尺而直尋者, 以利言也. 如以利, 則枉尋直尺而利, 亦可爲與?"

은 크고, 의는 비록 조금 해치지만 이익되는 바가 넓다고 생각하게 되면, 무릅쓰고 그것을 하게 된다. 처음의 마음을 살펴보면 크고 작음을 저울질하여 드디어 한 자를 굽혀 한 길을 펴는 데 이르게 되는 데 그치지만, 그 말단의 폐해는 이루 다 말할 수 없다.

25

小人小丈夫, 不合小了. 他本不是惡. 〔『程氏遺書』 6-96〕

소인이나 소장부라고 깔보아서는 안 된다. 그들도 본래는 악하지 않다.

○ 性無不善, 而局於氣質汨於利慾者, 自小之耳.

○ 성(性)은 선하지 않음이 없지만 기질에 국한되고 이욕에 빠져 스스로 적게 여길 따름이다.

26

雖公天下事, 若用私意爲之, 便是私. 〔『程氏遺書』 5-21〕

비록 온 세상에 관한 공적인 일이라도 만약 사심을 가지고서 한다면 곧 사사로운 일이 된다.

○ 事雖出於公, 而以私意爲之, 卽是私也. 故學者以正心爲本, 論人者必察其心, 不徒考其事.

○ 일이 비록 공정한 데서 나왔으나 사사로운 뜻으로 행한다면 곧 이것은 사사로운 것이다. 그러므로 학자는 마음을 바로잡는 것을 근본으로 삼아야 하고, 사람을 논하는 자는 반드시 그 마음을 살펴야지, 그 일만 고찰해서는 안 된다.

27

做官, 奪人志. 〔『程氏遺書』 15-163〕

벼슬살이는 사람의 뜻을 빼앗는다.

○ 仕而志於富貴者, 固不必言. 或馳騖乎是非予奪之境, 而此志動於喜怒愛惡之私, 或經營於建功立業之間, 而此志陷於計度區畫之巧. 德未成而從政者, 未有不奪其志. 學者所當深省也.

○ 벼슬하면서 부귀에 뜻을 두는 자는 본래 말할 필요도 없다. 혹 시비를 따져서 주고 뺏는 일에 힘쓰다가 뜻이 희노애락의 사사로움에 의해서 움직이게 되고, 혹 공을 세우고 일을 세우는 사이에서 힘쓰다가 뜻이 공교롭게 헤아리고 구획하는 교묘함에 빠지게 된다. 덕이 완성되지 않았는데 정사를 하는 자는 그 뜻을 빼앗기지 않는 자가 없었다. 배우는 자는 깊이 살펴야 한다.

28

驕是氣盈, 吝是氣歉. 人若吝時, 於財上亦不足, 於事上亦不足. 凡百事皆不足, 必有歉歉之色也. 〔『程氏遺書』 18-156〕

교만이란 기가 꽉 찬 것이며, 인색이란 기가 모자라는 것이다. 사람이 인색할 경우에는 재물에도 부족함을 느끼고 하는 일에도 부족함을 느낀다. 무릇 모든 일에 부족함을 느낀다면 반드시 모자라는 기색이 있게 된다.

○"驕", 矜夸, "吝", 鄙嗇也. 驕氣盈者常覺其有餘. 吝氣歉者常覺其不足. 惟君子所志者道, 故無時而盈, 亦無所不足.

○"교(驕)"는 뻐기고 자랑하는 것이고, "인(吝)"은 비루하고 인색한 것이다. 교만한 기운이 가득한 사람은 항상 자기가 남음이 있다고 느낀다. 인색하여 기운이 모자라는 자는 항상 부족하다고 느낀다. 군자만은 뜻을 두는 곳이 도이기 때문에 가득 차는 때도 없고 부족한 것도 없다.

29

未知道者如醉人. 方其醉時, 無所不至. 及其醒也, 莫不愧恥. 人之未知學者, 自視以爲無缺, 及其知學, 反思前日所爲, 則駭且懼矣. 〔『程氏遺書』18-159〕

도를 모르는 자는 술 취한 이와 같다. 한참 취하였을 때에는 하지 못할 일이 없다. 술이 깨면 부끄러워하지 않는 자가 없다. 학문을 아직 모르는 자는 자신을 결점이 없는 사람으로 보지만, 학문을 알고서 돌이켜 전날의 한 일을 생각하게 되면 놀라고 또 두려워하게 된다.

30

邢七云："一日三點檢." 明道先生曰："可哀也哉! 其餘時理會甚
事?" 蓋倣三省之説錯了. 可見不曾用功. 又多逐人面上説一般話. 明
道責之. 邢曰："無可説." 明道曰："無可説, 便不得不説?"〔『程氏遺
書』12-49〕

　형칠(邢七)[20]이 말했다. "저는 하루에 세 번 점검합니다." 정호가 말
했다. "딱하도다! 다른 시간에는 무슨 일을 이해하는가?" 대개 하루에
세 가지 일을 반성한다는 설[21]을 잘못 흉내낸 것이다. 그가 일찍이 노
력하지 않은 것을 알 수 있다. 또한 형칠은 사람을 마주하여 일반적인
얘기를 하는 경우가 많았다. 정호가 그것을 꾸짖었다. 형칠은 "얘기할
만한 것이 없습니다"라고 말했다. 정호가 말했다. "얘기할 만한 것이
없으면, 말하지 않으면 안 되는가?"

　○ 曾子三省, 謂日以三事自省. 邢倣其言, 乃云'一日三次點檢.'

　○ 증자(曾子)가 세 가지로 반성했다는 것은 매일 세 가지 일로 스
스로를 반성한 것을 말한다. 형칠은 그 말을 흉내내어 '하루에 세 차
례 점검한다'고 말했다.

31

橫渠先生曰:

_____

20) 이름은 恕, 자는 和叔이다. 七은 서열을 가리킨다.
21) 『논어』 「학이」 4장에 나오는 "吾日三省吾身"의 삼(三)을 형칠은 '세 번'으로 본
　　데 대하여 정호는 '세 가지 일'로 이해하고 있다.

"學者捨禮義, 則飽食終日, 無所猷爲, 與下民一致. 所事, 不踰衣食之間, 燕遊之樂爾."〔『正蒙』「中正」40〕

장재가 말했다.

"학자가 예의를 버리면 온종일 배불리 먹으며 꾀할 것이 없으니 일반사람과 같게 된다. 일삼는 것이 입고 먹는 일과 편안하게 즐기는 범위를 넘지 못한다."

○『正蒙』.

○『정몽』에 나온다.

32

鄭衛之音悲哀, 令人意思留連. 又生怠惰之意, 從而致驕淫之心. 雖珍玩奇貨, 其始惑人也, 亦不知是切. 從而生無限嗜好, 故孔子曰必放之. 亦是聖人經歷過. 但聖人能不爲物所移耳.〔『張載集』「近思錄拾遺」21〕

정(鄭)나라, 위(衛)나라 음악은 구슬프고 애처로워 사람의 마음을 붙들어 맨다. 또 게으른 생각을 낳고 이어서 교만하고 음탕한 마음을 이루게 한다. 비록 진귀한 기호품이나 기묘한 재화라도 처음 사람의 마음을 미혹시킬 때는 그렇게 절실한 줄 모른다. 이어서 한정없는 욕구를 낳으므로 공자가 반드시 내쳐야 한다고 말했다.[22] (이것은) 성인도 경험하신 것이다. 단지 성인은 사물에 동요되지 않을 수 있었을 따름이다.

22)『논어』「위령공」10장. "放鄭聲, 遠佞人. 鄭聲淫, 佞人殆."

○ 橫渠『禮樂說』.

○ 장재의 『예악설』에 나온다.

33

孟子言反經, 特於鄕原之後者, 以鄕原大者不先立. 心中初無作,[23] 惟是左右看, 順人情, 不欲違, 一生如此. 〔『張載集』「近思錄拾遺」 22〕

맹자가 올[經]로 돌아가라는 말[24]을 특히 향원(鄕原)의 뒤에 한 이유는 향원이 '큰 것을 먼저 세우지 않았기'[25] 때문이다. 그래서 향원은 마음에 처음부터 주체성이 없으며, 오직 주위를 돌아보아 세간의 인정에 따르고 그것을 어기지 않기를 바라며 일생 동안 이렇게 하였다.

○ 橫渠『孟子說』.
○ "經", 常也, 古今不易之常道也. 是是非非必有定理, 而好善惡惡必有定見. 今鄕原浮沈俯仰, 無所可否. 蓋其義理不立, 中無所主. 惟務悅人以是終身, 乃亂常之尤者. 君子反經, 復其常道, 則是非昭然, 而鄕原僞言僞行, 不得以惑之矣.

○ 장재의 『맹자설』에 나온다.

---

23) '作'이 '主'로 되어 있는 판본도 있는데, 의미는 동일하다.
24) 『맹자』 「진심」 하 37장. "君子反經而已矣. 經正, 則庶民興, 庶民興, 斯無邪慝矣." '經正'은 우리말의 '올바르다'는 뜻에 해당한다. '올'은 정신, 주체성 등을 의미한다.
25) 『맹자』 「고자」 상 14장에서 "먼저 큰 것을 세우면 작은 것이 빼앗지 못한다(先立乎其大者, 則其小者不能奪也)"고 하였다. 큰 것은 마음이며, 작은 것은 귀와 눈 등의 신체이다.

○ "경(經)"은 항상됨이니, 고금에 변하지 않는 항상된 도리이다. 옳은 것을 옳다고 하고 그른 것을 그르다고 하니 반드시 정해진 이치가 있고, 선을 좋아하고 악을 미워하니 반드시 정해진 견해가 있다. 지금 향원은 세속에 따라서 부침(浮沈)하고 부앙(俯仰)하여 옳고 옳지 않은 것이 없다. 대개 그는 의리가 세워지지 않아 마음에 주인되는 것이 없다. 오직 사람을 즐겁게 하는 것에 힘써 이것으로써 몸을 마치니 곧 항상된 도를 매우 어지럽히는 자다. 군자는 올[經]을 돌이켜 그 상도(常道)를 회복하므로 시비가 밝아져서 향원의 거짓된 말과 거짓된 행동이 그를 미혹시킬 수 없다.

제13권

이단의 변별〔辨異端〕

○此卷辨異端. 蓋君子之學雖已至, 然異端之辨尤不可以不明. 苟於此有毫釐之未辨, 則貽害於人心者, 甚矣.

○이 권은 이단을 변별하고 있다. 대개 군자의 학문에 대해서는 이미 지극하게 말하였으나, 이단에 대하여 더욱 밝히지 않을 수 없다. 이것에 대하여 조금이라도 변별하지 않음이 있으면 사람의 마음을 해침이 심할 것이다.

1

明道先生曰:
"楊墨之害, 甚於申韓, 佛老之害, 甚於楊墨.

정호가 말했다.
"양주와 묵적의 해는 신불해와 한비보다 심하고, 불교와 노자의 해는 양주와 묵적보다 심하다.

883

○楊朱墨翟詳見『孟子』. 申不害者鄭人, 以刑名干韓昭侯, 昭侯用以爲相. 韓非韓之諸公子, 善刑名法術之學. 佛者本西域之胡, 爲寂滅之學, 自漢以來其說始入中國. 老者, 周柱下史, 老聃也. 其書論淸淨無爲之道.

○양주(楊朱: 기원전 395-335)와 묵적(墨翟: 기원전 480-390)은 『맹자』에 상세하게 보인다.[1] 신불해(申不害: 기원전 400-337)는 정(鄭)나라 사람으로, 형명(刑名)으로 한(韓)의 소후(昭侯: 기원전 362-331)에게 벼슬을 구하자 한의 소후가 재상으로 등용하였다. 한비(韓非: 기원전 280-233)는 한의 공자(公子)로, 형명법술학(刑名法術學)에 뛰어났다. 불교는 본래 서역지방의 오랑캐의 적멸(寂滅)의 학문으로 한(漢)나라 이래로 처음으로 중국에 유입되었다. 노자는 주나라 장서실의 관리인 노담이다. 그의 책은 청정무위(淸淨無爲)의 도를 논하고 있다.

楊氏爲我疑於仁, 墨氏兼愛疑於義.[2] 申韓則淺陋易見. 故孟子只闢楊墨, 爲其惑世之甚也.

---

1) 『맹자』「등문공」하 9장과「진심」상 26장 참조. "聖王不作, 諸侯放恣, 處士橫議. 楊朱墨翟之言盈天下. 天下之言, 不歸楊, 則歸墨. 楊氏爲我, 是無君也. 墨子兼愛, 是無父也. 無父無君是禽獸也." / "孟子曰: 楊子取爲我, 拔一毛而利天下不爲也. 墨子兼愛摩頂放踵, 利天下爲之."

2) 張伯行은 "楊氏爲我疑於義, 墨氏兼愛疑於仁"로 된 판본도 있는데, 이 경우의 어세가 더 순조롭다고 하며, 金長生과 加藤常賢 역시 양주를 의와 연결시키고 묵적을 인과 연결시키는 것이 옳다고 본다. 또 『유서』15-188에도 "楊子爲我亦是義, 墨子兼愛亦是仁"이라 되어 있다. 자세한 것은 『近思錄詳註集評』522쪽 주4 참조. 단, 『근사록집평』에서는 「등문공」하 9장의 주에서 엽채본을 따르고 있다고 하지만 「등문공」하의 주에는 바로잡혀 있다. 그래서 김장생은 "맹자가 양주와 묵적을 물리친 자의 주를 따라야 한다"고 주를 달았다. 아래 『근사록집해』의 해석도 억지설에 가깝다.

양주는 자신을 위하니 인과 비슷하며, 묵적은 겸애를 주장하니 의와 비슷하다. 신불해와 한비의 설은 천박하여 알기 쉽다. 그러므로 맹자가 양·묵의 설만 공격하였으니, 그 설이 세상을 미혹시킴이 심하였기 때문이다.

○ 楊氏爲我, 可謂自私而不仁矣. 然而猶疑似於無欲之仁. 墨氏兼愛, 可謂泛濫而無義矣, 然猶疑似於無私之義. 故足以惑人也. 若申韓之刑名功利, 淺陋而易見, 故孟子但闢楊墨. 恐其爲人心之害, 而申韓不足闢也.

○ 양주가 자신을 위한다는 것은 자신의 사사로운 이익을 위한 것이므로 어질지 않은 것이다. 그러나 오히려 욕심이 없는 인과 비슷하다. 묵적의 겸애는 넘쳐서 의가 없는 것이라고 할 수 있지만, 오히려 사사로움이 없는 의와 비슷하다. 그러므로 사람을 미혹시키기에 충분하다. 신불해와 한비의 형명과 공리는 천박하고 비루하여 너무 알기 쉬우므로 맹자는 양주와 묵적만을 물리쳤다. 그들이 사람 마음의 해가 되는 것은 두렵지만 신불해와 한비자는 물리치기에도 부족하였다.

佛老其言近理, 又非楊墨之比, 此所以爲害尤甚. 楊墨之害, 亦經孟子闢之, 所以廓如也."〔『程氏遺書』13-2〕

불교와 노자의 설은 도리에 가까워 양주와 묵적의 설에 비할 것이 아니니, 이것이 해로움이 더욱 심한 까닭이다. 양·묵의 해는 맹자가 물리침을 거치면서 사라져 텅 비게 되었다."

○『遺書』, 下同.
○ 佛氏言心性, 老氏談道德, 皆近於理, 又非楊墨之比. 故其爲人心之害尤甚. 揚子雲曰: "古者楊墨塞路, 孟子辭而闢之廓如也."

　○朱子曰: "楊朱卽老聃弟子. 孟子闢楊墨, 則老莊在其中矣."

　○『유서』에 나오며, 아래도 같다.

　○불교는 심성을 말하고 노자는 도덕을 말하여, 모두 이치에 가까워 양묵에 비할 수 있는 정도가 아니다. 그러므로 사람 마음에 해가 되는 것이 더욱 심하다. 양자운이 말했다. "옛날에 양묵이 길을 막았지만 맹자가 말하여 물리치니 시라져 텅 비게 되었다."[3]

　○주희가 말했다.

　"양주는 노담의 제자이다. 맹자가 양주와 묵적을 물리쳤으니 그 가운데 노자와 장자도 있는 셈이다."

2

　伊川先生曰:

　"儒者潛心正道, 不容有差. 其始甚微, 其終則不可救. 如'師也過, 商也不及'. 於聖人中道, 師只是過於厚些, 商只是不及些. 然而厚則漸至於兼愛, 不及則便至於爲我. 其過不及同出於儒者, 其末遂至楊墨. 亦未至於無父無君, 孟子推之, 便至於此, 蓋其差必至於是也."〔『程氏遺書』17-13〕

　정이가 말했다.

　"유자는 바른 도리에 마음을 기울여 차이가 있는 것을 용납하지 않는다. 처음에는 미약하더라도 나중에는 구제할 수 없게 된다. 예를 들

---

3) 『법언』 권2 「君子」, "古者, 楊墨塞路, 孟子辭而闢之, 廓如也. 后之塞路者有矣. 竊自比於孟子."

면 '사(師 : 기원전 503-450)[4]는 지나치고, 상(商 : 기원전 507-420)[5]은 부족하다.'[6] 성인의 중도에 대해서 사(자장)는 약간 지나치고, 상(자하)은 조금 미치지 못한다. 그러나 지나치면 점차 '겸애'에 이르고, 미치지 못하면 점차 '위아'에 이르게 된다. 지나침과 미치지 못하는 것이 동일하게 유가에서 나오지만, 마지막에 가서는 드디어 양주와 묵적의 무리에 이르게 된다. 양·묵이 아직 아비를 무시하고 군주를 무시하는 데는 이르지 않았으나 맹자가 추론하여 여기에 이르렀으니, 대개 그 차이가 반드시 여기에 이르게 되리라는 것이다."

○師, 子張名, 商, 子夏名. 子張才高志廣, 泛愛兼容, 故常過乎中. 子夏篤信自守, 規模謹密, 故常不及乎中. 二子於道守亦未遠也. 然師之過, 其流必至於墨氏之兼愛, 子夏之不及, 其後傳田子方, 子方之後爲莊周, 是楊氏爲我之學也. 孟子推楊墨之極致, 則兼愛者至於無父. 蓋愛其父亦同於路人, 是無父也. 爲我者至於無君. 蓋自私其身而不知有上下, 是無君也.

○사(師)는 자장(子張)의 이름이고, 상(商)은 자하(子夏)의 이름이다. 자장은 재주가 뛰어나고 뜻이 넓어 두루 사랑하고 모두 포용하였으므로 항상 중도를 지나쳤다. 자하는 독실하게 믿으며 자신을 지켜 규모가 조심스럽고 주밀하였으므로 항상 중도에 미치지 못했다. 두 사람이 지키는 것은 도에서 멀지 않았다. 그러나 자장의 지나침은 흘러 묵씨의 겸애에 이르고, 자하의 미치지 못함은 그 뒤에 전자방(田子方)에게 전해지고 전자방의 후학은 장주(莊周)인데, 이것이 양씨의 나를 위한

---

4) 공자의 제자. 성은 顓孫이고, 자는 子張이며, 사는 이름이다.
5) 공자의 제자. 성은 卜이고, 자는 子夏이며, 상은 이름이다.
6) 『논어』「선진」15. "子曰, 師也過, 商也不及. 曰, 然則師愈與? 子曰, 過猶不及."

학문이다.[7] 맹자가 양·묵의 이론을 극한까지 추론하니 겸애는 부모를 무시함에 이르게 된다. 대개 자기 아버지를 길거리의 다른 사람들과 똑같이 사랑하게 되면 이것이 부모를 무시하는 것이다. 자기를 위하는 것은 군주를 무시함에 이르게 된다. 대개 자신의 몸을 사사롭게 여기고 위아래가 있음을 알지 못하게 되니, 이것이 군주를 무시하는 것이다.

3

明道先生曰:

"道之外無物, 物之外無道. 是天地之間, 無適而非道也. 卽父子而父子在所親, 卽君臣而君臣在所嚴. 以至爲夫婦, 爲長幼, 爲朋友, 無所爲而非道. 此道所以不可須臾離也. 然則毁人倫, 去四大者, 其分於道也, 遠矣.

정호가 말했다.

"도 바깥에 사물이 없고, 사물 바깥에 도란 없다. 천지 사이에 어디를 가더라도 도가 아닌 것이 없다. 아버지와 아들에 대해서 말한다면 아버지와 아들 사이에는 친해야 하며, 임금과 신하에 대해서 말한다면 임금과 신하 사이에는 엄해야만 된다. 남편과 부인, 어른과 젊은이, 친구와 친구 사이에 이르기까지 어떤 행위도 도가 아닌 것이 없다. 그러므로 도는 '잠시도 떠날 수 없는 것이다.'[8] 그러니 인륜을 훼손하고 사

---

7) 김장생은 "자하의 학문이 전자방에게 전해지고 흘러서 장주가 되었다는 것은 인정하지만, 자장의 학문이 흘러서 묵씨가 되었다는 것에 대해서는 근거를 알지 못하겠다(沙溪先生曰: 子夏之學傳子方, 流爲莊周, 則然矣. 子張之學流爲墨氏, 則未知所據)"고 하였다(김평묵의 『근사록집해』에서 인용함).
8) 『중용』 1장. "道也者, 不可須臾離也, 可離非道也."

888

대(四大)를 버리는 자는 도와 멀리 떨어진 것이다.

○ 物由道而形, 故道外無物. 道以物而具, 故物外無道. 人於天地間 不能違物而獨立. 故無適而非道也. 今釋氏乃毁棄人倫, 滅除四大, 其 戾於道遠矣. 釋氏以地水火風爲四大. 謂四大幻假而成人身, 寂滅幻 根, 斷除一切.

○ 물은 도로 말미암아 형성되었으므로 도 밖에 물이 없다. 도는 물 가운데 갖추어져 있으므로 물 바깥에 도가 없다. 사람은 천지 사이에 서 물과 떨어져 홀로 설 수 없다. 그러므로 어디를 가더라도 도 아닌 것이 없다. 지금 석씨는 인륜을 훼손시켜 버리고 사대를 제거하고자 하니 도와 멀리 어긋난다. 석씨(붓다)는 지(地), 수(水), 화(火), 풍(風) 네 가지를 사대(四大)라고 한다. 그는 사대라는 거짓된 것이 사람의 몸을 이루니 거짓된 뿌리를 없애 일체를 끊어버려야 한다고 말한다.

故‘君子之於天下也, 無適也, 無莫也. 義之與比’. 若有適有莫, 則於 道爲有間, 非天地之全也.

그러므로 ‘군자는 모든 일에 대하여 (고정적으로) 옳다고 여기지 않 고 그르다고 여기지도 않는다. 다만 옳은 것만 허락하여 따른다.’[9] 만 일 고정적으로 옳고 그르게 여기는 것이 있으면 도와 틈이 생기게 될 것이니 천지의 온전한 상태가 아니게 된다.

○ “適”, 可也, “莫”, 不可也. “比”, 從也. 君子之於天下, 無可無不 可. 惟義之從也. 今釋氏可以寂滅無爲, 而不可以察理應事. 必欲斷除

---

9) 『논어』 「이인」 10장. “子曰 : 君子之於天下也, 無適也, 無莫也, 義之與比.”

外相, 始見法性, 非天地本然全體之性矣.

○ "적(適)"은 옳은 것이며, "막(莫)"은 옳지 않은 것이다. "비(比)"는 따르는 것이다. 군자는 천하의 일에 대하여 옳게 여기는 것도 없고 옳지 않게 여기는 것도 없다. 오직 의만 따른다. 오늘날 불교가 적멸무위는 하지만 이치를 살펴 사물에 응하지는 못한다. 반드시 외부의 대상을 제거하여 비로소 법성(法性)을 보고자 하니, 이것은 천지의 본래 그리한 전체의 성(性)이 아니다.

彼釋氏之學, 於敬以直內, 則有之矣, 義以外方, 則未之有也.

저 불교의 가르침은 '공경함으로써 안을 바르게 하는 것'은 있지만 '의로써 바깥을 방정하게 하는 것'[10]은 없다.

○ 釋氏習定, 欲得此心收斂虛靜, 亦若所謂敬以直內. 然有體而無用. 絶滅倫理, 何有於義?

○ 불교는 정(定)[11]을 익혀 이 마음을 수렴하여 허정(虛靜)함을 얻고자 하니, 이른바 공경함으로써 안을 바르게 하는 것이다. 그러나 체는 있으나 용은 없는 것이다. 윤리를 끊으니, 어찌 의가 있겠는가?

故滯固者入於枯槁, 疏通者歸於恣肆. 此佛之教所以爲隘也. 吾道則不然, 率性而已, 斯理也, 聖人於『易』備言之."〔『程氏遺書』4-34〕

그러므로 막힌 자는 마른 나무처럼 되고, 확 트인 자는 방자하게

---

10) 두 구절 모두 『주역』 곤괘 「문언」에 나오다.
11) '定'은 禪定(samadhi)을 가리킨다.

된다. 이것이 불교의 가르침이 막히는 까닭이다. 우리의 도는 그렇지 않고 본성을 따를 뿐이니, 성인은 이 이치를 『주역』에서 다 말했다."

○ 釋氏離器以爲道, 故於日用事物之間, 或拘或肆, 皆爲之病. 名爲大自在, 而實則隘陋而一毫不容也. 若吾儒率性之道, 動靜各正, 旣不病於拘, 亦不至於肆. 聖人贊『易』所謂"知至至之, 可與幾也, 知終終之, 可與存義." 敬以直內, 義以方外, 時止則止, 時行則行, 動靜不失其時. 體用本末備言之矣.

○ 불교는 사물을 떠나 도를 말하므로, 일상의 사물에 대하여 어떤 자는 얽매이고 어떤 자는 멋대로 하여 모든 것이 병이 된다. 이름은 크게 자유자재한다고 하지만 실제로는 편협하여 조금도 포용하지 않는 것이다. 우리 유가의 본성에 따르는 도는 움직임과 고요함이 각각 올바르게 되어 집착하여 병이 되지 않고 방자함에도 이르지 않는다. 성인이 『역』을 지었으니, 이른바 "이를 곳을 알아서 이르니 기미를 알 수 있고, 마칠 곳을 알아서 마치니 의를 보존할 수 있다"[12]는 것이다. 경을 통해 마음을 곧게 하고 의로 외면을 방정하게 하여, 멈추어야 하는 때에는 멈추고 행하여야 하는 때에는 행하여, 움직임과 고요함이 때를 놓치지 않는다. 체용과 본말을 모두 갖추어 말했다.

〔本註〕又曰:"佛有一個覺之理, 可以敬以直內矣. 然無義以方外, 其直內者, 要之, 其本亦不是."〔『程氏遺書』2上-84〕

〔본주〕또 말했다.

---

12) 『주역』 건괘「문언」에 나온다. "子曰: 君子進德受業, 忠信所以進德也. 修辭立其誠, 所以居業也. 知至至之, 可與幾也. 知終終之, 可與存義也."

"불교에는 깨달음의 이치가 있으니 경으로써 마음을 곧게 할 수 있다. 그러나 의로써 바깥을 방정하게 하는 것이 없으니, 그 마음을 곧게 하는 것도 요컨대 그 근본은 역시 옳지 못한 것이 된다."

○ 佛學'禪'者, 覺也. 覺者心無倚著. 靈覺不昧, 所謂常惺惺法. 若可敬以直內矣. 然而無制事之義, 則其所謂覺者, 猶無寸之尺, 無星之兩, 其直內之本亦非矣.

○ 불교에서 '선(禪)'이란 깨닫는 것이다. 깨닫는다는 것은 마음이 의지하는 것이 없게 되는 것이다. 신령하게 깨달아 어둡지 않은 것이 항상 밝게 깨어 있는 법이다. 그러니 경으로 안을 곧게 할 수는 있다. 그러나 일을 다스리는 의가 없으니, 그들이 깨달음이라고 하는 것은 눈금이 없는 자와 같고 눈금이 없는 저울과 같으니, 안을 곧게 한다는 근본도 잘못된 것이다.

4

釋氏本怖死生爲利, 豈是公道?

불교는 본래 삶과 죽음을 두렵게 여겨 이익을 도모하니, 어찌 공공의 도라 할 수 있겠는가?

○ 釋氏謂 : '有生則有滅, 故有輪廻.' 今求不生不滅之理, 可免輪廻之苦, 此本出於利己之私意也.

○ 석가는 '나면 죽음이 있기에 윤회가 있다'고 말한다. 오늘날 불생불멸의 이치를 구하면 윤회의 고통을 벗어날 수 있다고 하니, 이것은

자신을 이롭게 하기 위한 사사로운 생각에서 나온 것이다.

　唯務上達而無下學. 然則其上達處, 豈有是也? 元不相連屬. 但有間斷, 非道也.

　오직 위로 진리에 도달하기 위하여 노력할 뿐이고 일상적인 삶을 통한 배움이 없다.[13] 그렇다면 그들이 도달한 진리도 어찌 옳은 것이겠는가? (불가의 진리는) 원래 서로 연속되지 않는다. 끊어짐이 있으면 도가 아니다.

　○絶學而求頓悟, 故無下學工夫. 道器本不相離. 今捨物以明理, 泯迹以求心, 豈知道者哉?

　○배움을 끊고 갑자기 깨달음을 구하기 때문에 일상적인 삶의 공부는 없다. 도와 그릇[器]은 본래 분리된 것이 아니다. 오늘날 사물을 버리고 이치를 밝히려고 하며, 자취를 버리고 마음을 구하려고 하니, 어찌 도를 아는 자이겠는가?

　孟子曰 : "盡其心者, 知其性也." 彼所謂'識心見性', 是也. 若'存心養性'一段事, 則無矣.

　맹자가 "마음을 다하는 자는 그의 본성을 알 수 있다"[14]고 하였다.

---

13) 공자는 "하학을 통한 상달[下學而上達]"을 주장한다. 『논어』 「헌문」 37장. "子曰 : 莫我知也. 子貢曰 : 何爲其莫知子也. 子曰 : 不怨天, 不尤人. 下學而上達, 知我者, 其天乎."

14) 『맹자』, 「진심」 상 1장. "孟子曰, 盡其心者, 知其性也. 知其性, 則知天矣. 存其心, 養其性, 所以事天也. 夭壽不貳, 修身以俟之, 所以立命也."

이것은 불교의 '마음을 알아 본성을 본다'는 것과 같은 것이다. 그러나 (맹자가 말한) '마음을 보존하여 본성을 기른다'는 일은 없다.

○朱子曰: "釋氏恍惚之間, 略見得心性影子, 都不見裏面許多道理. 政使有存養之功, 亦只存養得他所見影子, 終不分明."

○주희가 말했다.
"불교는 황홀한 사이에 심성(心性)의 그림자만 대강 얻고 그 속의 많은 도리는 전혀 보지 못한다. 그들로 하여금 보존하여 기르는 공부가 있게 하더라도 그들이 본 그림자만 기르게 될 뿐 끝내 분명하지 않을 것이다."

彼固曰'出家獨善', 便於道體自不足.

저들이 '집을 나가서 자신의 삶을 선하게 한다'고 말하지만, 도의 본체에 대해서는 스스로 부족하다.

○道本人倫. 今曰'出家', 則於道體虧欠, 大矣.

○도는 인륜에 근본한다. 지금 '집을 나간다'고 말하면 도의 본체에 크게 이지러짐이 있게 된다.

或曰: "釋氏地獄類, 皆是爲下根之人, 說此怖, 令爲善." 先生曰: "至誠貫天地, 人尙有不化, 豈有立偏敎而人可化乎?"〔『程氏遺書』13-7〕

어떤 사람이 말했다. "석가의 지옥설과 같은 것들은 모두 근기가 열등한 사람을 위하여 두려움을 말해서 선하게 하려는 것이다." 정호가 말했다. "지극한 성실함이 천지를 꿰뚫고 있는데도 오히려 교화되지 않는 사람이 있는데, 어찌 거짓된 가르침을 세워서 사람을 교화할 수 있겠는가?"

5

　學者於釋氏之說, 直須如淫聲美色以遠之. 不爾, 則駸駸然入其中矣. 顏淵問爲邦, 孔子旣告之二帝三王之事, 而復戒以'放鄭聲遠佞人', 曰: "鄭聲淫, 佞人殆." 彼佞人者, 是他一邊佞耳, 然而於己則危. 只是能使人移, 故危也. 至於禹之言曰: "何畏乎巧言令色?" 巧言令色, 直消言畏, 只是須著如此戒愼. 猶恐不免. 釋氏之學, 更不消言常戒. 到自家自信後, 便不能亂得. 〔『程氏遺書』 2上-89〕

　배우는 사람은 불교의 설에 대하여 음탕한 음악이나 아름다운 여인과 같이 여겨 멀리해야 한다. 그렇지 않으면 점점 그 속에 빠져들게 된다. 안연이 나라를 다스리는 도리를 묻자 공자는 이제(二帝) 삼왕(三王)[15]의 일을 일러주고, 다시 '정나라의 음악을 내쫓고 말 잘하는 사람을 멀리하라'고 경계하며 "정나라의 음악은 음란하고 말 잘하는 사람은 위험하다"[16]고 말했다. 저 말 잘하는 사람은 그가 말을 잘할 따름이지만, 그러나 자신에게 위태롭다. 그가 남의 마음을 바꾸게 하기 때문에 위태롭다. 우임금은 "교묘한 말과 낯빛을 잘 꾸미는 자라고 해서 어찌 두려워하겠는가?"[17]라고 말했다. 말을 교묘하게 하고 안색을 잘

---

15) '이제'는 堯와 舜을, '삼왕'은 夏・殷・周 삼대의 왕인 禹와 湯, 그리고 文王을 가리킨다. 주나라 왕을 말할 때는 흔히 문왕과 武王을 함께 가리킨다.

16) 『논어』 「위령공」 11장. "顏淵問爲邦. 子曰: 行夏之時, 乘殷之輅, 服周之冕, 樂則韶舞, 放鄭聲, 遠佞人. 鄭聲淫, 佞人危."

꾸민다고 하여 바로 두려워해야 한다고 말하였으면, 이렇게 경계하고 조심해야 된다는 것이다. 그래도 오히려 면하지 못할까 두렵다. 불교의 설은 항상 경계하라고 말할 필요는 없다. 자신이 유학을 확실히 믿게 된다면 불교의 설이 어지럽히지 못할 것이다.

○ 初學立心未定, 必屛遠異端之說. 信道旣篤, 乃可考辨其失.

○ 처음 배우는 이는 마음을 세우는 것이 정해지지 않은 상태이므로 반드시 이단의 설을 물리쳐 멀리해야 한다. 도를 믿음이 이미 돈독해지면 그 잘못된 점을 고찰하여 변별할 수 있다.

6

所以謂萬物一體者, 皆有此理, 只爲從那裏來. "生生之謂易." 生則一時生, 皆完此理. 人則能推, 物則氣昏推不得. 不可道他物不與有也.

만물이 일체라고 하는 까닭은 모두 이 이치에서 나와서 이 이치를 갖추고 있기 때문이다. "만물을 낳고 또 낳는 것을 역(易)이라고 한다."[18] 태어나기는 한꺼번에 태어나면서, 모두 이 이치를 완전하게 갖추고 있다. 사람은 추리할 수 있지만, 사물은 기가 어두워 추리할 수 없다. 사물이 이러한 이치를 소유하지 않고 있다고 말해서는 안 된다.

---

17) 『서경』 「고요모」에서 "지혜롭고 인자할 수 있다면 어찌 환도와 같은 자인들 두려워하며, 묘족을 어찌 교묘하게 말 잘하고 낯빛을 잘 꾸미는 공임을 두려워하겠는가?(能哲而惠, 何憂乎驩兜, 何遷乎有苗, 何畏乎巧言令色孔壬?)"라고 하였다.
18) 『주역』 「계사」 상 5장. "富有之謂大業, 日新之謂盛德. 生生之謂易, 成象之謂乾, 效法之謂坤, 極數知來之謂占, 通變之謂事, 陰陽不測之謂神."

○天地之理流行化生. 人之與物均有是生, 則亦均具是理. 所謂萬物一體也. 然人所稟之氣通, 故能推, 物所稟之氣塞, 故不能推.

○천지의 이치가 유행하며 조화를 이루어 만물을 생성한다. 사람과 사물이 균능하게 생명을 갖추고 있으니 이치도 균등하게 갖추고 있다. 그래서 만물이 일체라고 말한다. 그러나 사람이 받은 기는 통하므로 추리할 수 있지만, 사물이 받은 기는 막혀 있으므로 추리할 수 없다.

人只爲自私, 將自家軀殼上頭起意, 故看得道理, 小了他底. 放這身來, 都在萬物中一例看, 大小大快活.

사람이 사사로워 자기의 몸에서 생각을 일으키기 때문에 도리를 보고 (그것을) 작게 여긴다. 이 몸을 놓아버리고 만물 가운데 하나로 보게 되면 매우 쾌활하게 될 것이다.

○人知萬物一體之理, 不爲私己之見, 自然與物各得其所.

○사람이 만물이 하나라는 이치를 알고 사사롭게 자신의 견해를 내지 않으면 자연히 만물과 더불어 각각 마땅한 바를 얻게 된다.

釋氏以不知此, 去他身上起意思. 奈何那身不得, 故却厭惡, 要得去盡根塵. 爲心源不定, 故要得如枯木死灰. 然沒此理. 要有此理, 除是死也.

불교에서는 이러한 것을 모르기 때문에 자신의 몸으로부터 생각을 일으킨다. 하지만 그의 몸을 어떻게 할 수 없으므로, 도리어 싫어하고 미워하며 근진(根塵)[19]을 다 없애고자 한다. 그리고 마음의 본원이 안정되지 않기 때문에 마른 나무나 식은 재처럼 되려고 한다. 그러나 이러한 이치는 없다. 이러한 이치를 얻으려면 죽음밖에 없다.

○釋氏惟不知萬物一體順理而行本無障礙, 顧乃自生私見. 爲吾身不能不交於物也, 遂欲盡去根塵, 空諸所有. 佛書以耳目口鼻身意爲六根, 以色聲香味觸法爲六塵. 其說謂幻塵滅, 故幻根亦滅, 幻根滅, 故幻心亦滅. 然心本生道有體則有用, 豈容絶滅哉?

○불교는 만물이 일체여서 이치를 따라 행하면 본래 장애가 없다는 것을 모르고 도리어 사사로운 견해를 일으킨다. 내 몸이 사물과 교류되지 않을 수 없으므로 드디어 근진을 모두 제거하여 가지고 있는 모든 것을 텅 비우려고 한다. 불서에서는 귀·눈·입·코·몸·뜻[意]을 육근(六根)이라 하고, 색깔·소리·냄새·맛·촉감·법(法)을 육진(六塵)이라고 한다. 이 설은 환영(幻影)인 육진이 멸하면 환영인 육근도 멸하며, 환영인 육근이 멸하면 환영인 마음도 멸한다고 한다. 그러나 마음은 (본래) 생성의 도여서 체(體)가 있으면 용(用)이 있게 되니, 어찌 끊어 없앨 수 있겠는가?

釋氏其實是愛身, 放不得, 故説許多. 譬如負販之蟲, 以載不起, 猶自更取物在身. 又如抱石投河, 以其重愈沈, 終不道放下石頭, 惟嫌重也. 〔『程氏遺書』2上-135〕

불교는 실제로는 자기 몸을 사랑하여 놓아버리지 못하므로 많은 설명을 한다. 비유컨대, 등에 짐을 짊어지기 좋아하는 부판충(負販蟲)이

---

19) 眼, 耳, 鼻, 舌, 身, 意라는 六根과 色, 聲, 香, 味, 觸, 法이라는 六塵을 가리킨다.

등에 지고 일어날 수 없으면서도 오히려 다시 짐을 지려는 것과 같다. 또 돌을 안고 강에 빠져 돌의 무게 때문에 더욱 가라앉으면서도 끝내 그 돌을 버리려고 생각하지 않으면서 돌의 무게만 싫어하는 것과 같다.

○ 原釋氏之初, 本是愛己, 妄生計較, 欲出離生死. 而不知去私己之念, 本無事也.

○ 불교의 시초를 살펴보면 본래 자기를 사랑하고 망령되게 여러 가지 생각을 하여 생사를 떠나고자 한다. 그러나 사사로운 자기라는 생각을 버리면 본래 아무 일도 없다는 것을 알지 못한다.

7

人有語導氣者, 問先生曰: "君亦有術乎?" 曰: "吾嘗夏葛而冬裘, 飢食而渴飮, 節嗜欲, 定心氣, 如斯而已矣."〔『程氏遺書』4-7〕

도기(導氣)[20]를 말하는 사람이 정호에게 물었다. "그대도 술법이 있습니까?" 정호가 말했다. "나는 여름에 베옷을 입고 겨울에는 털옷을 입으며, 배고프면 먹고 목마르면 물 마시고, 기욕을 절제하고 심기를 안정시키니, 이와 같을 뿐입니다."

○ 聖賢養生, 順理窒慾而已. 豈若偏曲之士爲長生久視之術者哉?

○ 성현이 생명을 기르는 방법은 이치를 따라 욕심을 막는 것일 뿐

20) 기운을 움직여 신체를 조절하는 도가의 양생술.

이다. 어찌 한쪽으로 치우친 학자의 오래 살며 멀리 보고자 하는 술수
와 같겠는가?

8

明道先生曰:
"佛氏不識陰陽晝夜生死古今. 安得謂形而上者, 與聖人同乎?" 〔『程
氏遺書』14-9〕

정호가 말했다.
"불교는 음양, 주야, 생사, 고금을 알지 못한다. 어떻게 그들이 말하
는 형이상자(形而上者)가 성인의 것과 같은 것이라고 할 수 있겠는가?"

○形而上者性命也. 陰陽・晝夜・死生・古今, 乃天命之流行二氣
之屈伸. 釋氏指爲輪廻, 爲幻妄, 則其所談性命, 亦異乎聖人矣.

○ 형이상자는 성명(性命)이다. 음양, 주야, 생사, 고금은 곧 천명의
유행으로 음양 두 기가 펴고 굽히는 것이다. 불교는 그것을 윤회라고
하고 환망이라고 하니, 그들이 말하는 성명도 성인의 것과 다르다.

9

釋氏之說, 若欲窮其說, 而去取之, 則其說未能窮, 固己化而爲佛矣.
只且於迹上考之. 其說敎如是, 則其心果如何? 固難爲取其心, 不取
其迹. 有是心則有是迹. 王通言'心迹之判', 便是亂說. 故不若且於迹
上, 斷定不與聖人合. 其言有合處, 則吾道固已有, 有不合者, 固所不
取. 如是立定, 却省易. 〔『程氏遺書』15-97〕

불교의 교설을 다 궁리하여 버리고 취하려면, 설을 다 이해하기도 전에 이미 변해서 불교도가 되어버릴 것이다. 우선 흔적에서 고찰하여 보자. 가르침이 이와 같다면 그 마음은 과연 어떠할까? 마음을 취하고 자취를 버리는 것은 참으로 하기 어렵다. 마음이 있으면 이 자취가 있다. 왕통(王通 : 584-618)[21]이 '마음과 자취는 나누어진다'고 말하였는데, 이는 어지러운 설이다. 그러므로 우선 자취에 대해서 성인과 합치하지 않는다고 단정하는 것이 낫다. 교설 가운데 성인의 도에 맞는 것이 있으면 그것은 이미 우리의 도에 갖추어져 있는 것이고, 맞지 않는 바가 있으면 굳이 취할 바가 아니다. 이와 같이 입장을 정하면 도리어 힘이 덜 들고 쉽다.

○此言雖爲初學立心未定者設. 然孟子闢楊墨, 亦不過考其迹而, 推其心, 極之於無父無君. 此實辨異端之要領也.

○이 말은 마음을 일정하게 세우지 못한 초학자를 위해서 하였다. 그러나 맹자가 양주와 묵적을 물리칠 때도 그 자취를 고찰하고 그 마음을 추리하여 아버지를 무시하고 임금을 무시하는 데까지 끝까지 밀고 갔다.[22] 이는 실로 이단을 분별하는 방법이다.

10

問 : "神仙之説有諸?" 明道曰 : "若説白日飛昇之類則無. 若言居山林閒, 保形鍊氣以延年益壽, 則有之. 譬如一爐火, 置之風中, 則易過,

---

21) 수나라 龍門 사람이다. 자는 仲淹이며, 시호는 文中子이다. 저술에 『中説』이 있다.
22) 『맹자』 「등문공」 하 9장. "楊氏爲我, 是無君也, 墨氏兼愛, 是無父也. 無父無君, 是禽獸也."

置之密室, 則離過, 有此理也." 又問: "楊子言'聖人不師仙, 厥術異也'. 聖人能爲此等事否?" 曰: "此是天地間一賊. 若非竊造化之機, 安能延年? 使聖人肯爲, 周孔爲之矣."〔『程氏遺書』18-59〕

물었다. "신선의 이야기에 이치가 있습니까?" 정호가 말했다. "밝은 낮에 하늘로 날아 올라가는 것과 같은 것은 없다. 산림에 살며 육체를 소중히 하고 기운을 단련하여 장수하는 것은 있을 수 있다. 비유컨대 하나의 화롯불을 바람 앞에 놓으면 쉽게 다 타버리고 밀실에 놓으면 타버리기가 어려운 것과 같으니, 이러한 이치는 있다."

또 물었다. "양자(揚雄)가 '성인이 신선을 스승으로 삼지 않는 것은 그의 방법이 다르기 때문이다'[23]라고 말했습니다. 성인도 신선이 하는 일을 할 수 있습니까?" 대답하였다. "신선은 천지 사이의 도둑이다. 조화의 기틀을 훔치지 않으면 어찌 수명을 연장할 수 있겠는가? 성인에게 그것을 할 의지가 있었다면 주공이나 공자가 그것을 했을 것이다."

○ 人之精氣, 聚則生, 散則死. 彼有見於造化之機, 竊而用之, 使精氣固結而不散, 故能獨壽, 此理之所有也. 顧其自私小技, 聖賢弗爲耳.

○ 사람의 정기(精氣)가 모이면 나고, 흩어지면 죽는다. 저들은 조화의 기틀을 보고 훔쳐서 사용하여, 정기를 굳건하게 맺어 흩어지지 않게 함으로써 홀로 수명을 누릴 수 있으니, 이러한 이치는 있는 것이다. 그러나 사사로운 작은 재주여서 성현은 하지 않을 뿐이다.

---

23) 『法言』「君子」. "或曰, 聖人不師仙, 厥術異也. 聖人之於天下, 恥一物之不知. 仙人之於天下, 恥一日之不生."

11

謝顯道歷擧佛說與吾儒同處, 問伊川先生. 先生曰: "恁地同處雖多, 只是本領不是, 一齊差却."〔『程氏外書』12-32〕

사량좌가 불교의 설과 우리 유교의 같은 점을 열거하여 정이에게 물었다. 정이가 말했다. "이렇게 같은 점이 많지만 근본이 옳지 않으니 모두가 잘못된 것이다."

○『外書』.
○ 大本旣差, 則其說似同而實異.

○『외서』에 나온다.
○ 커다란 근본에 이미 차이가 있으니, 그 설이 비슷한 듯하지만 실제로는 다르다.

12

橫渠先生曰:
"釋氏妄意天性, 而不知範圍天用. 反以六根之微, 因緣天地, 明不能盡, 則誣天地日月爲幻妄.

장재가 말했다.
"불교는 하늘이 부여한 본성을 제멋대로 해석해서, 하늘의 작용을 재단하여 이를 줄 모른다. 도리어 미미한 육근을 인연하여 천지가 생겨난다고 하며, 다 밝힐 수 없자 천지일월을 거짓된 환영이라고 주장하여 (사람들을) 속인다.

○ “範圍”, 猶裁成也. 聖人盡性, 故能裁成天地之道. 釋氏欲識性而不知範圍之用, 則是未嘗知性也. 謂六根悉本天地, 六根起滅無有實相, 天地日月等爲幻妄.

○ “범위(範圍)”는 재단하여 이루는 것이다. 성인은 성을 다하기에 천지의 도를 재단하여 이룰 수 있다. 불교는 성을 알고자 하나 재단하여 이룰 줄 모르니, 일찍이 성을 알지 못한 것이다. 육근은 모두 천지의 근본이라고 생각하여, 육근의 일어나고 멸함에 실상이 없으므로 천지일월 등도 망령된 환영이라고 한다.

蔽其用於一身之小, 溺其志於虛空之大. 此所以語大語小, 流遁失中.

하늘의 작용을 작은 몸에 가리게 하고, 뜻은 큰 허공 속으로 빠뜨린다. 이 때문에 큰 것을 말하거나 작은 것을 말하거나 넘치거나 회피하여 중도를 잃게 된다.

○ 厭此身之小, 則蔽其用而不能推. 樂虛空之大, 則溺其志而不能反. 故其語大語小, 展轉流遁皆失其中.

○ 몸의 작음을 싫어하니, 하늘의 작용을 막아버려 추리할 수 없다. 허공의 큼을 즐기니, 그 뜻을 빠지게 하여 돌이킬 수 없다. 때문에 큰 것을 말하고 작은 것을 말하는 것이 모두 넘치거나 회피하여 모두 중도를 잃게 된다.

其過於大也, 塵芥六合, 其蔽於小也, 夢幻人世. 謂之窮理, 미乎!

不知窮理, 而謂之盡性, 可乎? 謂之無不知, 可乎?

지나치게 크게는 우주를 티끌로 보고, 작은 것에 가려져서는 인간
세상을 꿈과 환영이라고 본다. 이를 궁리라 할 수 있겠는가? 궁리를
모르는데 본성을 다하였다고 할 수 있겠는가? 그럼에도 알지 못하는
것이 없다고 할 수 있겠는가?

○ 上下四方爲'六合', 謂六合在虛空中, 特一微塵芥子耳, 所以言虛
空之大. 一切有爲法, 如夢幻泡影, 所以言人世之微. 此皆不能'窮理盡
性'之過.

○ 상하 네 방위가 '육합'이 되는데, 이 육합은 허공에 있는 하나의
미미한 티끌일 뿐이라고 생각하여 허공의 큼을 말한다. 일체의 작위가
있는 법은 꿈과 환상과 물거품, 그림자와 같은 것이라고 생각하므로
미미한 인간 세상이라고 한다. 이 모두는 '이치를 궁구하고 본성을 다
하지'[24] 못한 잘못에서 나왔다.

塵芥六合, 爲天地有窮也, 幻夢人世, 明不能究其所從也". 〔『正蒙』
「大心」16〕

육합을 먼지로 보는 것은 천지를 유한한 것으로 생각하기 때문이며,
인간 세상을 꿈과 환상이라고 보는 것은 그 근원을 명료하게 궁구할
수 없기 때문이다."

○『正蒙』, 下同.

---

24) 『주역』「설괘」. "窮理盡性以至於命."

○ 佛說謂虛空無窮, 天地有窮, 人世起滅, 皆爲幻妄, 莫知所從來也.

○『정몽』에 나오며, 아래도 같다.

○ 불설에서는 허공은 무궁하나 천지에는 끝이 있고 인간 세상에 일어나고 멸하는 것은 모두 환상이어서 아무도 어떻게 일어나는지 모른다고 한다.

13

大易不言有無. 言有無, 諸子之陋也. 〔『正蒙』「大易」1〕

위대한 역에서는 유무를 말하지 않는다. 유무를 말하는 것은 여러 학자들의 비천한 견해이다.

○『易』曰 : "一陰一陽之謂道." 蓋陰陽之運其所以然者卽道也. 體用相因, 精粗罔間, 不可以有無分. 後世異端見道不明, 始以道爲無, 以器爲有. 有者爲幻妄爲土苴, 無者爲玄妙爲眞空, 析有無而二之. 皆諸子之陋見也.

○『역』에서는 "한 번 음이 되고 한 번 양이 되는 것을 도라고 한다"[25)]고 하였다. 대개 음양의 운행에서 그렇게 되는 까닭이 도다. 체와 용이 서로 의지하고 정밀한 것과 조밀한 것이 간격이 없으므로 유무로 나눌 수 없다. 후세에 이단이 도를 분명하게 보지 못해서 처음으로 도는 무(無)이고 기(器)는 유(有)라고 하였다. 유(有)는 헛된 환상이며

---

25)『주역』「계사」상 5장. "一陰一陽之謂道. 繼之者, 善也. 成之者, 性也."

티끌이고, 무(無)는 현묘한 것이고 진공(眞空)이라고 하여, 유무를 나누어 둘로 만들었다. 모두 여러 학자들의 비루한 견해이다.

14

浮圖明鬼, 謂有識之死, 受生循環. 遂厭苦求免, 可謂知鬼乎?

불교에서는 귀신에 대하여 의식이 있는 존재가 죽었다가 다시 생명을 받아 순환하여 태어난다고 생각한다. 그래서 드디어 싫어하고 괴롭게 여겨 벗어나고자 하니, 귀신을 안다고 할 수 있겠는가?

○ 精氣聚則爲人, 散則爲鬼. 散則漸滅, 就盡而已. 釋氏謂神識不散, 復寓形而受生, 是不明鬼之理也.

○ 정기(精氣)가 모이면 사람이 되고, 흩어지면 귀신이 된다. 흩어지면 멸하여 없어질 뿐이다. 불교에서는 신식(神識)은 흩어지지 않아 다시 형체를 받아 태어난다고 하니, 이는 귀신의 이치에 밝지 않은 것이다.

以人生爲妄見, 可謂知人乎?

인생을 환상이라고 보니, 사람을 안다고 할 수 있겠는가?

○ 人生日用, 無非天理之當然. 釋氏指爲浮生幻化, 豈爲知人乎?

○ 인생의 일상적인 일은 천리의 마땅함이 아닌 것이 없다. 불교는 떠다니는 인생을 환상이라고 하니, 어찌 사람을 아는 것이겠는가?

天人一物, 輒生取捨, 可謂知天乎?

하늘과 사람은 본래 일체인데, 문득 취하고 버림을 낳으니, 천을 안다고 할 수 있겠는가?

○天人一理. 今乃棄人事而求天性, 豈爲知天乎?

○하늘과 사람은 하나의 이지이다. 지금 사람의 일은 버리고 천성만을 구하니, 어찌 하늘을 아는 것이겠는가?

孔孟所謂天, 彼所謂道. 惑者指"遊魂爲變"爲輪廻, 未之思也. 大學當先知天德. 知天德, 則知聖人, 知鬼神. 今浮圖劇論要歸, 必謂死生流轉, 非得道不免, 謂之悟道, 可乎?

공자, 맹자가 말한 천은 불교에서의 도이다. 미혹된 사람이 "혼이 흩어져 변화한다."[26]는 것을 가리켜 윤회라고 하니, 이 사람은 생각하지 않았다. 대인의 학문은 천덕(天德)을 먼저 알아야 한다. 천덕을 알게 되면 성인을 알고 귀신을 알게 된다. 지금 불교에서 주장하는 요지는 죽음과 삶은 윤회하는 것이어서 도를 얻지 않으면 벗어날 수가 없다고 말하는 것이니, 도를 깨달았다고 할 수 있겠는가?

○本注云: "悟則有義有命, 均死生, 一天人. 推知晝夜通陰陽體之無二."
○當生而生, 當死而死. 是則有義有命. 生死均安, 何所厭苦? 天人一致, 何所取捨? 知晝夜通陰陽, 則知死生之說, 何所謂輪廻?

---

26) 『주역』「계사」상 4장. "精氣爲物, 遊魂爲變, 是故知鬼神之情狀."

○ 본주(本註)에서 말했다.[27]

"깨달으면 마땅함[義]과 천명[命]이 있어서 생사를 하나로 보고 하늘과 사람을 하나로 보게 된다. 오직 낮과 밤을 알고 음과 양에 통하여 둘이 없다는 것을 체험하게 된다."

○ 태어나게 되면 태어나고, 죽게 되면 죽는다. 이것이 마땅함이 있고 천명이 있는 것이다. 생사를 동일하게 편안하게 여기니, 어찌 싫어하고 괴롭게 여기셨는가? 하늘과 사람이 일치하는데, 어찌 취하고 버리는 바가 있겠는가? 낮과 밤을 알고 음과 양에 통하면 사생의 설을 알게 되니, 윤회라는 것이 무엇인가?

自其說熾傳中國, 儒者未容窺聖學門牆, 已爲引取, 淪胥其間, 指爲大道. 乃其俗, 達之天下, 致善惡知愚男女臧獲, 人人著信. 使英才閒氣, 生則溺耳目恬習之事, 長則師世儒崇尚之言. 遂冥然被驅, 因謂聖人可不修而至, 大道可不學而知. 故未識聖人心, 已謂不必求其迹. 未見君子志, 已謂不必事其文. 此人倫所以不察, 庶物所以不明, 治所以忽, 德所以亂.

그의 설이 중국에 성대하게 전해지고부터, 유자가 성학의 문을 들여다보기도 전에 불교에 이끌려 빠져들어서는 불교를 대도(大道)라고 한다. 그래서 그 풍속이 천하에 널리 퍼져 착한 자와 악한 자, 똑똑한 자와 어리석은 자, 남자와 여자, 남녀 노비를 막론하고 사람마다 믿게 되었다. 영재나 뛰어난 기질을 타고난 자도 태어나 어릴 때부터 보고 들은 일에 빠져들고, 자라서는 세속의 유자들이 불교를 숭상하는 말을 따르게 된다. 드디어 어둑하게 몰리게 되어, 성인은 노력하지 않아도 될 수 있고 대도는 배우지 않아도 알 수 있다고 여겼다. 그러므로 성

---

27) 장재 자신이 주를 단 것이다.

인의 마음을 모르게 되니 성인의 자취는 구할 필요가 없다고 생각한다. 군자의 뜻을 모르게 되니 군자의 학문은 배울 필요가 없다고 생각한다. 이 때문에 인륜은 밝혀지지 않고 만물의 이치는 밝혀지지 않으며 정치는 소홀하게 되고 도덕은 문란해지게 되었다.

○ 世儒於聖門未有所見, 而耳目習熟固已陷溺於異端. 乃謂不假修爲, 立地成佛. '不立文字, 敎外別傳.' 不修而至, 故謂不必求其迹, 不學而知, 故謂不必事其文.

○ 세속의 학자들이 성인의 학문에 대하여 보기도 전에 귀와 눈이 익숙해져 이미 이단에 빠져버린다. 그래서 닦지 않아도 그 자리에서 부처가 될 수 있다고 생각한다. '문자로 기록하지 않고 가르침 밖에 별도의 비결을 전하였다(不立文字, 敎外別傳).'[28] 닦지 않아도 이룰 수 있으므로 그 자취를 구할 필요가 없으며, 배우지 않아도 알 수 있기에 반드시 학문을 할 필요도 없다고 생각하였다.

異言滿耳, 上無禮以防其僞, 下無學以稽其弊. 自古詖淫邪遁之辭, 翕然竝興, 一出於佛氏之門者, 千五百年. 向非獨立不懼, 精一自信, 有大過人之才, 何以正立其間, 與之較是非, 計得失哉. [『正蒙』「乾稱」10]

이단의 말이 귀에 가득하여, 조정에는 거짓을 방지할 예(禮)가 없고 일반 백성에게는 그 폐단을 상고할 학문이 없다. 옛날의 치우치고 음란하고 사악하고 도피하는 말들이 모두 함께 일어나 한결같이 불문

---

28) 부처의 말씀을 통해서가 아니라 부처의 마음을 자신의 마음을 통해 바로 깨달으려는 선불교의 종지이다.

(佛門)에서 나오게 된 것이 1500년이 되었다. 독립하여 두려워하지 않으며 정밀하고 한결같아 자신이 있으며 남보다 뛰어난 재주가 있는 사람이 아니면 어떻게 그 사이에 바로 서서 그들과 시비를 비교하고 득실을 계산할 수 있겠는가?

○ 詭服異行, 非修先王之禮, 何以防其僞? 邪說異敎, 非通聖人之學, 何以稽其弊?

○ 괴이한 옷과 이상한 행동에 대하여 선왕의 예를 닦지 않는다면 어떻게 거짓됨을 막을 수 있겠는가? 사악한 설과 이상한 가르침에 대하여 성인의 학문에 통하지 않는다면 어떻게 그 폐단을 상고할 수 있겠는가?

제14권

성현을 관찰하기〔觀聖賢〕

○ 此卷論聖賢相傳之統而諸子附焉. 斷自唐虞堯·舜·禹·湯·文·武·周公, 道統相傳, 至于孔子. 孔子傳之顔·曾, 曾子傳之子思, 子思傳之孟子, 遂無傳焉. 於是楚有荀卿, 漢有毛萇·董仲舒·揚雄·諸葛亮, 隋有王通, 唐有韓愈, 雖未能傳斯道之統. 然其立言立事有補於世敎, 皆所當考也. 逮于本朝, 人文再闢, 則周子唱之, 二程子·張子推廣之, 而聖學復明, 道統復續. 故備著之.

○ 이 권은 성현들이 서로 전한 계통을 논하고 여러 사상가들에 대해 덧붙였다. 단연코 요, 순으로부터 우, 탕, 문, 무, 주공에 이르기까지 도통을 서로 전하여 공자에 이르렀다. 공자는 안연과 증삼에게 전했고, 증삼은 자사에게, 자사는 맹자에게 전했는데, 그 뒤로는 전해지지 않게 되었다. 이에 초나라에는 순경(荀卿)이, 한(기원전 206-기원후 220)나라에는 모장(毛萇)과 동중서(董仲舒), 양웅과 제갈량이, 수(589-617)나라에 왕통이, 당(618-906)나라에 한유가 있었지만 유가의 도통을 전승할 수 없었다. 그러나 그들이 한 말과 일은 세상의 교화에 보탬이 있었으니 모두 마땅히 살펴보아야 한다. 본조(宋: 960-1278)에 이르러서는 인문〔斯道〕[1]이 다시 열렸으니, 주돈이가 선창하고 이정(정

913

호·정이)과 장재가 확장하여 성학(聖學)이 다시 밝아지고 도통이 다시 이어졌다. 그러므로 이들을 모두 기록했다.

1

明道先生曰:

"堯與舜更無優劣, 及至湯武便別. 孟子言'性之反之', 自古無人如此說. 只孟子分別出來, 便知得堯舜是生而知之, 湯武是學而能之. 文王之德則似堯舜, 禹之德似湯武. 要之皆是聖人."〔『程氏遺書』2上-176〕

정호가 말했다.

"요임금과 순임금 사이에는 우열이 없지만, 탕왕과 무왕에 이르러서는 구별이 된다. 맹자는 '천성으로 도를 실현하는 것과 반성하여 도를 회복한 것[2]'을 말했는데, 예로부터 이와 같이 말한 사람이 없었다.

---

1) '斯道'는 유가의 도리를 가리킨다.
2) 『맹자』「진심」상 30장. "孟子曰 堯舜性之也, 湯武身之也, 五霸假之也, 久假而不歸, 惡知其非有也."「진심」하 33장. "孟子曰: 堯舜, 性者也, 湯武, 反之也."

유학에서는 인간의 본성을 진리로 이해한다. 그래서 인간의 본성을 어떻게 어느 정도 실현하느냐에 따라 인간의 품격을 구별한다. 진리를 태어나면서부터 아는 사람을 "生而知之者", 편안하게 진리를 실천하는 사람을 "安而行之者"라고 하며 그들을 聖人이라고 일컫는다. 그 다음 학문을 통해 진리를 알고 진리를 좋아하여 진리를 실현하는 자를 "學而知之者", "利而行之者"라고 부르며 그들을 賢人이라고 부른다. 한편 고생을 해서 진리를 알고, 힘써 노력하여 진리를 실현하는 자를 "困而知之者", "勉强而行之者"라고 하며 이러한 사람은 보통사람이다. 그러나 진리를 인식해서 실천할 수 있는 경지에 도달하면 모두 마찬가지라고 한다. 그러나 알려고 하지 않고 노력도 하지 않는 사람은 진리에 대한 의식이 없는 사람이라고 해서 천시한다. 맹자가 말한 "性之"와 "性者"는 성인에 해당하며, "身之"와 "反之"는 현인에 해당한다고 볼 수 있다.

914

맹자가 구별한 뒤로 요와 순은 '날 때부터 아는 사람'이고 탕과 무는 '배워서 할 수 있었던 사람'임을 알게 되었다. 문왕의 덕은 요·순과 같고, 우임금의 덕은 탕·무와 같은데, 그들은 모두 성인이다."

○『遺書』, 下同.
○ "性之"者, 生而知之, 安而行之, 天性渾全, 不待修習者也. "反之"者, 學而知之, 利而行之, 修身體道, 以復其性者也. 文王不識不知順帝之則, 蓋亦生知之性也, 禹克勤克儉不矜不伐, 蓋亦學能之事也.

○『유서』에 나오며, 아래도 같다.
○ "천성으로 도를 실현하는" 사람은 '날 때부터 알고' '편안하게 실천하니', 천성이 완전하여 수양이나 가르침이 필요없는 사람이다. "반성하여 도를 회복하는" 사람은 '배워서 알고' '이롭게 여겨 실천하니',[3] 몸을 수양하고 도를 체득하여 본성을 회복하는 사람이다. 문왕은 '의식하지 못하는 사이에 상제(上帝)의 원칙을 따랐다'[4] 하니 날 때부터 아는 본성을 지니고 있는 사람이고, 우임금은 몹시 부지런하고 검소하며 자만하거나 자랑하지도 않았으니[5] 배워서 잘 할 수 있는 사람이다.

2

仲尼元氣也, 顔子春生也, 孟子幷秋殺盡見.

---

3) 이상 네 구절은 『중용』 20장에 나온다. "或生而知之, 或學而知之, 或困而知之, 及其知之一也. 或安而行之, 或利而行之, 或勉强而行之, 及其成功一也."
4) 『시경』「대아」〈皇矣〉. "帝謂文王, 予懷明德, 不大聲以色, 不長夏以革. 不識不知, 順帝之則."
5) 『서경』「大禹謨」에 나온다. "帝曰: 來禹, 降水儆予, 成允成功, 惟汝賢, 克勤于邦, 克儉于家, 不自滿假, 惟汝賢, 汝惟不矜, 天下莫與汝爭能, 汝惟不伐, 天下莫與汝爭功, 予懋乃德, 嘉乃丕績, 天之歷數在汝躬, 汝終陟元后."

중니(공자)는 근원적인 기운과 같고, 안연은 봄의 생성하는 기운과 같고, 맹자에게서는 가을의 소멸시키는 기운까지 모두 볼 수 있다.

○夫子大聖之資, 猶元氣周流, 渾淪溥博, 無有涯涘, 罔見間隙. 顏子亞聖之才, 如春陽坱圠, 發生萬物, 四時之首, 衆善之長也. 孟子亦亞聖之才. 剛烈明辯, 整齊嚴肅, 故並秋殺盡見.

○공자는 위대한 성인의 자질을 지녀, 마치 원기(元氣)가 사방에 두루 유행하여, 뒤섞이고 널리 퍼져 한계가 없어서 틈을 볼 수 없는 것과 같다. 안연은 성인에 버금가는〔亞聖〕 재질을 지녀, 마치 봄볕이 대지를 비추어 만물을 발생시키니, 사계절의 으뜸이며 뭇 선함 중의 우두머리인 것과 같다. 맹자도 아성(亞聖)의 재질을 지녔다. 강렬하고 명확히 변론하며 단정하고 엄숙해서 가을의 소멸시키는 기운까지도 함께 볼 수 있다.

仲尼無所不包. 顏子示"不違如愚"之學於後世. 有自然之和氣, 不言而化者也. 孟子則露其材, 蓋亦時然而已.

중니는 포용하지 않는 것이 없었다. 안연은 "어리석은 사람처럼 (스승의 가르침을) 어기지 않는"[6] 배움의 자세를 후세에 보여주었다. 그에게는 자연의 조화로운 기운이 있었으니, 말없이 교화되는 자이다. 맹자는 재주를 세상에 드러냈는데, 시세가 그러했기 때문이다.

○夫子道全德備, 故無所不包. 顏子不違如愚 與聖人合德. 後世可

---

6) 『논어』 「위정」 9장. "子曰, 吾與回言終日, 不違如愚 退而省其私, 亦足以發 回也不愚."

想其自然和氣, "嘿而識之", "不言而信"者也. 孟子英材發越. 蓋亦戰
國之時, 世道益衰, 異端益熾. 又無天子主盟於其上, 故其衛道之嚴,
辯論之明, 不得不然也.

○ 공자는 도가 완전하고 덕을 완비해서 포용하지 못함이 없었다.
안연은 바보처럼 (스승의 가르침을) 어기지 않아서 성인의 덕과 합치될
수 있었다. 후세 사람들이 그의 조화로운 기운을 상상할 수 있으니,
"묵묵한 가운데 기억하고"[7] "말하지 않아도 신뢰를 받는"[8] 사람이다.
맹자는 영특하고 탁월했다. 대개 전국시대(기원전 403-222)에는 세상의
도리가 더욱 쇠미해지고 이단사상이 더욱 기승을 부렸다. 또한 천자가
그 위에서 회맹(會盟)을 주도하지 못했기 때문에 엄격하게 도리를 옹
호하고 분명하게 논변하지 않을 수 없었다.

仲尼天地也, 顔子和風慶雲也. 孟子泰山巖巖之氣象也. 觀其言, 皆
可見之矣.

중니는 천지와 같고, 안연은 부드러운 바람과 상서로운 구름과 같
다. 맹자는 태산의 높이 솟은 절벽의 기상과 같다. 그들의 말을 살펴
보면 곧 알 수 있다.

○ "天地"者, 高明而博厚也. "和風慶雲"者, 協氣祥光也. "泰山巖
巖"者, 峻極不可蹂越也.

○ "하늘과 땅"은 높고 밝으며 넓고 두터운 것이다. "부드러운 바람
과 상서로운 구름"은 기(氣)가 잘 협력하고 빛이 상서로운 것이다.

---

7) 『논어』 「술이」 2장. "子曰, 默而識之, 學而不厭, 誨人不倦, 何有於我哉?"
8) 『중용』 33장. "詩云, '相在爾室, 尙不愧于屋漏.' 故君子不動而敬, 不言而信."

"태산의 절벽"이란 매우 험준해서 넘을 수 없는 것이다.

仲尼無迹, 顏子微有迹, 孟子其迹著. 〔『程氏遺書』5-2〕

중니는 자취가 없고, 안연은 조금 있으며, 맹자는 그 자취가 드러나 있다.

○夫子渾然天成故無迹. 顏子不違如愚, 本亦無迹, 然爲仁之問, 喟然之歎, 猶可窺測其微. 至於孟子則發明底蘊, 故其跡彰彰.

○공자는 온통 하늘과 같아 자취가 없다. 안회는 '바보처럼 어기지 않으니' 본래 자취가 없지만, 인을 행하는 방법을 물은 것이나, 공자의 높은 경지에 대하여 탄식했던 것[9]을 보고 희미한 자취를 엿볼 수 있다. 맹자는 속에 있는 것을 밝혔으므로 그 자취가 훤하게 드러났다.

孔子儘是明快人, 顏子儘豈弟, 孟子儘雄辯. 〔『程氏遺書』5-12〕

공자는 정말 명쾌한 사람이고, 안자는 아주 온화하고 공손한 사람이었으며, 맹자는 정말 웅변가였다.

○夫子淸明在躬, 猶靑天白日, 故極其明快. 顏子"有若無, 實若虛, 犯而不校", 故極其豈弟. 孟子'息邪說, 距詖行, 放淫辭', 故極其雄辯.
○此段反覆形容, 大聖大賢氣象, 各臻其妙. 古今之言聖賢, 未有若斯者也, 學者其潛心焉.

---

9) 『논어』「자한」 11장. "안연은 아! 탄식하며 '우러러보면 더욱 높고 뚫으려 하면 더욱 단단하다. 바라보면 앞에 계시다가 홀연히 뒤에 계시도다' 라고 하였다(顏淵 喟然歎曰 : 仰之彌高, 鑽之彌堅, 瞻之在前. 忽焉在後)."

o 공자는 몸에 청명한 기운이 있어서, 푸른 하늘에 빛나는 태양과 같으니 명쾌함의 극치이다. 안연은 "있어도 없는 듯하고, 꽉 채워져 있어도 비어 있는 듯하며, 남의 공격을 받되 갚지 않았으니",[10] 온화함의 극치이다. 맹자는 '거짓된 주장을 멈추게 하고 치우친 행동과 지나친 말을 물리쳤으니',[11] 이것은 웅변의 극치이다.

o 이 단락에서는 위대한 성현의 기상을 반복 형용하며 각각 오묘함을 다하였다. 예로부터 지금까지 성현의 기상을 이렇게 잘 표현한 것은 없으니, 배우는 자들은 깊이 생각해야 한다.

3

曾子傳聖人學. 其德後來不可測, 安知其不至聖人? 如言吾得正而斃, 且休理會文字, 只看他氣象極好, 被他所見處大. 後人雖有好言語, 只被氣象卑, 終不類道. 〔『程氏遺書』15-25〕

증삼은 성인의 가르침을 전해 주었다. 그의 덕이 나중에 어떻게 되었는지 예측할 수 없으니, 그가 성인에 미치지 못했음을 어찌 알겠는가? 그가 '나는 올바르게 살다가 죽겠다'[12]고 한 말의 문자적 이해는 그만두고 그의 기상을 보면 매우 훌륭한데, 그의 견식이 높았기 때문이다. 후대 사람들은 비록 멋진 말을 하기는 하지만 기상이 높지 못해서 끝내는 도에 접근하지 못한다.

---

10) 『논어』「태백」5장. "曾子曰, 以能問於不能, 以多問於寡, 有若無, 實若虛, 犯而不校, 昔者吾友嘗從事於斯矣."
11) 『맹자』「등문공」하 9장. "楊墨之道不息, 孔子之道不著, 是邪說誣民, 充塞仁義也. 仁義充塞, 則率獸食人, 人將相食. 吾爲此懼, 閑先聖之道, 距楊墨, 放淫辭, 邪說者不得作."
12) 『논어』「자한」12장 집주에 나온다.

○曾子悟'一貫'之旨, 已傳聖人之學矣. 至其易簀之言, '吾何求哉? 吾得正而斃焉, 斯可矣'. 自非樂善不倦, 安行天理, 一息尙存, 必歸于正, 夫豈一時之所能勉强哉?

○『遺書』又曰: "曾子疾病, 只要以正不慮死, 與武王'殺一不辜行一不義得天下不爲'同心."

○증삼은 '하나로 관통한다[13]'는 뜻을 깨달았으니, 이미 성인의 학문을 전수한 것이다. 죽음을 맞이하여〔易簀[14]〕'내가 무엇을 바라겠느냐? 나는 올바르게 살다가 죽으면 된다'고 말했다. 선을 즐거워함에 권태를 느끼지 않고 천리를 편안히 행하는 자가 아니라면, 죽음을 눈앞에 두고서 반드시 올바른 방식으로 살다가 죽겠다고 말하는 것이 어찌 잠시 동안 노력해서 될 일이겠는가?

○또『유서』에서 말했다.

"증자가 병들어서도 오직 올바르게 하려고 하고 죽음을 염두에 두지 않은 것은 '단 한 명의 무고한 사람을 죽이거나 단 한 가지 옳지 못한 행동으로 천하를 얻을 수 있다 해도 하지 않겠다[15]'는 무왕의 마음과 같은 마음에서 나온 것이다."〔『程氏遺書』6-47〕

---

13)『논어』「이인」15장. "子曰, 參乎! 吾道一以貫之. …… 曾子曰, 夫子之道, 忠恕而已矣."

14) 증삼이 병이 위독할 때, 그가 깔고 누운 대자리가 신분에 맞지 않는다는 것을 알고서 자리를 바꾸게 하고 죽었다는 고사에서, '易簀'은 죽음이나 임종을 의미하게 되었다.『예기』「단궁」상에 나오는 '역책(易簀)'의 고사이다. "曾子寢疾病. 樂正子春坐於牀下. 曾元曾申坐於足. 童子隅坐而執燭. 童子曰: 華而睆. 大夫之簀與. 子春曰: 止曾子聞之瞿然曰: 呼. 曰華而睆, 大夫之箦與. 曾子曰: 然, 斯乃季孫之賜也. 我未之能易也. 元起易簀."

15)『맹자』「공손추」상 2장의 浩然之氣章에서는 "한 가지 옳지 않은 일을 행하고 한 명의 무고한 사람을 죽여서 천하를 얻는다고 하더라도 모두 하지 않는다(行一不義, 殺一不辜, 而得天下, 皆不爲也)"고 나온다.

4

傳經爲難. 如聖人之後, 纔百年, 傳之已差. 聖人之學, 若非子思孟子, 則幾乎息矣. 道何嘗息? 只是人不由之. "道非亡也, 幽厲不由也."
〔『程氏遺書』 17-15〕

경전의 도리를 전달하는 것은 어렵다. 성인이 죽고 나서 겨우 백 년 지났는데도 전해진 것에 이미 차이가 났다. 자사와 맹자가 아니었다면 성인의 가르침은 아마 끊어졌을 것이다. 도(진리)가 어찌 쉬겠는가? 단지 사람들이 도에 따라서 행하지 않을 뿐이다. "도리가 없어진 것이 아니라, 유왕(幽王)[16]과 여왕(厲王) 같은 자가 따르지 않은 것이다."[17]

○ 羣經定于夫子之手. 至孟子時纔百年間, 微言絶而大義乖矣. 猶賴曾子之門有傳. 子思孟子之徒, 相繼纘述, 提綱挈領, 闢邪輔正, 以垂萬世. 如『論語』·『大學』·『中庸』·『孟子』之書可見矣.

○ 여러 경전이 공자의 손에 의하여 일정하게 되었다. 맹자 시대에 이르러 겨우 백 년 차이가 나는데도 미미한 말은 끊어지고 큰 뜻은 (본의와) 어긋나게 되었다. 그래도 증자의 문하생에 의지하여 전해졌다. 자사와 맹자 같은 학도가 서로 계승하여 찬술하고 강령을 제시하며 끌어 인도하고, 올바르지 못한 것을 물리치며 올바른 것을 도와 만세에 내려주었다. 『논어』, 『대학』, 『중용』, 『맹자』 같은 책에서 볼 수 있다.

---

16) 뒤의 여왕과 함께 周나라 말기의 폭군이다.
17) 『한서』 「동중서전」에 나오는 동중서의 말이다.

5

荀卿才高, 其過多, 揚雄才短, 其過少. 〔『程氏遺書』18-198〕

순자는 재능이 뛰어나 잘못이 많았고, 양웅은 재능이 작아 잘못이 적었다.

○荀卿, 名況, 字卿, 爲楚蘭陵令. 揚雄, 字子雲, 爲漢光祿卿. 荀卿才高, 敢爲異論, 如以人性爲惡, 以子思孟子爲非, 其過多. 揚雄才短, 如作『太玄』以擬『易』, 『法言』以擬『論語』. 皆模倣前聖之遺言, 其過少.

○순경(荀卿)의 이름은 황(況), 자는 경(卿)이고, 초나라 난릉령(蘭陵令)이 되었다. 양웅은 자가 자운으로, 한나라의 광록경(光祿卿)이 되었다. 순경은 재능이 뛰어나 감히 '인간의 본성은 악하다〔性惡〕'는 이론(異論)을 제기하고 자사·맹자를 틀렸다고 했으니,[18] 잘못이 많다. 양웅은 재능이 적어 『역』을 본떠서 『태현(太玄)』을 지었고, 『논어』를 본떠서 『법언(法言)』을 지었다. 모두 과거 성인이 남긴 말을 모방하였으니 잘못이 적다.

6

荀子極偏駁. 只一句性惡, 大本已失. 揚子雖少過, 然已自不識性, 更說甚道. 〔『程氏遺書』19-86〕

---

18) 전자는 『순자』 「性惡」편에, 후자는 「非十二子」편에 보인다.

922

순자는 몹시 편벽되고 잡박하였다. '본성은 악하다'는 말 한 마디는 이미 근본을 잃은 것이다. 양웅은 잘못이 적긴 하지만 이미 본성을 스스로 알지 못했으니, 어떻게 도리에 대해 말할 수 있겠는가?

○ "率性之謂道." 荀子性惡, 揚子善惡混, 均之不識本然之性, 何以語道?

○ "본성에 따르는 것을 도라고 한다."[19] 순자의 성악설과 양웅의 '선악이 혼재해 있다'[20]는 주장은 똑같이 본연의 성품을 알지 못한 것이니, 어떻게 도에 대해 말할 수 있겠는가?

7

董仲舒曰: "正其義, 不謀其利. 明其道, 不計其功." 此董子所以度越諸子. 〔『程氏遺書』 25-77〕

동중서는 말했다. "마땅한 의리를 바로잡고 이익을 도모하지 마라. 마땅한 도리를 밝히고 공적을 헤아리지 마라."[21] 이 말은 동중서가 다른 사상가들보다 뛰어난 점이다.

○ 自春秋以來, 擧世皆趨功利. 仲舒此言最爲純正.
○ 朱子曰: "仲舒所立甚高. 後世所以不如古人者, 以道義功利關不透耳."

---

19) 『중용』 1장. "天命之謂性, 率性之謂道, 修道之謂敎."
20) 『법언』 권3 「수신」. "人之性也善惡混. 修其善則爲善人, 修其惡則爲惡人. 氣也者, 所以適善惡之馬也與."
21) 『한서』 「동중서전」에서 동중서가 江都의 易王에게 답한 말 가운데 나온다.

○춘추시대(기원전 722-481) 이래로 온 세상이 공리(功利)를 추구하였다. 동중서의 이 말이 가장 순수하고 올바르다.

○주희가 말했다.

"동중서는 확립한 인격이 매우 높다. 후세 사람들이 고인들만 못한 것은 도의와 공리의 관문을 투시하지 못하기 때문이다."

8

漢儒如毛萇董仲舒, 最得聖賢之意, 然見道不甚分明. 下此卽至揚雄, 規模又窄狹矣. 〔『程氏遺書』1-34〕

한대의 유학자들 중에 모장과 동중서가 성현의 뜻을 가장 잘 이해했지만, 도리를 파악하는 것이 분명치 못하였다. 이 뒤로 양웅이 있는데, 학문적 규모가 훨씬 좁다.

○毛萇, 治詩, 爲河間獻王博士. 仲舒, 擧賢良, 對策, 爲膠西相. 二子言治, 皆以修身齊家爲本, 先德敎而後功利, 最爲得聖賢意. 揚雄以淸淨寂寞爲道, 無儒者規模.

○或問: "伊川謂仲舒見道不分明." 朱子曰: "如云'性者生之質, 性非敎化不成', 似不識本然之性." 又問: "何所主而取毛公." 曰: "攷之『詩傳』, 緊要有數處. 如〈關雎〉所謂: '夫婦有別, 則父子親, 父子親, 則君臣敬, 君臣敬, 則朝廷正, 朝廷正, 則王化成.' 要之亦不多見, 只是氣象大槩好."

○모장은 시를 해설했는데, 하간(河間) 헌왕(獻王)의 박사였다. 동중서는 현량(賢良)으로 천거되어 대책문(對策文)을 지어 교서왕(膠西王)의 재상이 되었다. 두 사람은 통치를 말할 때, 모두 자신을 수양하고

집안을 다스리는 것을 근본으로 삼았고, 덕치에 의한 교화를 중시하고 공리를 도외시했으니, 성현의 뜻에 가장 부합된다. 양웅은 청정(淸淨)하고 적막(寂寞)한 것을 도로 여겼으니 유자의 규모가 없다.

○ 어떤 사람이 물었다.

"이천(정이)이 동중서는 도를 분명하게 보지 못했다고 말하였습니다."

주희가 말했다.

"'성(性)은 삶의 바탕으로 교화가 아니면 이루어지지 않는다'는 말은 본연의 성을 알지 못하고 한 말인 것 같다."

또 물었다.

"무엇을 주로 삼아 모공을 취하였습니까?"

대답하였다.

"『시전』을 상고해 보면 긴요한 곳이 몇 군데 있다. 예를 들면 『시경』〈관저〉편 주의 '부부가 구별이 있으면 부자가 친하게 되고, 부자가 친하게 되면 군신이 공경하게 되고, 군신이 공경하게 되면 조정이 바르게 되며, 조정이 바르게 되면 왕의 교화가 이루어진다'와 같은 것이다. 요컨대 많이 보지는 않았지만, 그의 기상은 대체로 좋을 뿐이다."

9

林希謂揚雄爲祿隱. 揚雄後人只爲見他著書, 便須要做他是, 怎生做得是? 〔『程氏遺書』 19-27〕

임희(林希)[22]는 양웅을 녹은(祿隱)이라고 생각하였다. 양웅의 후인들은 그의 책만 보기 때문에 그가 옳은 사람이라고 여기려 했지만, 어찌

---

22) 송 徽宗(재위 1101-1119) 때의 관리, 자는 子中, 吏部尙書가 됨.

옳을 수 있겠는가?

○ "祿隱", 謂浮沈下位, 依祿而隱, 卽祿仕之意也. 雄失身事莽, 以是祿隱, 何辭而可?

○ "녹은(祿隱)"이란 하위직에 머물며 녹에 의지하여 살며 은거하는 것이니, 녹을 타기 위해 벼슬한다는 의미이다. 양웅은 지조를 잃고 왕망(王莽 : 기원전 45-기원후 23)[23]을 섬겼으니, 이것을 녹은이라고 한다면 어찌 가능하겠는가?

10

孔明有王佐之心, 道則未盡. 王者如天地之無私心焉, 行一不義而得天下, 不爲. 孔明必求有成而取劉璋, 聖人寧無成耳, 此不可爲也.

제갈공명은 왕을 보좌하려는 마음이 있었지만, 도리를 완전히 알지는 못했다. 진정한 왕이라면 하늘과 땅이 사사로운 마음을 갖지 않는 것처럼 단 한 번 올바르지 못한 일을 해서 천하를 얻을 수 있다 해도 하지 않아야 한다. 공명은 반드시 성공하려는 생각에서 유장(劉璋)[24]을 잡았는데, 성인이라면 차라리 성공하지 않을지언정, 이러한 일은 할 수 없다.

---

23) 왕망은 기원후 9년 漢나라를 찬탈하고 新나라를 세웠다.

24) 유장은 처음에는 조조와 손잡고 成都를 다스리다가 나중에 유비와 친하게 되었다. 뒤에 부하의 농간으로 유비와 관계를 끊자 유비는 그를 공격하였다. 농간에 이끌려 악에 빠진 사람을 유비가 공격한 것은 제갈량에게 책임이 있다는 비판이다.

○ 諸葛亮, 字孔明. 東漢末, 曹操據漢將篡, 孔明輔先主, 志欲攘除姦凶, 興復漢室. 而其規宏遠, 操心公平, 有王佐之心. 然於王道則有所未盡. 蓋聖人之道, 如天地發育, 無有私意, 行一不義, 雖可以得天下而不爲. 先主以詐取劉璋, 孔明不得以無責. 蓋其志於有成, 行不義, 而不暇顧. 若聖人則寧漢無興, 不忍爲此也.

○ 제갈량(181-234)의 자는 공명이다. 동한말 조조(曹操 : 155-220)가 한을 점거하고 찬탈하려 할 때, 공명은 유비(劉備 : 162-223)를 보좌하여 간흉을 제거하고 한실을 부흥시키고자 하였다. 계획의 규모는 크고 넓게 하고 마음은 공평하게 하여 왕을 보좌하려는 마음이 있었다. 그러나 왕도에 대해서는 다하지 못하는 바가 있었다. 성인의 도리는 천지가 만물을 발육시킬 때 사사로운 뜻이 없는 것과 같으니, 단 한 번 옳지 못한 일을 해서 천하를 얻는다 해도 하지 않는다. 그런데 선주(유비)가 거짓된 방법으로 유장의 땅을 취했으니, 공명에게 책임이 없을 수 없다. 아마 성공에 뜻을 두느라 옳지 못한 일을 하고서도 돌아볼 틈이 없었을 것이다. 만약 성인이라면 차라리 한실을 부흥시키지 못할지언정 차마 그런 일을 하지 못한다.

若劉表子琮, 將爲曹公所幷, 取而興劉氏, 可也. 〔『程氏遺書』24-22〕

유표(114-208)의 아들 유종이 조조에게 병합당하려 할 때, 그를 취해서 유씨[25]를 일으키려고 한 것은 옳다.

○ 先主依劉表. 曹操南侵, 會表卒, 子琮迎降. 孔明說先主取荊州, 先主不忍, "琮降則地歸曹氏矣. 取以興漢, 何負於表?" 較之取劉璋,

---

25) 한의 왕실을 가리킴.

則曲直有間矣. 或謂:'先主雖得荊州, 未必能禦曹操.'然此又特以利
鈍言者也.

○ 선주가 유표에게 의탁하고 있었다. 조조가 남침하는데 때마침 유
표가 죽었고, 아들 유종은 항복하려 하였다. 공명이 선주에게 형주(荊
州)를 취하라고 말했으나, 선주가 차마 하지 못하자 공명은 "유종이
항복하면 땅은 조씨에게 돌아갑니다. 취하여 한을 부흥시킨다면 어찌
유표를 저버리는 것이겠습니까?"라고 말했다. 이 일을 유장을 취한
것과 비교해 보면 옳고 그름에 차이가 있다. 어떤 사람은 '선주가 형
주를 얻어도 조조를 막을 수 없을 것'이라고 생각하였다. 그러나 이것
은 단지 이롭고 이롭지 않음으로 말한 것일 뿐이다.

11

諸葛武侯有儒者氣象. 〔『程氏遺書』 18-210〕

제갈공명에게는 유학자의 기상이 있었다.

○孔明輔漢討賊. 以信義爲主, 以節制行師, 以公誠待人. 至於親賢
臣遠小人, 諮諏善道, 察納雅言, 有大臣格君之業.
○朱子曰:"孔明雖嘗學申韓, 然資質好却有正大氣象."

○공명은 한을 도와 적을 토벌하였다. 신의를 중시하고, 절제하여
군사를 움직이며, 공평하고 성실하게 남을 대했다. 현신을 가까이 하
고 소인배를 멀리하며, 좋은 방도를 자문해 보고 좋은 말을 살펴 받아
들이니, 훌륭한 신하로 임금을 바르게 한 업적이 있게 되었다.
○주희가 말했다.

928

"공명은 신불해와 한비자를 공부했지만 자질이 좋아 도리어 바르고 큰 기상이 있었다."

12

孔明庶幾禮樂. 〔『程氏遺書』 24-24〕

공명은 예악에 가깝다.

○ 文中子曰 : "使孔明而無死, 禮樂其有興乎. 亮之治國, 政刑修擧, 而人心預附. 名正言順, 禮樂其庶幾乎."

○ 문중자(왕통)가 말했다.
"공명이 죽지 않았다면 아마도 예악이 흥기했을 것이다. 제갈량이 나라를 다스릴 때, 행정과 형정이 잘 갖추어져서 사람들이 기뻐하며 의지했다. 명분은 바르게 되고 말은 순조로워졌으니, 예악이 아마 흥성했을 것이다."

13

文中子本是一隱君子. 世人往往得其議論, 附會成書. 其間極有格言, 荀揚道不到處. 〔『程氏遺書』 19-83〕

문중자(왕통)는 본래 은둔한 군자였다. 사람들이 때때로 그의 논의를 얻어서 이해를 덧붙여 책을 만들었다. 그 중에 교훈적인 말들이 많은데, 순황과 양웅이 말하지 못할 내용이다.

○文中子, 王氏, 名通. 隋末不仕, 敎授於河汾. 其弟王凝, 子福畤,
等收其議論, 增益爲書, 名曰『中說』.

○朱子曰: "其書多爲人添入, 眞僞難見. 然好處甚多. 就中論世變
因革處, 說得極好." 又曰: "文中子論治體處, 高似仲舒而本領不及,
爽似仲舒而純不及."

○문중자의 성은 왕(王), 이름은 통(通)이다. 수나라 말기에 벼슬하
지 않고 하분(河汾) 땅에서 가르쳤다. 동생 왕응(王凝)과 아들 복치
(福畤) 등이 논의들을 모으고 덧붙여 책을 만들고 『중설(中說)』이라
했다.

○주희가 말했다.

"책의 많은 부분이 남이 첨가한 것이라 진위를 알기 어렵다. 하지
만 좋은 부분이 많이 있다. 그 가운데서 세상 변화의 계승과 변혁[因
革]에 관한 부분이 아주 좋다."

또 말했다.

"문중자가 통치의 핵심을 논한 것은 동중서만큼 고견이지만 근본은
그에 미치지 못하고, 삽상하기는 동중서와 비슷하지만 순수하기는 그
에 미치지 못한다."

14

韓愈亦近世豪傑之士. 如「原道」中言語, 雖有病, 然自孟子而後, 能
將許多見識, 尋求者, 才見此人. 至如斷曰: "孟子醇乎醇", 又曰:
"荀與揚擇焉而不精, 語焉而不詳." 若不是他見得, 豈千餘年後, 便能
斷得如此分明? 〔『程氏遺書』1-20〕

한유는 요즘의 탁월한 선비이다. 「원도」의 말 중에 비록 잘못이 있

지만, 맹자 이후에 많은 견식을 가지고 유가의 도리를 탐구한 사람은 이 사람뿐이다. 그는 「원도」에서 "맹자는 순수한 중에서도 순수하고", "순자와 양웅은 선택하기는 했지만 정밀하지 못했고, 말을 하기는 했지만 상세하지 못했다"고 단언했다. 만약 그가 알아보지 못했다면 천여 년이 지난 뒤에 누가 이처럼 분명하게 단언할 수 있겠는가?

○韓愈, 字退之, 仕唐爲吏部侍郎. 嘗著「原道」, 其間如'博愛之謂仁', 則明其用而未盡其體. 如'道德爲虛位', 則辨其名而不究其實. 如言'正心誠意之學', 而遺'格物致知之功'. 凡此類皆有疵病, 然其扶正學闢異端, 秦漢以來未有及之者. 至於論孟氏之與荀揚, 尤其卓然之見也.

○한유의 자는 퇴지(退之), 당나라 때 벼슬하여 이부시랑(吏府侍郎)이 되었다. 일찍이 「원도」를 썼는데, 그 중 '널리 사랑하는 것을 인이라 한다'는 부분은 용을 분명히 말했지만 체를 충분히 설명하지는 못하였다. '도와 덕은 빈 자리'라고 한 것은 명칭을 분변하였을 뿐 내용을 구명하지 않았다. '뜻을 성실하게 하고, 마음을 바르게 하는 공부'만 말하고 '사물의 이치를 궁구하여 앎을 확장하는 공부'는 빠뜨렸다. 이런 점들에 병폐가 있지만 올바른 학문을 부축하여 이단을 물리친 점에서는 진한 이후로 그에게 미치는 자가 없었다. 맹자와 순자, 양웅을 논하는 데에 이르러서는 더욱 훌륭한 견해이다.

15

學本是修德. 有德然後有言. 退之却倒學了. 因學文日求所未至, 遂有所得.

배움은 본래 덕성을 닦는 것이다. 덕성을 갖추어야만 쓸 만한 말을 할 수 있게 된다. 그런데 한퇴지는 거꾸로 배웠다. 문장 공부를 통하여 매일 도달하지 못한 점을 추구해 마침내 도달한 것이 있었다.

○古之學者務修己而已. 德之既盛, 則發於言辭, 有自然之文. 退之反因學文而有所見.

○옛날에 배우는 자들은 자신을 수양하는 데 힘썼을 뿐이다. 덕이 성대하면 말과 글에(글을 표현하는 데) 자연스럽게 문채가 있게 된다. 한퇴지는 반대로 문학을 통해 보는 바가 있었다.

如曰'軻之死不得其傳', 似此言語, 非是蹈襲前人, 又非鑿空撰得出. 必有所見. 若無所見, 不知言所傳者何事. 〔『程氏遺書』18-202〕

'맹자가 죽은 뒤 전해지지 못했다'고 말했는데, 이 말은 앞 사람의 생각을 답습한 것도 아니고 근거없이 만들어낸 말도 아니다. 반드시 통찰이 있었다. 만약 통찰이 없었다면 전해졌다고 하는 말이 무엇에 관한 것인지 나는 모르겠다.

○朱子曰 : "韓文公見得大意已分明. 只是不曾向裏面省察, 不曾就身上細密做工夫."

○주희가 말했다.
"한유가 대의(大意)를 이미 분명하게 보았다. 다만 내면으로 성찰하지 못하고, 자신의 몸 위에서 세밀하게 공부하지 않았을 뿐이다."

16

周茂叔胸中灑落, 如光風霽月.〔黃庭堅「濂溪詞幷序」〕

주돈이의 가슴속은 씻은 듯이 깨끗하여 비 갠 뒤 맑은 날의 바람이나 달과 같았다.

○ 見黃庭堅所作詩序. 李延平每誦此言, 以爲善形容有道者氣象.

○ 황정견(黃庭堅 : 1045-1105)[26]이 지은 시 서문에 보인다. 이연평(李延平)[27]이 항상 이 말을 외우며 도를 갖춘 자의 기상을 잘 형용한 말이라고 여겼다.

其爲政, 精密嚴恕, 務盡道理.〔潘興嗣「濂溪先生墓誌銘」〕

정사에 임해서는 정밀하고 엄격하면서도 너그럽게 도리를 다하려고 힘썼다.

○『通書』附錄.
○ 見潘延之所撰墓誌. 又孔經父祭文云 : "公年壯盛, 玉色金聲, 從容和毅, 一府皆傾."

○『통서』부록에 있다.
○ 반연지(潘延之)가 지은 묘지명에 보인다. 또 공경부(孔經父 : 1033-1088)[28]가 제문에서 "공의 나이가 장성했을 때, 얼굴은 옥처럼 빛났고

---

26) 字는 魯直이며, 이 구절은 그가 지은 「濂溪詩序」에 보인다.
27) 주자의 스승인 李侗.

목소리는 쇳소리처럼 웅장했으며, 자연스럽고 온화하고 꿋꿋하니 고을 사람들이 모두 좋아하였다"고 하였다.

17

伊川先生撰明道先生行狀曰: "先生資稟旣異, 而充養有道.

정이가 정호의 행장을 지었다.
"선생은 타고난 자질이 이미 남다르면서, 확충하여 기르는 데에도 도가 있었다.

○ 資稟得於天, 充養存於己.

○ 타고난 자질은 하늘에서 얻은 것이고, 확충하여 기르는 것은 자신에게 달린 것이다.

純粹如精金,

순금처럼 순수했고,

○ 純粹而不雜.

○ 순수하고 잡되지 않다.

---

28) 經父는 자이고, 이름은 文仲이다. 北宋 시대의 사람으로 문명을 떨쳐서 그의 동생인 武仲, 平仲과 함께 '淸江三孔'으로 불린다.

溫潤如良玉.

좋은 옥처럼 따뜻하고 윤택하였다.

○ 溫良而潤澤.

◡ 따뜻하고 윤택하나.

寬而有制,

관대하면서도 절제함이 있었고,

○ 寬大而有規矩.

○ 관대하면서도 법도가 있다.

和而不流.

조화를 이루면서도 휩쓸리지 않았다.[29]

○ 和易而有撙節.

○ 온화하고 편안하면서도 절제가 있다.

---

29) 『중용』 10장. "故君子和而不流, 强哉矯! 中立而不倚, 强哉矯! 國有道不變塞
焉, 强哉矯! 國無道至死變, 强哉矯!"

忠誠貫於金石,

진실되고 성실한 자세는 쇠나 돌을 뚫을 만했고,

○ 忠誠之至, 可貫於金石.

○ 지극한 성실함은 쇠나 돌도 뚫을 수 있다.

孝悌通於神明.

효도와 공손함은 신도 감동시킬 정도였다.

○ 孝悌之至, 可通於鬼神.

○ 지극한 효도와 공손함은 귀신과도 통할 수 있다.

視其色, 其接物也, 如春陽之溫,

얼굴빛을 살펴보면 사람을 대할 때 봄날 햇볕의 따사로움 같았고,

○ 春陽發達, 盎然其和.

○ 봄에 양기가 피어나 조화로운 기운이 충만하다.

聽其言, 其入人也, 如時雨之潤.

가르침을 들으면 사람을 감화시키는 것이 때에 맞추어 내리는 비가

윤택하게 하는 것과 같았다.

○ 優游而不迫, 沾洽而有餘.

○ 여유 있고 급박하지 않으며, 푹 베어들어 남음이 있다.

胸懷洞然, 徹視無間. 測其蘊, 則浩乎若滄溟之無際,

가슴은 텅 빈 듯 뚫려 사물을 보는 데 간격이 없었다. 학식의 깊이를 재어 보면 끝없는 바다처럼 넓었고,

○ 胸次洞達, 無少隱慝. 然測其學識所蘊, 則又深博而無涯.

○ 가슴속이 텅 빈 듯해서 조금의 숨김도 없다. 그러나 온축된 학식을 측량해 보면 깊고 넓어 끝이 없다.

極其德, 美言蓋不足以形容.

덕성이 지극하여, 어떤 아름다운 말도 형용하기에 부족하다.

○ 以上一節言資稟之粹·充養之厚也.

○ 이상 일절에서는 타고난 자질의 순수함과 확충하여 기름이 두터운 것을 말했다.

先生行己, 內主於敬, 而行之以恕.

선생은 처신할 때, 안으로는 공경을 주로 하고 행동할 때는 '미루어 헤아림〔恕〕'[30]으로 하였다.

○ 敬主於身, 而恕及於物. 敬則其本正而一, 恕則其用公而溥.

○ 공경은 주로 자신에 대한 것이며, 미루어 헤아림은 타인에게 미친다. 공경하면 근본이 바르고 한결같으며, 미루어 헤아리면 작용이 공정하고 넓다.

見善若出諸己,

선행을 보면 자신이 한 듯이 기뻐했고,

○ 與人爲善也.

○ 남을 도와 선을 행하게 하는 것이다.

不欲, 勿施於人.

자신이 하기 싫은 일은 남에게 시키지 않았다.[31]

○ 視人猶己也.

○ 남을 자기와 같이 본다.

---

30) 자신을 미루어 남을 헤아리는 마음을 말한다.
31) 『논어』「안연」 2장 "子曰, 出門如見大賓, 使民如承大祭. 己所不欲, 勿施於人."

938

居廣居而行大道,

넓은 집[仁]에 살면서 큰 길[義]을 걸어갔으며,[32)]

○ 居天下之廣居, 不安於狹陋. 行天下之大道, 不由於邪僻.

○ 세상의 넓은 집[仁]에서 살면 좁은 곳에서는 편안하지 못하다. 세상의 큰 길[義]을 걸어가면 거짓된 길을 걷지 않는다.

言有物而動有常.

말에는 실질이 있고 행동에는 일정한 원칙이 있었다.[33)]

○ 言必有實, 故曰"物", 行必有度, 故曰"常."
○ 以上一節言行己之本末也.

○ 말에 반드시 내용이 있으므로 "물(物)"이라 하고 행동에 법도가 있으므로 "상(常)"이라 하였다.
○ 이상 일절에서는 처신의 근본과 말단을 말했다.

先生爲學, 自十五六時, 聞汝南周茂叔論道. 遂厭科擧之業, 慨然有求道之志, 未知其要. 泛濫於諸家, 出入於老釋者幾十年. 返求諸六經,

---

32) 『맹자』「등문공」하 2장. "居天下之廣居, 立天下之正位, 行天下之大道, 得志, 與民由之, 不得志, 獨行其道. 富貴不能淫, 貧賤不能移, 威武不能屈, 此之謂大丈夫."
33) 『예기』「緇衣」17장. "子曰, '言有物而行有格也. 是以生則不可奪志, 死則不可奪名."

而後得之.

선생이 학문을 하다가 15-16세 때에 여남(汝南) 땅의 주돈이가 도리를 강론한다는 말을 들었다. 드디어 과거 공부에 싫증이 나서 분개하여 도를 구하려는 뜻이 있었으나 요체를 알지 못하였다. 여러 사상가들을 두루 살피며 도가와 불가에도 거의 10년이나 드나들었다. 다시 돌아와서 육경에서 탐구한 뒤에 얻을 수 있었다.

○按: "濂溪先生, 爲南安軍司理參軍時, 程公珦, 攝通守事. 視其氣貌非常與語, 知其爲學知道也. 因與爲友, 且使其二子受學焉. 而『程氏遺書』有言"再見周茂叔, 後吟風弄月以歸. 有'吾與點也'之意." 明道學於濂溪者, 雖得其大意. 然其博求精察, 益充所聞, 以抵於成者, 尤多自得之功."

○안(按): "주돈이가 남안군(南安軍) 사리참군(司理參軍)으로 있을 때에 정향(程珦)[34]은 통수사(通守事)로 있었다. 그의 기상이 비상함을 보고 함께 말을 나누어 본 다음 그의 학문이 도를 알고 있다는 것을 알았다. 그래서 친구가 되어 두 아들을 그에게서 배우게 했다. 『정씨유서』에서 "주돈이를 두 번 본 다음 풍월을 읊으면서 돌아와 '나는 증점과 같이 하겠다'[35]는 뜻이 있게 되었다"고 하였다. 정호는 주돈이에게 배워 대의(大意)를 얻었다. 그러나 널리 찾고 자세히 살피며, 들은 것을 더욱 확충하여 완성하게 된 것은 스스로 얻은 공이 더욱 많다."

明於庶物, 察於人倫,

---

34) 정향은 명도와 이천의 아버지이다.
35) 『논어』 「선진」 25장 "(點對曰) 莫春者, 春服旣成, 冠者五六人, 童子六七人, 浴乎沂, 風乎舞雩, 詠而歸. 夫子喟然歎曰, 吾與點也!"

뭇사물의 이치에 밝고 사람 사이의 윤리를 잘 살펴서,[36]

○ 明則有以識其理, 察則加詳於明.

○ 밝으면 이치를 알 수 있고, 잘 살피면 밝음이 더욱 상세하게 된다.

知盡性至命, 必本於孝悌, 窮神知化, 由通於禮樂.

'본성을 다하여 천명에 이름'[37]이란 반드시 효도와 공손함에 근본하며, '정신을 궁구하여 변화의 이치를 앎'[38]이란 예악에 통달함을 통해서라는 것을 알게 되었다.

○ 孝悌說見第四卷. 「樂記」曰: "天高地下, 萬物散殊, 而禮制行矣. 流而不息, 合同而化, 而樂興焉. 通乎禮則知萬化散殊之迹. 通乎樂則窮神化同流之妙." 此言明乎天實本乎人也.

○ 효제(孝悌)에 관한 설은 제4권에 보인다. 『예기』「악기」에서 말한다. "하늘은 높고 땅은 낮은 가운데 만물은 나뉘어 달리 존재하니 예제(禮制)가 행해지게 된다. 유행하여 쉬지 않고 함께 합해져서 변화를 이루니 (여기에서) 음악이 일어나게 된다. 예에 통달하면 온갖 변화와 나뉘어 다른 흔적을 알 수 있다. 악에 통달하면 신묘한 변화가 함께 흐르는 미묘함을 다 알 수 있다." 이것은 천(天)에 밝음이란 실은 사람에게 근본을 둔다는 말이다.

---

36) 『맹자』「이루」하 19장. "舜明於庶物, 察於人倫, 由仁義行, 非行仁義也."
37) 『주역』「실괘」1장. "觀變於陰陽而立卦, 發揮於剛柔而生爻. 和順於道德而理於義. 窮理盡性以至於命."
38) 『주역』「계사」하 5장. "窮神知化, 德之盛也."

辯異端似是之非, 開百代未明之惑. 秦漢而下, 未有臻斯理也. 謂孟子沒而聖學不傳, 以興起斯文爲己任. 其言曰: '道之不明, 異端害之也. 昔之害, 近而易知, 今之害, 深而難辨. 昔之惑人也, 乘其迷暗, 今之入人也, 因其高明.

사이비 이단을 변석하여 오랜 동안의 (밝히지 못한) 미혹됨을 제거하였다. 진·한 이후로 이 이치에 도달한 사람이 없었다. 맹자가 죽은 뒤 성인의 가르침이 전해지지 않았다고 생각하여, 유학을 일으키는 것을 자신의 임무로 삼았다. 그는 말했다. '도가 밝지 않은 것은 이단이 해치기 때문이다. 과거의 해로움은 비근해서 알기 쉬웠는데, 오늘의 해로움은 심원하여 변석하기 어렵다. 과거에 사람을 미혹시키는 것은 그들의 멍청함에 편승해서였지만, 오늘날 사람들을 빠지게 하는 것은 그들의 총명함을 이용해서이다.'

○昔之害, 楊·墨·申·韓, 是也. 今之害, 老佛, 是也. 淺近故迷暗者爲所惑, 深遠故高明者反陷其中.

○과거의 해로움이란 양주, 묵적, 신불해, 한비자이다. 오늘날의 해로움이란 도가와 불가이다. 얕고 가까우므로 어리석은 자들이 미혹되고, 깊고 멀므로 똑똑한 자들이 도리어 그 가운데 빠져든다.

自謂之窮神知化, 而不足以開物成務.

스스로 '신묘함을 다 살펴서 변화의 이치를 안다'고 말하지만, '사물을 열어주어 일을 완성하기'[39]에 부족하다.

39) 『주역』 「계사」 상 11장. "夫易開物成務, 冒天下之道, 如斯而已者也."

○ 自謂通達玄妙, 實則不可以有爲於天下.

○ 스스로는 현묘(玄妙)함에 통달했다고 하지만, 실제로는 세상에서 아무 일도 행할 수 없다.

言爲無不周遍, 實則外於倫理.

말은 두루 보편적이 아님이 없다고 하지만, 실제는 윤리를 도외시하고 있다.

○ 自謂性周法界然, 實則外乎人倫物理.

○ 스스로는 성이 법계에 두루 미쳐 있다고 하지만, 실은 인륜과 사물의 이치를 도외시한다.

窮深極微, 而不可以入堯舜之道.

깊고 미미한 것을 끝까지 탐구하지만 요·순의 도리로 들어갈 수는 없다.

○ 堯舜之道大中至正, 究深極微, 是過之也.

○ 요·순의 도리는 커다란 중이며 지극히 바른 것이어서, 지극히 깊고 미묘한 것만 탐구하는 것은 잘못이다.

天下之學, 非淺陋固滯, 則必入於此, 自道之不明也. 邪誕妖異之說競起, 塗生民之耳目, 溺天下於汚濁. 雖高才明智, 膠於見聞, 醉生夢

死, 不自覺也. 是蓋正路之蓁蕪, 聖門之蔽塞, 闢之而後可以入道.'

세상의 학문이 천박하고 고루하여 꽉 막힌 것이 아니면 반드시 여기에 빠지는 것은 도가 밝지 않기 때문이다. 비뚤어지고 거짓되고 요상하고 이상한 주장들이 다투어 일어나 사람들의 귀와 눈을 막고 세상을 더러운 데 빠뜨린다. 비록 높은 재주와 밝은 지혜가 있어도 견문에 교착되어 취한 듯 살다가 꿈꾸는 듯 죽을 뿐 스스로 깨닫지 못한다. 이것은 대개 바른 길에 잡초가 무성하고, 성인의 가르침으로 들어가는 문이 막혔기 때문이니, 그것을 제거한 뒤에야 도에 들어갈 수 있다.'

○淺陋固滯者, 如刑名功利之習訓詁詞章, 是也. 學者不入於淺陋固滯, 則必入於老佛之空無.

○천박하고 고루하여 꽉 막힌 것은 형명(刑名)과 공리에 익숙한 것과 훈고학과 사장(詞章)학이다. 학자가 천박하고 고루하여 꽉 막힌 것에 빠지지 않으면 반드시 도가의 무(無)와 불가의 공(空)에 빠진다.

先生進將覺斯人, 退將明之書, 不幸早世, 皆未及也. 其辨析精微, 稍見於世者, 學者之所傳耳.

선생은 벼슬길에 나아가서는 이 사람들을 깨우쳐주려 했고, 물러나서는 글로 밝히려고 하였는데, 불행하게도 일찍 세상을 떠나[40] 미칠 수 없었다. 하지만 그가 정미하게 변석하여 세상에 조금 드러난 것은 제자들이 전하는 것일 뿐이다.

---

40) 정호는 54세에 죽었다.

○ 以上一節言學道之本末, 與其闢異端正人心之大略也.

○ 이상 일절에서는 도를 배우는 본말과 이단을 배척하고 인심을 바르게 한 대략에 대하여 말했다.

先生之門, 學者多矣. 先生之言, 平易易知, 賢愚皆獲其益. 如群飲於河, 各充其量. 先生敎人, 自致知至於知止, 誠意至於平天下, 灑掃應對至窮理盡性, 循循有序. 病世之學者, 捨近而趨遠, 處下而窺高, 所以輕自大而卒無得也.

선생의 문하에 제자가 많았다. 선생의 말은 (평이하고) 이해하기 쉬워서 똑똑하건 멍청하건 모두 도움을 얻었다. 마치 한 무리의 짐승이 강에서 물을 마시며 각기 필요한 만큼 채우는 것 같았다. 선생은 가르칠 때, 치지(致知)에서 그칠 곳을 아는 데 이르기까지, 뜻을 진실하게 하는 것에서 세상을 안정되게 다스리는 것에 이르기까지, 물 뿌리고 청소하고 응대하는 일에서 이치를 궁구하고 본성을 다하는 데 이르기까지 차례차례 순서가 있었다. 한편 세상의 배우는 자들이 가까운 것을 버려두고 먼 것을 좇아가고, 아래에 있으면서도 높은 단계만 쳐다보아, 경솔하게 스스로를 과대평가하고 끝내는 소득이 없는 것을 근심하였다.

○ 此一節言敎人之道. 本末備具而循序漸進. 惟恐學者厭卑近而務高遠, 輕自肆而無實得也.

○ 이상 일절에서는 사람을 가르치는 도에 대하여 말했다. 본말이 모두 갖추어져 순서에 따라 점진적으로 나아가면 된다. 배우는 자들이 비근한 것을 싫어하고 고원한 것만 힘쓰거나, 가볍게 멋대로 하여 실

제로 얻는 것이 없을까 두려워하였다.

先生接物, 辨而不閒,

선생이 사람을 대할 때, 시비를 분별하지만 거리를 두지 않았고,

○ 是非雖明, 而亦不絶之.

○ 옳고 그름이 분명해도 관계를 끊지 않았다.

感而能通.

자극이 오면 적절하게 반응할 수 있었다.

○ 感而必應.

○ 자극이 있으면 반드시 반응이 있다.

敎人而人易從,

가르쳐 주면 사람들이 따르기에 용이했고,

○ 敎人各因其資而平易明白, 故易從.

○ 남을 가르칠 때 각기 자질에 따라서 평이하고 명백하게 하기 때문에 따르기가 쉽다.

怒人而人不怨.

화를 내도 사람들이 원망하지 않았다.

○ 怒所當怒而心平氣和, 故不怨.

○ 마땅히 화를 내야 할 대상에 화를 내고 마음은 편안하고 기운은 온화하기 때문에 원망하지 않았다.

賢愚善惡, 咸得其心.

똑똑하거나 멍청하거나 착하거나 악한 사람들 모두 선생에게 만족했다.

○ 愛而公, 故咸得其歡心.

○ 사랑하고 공평하므로 모두에게 환심을 얻었다.

狡偏者獻其誠,

교활하고 위선적인 사람도 진실을 바쳤고,

○ 待人盡其誠, 而人不忍欺之.

○ 남을 대할 때 정성을 다하므로 남도 차마 그를 속이지 못한다.

暴慢者致其恭.

포악하고 오만한 사람도 공손하게 굴었다.

○ 待人盡其禮, 而人不忍以非禮加之.

○ 남을 대할 때 예를 다하므로 남도 차마 예가 아닌 짓을 하지 못한다.

聞風者誠服,

선생의 기풍을 듣는 자는 진실로 감복하였고,

○ 誠服者, 眞實而非勉强. 聞風而服, 則無遠不格矣.

○ 진심으로 감복한다는 것은 진실이지, 억지로 하는 것이 아니다. 기풍을 듣고 감복한다는 것은 멀리 있더라도 바르게 되지 않는 사람이 없다는 것이다.

覿德者心醉.

그의 덕성을 보는 자는 마음이 취하였다.

○ 盛德所形, 見者熏乎至和, 如飮醇酎.

○ 성대한 덕이 드러나므로 보는 사람은 지극히 화평한 기운에 영향을 받아 마치 진한 술을 마신 것처럼 된다.

雖小人而趨向之異, 顧於利害, 時見排斥, 退而省其事, 未有不以先生爲君子也.

　비록 소인으로 취향이 달라 이해관계를 돌아보다가 때로 배척을 당하지만, 물러난 뒤에 그 일을 반성하며 선생을 군자라고 여기지 않는 사람이 없었다.

　○先生以議新法不合, 遂遭排斥. 然當時用事者, 亦曰"伯淳, 忠信人也", 則其言行之懿有不可誣者.
　○以上一節言接物之道.

　○선생은 신법을 논의하며 뜻이 합치되지 않아, 마침내 배척당하였다. 그러나 당시 권력을 잡은 자도 "정호는 성실하고 미더운 사람이다"고 말했으니, 선생의 언행의 아름다움은 속일 수 없다.
　○이상 일절에서는 남을 대하는 도리에 대해 말했다.

先生爲政, 治惡以寬,

선생이 정치를 할 때, 죄인을 관대하게 다스리고,

　○開其自新之路, 改而止.

　○스스로 새롭게 변화할 수 있는 길을 열어주고 고치면 그만두었다.

處煩而裕.

번잡한 일도 여유 있게 처리했다.

○ 得其要領, 且順乎理.

○ 요령을 얻어 이치에 순응하였다.

當法令繁密之際, 未嘗從衆, 爲應文逃責之事. 人皆病於拘碍, 而先生處之綽然. 衆憂以爲甚難, 而先生爲之沛然.

법령이 복잡하게 얽혀 있을 때 다른 사람들이 하듯이 하여 문구에만 맞추어서 책임을 회피하는 일을 하지 않았다. 남들이 구애될까 걱정하는 것을 선생은 여유 있게 처리했다. 많은 사람들이 매우 어렵게 여기는 일도 선생은 자연스럽게 해냈다.

○ 法令峻密, 而先生未嘗爲苟且應命之事. 然而處之有道, 故不見其碍, 爲之有要, 故不見其難.

○ 법령이 준엄하고 세밀해도 선생은 구차하게 구절에 맞추어 처리하지 않았다. 그러나 도리에 맞게 처리하므로 장애가 없고, 핵심을 이해하여 처리하므로 어려움이 없었다.

雖當倉卒, 不動聲色.

비록 갑작스러운 일을 당하여도 목소리나 얼굴빛을 바꾸지 않았다.

○ 理素明而志素定.

○ 평소에 이치에 밝고 평소에 뜻이 정해져 있었다.

950

方監司競爲嚴急之時, 其待先生率皆寬厚. 設施之際, 有所賴焉.

감사들이 다투어 엄격하게 조사할 때에도 대개 선생에게는 관대하고 후하게 상대하였다. 일을 하려 할 때도 선생께 의지하였다

○忠信懇惻, 足以感人. 故能不徇時好而得遂其所爲.

○진실하고 미더우며 간절하고 측은하게 여기는 마음은 남을 감화시키기에 충분하였다. 그래서 시대의 기호를 따르지 않고 자기가 하고자 하는 바를 이룰 수 있었다.

先生所爲綱條法度, 人可效而爲也. 至其道之易從, 動之而和, 不求物而物應, 未施信而民信, 則人不可及也."〔『程氏文集』11(伊川先生文7)「明道先生行狀」〕

선생이 행한 조리와 법도는 사람들이 본받아 행할 수 있는 것이다. 그의 도가 따르기 쉬워 감동시키면 화답하고, 남에게 구하지 않아도 남이 응하고, 믿도록 베풀지 않았는데도 사람들이 믿고 따르는 데 이르러서는 남들이 미칠 수 없다."

○政令設施, 可倣而行, 道化孚感, 不可力而致.
○以上一節言爲政之道.

○정령(政令)을 내리는 것은 사람들이 모방하여 행할 수 있지만, 도로 교화하고 믿음으로 감화시키는 것은 힘써서 해낼 수 있는 일이 아니다.
○이상 일절에서는 정치하는 도리에 대해 말했다.

18

明道先生曰:

"周茂叔窗前草不除去. 問之, 云: '與自家意思一般.'"〔『程氏遺書』 3-21〕

정호가 말했다.

"주돈이가 창앞의 풀을 제거하지 않았다. 누군가 그 이유를 물어보니, '내 뜻과 한가지이기 때문이다'라고 대답했다."

○ 本注云: "子觀驢鳴, 亦謂如此." 『遺書』, 下同.
○ 天地生意流行發育. 惟仁者生生之意充滿胸中, 故觀之有會於其心者.

○ 본주에서 "장재는 나귀가 우는 것을 보고 이와 같이 말했다"고 한다. 『유서』에 나오며, 아래도 같다.
○ 하늘과 땅이 생성하는 의지가 유행하여 발육시킨다. 어진 사람은 자연의 낳고 낳는 뜻이 가슴속에 충만하므로 생명 현상을 보고 자신의 마음에 합치됨이 있다.

19

張子厚聞皇子生, 喜甚. 見餓莩者, 食便不美.〔『程氏遺書』 3-22〕

장재는 황자가 태어났다는 소식을 듣고 매우 기뻐했다. 굶주리는 자를 보면 먹어도 맛을 느끼지 못했다.

952

○ 此卽「西銘」之意. 亦其養德之厚, 故隨所感遇蹶然動于中, 而不可遏. 初非擬議作意而爲之也.

○ 이것은 「서명(西銘)」의 의미이다. 덕을 후하게 길렀기 때문에 만나는 상황에 따라서 마음속에서 벌떡 감정이 일어나 막을 수 없다. 애초에 헤아려보고 의도적으로 하는 것이 아니다.

20

伯淳嘗與子厚在興國寺, 講論終日, 而曰:"不知舊日, 曾有甚人於此處講此事."〔『程氏遺書』2上-92〕

정호가 장재와 함께 흥국사에서 종일토록 담론하다가 말했다. "예전에 누군가 이 곳에서 이런 일을 토론한 적이 있는지 모르겠다."

○ 呂原明曰:"此處氣象自有合得. 如此等人說此等話道理."

○ 여원명(呂原明: 1039-1116)[41]이 말했다.
"이 곳의 기상은 저절로 합치함이 있다. 이런 사람들이 이런 도리를 말했다."

21

謝顯道云:

---

41) 原明은 자이고, 이름은 希哲이다. 세칭 滎陽先生으로 불렸으며, 이정(二程) 및 장재와 교유가 있었다.

"明道先生坐如泥塑人, 接人則渾是一團和氣." 〔『程氏外書』12-41〕

사량좌가 말했다.

"명도 선생〔정호〕은 앉아 있을 때는 진흙 인형 같지만, 사람과 만날 때는 완전히 온화한 기운 덩어리이다."

○『外書』, 下同.
○ 所謂"望之儼然, 卽之也溫."

○『외서』에 나오며, 아래도 같다.
○ "멀리서 바라보면 엄숙하지만 가까이 다가가면 온화하다"[42]는 것과 같다.

22

侯師聖云:

"朱公掞見明道于汝, 歸謂人曰: '光庭在春風中坐了一箇月.' 游楊初見伊川, 伊川瞑目而坐, 二子侍立. 旣覺, 顧謂曰: '賢輩尚在此乎? 日旣晚, 且休矣.' 及出門, 門外之雪深一尺." 〔『程氏外書』12-64〕

후사성이 말했다.

"주공염(1037-1094)이 여(汝) 땅에서 정호를 만나고 돌아와 사람들에게 '나는 봄바람 속에 한 달 동안 앉아 있었다'고 말했다. 유초(游酢)와 양시(楊時)가 처음 정이를 보았을 때, 정이는 눈을 감고 앉아 있

---

42) 『논어』「자장」 9장에서 "군자에게는 세 가지 변화가 있다. 멀리서 바라보면 엄숙하지만, 가까이 다가가면 온화하고, 그의 말을 들어보면 확실하다(子夏曰, 君子有三變. 望之儼然, 卽之也溫, 聽其言也厲)"고 하였다.

어서, 두 사람이 옆에 있었다. 깨어난 뒤 돌아보며 말했다. '너희들 아직까지 여기에 있느냐? 시간이 너무 늦었으니 쉬도록 해라.' 두 사람이 문을 나서니 문 밖에 눈이 한 자나 쌓여 있었다."

○ 侯仲良, 字師聖, 朱光庭, 字公掞, 皆程子門人也. 明道接人和粹, 伊川師道尊嚴. 皆盛德所形. 但其氣質成就有不同耳. 明道似顔子, 伊川似孟子.

○ 후중량(侯仲良)의 자는 사성(師聖)이고, 주광정(朱光庭)의 자는 공염(公掞)인데, 모두 정자의 문인이다. 정호가 사람을 대하는 것은 온화하고 순수하였고, 정이는 스승의 도가 존엄하였다. 모두 성대한 덕이 나타난 것이다. 단지 기질상 성취한 것이 같지 않을 뿐이다. 정호는 안연 같고, 정이는 맹자 같다.

23

劉安禮云:
"明道先生德性充完, 粹和之氣, 盎於面背. 樂易多恕, 終日怡悦. 立之從先生三十年, 未嘗見其忿厲之容."〔『程氏遺書』附錄「門人朋友敍述竝序」〕

유안례(劉安禮)[43]가 말했다.
"정호의 덕성은 충족되고 완전했고, 순수하고 조화로운 기운이 얼굴과 등에 드러났다. 기쁜 듯 편안한 듯 관대하게 사람을 대하며, 종

---

43) 劉宗禮가 잘못되었다. 劉立之의 자가 宗禮이다. 하북성 河間 사람으로 이정의 문인이다.

일토록 흡족한 표정이었다. 내가 삼십 년이나 선생을 따라다녔는데, 아직 화난 모습을 본 적이 없다."

○「附錄」.
○明道先生, 質之美, 養之厚, 德之全, 故其粹然發見, 從容豈弟如此. 百世之下聞之者, '鄙夫寬, 薄夫敦.' 而況於親炙之者乎?

○「부록」에 나온다.
○정호는 자질이 좋고 수양을 두텁게 했으며 덕이 온전하였기 때문에 순수하게 발현되고 자연스럽고 화락함이 이와 같았다. 백세 뒤에라도 그에 대해 듣는 자가 있으면, '비루한 사람이 관대해지고 야박한 사람은 두터워질 것이다.'[44] 하물며 직접 가르침을 받는 사람에게 있어서라!

24

呂與叔撰明道先生哀詞云:
"先生負特立之才, 知大學之要. 博文强識, 躬行力究. 察倫明物, 極其所止. 渙然心釋, 洞見道體.

여대림(呂大臨)[45]이 정호의 애사(哀辭)를 지었다.
"선생은 탁월한 재주를 지녔고 대학의 요체를 이해했다. 널리 배우고 잘 기억하며 몸소 실천하고 힘써 탐구하였다. 인륜을 살피고 사물의 이치를 밝혀 머무를 바[至善]를 끝까지 궁구하였다. 그리하여 얼음 녹듯 의심이 풀리고 도의 요체를 통찰할 수 있었다.

---

44) 『맹자』「만장」하 1장 "故聞柳下惠之風者, 鄙夫寬, 薄夫敦."
45) 자는 與叔, 호는 藍田, 하남성 汲郡 사람으로 이정의 문인이다.

○ "識", 記也. 博文强識, 博學也. 躬行力究, 力行也. 察倫明物以下, 物格而知至也.

○ "지(識)"는 기억한다는 의미이다. 널리 배우고 잘 기억하는 것은 넓게 배우는 것이다. 몸소 실천하고 힘써 탐구하는 것은 힘써 실천하는 것이다. 인륜을 잘 살피고 사물의 이치를 밝히는 것 이하는 사물의 이치가 궁구되어 앎이 이르게 되는 것이다.

其造於約也, 雖事變之感不一, 知應以是心而不窮. 雖天下之理至眾, 知反之吾身而自足.

핵심을 파악하니, 변화하는 사태의 자극이 일정하지 않지만 자신의 마음으로 무궁하게 대응할 줄 알았다. 세상에 이치가 무수히 많지만 자신의 몸에서 돌이켜 스스로 만족할 줄 알았다.

○ 應感無窮而實本乎吾心. 物理散殊而皆備乎吾身. 言其學雖博而有要也.

○ 감응(感應)은 무궁하지만 실제는 내 마음을 근본으로 한다. 사물 및 사태의 이치는 각기 다르지만 모두 내 몸에 갖추어져 있다. 그의 학문이 넓으면서도 핵심을 지키고 있음을 말한 것이다.

其致於一也, 異端竝立而不能移, 聖人復起而不與易.

일관됨을 이루니 이단의 주장이 주위에 있어도 그를 바꿀 수 없었고, 성인이 다시 나타난다 해도 바꾸지 않을 것이다.

○ 致一者, 見之明而守之定, 故邪說不能移. 百世以俟聖人而不惑也.

○ 일관됨을 이룬 자는 밝게 보고 일정하게 지키므로 비뚤어진 주장들이 그의 마음을 바꿀 수 없다. 백세 뒤에 성인이 나타나더라도 의심하지 않을 것이다.

其養之成也, 和氣充決, 見於聲容. 然望之崇深, 不可慢也, 遇事優爲, 從容不迫. 然誠心懇惻, 弗之措也.

수양이 잘 이루어져 조화로운 기운이 충만하여 말과 모습에 드러났다. 그러나 바라보면 높고 깊어서 함부로 할 수 없었고, 여유 있게 일을 처리하며 자연스러워 급박하지 않았다. 그러나 성실한 마음과 간절하고 측은하게 여기는 마음은 사람들을 버려두지 않았다.

○ 和易而有涵蓄, 寬裕而懇至也.

○ 온화하고 평이하면서 함양하고 축적함이 있으며, 관대한데다가 간절함이 지극하였다.

其自任之重也, 寧學聖人而未至, 不欲以一善成名. 寧以一物不被澤爲己病, 不欲以一時之利爲己功.

책임감이 무거워, 차라리 성인을 배우다가 이르지 못할지언정 한번의 선행으로 명성을 얻고자 하지 않았다. 한 사람이라도 은택을 입지 못하는 것을 차라리 자기 잘못으로 여길지언정 한때의 이익을 자기 공적으로 여기려 하지 않았다.

958

○自任之重, 所志者遠, 不安於小成, 不急於近功.

○책임감이 무겁고 뜻이 원대하므로 작은 성공에 안주하지 않고 단기적인 공적을 세우는 데 급급해 하지 않았다.

其自信之篤也, 吾志可行, 不苟潔其去就. 吾義所安, 雖小官有所不屑."〔『程氏遺書』附錄「門人朋友敍述竝序」'哀詞'〕

자신에 대한 신념이 독실하여, 자신의 뜻이 실행될 수 있다면 떠나고 나가는 것을 고결하게 하는 것에 구애되지 않았다. 자신의 의리에 편안하다면 비록 말단 관직이라도 꺼리지 않았다."

○志若可行, 不潔其去, 以爲高. 義擇所安, 亦不屑於就以自卑.

○뜻이 실행될 수 있다면 떠나는 것만 고결하게 여겨 고상하게 여기지 않았다. 의리에 편안한 삶을 선택하고, 스스로를 낮추어 벼슬에 나아가는 것을 꺼리지 않았다.

25

呂與叔撰橫渠先生行狀云:
"康定用兵時, 先生年十八. 慨然以功名自許, 上書謁范文正公. 公知其遠器, 欲成就之. 乃責之曰: '儒者自有名敎. 何事於兵', 因勸讀『中庸』. 先生讀其書, 雖愛之, 猶以爲未足. 於是又訪諸釋老之書, 累年盡究其說, 知無所得, 反而求之六經. 嘉祐初, 見程伯淳正叔於京師, 其於道學之要. 先生渙然自信曰: '吾道自足, 何事旁求?' 於是盡其異學, 淳如也.

여대림이 장재의 행장을 지었다.

"강정(康定)[46] 연간 전쟁시에 선생의 나이 열여덟이었다. 분개하여 공명을 얻겠다고 결심하고 범중엄(范仲淹)[47]에게 편지를 올리고 만나 보았다. 범중엄은 그가 원대한 기량을 가진 것을 알아보고 키워주고자 하였다. 그래서 '유자에게는 명교(名教)가 있는데 어찌 병법을 일삼는 가?' 하고 책망한 후 『중용』을 읽으라고 권했다. 선생이 그 책을 읽고 비록 좋아했지만 부족하다고 여겼다. 그래서 도가와 불가의 많은 책을 구해서 수 년 간 그 이론을 완전히 탐구하였지만 얻은 것이 없어서, 돌아와 육경에서 탐구하였다. 가우(嘉祐)[48] 연간 초에 변경(汴京)[49]에서 정호와 정이를 만나 도학의 요체를 담론하였다. 선생은 의심이 풀리고 자신이 생겨 '유가의 도리는 스스로 충분하니 어찌 다른 데서 구하겠 는가?'라고 말했다. 이렇게 해서 이단의 가르침을 다 버리니 순수하게 되었다.

○ 本注, 尹彦明云: "橫渠昔在京師坐虎皮, 說『周易』, 聽從甚衆. 一夕二程先生至論『易』. 次日橫渠徹去虎皮曰: '吾平日爲諸公說者, 皆亂道. 有二程近到, 深明『易』道, 吾所弗及. 汝輩可師之.'"

○ 愚謂: "此可以見橫渠先生, 勇於從善無一毫私吝之意. 非大公至 明, 孰能如是?"

○ 본주에서 윤언명이 말했다.[50]

---

46) 송 仁宗 때의 연호. 1040년. 인종 때는 연호가 10개나 된다.
47) 자는 希文, 시호는 文正이다. 강소성 吳縣 사람으로 송나라 초의 유명한 재상이 다.
48) 인종 때의 연호, 1056-1064.
49) 북송 때의 서울, 지금의 開封.
50) 윤언명의 말은 『외서』 12-103에 나오는 말로, 주희가 『근사록』을 편찬하면서 삽입한 주석이다.

"장재가 옛날 서울에 있을 때 호랑이 가죽 위에 앉아 『주역』을 강의하니 청중이 많았다. 어느 날 저녁에 정호와 정이가 와서 『역』에 대해 논하였다. 다음날 장재가 호랑이 가죽을 걷어치우고 말했다. '내가 평소에 여러분들을 위해 말한 것은 모두 도를 어지럽힌 것이었다. 정호와 정이가 최근에 왔는데, 그들은 『역』의 도리를 깊고 분명하게 알고 있어 내가 미칠 수 없다. 너희들이 스승으로 모실 만하다.'"

○ 나는 생각건내, "여기서 장재가 선을 따르는 데 용감하고 조금의 사사롭고 인색한 뜻도 없음을 볼 수 있다. 아주 공정하고 지극히 밝은 사람이 아니라면 이와 같을 수 있겠는가?"

晩自崇文移疾, 西歸橫渠, 終日危坐一室. 左右簡篇, 俯而讀, 仰而思, 有得則識之. 或中夜起坐, 取燭以書. 其志道精思, 未始須臾息, 亦未嘗須臾忘也. 學者有問, 多告以知禮成性, 變化氣質之道, 學必如聖人而後已. 聞者莫不動心有進. 嘗謂門人曰: '吾學旣得於心, 則修其辭, 命辭無差, 然後斷事. 斷事無失, 吾乃沛然. 精義入神者, 豫而已矣.'

만년에 승문원 교서직을 칭병하여 사직하고 서쪽 횡거 땅에 돌아와서, 종일토록 방안에서 정좌하였다. 좌우의 책을 굽어보고 읽고 우러러 생각하여 얻은 것이 있으면 기록하였다. 밤중에도 일어나 앉아 불을 밝히고 책을 썼다. 그는 도에 뜻을 두고 정밀하게 생각하여 잠시도 쉬지 않고 잠시도 망각하지 않았다.

배우는 자가 물어오면 '지혜와 예의로 성품을 형성하는 것'과 '기질을 변화시키는 도리'와 '학문은 반드시 성인과 같이 되고 난 뒤에야 끝난다'는 말을 해주는 경우가 많았다. 듣는 자가 감동되어 발전하지 않는 자가 없었다. 선생은 일찍이 문인들에게 '나는 공부할 때 마음에서 얻으면 말로 표현해 보고, 말이 차이가 나지 않은 후에 일을 판단

한다. 판단한 일에 잘못이 없으면 나는 성대하게 된다. 의리를 정밀하게 하여 정신의 경지에 들어가는 것[51]은 '미리 준비함을 통해서이다'라고 말했다.

○ 人於義理, 其初得於心者雖了然無疑, 及宣之於口筆之於牘, 則或有差. 故命辭無差, 則所見已審. 以是應酬事物, 知明理精, 妙用無方矣. 是皆窮理致知之功素立, 而非勉强擬議於應事之時也.

○ 사람들이 의리를 처음 마음에 얻은 것이 비록 분명하고 의심이 없어도 말로 하거나 글로 쓸 때는 차이가 나게 된다. 그러므로 말로 해서 차이가 없다면 소견이 이미 자상한 것이다. 이렇게 해서 사물에 응수한다면 지혜는 밝고 이치는 정밀해져서 신묘한 작용이 자유롭게 이루어진다. 이것은 이치를 궁구하고 앎을 완성하는 공부가 평소에 확립된 것이지, 사태에 응할 때에 억지로 힘쓰고 생각해서 할 수 있는 일이 아니다.

先生氣質剛毅, 德盛貌嚴. 然與人居, 久而日親. 其治家接物, 大要正己而感人. 人未之信, 反躬自治, 不以語人. 雖有未諭, 安行而無悔. 故識與不識, 聞風而畏, 非其義也, 不敢以一毫及之." 〔『張載集』附錄「橫渠先生行狀」〕

선생의 기질은 강하고 꿋꿋하고 덕은 성대하고 외모는 근엄했다. 하지만 남과 함께 있으면 날이 갈수록 친밀해졌다. 집안 일을 처리하거나 사람을 대할 때, 자신을 바르게 해서 남을 감동시키는 것을 핵심으로 삼았다. 남이 믿어주지 않으면 돌이켜 반성하여 자신을 닦았고,

---

51) 『주역』「계사」하 5장. "精義入神, 以致用也, 利用安身, 以崇德也."

남에게는 말하지 않았다. 남들이 이해해주지 않아도 편안하게 행동하고 후회하지 않았다. (그래서) 아는 사람이든 모르는 사람이든 그의 기풍을 들으면 경외감을 느껴서, 올바른 일이 아니면 아무리 작은 일이라도 선생에게 미치지 않게 하려 했다."

○ 德貌嚴毅而中誠懇惻, 故與人久而益親. 躬自厚而薄責於人, 故人心服而不敢加以非義.

○ 덕과 외모는 위엄 있고 굳세며, 마음은 성실하고 간절하고 측은하게 여기므로, 남들과 오래 있을수록 더 친해졌다. 자신에게는 두텁게 책망하고 남에게는 책망을 적게 하니, 사람들이 마음으로 복종하여 감히 옳지 않은 일을 그에게 가하지 않았다.

26

橫渠先生曰:
"二程從十四五時, 便銳然欲學聖人."〔『經學理窟』「學大原 上」12〕

장재가 말했다.
"정호와 정이는 14-15세부터 예리하게 성인 되는 공부를 하고자 했다."

○『語錄』.
○ 朱子曰: "伊川「好學論」十八時作. 明道二十及第, 出去做官. 一向長進「定性書」, 是二十三時作. 是時遊山諸詩皆好."

○『어록』에 나온다.

○주희가 말했다.

"정이의 '학문을 좋아함에 대한 논〔「好學論」〕'은 18세 때의 작품이다. 정호는 20세에 급제하여 나가서 벼슬을 하였다. 계속 크게 발전하여 '본성을 안정시키는 것에 관한 글〔「定性書」〕'을 지었는데, 이것은 23세 때의 작품이다. 이 때에 산을 돌아다니며 지은 여러 시들은 모두 좋다."

김장생의 『근사록석의』「서문」

『近思錄釋疑』序

吾友草溪鄭時晦, 於儕流年㝡少, 少於我十五歲. 奄然先我而逝, 旣
久而悲歎之意, 常往來于懷也. 時晦嘗謂余. "吾受敎於先人矣, 曰:
'爾當以栗谷爲師, 金某爲友,' 故敢與吾子相從爾." 自是切磋道義, 相
期特深.

나의 벗 초계(草溪) 정시회(鄭時晦)[1]는 동료들 가운데서 나이가 가
장 적어 나보다 열다섯 살이나 젊었다. 갑자기 나보다 먼저 가버린 지
이미 오래 되었지만 슬프고 탄식하는 뜻은 항상 가슴에 오르내린다.
시회가 언젠가 나에게 말하였다. "내가 선친에게서 가르침을 받을 때
선친께서 '너는 율곡(栗谷)[2]을 스승으로 삼고 김모[3]를 벗으로 삼으라'

---

1) 이름은 鄭曄(1563-1625), 자는 時晦이고 호는 守夢 또는 雪村이다. 본관은 草
溪이다. 惟誠의 아들이며 李山甫의 사위이다. 李珥와 成渾과 宋翼弼의 문인이
다. 그는 김장생이 초를 잡은 『근사록석의』에 많은 주석을 추가한 다음 자신의
의견을 보태어 『근사록석의』를 완성하였다.

2) 李珥(1536-1584)의 호는 율곡, 아명은 見龍, 자는 叔獻, 시호는 文成이고 본관
은 德水이다.

3) 金長生(1548-1631)을 가리킨다. 자는 希元, 호는 沙溪, 본관은 光山이다. 대사
헌 繼輝의 아들이며 이이와 宋翼弼의 문인이다. 문하에 송시열, 송준길 등을 배

고 말씀하셨으므로 감히 그대와 친하게 되었을 뿐입니다." 이 때부터
도의를 갈고 닦아 서로 기대함이 특히 깊었다.

曩與讀『近思錄』, 到難會處, 引諸儒諸說, 間附以己見, 錄作一冊, 請
時晦刊正, 已過十餘念矣. 今年秋羅校理萬甲, 謫海西將行, 以時晦所
撰『釋疑』四卷見寄. 蓋羅於時晦爲甥, 時晦未及淨寫, 屬於羅君故也.

지난날 내가 『근사록』을 읽으며 이해하기 어려운 곳을 만날 때마다
여러 유학자들의 학설을 인용하고 때때로 나의 의견을 붙여 기록해
책 한 권을 만들어 시회에게 바로잡아 줄 것을 청한 지 이미 10여 년
이 지났다. 금년 가을 교리(校理)[4] 나만갑(羅萬甲)[5]이 해서(海西)로 귀
양 가게 되어 떠나려고 할 때 시회가 지은 『석의(釋疑)』 네 권을 보
냈다. 생각하건대 나군은 시회에게 생질이니, 시회가 깨끗하게 쓸 시
간이 없어 나군에게 부탁했기 때문일 것이다.

程朱格言, 逐條類聚, 亦取瞽說, 錄椘其間. 蓋見時晦相信之篤也.
閑中一閱, 怳若警咳之相接, 而前日所疑, 釋然氷解. 老境得此, 誠大
幸也. 第於其中, 或有可疑者, 恨未及時晦在世時, 評論歸一耳.

이정(二程)과 주희(朱熹)의 올바른 말들을 조목마다 종류별로 모으
고 또 나의 학설을 그 사이에 기록하였다. 시회가 나를 얼마나 독실하
게 믿는지 알 수 있다. 한가할 때 펼쳐보면 마치 직접 앞에서 가르쳐
주는 듯하여 지난날 의심하던 것들이 얼음이 녹듯이 확 풀린다. 늘그
막에 이 책을 얻었으니 참으로 큰 다행이다. 다만 그 가운데 혹 의심

출하여 기호학파를 형성하고, 1688년 문묘에 배향되었다. 시호는 文元이다.

4) 校書館의 종5품.

5) 羅萬甲(1592~1642)의 자는 夢賚이고, 호는 鷗浦이며, 본관은 安定이다.

할 만한 것이 있지만 시회가 살아 있을 때 평론하여 일치시키지 못한 것이 유감일 뿐이다.

時晦早事向裏, 出入栗谷龜峯兩先生之門, 學有所得. 居家多可取之行, 立朝不與人苟同, 或州縣, 或田野, 盤桓不進, 其意蓋可想矣. 及至今上, 朝多被眷, 重委任責成. 將有所詩, 不幸齎志而沒, 惜哉. 思時晦而不見, 見時晦之所著, 此可慰懷. 遂爲之序.

崇禎二年己巳, 重陽, 沙溪金長生序.

시회는 일찍부터 내면을 지향한 공부를 하여 율곡과 귀봉(龜峯)[6] 두 선생의 문하에 출입하며, 학문을 통해 얻은 바가 있었다. 집안에서 하는 행동에도 취할 만한 점이 많았고, 조정에서는 사람들과 구차하게 생각을 같이 하려고 하지 않았으며, 혹은 주(州)와 현(縣)이나 혹은 시골에서 은거하여 살며 벼슬길에 나아가지 않았으니, 그 뜻을 상상할 만하다. 지금의 임금님에 이르러 소중하게 여김을 받아 일을 성취하도록 위임받은 일이 많았다. 장차 일을 하려고 할 때에 불행하게도 뜻만 품고서 세상을 떠났으니 애석하구나. 시회가 그리워도 볼 수 없어서 시회가 저술한 책을 보니 조금 가슴을 위로할 수 있구나. 드디어 이 책의 서문을 짓는다.

숭정(崇禎)[7] 2년 기사(己巳 : 1629) 중양절(重陽節)[8]에 사계 김장생이 쓴다.

---

6) 宋翼弼(1534-1599)의 자는 雲長, 호는 龜峯, 본관은 礪山이다. 서출로 벼슬은 못했으나 학문과 문장이 뛰어났다. 高陽의 귀봉산 기슭에서 후진을 양성하여 문하에서 金長生·金集·鄭曄 등 많은 학자를 배출하였다. 시호는 文敬이다.

7) 명(明)나라 마지막 황제 毅宗의 연호(1628-1644).

8) 음력 9월 9일을 가리키다. 9는 양이 가장 盛大한 수인데 9가 중복되었으므로 '중양'이라고 하였다.

송시열의 『근사록석의』「후서」
『近思錄釋疑』 後序

始余謁文元公老先生于溪上, 先生首授以『近思錄』一部, 而幷以『釋
疑』四冊眎之, 曰:"此吾友守夢公之所篇也. 讀『近思』者不可以無此
也." 時余蒙陋益甚, 無以窺其梗槪. 又方親受先生旨訣, 似若無事於
此者矣. 未幾先生歿, 踽踽若窮人之無歸, 而有幽室求物之歎. 乃取此
書, 以理舊學, 則字有其訓, 句有其解, 不翅若瞽者之有相矣. 而又凡
老先生平日議論, 多在其中, 怳若復承謦咳於函丈之間, 竊不勝羹墙
江漢之思也. 又多以朱子說從門補入, 互成部居, 蒔不待覺軒之手, 而
宛一寒泉之續編. 其功可謂大矣. 於是追憶先生之言, 果知此書之不
可無也.

옛날 내가 시냇가에 사는 문원공(文元公)[1] 노선생을 알현하였을 때,
선생은 제일 먼저 『근사록』 한 권을 주시고 아울러 『석의』 네 책을
보여주시며 말씀하셨다. "이 책은 나의 벗 수몽공(守夢公)[2]이 편집한
것이다. 『근사록』을 읽으려는 자는 이 책이 없어서는 안 된다." 그 때
나는 어리고 고루함이 심하여 그 대강도 이해할 수 없었다. 또 선생의

---

1) 김장생의 시호.
2) 정엽의 호.

가르침을 직접 받는 중이어서 이것을 볼 필요도 없는 듯하였다. 얼마 지나지 않아서 선생께서 돌아가시자 외로워 돌아갈 곳 없는 어려운 사람처럼 되어버리고 어두운 방에서 물건을 찾으려는 듯한 탄식이 있게 되었다. 그제야 이 책을 가지고 옛날의 학문을 이해하고자 하니 글자마다 마땅한 뜻을 지녔고, 구절마다 마땅한 해석을 얻어 봉사에게 지팡이가 있는 정도를 넘어섰다. 또 노선생의 평소 주장도 그 가운데 많아, 하물며 다시 선생의 앞에서 가르침을 받는 듯하여,[3] 은근히 그리운 생각을 이기지 못한다.[4] 또 주희설로써 문호를 삼아 들어가는 것을 도와 함께 부거(部居)[5]를 이룬 것이 많으니, 이는 각헌(覺軒)[6]의 손을 기다리지 않고 완연히 한천(寒泉)[7]의 속편을 이룬 것이나 마찬가지이다. 그의 공이 크다고 할 수 있다. 이제야 선생의 말을 추억하여 과연 이 책이 없으면 안 된다는 것을 알게 되었다.

第其凡例, 無甚賓主, 又其先後間或錯置, 意其爲草本而未及修定

---

3) 원문의 '警咳'는 깨우쳐주는 기침이라는 뜻으로 직접적인 가르침을 의미하며, '函丈'이란 스승과 제자 사이의 거리가 지팡이 한 개 정도의 거리라는 뜻으로 바로 스승을 의미하기도 한다. '函丈之間'이란 지팡이 하나 정도의 거리, 즉 '스승 앞에서'라는 의미이다.

4) 원문의 '羹墻'과 '江漢'은 모두 죽고 없는 사람에 대한 그리움을 의미한다. '갱장'은 『후한서』 63권 「李固傳」에서 "옛날 堯가 죽은 뒤 舜은 3년 동안 仰慕하여 앉아서는 요를 담장[墻]에서 보고, 밥을 먹을 때는 국[羹]에서 보았다"고 한 데서 나왔다. '강한'은 『맹자』 「등문공」 상 4장에 나온다. 공자가 돌아가신 뒤 제자들 가운데서 有若이 공자와 닮았다고 해서 그를 섬기려고 증삼에게 강요하자, 증삼이 "江水와 漢水로 세탁하여 가을빛에 말리니, 희고 희어서 그것을 능가할 수 없다"고 하며 거절하였다.

5) '部居'란 같은 종류나 같은 종류별로 함께 모았다는 의미이다.

6) 蔡模(1188-1246)의 호. 그의 자는 仲覺이다. 주희의 글을 편집하여 『속근사록』을 저술하였다.

7) 한천정사(寒泉精舍)에 머물던 주희를 가리킨다.

爾. 余竊僭不自揣, 間從一二同志, 參其校讐, 稍改舊樣. 大書『近思』
本文, 以爲之綱, 而以其所嘗諸說, 分註於其下. 又正其次序之舛者,
使其綱目相承, 幷伍不紊, 盖欲其便於考閱而已, 非欲求異於原書也.
其間或不免有修潤損益之處, 則亦以其所聞於老先生者, 而不敢以妄
意穿鑿, 以犯不韙之罪也.

다만 범례에 본문과 주석의 구별이 없고 앞뒤로 바뀐 것이 가끔 있
으니, 아마도 초본(草本)이어서 고칠 기회가 없어서 그러할 것이다. 나
는 분수에 넘치게 능력을 생각하지도 않고 때로 한두 동지들과 함께
교정에 참여하여 옛 모양을 좀 바꾸었다.『근사록』본문을 큰 글자로
써서 벼리〔綱〕로 삼고 해석한 여러 설들을 분류하여 그 아래 주(註)를
달았다. 또 차례가 잘못된 것을 바로잡아 벼리와 조목〔目〕이 서로 연
결되고 구획이 문란하지 않게 하였으니, 보기 편리하게 하기 위한 것
일 뿐이요, 원서(原書)와 달리 하려고 해서 그러한 것은 아니다. 그
사이에 간혹 고치고 매끄럽게 하고 덜거나 더한 것은 노선생에게 들
은 것 때문이지, 내 마음대로 천착하여 옳지 않은 일을 저지른 것은
아니다.

盖公與老先生, 俱學于栗谷之門, 其淵源宗絡無有不同, 則今其所
聞於老先生者, 亦公平日之緒論也. 況公之此書, 固與平巖本註多有
異同, 而不以爲嫌者, 本欲公天下之義理, 而無一毫彼我之私, 則亦不
能不以此有望於後人也. 若曰公能操其戈以入平巖之室, 而反自有墨
守之心, 顧於後世, 曰一字不可改易云爾, 則非所以知公者也. 噫! 九
原可作, 必將莞爾而召, 以爲粗得其當日之心矣.

공은 노선생과 함께 율곡의 문하에서 배웠기에 학문의 연원과 맥락
도 같지 않은 것이 없으니, 지금 노선생에게 들은 것은 또한 공이 평

소에 한 주장의 서론(緒論)일 것이다. 하물며 공의 이 책은 진실로 평암(平巖)[8]의 본주와도 다른 점이 많지만 혐의로 생각하지 않은 것은 본래 천하의 의리를 공평하게 하여 터럭만큼도 저쪽, 이쪽이라는 사사로움을 없게 하기를 바란 것이니, 후세 사람에게도 이렇게 하기를 바라지 않을 수 없을 것이다. 만일 공은 창을 잡고 평암의 방에 들어갈 수 있지만 자신은 도리어 묵수(墨守)[9]하려는 마음을 품고 후세 사람들에게 한 자도 고칠 수 없다고 생각한 것으로 여긴다면, 이것은 공을 알아주는 것이 아니다. 아! 구원(九原)[10]에서 살아서 일어날 수 있다면 반드시 빙그레 웃으며 당시의 마음을 대강 얻었다고 생각할 것이다.

顧自始學以至于今, 殆將三十年矣. 悼前修之益遠, 懼餘韻之終泯, 每抱遺編, 徒切傷歎. 今海州牧使羅侯星斗, 以公之宅, 相謀入于梓, 以壽其傳. 而以余嘗與知其顚末也, 求余一言以識, 故輒書于簡末如右云.
崇禎紀元三十四年辛丑, 秋夕, 後學恩津宋時烈, 謹序.

돌아보면 학문을 하기 시작한 지 지금까지 거의 30년이 되었다. 선배들이 더욱 멀어지는 것을 슬퍼하고 남긴 가르침은 마침내 없어지게 될 것을 두려워하여 항상 남긴 책을 끌어안고 한갓 탄식만 깊어진다. 이제 해주(海州) 목사 나성두(羅星斗)[11]가 공의 집안과 서로 상의하여

---

8) 엽채의 호.

9) 전국시대 墨翟이 초나라 군사 公輸般의 공격에 대하여 성을 굳게 지켜 굴하지 아니한 고사에서 나와, 자기의 의견을 굳게 지킨다는 의미로 쓰인다.

10) 구원(九原)은 원래 山西省 新絳縣의 산 이름이다. 晋 卿大夫의 묘지가 구원에 있었기 때문에(『예기』「단궁」하에 "趙文子與叔譽觀乎九原"이라고 나옴) 후세에는 묘지를 구원이라고 부르게 되었다.

11) 1614-1663. 자는 碁洲이고, 호는 于天이다. 張維와 鄭弘溟의 문하에 있다가 병자호란으로 안동에 기어할 때 金尙憲과 왕래하였다. 송시열의 천거로 해주목사가

이 책을 출판하여 오래도록 전하고자 결정하였다. 내가 그 일의 앞뒤를 안다고 해서 나에게 한 마디 말을 써달라고 부탁하므로 문득 책의 끝에 위와 같이 썼다.

숭정(崇禎) 기원 34년 신축(辛丑)[12] 가을 저녁에 후학 은진(恩津) 송시열이 삼가 서문을 쓴다.

되었다.

12) 숭정은 명의 마지막 황제 毅宗의 연호(1628-1644)이다. 명은 1644년 의종의 사망과 함께 멸망하였지만 조선시대의 학자들은 명나라와의 의리를 지킨다는 명분 아래 숭정이라는 연호를 계속 사용하였다. 신축년은 1661년이다.

이익¹⁾의 『근사록질서』²⁾ 「서문」

『近思錄疾書』 序

昔者夫子罕言命與仁. 罕言者, 特罕與初學言. 至傳心傳道, 雖欲默³⁾其口, 得乎? 故撰『易』繫辭, 津津乎天人性命之原, 與他日不侔. 如子思之中庸, 孟子之七篇, 俱是究極原初之文, 其義亦大煞發露矣.

옛날 "공자께서는 천명과 인에 대하여 말씀을 드물게 하셨다."⁴⁾ '말씀을 드물게 하셨다'는 것은 초학자들과 말씀을 드물게 하신 것일 뿐이다. 마음을 전하고 도를 전하는 데 이르러서는 입을 닫고 싶어도 그렇게 할 수 있겠는가? 그러므로 『주역』의 「계사」를 지어 하늘과 사

---

1) 1681~1763. 자는 自新, 호는 星湖, 본관은 驪州이다. 대사헌 夏鎭의 아들. 柳馨遠의 학풍을 계승하여 실학의 中祖가 되었다. 그의 경학적 입장은 위로는 퇴계 이황의 주리적 입장을 계승하고 아래로는 다산 정약용의 경학적 입장에 상당한 영향을 미쳤다. 특히 그의 실학사상은 다산 정약용의 실학사상에 기본 바탕을 제공하였다.

2) 이 밖에도 이익은 『시경질서』·『서경질서』·『역경질서』·『논어질서』·『맹자질서』·『중용질서』·『대학질서』·『가례질서』·『심경질서』·『소학질서』 등 10종의 『질서』를 저술하였다. 그 중 『대학질서』·『중용질서』·『논어질서』는 한림대학교 부설 태동고전연구소에서 번역되었다.

3) 본문에는 '黑'자이나 '默'자가 맞다고 본다.

4) 『논어』 「자한」 1장.

람의 관계와 성명(性命)의 근원에 대하여 넘쳐 흐르게 많은 설명을 하셨으니 다른 때와 달랐다. 자사의 『중용』과 맹자의 7편[5]은 모두 최초의 근원을 끝까지 추구하는 문장이며, 그 뜻도 심하게 드러내었다.

聖王不作, 民俗日趨魯莽. 邪說幷起, 又從而惑亂之. 至周程諸子之時, 殆不可以力挽. 然仁人之心, 豈可但已! 如障倒瀾, 如食疾子, 迷若愈遠, 誨斯愈勤. 其意若曰與其淺而阨, 寧深而悅也. 與其略而難曉, 寧詳而或悟也. 若又徒慮其躐易而未十分說破, 則此道特不復明於世. 是以言之於夫子之世, 則簡而切, 言之於周程之時, 則奧而繁. 繁非君子之所欲也, 勢也. 而說者曰:"德衰則言高, 談性命, 諸子之陋也." 嗚呼! 其不思哉.

성인인 왕이 일어나지 않자 인민의 풍속이 날로 미련하고 거칠어졌다. 또 간사한 학설이 마구 일어나서 계속하여 미혹시키고 어지럽게 만들었다. 주돈이와 정호와 정이 등 여러 선생의 시대에는 거의 힘으로 돌이킬 수 없게 되었다. 그러나 어진 사람의 마음이야 어찌 포기할수가 있겠는가! 덮치는 물결을 막는 것 같고 병든 아들을 먹이는 것과도 같아서 미혹됨이 심할수록 가르침도 더욱 부지런하게 하였다. 얕게 가르쳐서 막히는 것보다는 차라리 깊게 해서 기쁘게 하려는 것 같았고, 대략 가르쳐서 깨닫기 어렵게 하기보다는 차라리 자세하게 가르쳐서 혹시라도 깨우치게 하려는 것과 같았다. 순서를 뛰어넘고 쉽게 여기는 것만 걱정하여 충분히 설파하지 않는다면 이 도가 세상에 다시는 밝혀지지 않을 것이다. 이 때문에 공자의 시대에 말할 때는 간단하고 절실하였으며, 주돈이와 정호·정이의 시대에 말할 때는 깊고

---

5) 『맹자』는 「梁惠王」 상·하, 「公孫丑」 상·하, 「滕文公」 상·하, 「離婁」 상·하, 「萬章」 상·하, 「告子」 상·하, 「盡心」 상·하의 7편으로 이루어졌다. 상·하를 각각 한 편으로 보아 14편으로 나누기도 한다.

번거로웠다. 번거로운 것은 군자가 바라는 것이 아니라 형세 때문이다. 그런데 어떤 사람들은 "덕이 쇠퇴하면 주장이 높아지니, 성명(性命)을 말한 것은 여러 선생들이 고루하기 때문이다"라고 한다. 아! 생각하지 아니함이여.

然以今觀之, 儒學日屈, 無所事, 事謂諸子之書, 不可卒旣, 不欲致思於其間. 雖欲志焉, 浩浩莽莽, 亦遠而無得也. 要其專意四子, 不得不措, 非此書不可. 信乎朱子纂集之功, 又不在四子下也. 余始受讀, 齟齬棘口, 未入雋永. 久久思量, 稍稍路開, 覺有天壤間一大歡喜. 比如牖明日漏, 始知塵埃裏坐在也. 余恐後來家塾子弟, 投脚下手, 未見意趣如向之迷, 吾輒加箋解, 俾有以易入云爾.

오늘날을 살펴보면, 유학은 날로 없어져 노력하는 바가 없어지고, 노력하더라도 여러 선생들의 책은 다 볼 수 없다고 해서 이미 그것에 대하여 생각하려고 하지 않는다. 비록 뜻을 두려고 하여도 넓고 아득하니 멀어서 얻을 수 없다. 요컨대 사서(四書)에 전심해서 이해하지 않고는 그만두지 않으려고 한다면, 이 책이 아니고서는 안 된다. 참으로 주희가 이 책을 편찬한 공은 또한 사서보다 못하지 아니하다. 내가 처음 이 책을 얻어서 읽었을 때는 뜻이 서로 맞지 않아 입에 가시가 돋아 깊은 의미에까지 들어가지 못하였다. 오래도록 생각하며 점점 길이 열려 천지 사이에 커다란 기쁨이 하나 있다는 것을 깨닫게 되었다. 비유컨대, 창을 통해 밝은 빛이 새어 들어오자 비로소 티끌 가운데 앉아 있는 것을 알게 되는 것과 같다. 미래에 집안의 자제들이 공부를 시작하여도, 지난날 나의 미혹할 때처럼 뜻을 이해하지 못할 것을 두려워하여 해석을 붙이니, 들어가기 쉽게 하기 위함일 뿐이다.

중국철학의 몇 가지 용어에 대한 해설[1]

　　한자 용어를 두 사람이 번역할 때 서로 완전히 일치할 수는 없다. 각각의 중국어 용어는 몇 가지 의미를 가지고 있으므로 역자가 다를 경우 강조점도 다르게 되는 것은 불가피하다. 예를 들면 음(陰 : 어두움, 부정적, 소극적, 여성적인 원리나 힘 또는 요소)과 그 반대인 양(陽)과 같은 용어들이 번역되어야 할 경우 그 의미는 매우 복잡하다. 어떤 사람들은 번역보다는 해설을 요구한다. 예를 들면 『대학장구(大學章句)』라는 제목은 글자 그대로는 '『대학』에 대한 방점과 새로운 구분(區分)'을 의미한다. 그러나 이 작품은 실제적으로는 주희의 가장 중요한 말들을 포함하고 있는 주석이다. 그러므로 주석은 단순한 문자상의 번역이기보다는 좀더 나은 줄거리이다. 또 『유서(遺書)』는 '전달된 책'을 의미한다. 그러나 '전달'이란 이 용어가 본래 지시하는 '아직도 존재하는 작품'이라는 의미와는 전혀 다른 '전선(電線)'을 연상시킨다.[2] 그러

---

1) 이 용어해설은 진영첩 영영본(359-370쪽)에 나오는 부분을 번역한 것이다. 번역을 위하여 필요한 경우에는 역자의 의견을 각주에 보충하였다. 용어해설은 진영첩이 편집한 저서인 『중국철학에 관한 원전』(*A Source Book in Chinese Philosophy*, Princeton, N, J,, 1963)으로부터 개작한 것이며, 무극과 리(理)에 관한 부분은 추가되었다.

므로 이 용어는 '남아 있는 책' 또는 '보존된 책'으로 번역되어야 한다.

어떤 용어는 여러 가지로 번역되어야 한다. 예를 들면 '문(文)'은 '무늬', '문학', '부호[signs]', '수식', 문화'와 또 다른 여러 가지를 의미한다. 이와 비슷하게 '자연(自然)'이란 '자발성', '자연', '본성을 따르는 것' 등을 의미한다. '취(取)'는 '가진다'는 의미이지만 불교에서는 '집착하다' 또는 '염려하다'를 의미한다. '수(數)'는 '숫자', '진리', '원리', '일의 과성', '운명', '자수' 능을 의미한다. 이러한 용어들은 일관되게 사용될 수 없다. 그 때문에 뒤벤다크(Duyvendak : 1889~1954)는 순자(荀子)의 수 개념을 정확하게 이해하는 데 실패하였다. 그는 호적(胡適 : 1891~ 1962)이 수를 진리라고 번역한 것을 잘못이라고 생각하였다.[3]

번역상의 용어를 선택할 때 역자는 저자에 의해서 주어진, 또는 각 철학체계에 고유한 의미를 선택해야 하는 것은 말할 필요도 없다. 예를 들면 『췌언(萃言)』이란 제목은 '수집된 말' 또는 '순수한 말'을 의미한다. 전자는 일반적인 반면 후자는 저자가 의도적으로 사용한 의미라는 것이 서문에 의하여 분명하게 드러난다. 또 '평등(平等)'은 보통 '동등함'을 의미하지만 불교에서는 보다 세련된 의미, 즉 '구별이 없는 똑같음'을 의미한다. '통(洞)'은 물론 '관통'을 의미하지만 불교에서는 '자유로워 제약되지 않음'이라는 특수한 의미를 지닌다.

많은 경우, 번역은 어려우며 논쟁을 야기할 수 있다. 각자의 선택은 질서가 있어야 하며 그 배후에는 적당한 이유가 있어야 한다. 아래 설명들은 나로서는 충분하기를 바라는 나의 용어 선택에 대한 이유이다.

---

2) 『遺書』를 우리말로 번역할 때는 이러한 문제가 없다. '遺'자는 '보낸다'는 의미보다는 '남긴다'는 의미로 더 많이 사용되기 때문이다.

3) T. T. L. Duyvendak의 「순자의 정명에 대하여」, 『通報』 23(1924) 참조. 호적의 번역은 *The Development of the Logical Method in Ancient China*(160쪽)에 나온다.

기(幾) : '미묘한, 발단의, 활성화시키는 힘.'[4] 그레엄(Graham)이 "움직임의 내적인 발생" 그리고 "아직 밖으로 보이지 않는 초기의 움직임"[5]이라는 말 속에 이 용어의 의미를 가장 정확하게 표현하고 있다. 보드(Bodde)의 "원동력"[6]이나 칼손 장(Carsun Chang)의 "미묘한 상태"[7]는 정확하지만 불완전하다.

기(氣) : '물질적 힘.'[8] 중국사상을 연구하는 사람들은 리(理)와 대립하는 기가 에너지와 물질을 의미하는 것으로 알고 있으며, 중국철학에서 이 둘(에너지와 물질)은 분리되지 않는다. 물질과 에테르는 부적절하다. 덥스(Dubs)의 "물질-에너지"[9]는 본질적으로 건전한 번역이지만 어색하다. 음역을 택하는 경우가 아니라면 '물질적 힘'이 최선으로 보인다. 신유학의 리(理) 이론이 발달하기 전의 많은 경우에, 기는 혈기와 연관된 정신생리학적인 힘을 의미하였다. 그래서 "생기" 혹은 "생명의 힘"으로 번역되는데, 호연지기(浩然之氣)의 경우에는 "강한 활동

---

4) 나는 대체로 '기미'로 번역하였다. '낌새'나 '조짐' 등과 비슷한 의미를 지닌다. 동양의 체용론적 사고에서 '기미'는 매우 중요하다. 본체와 작용의 경계에 있는 것이 '기미'이기 때문에 '기미'에 대한 인식은 형이상의 영역에 속하는 본체를 인식하는 계기가 된다. 성리학에서의 가장 중요한 居敬과 窮理라는 두 가지 공부는 전자가 본체를 함양하는 공부라면 후자는 기미를 살피는 공부와 밀접한 관련이 있다. '幾'자가 때로는 '機'자와 통용되기도 한다. 그 때는 '기틀', '기회', '고동'의 의미이다.

5) A. C. Graham, *Two Chinese Philosophers : Ch'eng Ming-tao and Ch'ing Yi-ch'uan*, 35쪽.

6) Fung Yu-lan, *A History of Chinese Philosophy*, tr. by Derk Bodde, II, 450쪽.

7) Carsun Chang, *The Development of Neo-Confucian Thought*, I, 157쪽.

8) 중국인들은 '기(氣)'란 우주 안에 가득 찬 물질적인 것으로서 유동적인 것이라고 생각하였다. 그리고 '기'가 모인 것이 물질이라고 생각하였다. 이러한 기에 법칙성을 부여하는 것, 또는 '기'의 법칙성을 '리(理)'라고 생각하였다.

9) Homer H. Dubs, "Mencius and Sundz on Human nature," *Philosophy East and West*, VI(1956), 219쪽.

력"으로 번역된다. 『맹자』 「공손추」 상 2장에 나오는 호연지기라는 말은 다양하게 번역되어야 한다.

근사(近思) : '가까이 있는 일에 대한 반성(reflections on things at hand),'[10] 이 말은 『논어』 「자장」 6장에 나오는데, 여기에서 공자는 가까운 것, 즉 곧장 적용할 수 있는 문제에 대해 생각해야 한다고 말한다.[11] 근(近)은 또 「옹야」 28장에서는 자기 자신을 가리킨다(能近取譬 : 우리 자신과 가까운 것에서 비유할 만한 것을 찾는 것). 브루스(Bruce)는 이것을 "근대의 생각"[12]이라 부정확하게 번역했고, 알프레드 포르케(Alfred Forke)와 같은 사람들이 그의 생각을 따랐다. 브루스는 각주에서 『근사록』이 최근 사람들의 말을 포함하는 것이라는 주희의 말을 인용함으로써 자신의 주장의 적절함을 보이려 한다. 이 말은 『주자연보』의 2장 1절에서 인용한 것이다. 그러나 여기서 주희는 『근사록』의 제목을 설명하는 것이 아니라 그 내용을 특징적으로 표현하고 있는 것이다. 브루스가 이 말을 오해한 것이 분명하다. 제목의 의미는 같은 단락에 있는 여조겸의 논평에서 온 것이 분명하다. "들은(배운) 것을 혼자 힘으로 생각한다"[13]는 웨일리(Waley)의 번역도 정당화될 수 없다. 또 "체계적 사고"[14]라는 니덤(Needham)의 번역도 불만족스럽다. 칼손 장의 "반성적인 생각(reflective thought)"과 빈센트 유충서(Vincent Yu-chung shih)의 "친밀한 생각(intimate thinking)"은 해석이다. 레게(Legge)의 "스스로에게 적용하는 반성(reflecting with self-appli-

---

10) 해제 참조.

11) 진영첩은 이 말이 공자의 말인 것처럼 설명하고 있지만 사실은 제자인 자공(子貢 : 성은 端木, 이름은 賜)의 말이다.

12) J. Percy Bruce, *Chu Hsi and His Masters*, 74쪽 참조.

13) Arthur Waley, *The Analects of Confucius*, 19 : 6.

14) Joseph Needham, *Science and Civilisation in China*, Vol.2 . *History of Chinese Scientific Thought*, 459쪽. 이하 영역본에 나오는 출처주는 생략한다.

cation)"은 자신에게 적용한다는 의미를 잘 드러내지만 가까움이라는 의미를 포함하지 못한다. '즉각적인 적용을 위한 생각' 혹은 '즉각적인 적용을 위한 반성'과 '가까이 있는 것에 대한 반성' 가운데 하나를 선택하는 것은 어려운 일이지만, 후자는 적어도 적용의 의미를 함축하므로 후자로 결정한다.

경(敬): '엄숙함(seriousness).'[15] 고대 유가에서 경은 종종 공경을 의미하는 '공(恭)'과 바꿔 쓸 수 있는 말이지만, 신유학에서 두 말은 분명하게 구별된다. 진순(陳淳: 1153-1217)이 지적하듯, 공은 남을 존경하는 표현이나 외모와 관련되고, 반면에 경은 그러려는 노력과 관련된다. 즉 전자가 외적이라면 후자는 내적이다. 중요한 차이는 경이 마음의 상태임에 반해 공은 대상을 함축하는 공경이라는 점이다. 이것은 불교의 마음의 고요와 유사해 보이고, 아마도 그렇기 때문에 칼손 장은 그 말을 "주의를 기울임(attentiveness)" 혹은 "마음을 집중함(concentration)"이라 번역하고, 그레엄은 "침착함(composure)"으로 표현했다. 그러나 신유가는 선불교가 강조하지 않는 태도인, 일을 처리할 때 노력하는 것을 강조했다. 진순이 말하듯 고대의 경전에서 이 말은 침착함을 의미하지만 신유가는 일을 처리할 때 노력하는 것을 강조한다. 적초(翟楚, Chai Ch'u)의 "신중함(prudence)"은 신유학의 의미에 가깝지만 "엄숙함(seriousness)"이라는 브루스의 번역이 가장 낫다.

충서(忠恕): '양심적인 것(conscientiousness)과 이타주의(altruism).'[16]

---

15) 성리학에서 '경(敬)'은 마음이 삶의 주인이 되도록 하기 위하여 노력하는 자세를 가리킨다. 엄숙함이나 공경스러움도 혼자 있을 때나 사물과 관계할 때의 이러한 자세를 가리킨다. 한자 용어이기는 하지만 우리말의 조심(操心)이 이와 유사한 의미이다.
16) '충서'는 유가의 성선설에 기초해서 이해해야 한다. '충'은 자신의 선한 본성을

이것은 많은 해석의 가능성을 가지지만 중심되는 의미를 잃어서는 안 된다. 증자가 말하듯 이것은 공자의 교설을 관통하는 것[一貫]이다.[17] 본질적으로 충은 '원래 선한 마음을 충분히 전개시키는 것'을 의미하고, 서는 '그 마음을 타인에게 확장하는 것'을 의미한다. 다시 말하면, 충은 자신과 관계되고 서는 타인과 관련되는 유가의 황금률, 즉 인(仁, humanity)이다. 어떤 번역도 이 두 측면을 포괄해야 한다.

법(法): 법률, 처벌, 관습, 의무, 과목, 방법, 기술, 모범 등 법이 포괄하는 의미의 폭은 넓어서 다양하게 번역되어야 한다.[18] 법가에서 법은 법(法)·술(術)·세(勢)의 세 개념을 포괄한다. 불교에서 그것은 붓다 자신, 붓다가 연설한 율법, 실재, 진리를 의미한다. 철학적 의미에서 그것은 '지켜져야 하는 것(that which is held to)'을 의미하는 다르마(dharma)의 중국어 번역이다. 그것은 형태가 있든 없든, 실제이든 가상이든, 물질이든 실체의 원리이든, 개체로서 본성을 지니는 것 일

다 발휘하는 것이며, '서'는 자신의 본성에 기초한 판단을 미루어 생각하여 타인에게까지 미치도록 하는 것이다. '서'는 이타주의와는 좀 다르다. 행동의 결과는 이타주의에 의한 것과 같을 수 있지만, 이는 어디까지나 '자기 자신을 위한 학문', 즉 자아의 완성과 실현이라는 유학사상의 연장선상에 있다.

17) 『논어』「이인」15장.

18) 유학의 '법' 개념은 『주역』「계사」에 주목할 필요가 있다. 『주역』에서는 '법'이 '상(象)'과 대비되는 개념으로 사용되고 있다. 「계사」상 5장에서는 "象을 이룬 것을 乾이라고 하고, 法을 드러낸 것을 곤이라고 한다"고 하고, 「계사」상 11장에서는 "나타난 것을 象이라고 하고, 형체로 된 것을 器라고 하며, 만들어 사용하는 것을 法이라고 한다"고 하며, 「계사」하 2장에서는 "法象은 천지보다 큰 것이 없다"고 한다. '象'은 하늘과 관계되는 것으로 아직 형체화하기 이전의 기운을 가리키며, '법'은 땅과 관계되는 것으로 이미 형체화한 뒤의 모범, 또는 모범을 본떠서 그릇을 만드는 것을 의미하였다. '법'은 우리말의 '본' 또는 동사로 '본뜬다'는 의미라는 것을 알 수 있다. 이렇게 보면, 유학에서는 '理'가 형이상적 개념이고 '象'이 형이상과 형이하의 중간에 있는 것이라면 '법'은 형이하적 개념이라는 것을 알 수 있다.

체를 내포한다. 이런 문맥에서는 법은 번역하기 매우 어려운 말이다. 이에 대한 가장 가까운 번역은, 비실재적인 다르마가 부정적 존재를 가지는 것으로 보는, "존재의 핵심(element of existence)"이라는 용어 이다. 붓다의 율법을 의미하는 경우 이외에는 번역하지 않고 그냥 두 는 것이 최선이다.

상(相) : '특성.'[19] 불교 전문용어로서, 특성이 본성과 관계되고 현상 이 본체와 관련되듯, 상(相)은 성(性 : 본성)과 관련된다. 실상(實相)의 경우는 본성 자체를 의미하지만 말이다. 묘사될 수 있는 것이 상(相) 인 데 반해, 본질적으로 자기-본성〔自性〕인 것이 성(性)이다. 물론 일 상적 용법에서 상은 표시, 특징, 외형, 형태 등을 의미한다.

형이상(形而上) : '물질적 형태 이전에 존재하는 (그래서 물질적 형태 가 없는) 것.' 형이하(形而下)는 물질적 형태 뒤에 존재하는 (그래서 물 질적 형태를 가진) 것. 이 말은 『주역』「계사」 상 12장에 처음 나온다. 여기에 공영달(孔穎達 : 574-648)은 다음과 같이 주를 달았다. "물질적 형태는 도에 따라서 확립된다. 그러므로 먼저 도가 있고 그 다음에 물 질적 형태가 있으며 도는 물질적 형태 이전에 존재한다. …… 물질적 형태는 대상 속에 있는 것이지 도 속에 있는 것이 아니다. 물질적 형 태가 있으므로 대상과 기능이 있을 수 있다." 그래서 양자의 관계는 양자의 상호 연관(sequence)과 속성(attribute)의 관계이다. 레게와 뒤 벤다크의 "물질적 형태 이전의"와 "물질적 형태 다음의"라는 번역과

---

19) 유학에서 '相'자는 철학적 용어로서 거의 사용되지 않는다. 일상적 용어로서 '서 로', '도운다', '용모', '재상' 등의 의미로 사용되었다. 유학에서는 같은 발음의 '象' 자가 주로 사용되었다. '象'이란 이법이 형체로 나타나기 이전의 단계로서 『주역』 에서는 '象'을 통하여 이법을 알 수 있다고 한다. 『주역』의 내용은 64괘라는 '象' 을 통해 자연의 이법을 알도록 하는 유학의 象學이라고 할 수 있다.

빌헬름(Wilhelm)과 보드의 "형태 위에 있는(형태를 넘어선) 것"과 "형태 안에 있는 것"이라는 번역 및 브루스의 "유형의 것"과 "무형의 것"이라는 번역 등은 모두 두 측면 가운데 단지 한 측면이라는 점에서는 정확한 번역이다. 부드버그(Boodberg)가 '이(而)'를 옮겨간다는 의미로 본 것은 정확하지만 그가 말한 대로 동사는 아니다. 그리고 '형이상'이 그가 생각한 것처럼 "유형이면서 초월적인 것"은 아니다. 그보다는 "무형이고 초월적인 것"을 의미한다. 인관의 의미는 중요하나. 그것이 없다면 그 용어에 대한 주희의 토론은 이해될 수 없다.[20] 그러나 일상적 용법에서 형이상은 단지 "형태 이전"을, 형이하는 "형태 이후"를 의미한다. 『대한화사전(大漢和辭典)』은 이 구절을 "형태를 가진"과 "형태가 없는"이라고 정의한다는 점에서 정확하다.

형명(刑名) : '실질(actuality)과 이름.'[21] 이 용어는 고대 학자들 사이의 주된 논쟁점인 이름과 실질의 관계를 의미하는 것으로 이해된다. 크릴(Creel)이 지적했듯, 대부분의 번역자는 '형(刑)'을 처벌의 의미로 오역했다. 그것은 형태 혹은 육체를 의미하는 '형(形)'과 바꿔 쓸 수 있다. 크릴은 형명이 "수행(performance)과 직함(title)"을 의미하며 정

---

20) "리는 결코 기와 분리될 수 없다. 그러나 리는 형태 이전에 존재하고(따라서 형태가 없고), 반면에 기는 형태 이후에 존재한다(그래서 형태가 있다). 그러므로 물질적 형태 이전 혹은 이후의 존재에 대해 말한다면 이전과 이후라는 차이가 있는 것이 아닐까? 리는 무형이지만, 기는 조잡하고 순수하지 못하다(『주자어류』1 : 2b)."

　동양의 형이상과 형이하라는 개념은 체용론적 사고틀 속에서 이해되어야 한다. 이 둘은 서로 분리될 수 없는 하나이지만 체가 용에 선행하는 관계이다. 초월적이라고 해서 물질을 떠나서 물질 바깥에 있다는 의미가 아니라 물질의 본체로서 물질의 제약을 받지 않는다는 의미일 뿐이다.

21) 형명사상은 법가 또는 법가와 도가의 결합사상이라 할 수 있는 황노학에 의하여 중시되던 사상이다. 유학자들은 이를 비판하였다. 『근사록』과는 전혀 상관이 없다.

부 관료의 선발과 평가에 관계된다고 본다. 하지만 그는 '형'이 수행을 의미함을 보여주는 어원학적인 설명이나 명확한 증거를 제시하지 않는다. '형명'이 나오는 가장 중요한 구절은 『윤문자(尹文子)』에서 발견되는데, 크릴은 이 책을 언급하지 않았다. 이 책은 "대도(大道)는 형체〔形〕를 갖지 않으며 물질적 대상은 이름〔名〕을 가진다"는 구절로 시작된다. 여기서 형(形)은 형태를, 명(名)은 이름을 의미하는 것이 분명하다. 그리고 그것은 수행과 직함으로 이해될 수 없다. 또 크릴은 형명(刑名) 혹은 형명(形名)을 명실(名實)과 동일시하는 전통적인 방법을 받아들이지 않는다. 그러나 『윤문자』는 분명히 명명(命名)하는 것은 형태를 조사하고 또 실제〔實〕를 조사하는 것이라 말하고 있다. 크릴은 형(형태 혹은 외형)이 실제와 반대된다고 말하는데, 형(形)이 육체를 의미한다는 것을 잊고 있음이 분명하다. 그는 형(刑)과 형(形)을 바꿔 쓸 수 있다는 점을 받아들이지 않고 학자들과 필사자들이 (둘의 차이를) 혼동했다고 생각한다. 이 둘이 혼용되는 『한비자』에서, 그는 자의적으로 전자〔刑〕의 의미를 자신의 이론에 짜맞춘다. 일관성을 위해서, 그는 『묵자』에 나오는 형정(刑政)의 형(刑)을 수행하기, 혹은 집행하기라는 동사로 해석한다. 이러한 해석은 "국가의 부, 인민의 수, 형정(刑政)의 다스림"이라는 구절의 평행성을 깨뜨리고 "위형정(爲刑政)"이 "통치를 수행하는 것"이라고 해석하게 하였다. 이는 중국어에 이와 유사한 경우가 없는 아주 이상한 구성이다. 직함은 물론 이름의 한 종류이고, 수행(실제로 그 사람이 한 일)은 실질의 한 종류이다. 하지만 형(刑)은 동사가 아니고, 형(形)과 형(刑)의 교환 그리고 형명(形名)과 형명(刑名)의 동일시는 크릴의 주장처럼 잘못은 아니다. 주희는 책략가와 술수가와 형명을 비난하는데, 그것은 그들이 속임수를 쓰는 기회주의자이기 때문이다. 형명은 직함에 따른 수행을 요구하는 군주에 대한 서술과 부합하지 않는 것처럼 보인다. 그리고 크릴이 형명을 법가와 연관시키는 데 비해 주희는 그들이 노가에 기초하고 있다고 말한다.

물론 주희는 『노자』 36장을 생각하고 있는 것이다. 거기서는 "취하기 위해서는 먼저 주는 것이 필요하다(將欲取之, 必固與之)"고 말하는데, 이것은 책략가와 술수가 및 명가에 의해 사용되는 방식이며, 그렇기 때문에 유가는 그들을 비도덕적이라고 강하게 비난했다.

허(虛) : '텅 빈(vacuous).'[22] 신유가에 의해서도 사용되는 도가 용어이다. 마음의 상태에 대한 기술로서, 허는 마음의 절대적인 평화와 순수, 걱정과 이기적 욕구로부터의 자유, 그리고 들어오는 인상에 방해받지 않거나 마음에 이미 있는 것(선입견)이 앞으로 들어오는 것을 방해하지 않게 하는 것을 의미한다. 허(虛)와 실(實)은 비실재와 실재를 의미하지만, 허는 또한 방해받지 않는 깊고 심오한 연속체(continuum)를 의미한다. 허를 불교 용어인 공(空)과 동일시해서는 안 된다. 공이 허무적이라기보다는 구체적 특성이 없는 것을 의미한다고 하더라도, 허는 좀더 적극적인 개념이다. 그럼에도 신유가는 허를 사용하기를 아꼈다.

현(玄) : '심오한(profound)' 혹은 '신비스러운(mysterious).'[23] 다른 중국말처럼 이 말은 의미망이 광범위하다. 현은 어두운, 난해한, 깊은, 심오한, 비밀스러운 등을 의미한다. 도교에서 신비적 측면이 강조되는

---

22) 유학에서는 "하늘이 하는 일은 소리도 없고 냄새도 없다"고 하지만, 신유학 이전에는 '허'라는 개념을 별로 사용하지 않았다. '太極', '明德', '性', '誠', '道' 등 적극적인 표현을 주로 사용하고 '허'나 '무'라는 부정적 표현을 거의 사용하지 않았다. '허'자가 처음 나오는 곳은 함괘(䷞)의 「상전」에서 "산 위에 못이 있는 것이 함괘이니, 군자는 이것을 본받아 마음을 비워 사람을 받아들인다(山上有澤咸, 君子以虛受人)"고 한 것이다. 성리학자들에 의하여 자주 사용되지만 '텅 비었지만 알차고, 없으면서도 있다'고 하여 본체가 '텅빈 무'라고 하면서도 그 가운데 있는 이치를 주주하여 '알차고', '있다'는 측면을 항상 강조하였다.

23) 유학에서는 거의 사용하지 않는 용어이다.

데, 도가철학에서 심오하거나 형이상학적인 측면은 최상의 것이다. 그래서 현학(玄學)은 형이상학적 학파이고, 현덕(玄德)은 심오하고 비밀스러운 덕이다. 현은 문맥 속에서 이해해야 한다. 예를 들어 현명(玄冥)은 '심오하게 어두운'이라는 의미가 아니라 본체(noumenon)를 의미한다.

인(仁) : '인간다움(humanity).' 인은 자애, 완전한 덕, 선함, 인간다운 마음, 사랑, 이타주의 등으로 다양하게 번역된다. 그러나 이 중의 어떤 것도 인의 모든 의미를 표현하지는 못한다. 인은 자애라는 개별적인 덕목을 의미하기도 하고, 모든 선함의 기초인 보편적인 덕목을 의미하기도 한다. 『맹자』「고자」 상 11장에서 인은 "사람의 마음"이다. 한(漢)대 유학자들은 인을 '사랑' 혹은 '사람이 함께 사는 것'을 의미한다고 보았다. 한유(韓愈)에게 인은 '널리 사랑하는 것〔博愛〕'이었다. 신유학자들은 인을 '불편부당성', '끊임없는 생성의 특성', '자각', '산출하는 씨앗', '자라려는 의지', '천지와 한 몸을 이루는 것', '사랑의 원리와 마음의 덕성'[24] 등으로 해석한다. 근대에서는 인이 에테르 혹은 전기와 동일시되기도 했다. 어원적으로 인은 사회 속의 인간을 뜻한다. '인(仁)'자는 사람을 뜻하는 '인(人)'과 무리를 의미하는 '둘〔二〕'로 구성되어 있기 때문이다. 『맹자』「진심」 하 16장[25]과 『중용』 20장[26]에서 인은 사람과 동일시된다. 웨일리의 "선함(goodness)", 휴즈(Hughes)의 "인간다운 마음(human-heartedness)", 보드의 "사랑", 그리고 덥스의 "자비로운 사랑"은 물론 다른 측면의 대부분을 포함하고 있지만, 모두 어원적 의미를 전달하지 못한다. 게다가 사랑은 애(愛)에 대한 정확한 번역으로 인(仁)과 애(愛)를 혼동시킨다. "인은 사랑의 원

---

24) '愛之理, 心之德'이므로 사랑의 원리와 마음의 덕이 되어야 한다.
25) "인은 사람다움이다(仁也者人也)."
26) "인은 사람다움이니, 어버이를 친애하는 것이 중요하다(仁者人也, 親親爲大)."

리"라는 주희의 언명과 "인한 사람은 남을 사랑한다"는 맹자의 말에서 그것을 볼 수 있다. 부드버그의 "사람다움" 그리고 "공동체적 인간성(co-humanity)"과 임어당의 "진정한 사람임(true manhood)"은 좋은 번역이다. '사람다움(humanity)'이라는 나의 선택은, 그것이 모든 의미를 표현하는 것이며 '진정한 사람임'이 그렇지 못한 데 비해 형용사 형태를 가지는 것처럼 보이기 때문이다. 물론 사람다움이 에테르나 전기라고 하는 것은 말도 안 된다. 그것들은 단지 은유로 쓰인 것이다. '사람다움'은 모든 신유학적 해석에 주의를 기울인 것이다. 왜냐하면 사람다움은 분명히 생명의 특성을 지니고 있고, 인간은 하늘과 땅으로 한 몸을 이루는 존재이기 때문이다.[27]

귀신(鬼神) : '영적인 존재' 그리고 '긍정적인(positive) 영적인 힘과 부정적인(negative) 영적인 힘.' 진순은 귀신을 네 가지 범주로 나누어 논의해야 한다고 말하는데, 네 가지 범주란 유가 경전의 귀신, 고대의 종교적 헌신에서의 귀신, 요즘의 종교적 헌신에서의 귀신, 악마와 신에 관한 것 등이다. 신유학자들에 의해 해석된 유가의 경전에서, 귀신은 일의 배후에 있는 긍정적이거나 부정적인 힘들을 의미한다고 한다. 그래서 수축이 귀(鬼)라면 펼치는 것이 신(神)이다. 이러한 자연주의적이고 철학적인 의미는 귀신을 영적인 존재로 보는 나머지 세 가지 범주의 의미와는 구별되어야 한다. 고대에 귀(鬼)가 죽은 사람의 영혼을 지칭했다면 신(神)은 일반적으로 천상의 존재를 말했다. 요즘의 헌신에서의 귀신은 조상을 가리킨다. 대중적 종교에서 신(神)은 선한 신들과 항상 선하지는 않은 악마를 의미한다. 신유학에서 귀신은 이 세 범주를 모두 가리킬지 모르지만 물질적 힘[氣]의 활동을 지칭하는 경우가 더 많다. "부정적 영[鬼]과 긍정적 영[神]은 두 물질적 힘[陰陽]의

27) 자세한 설명을 위해서는 진순(陳淳)의 『성리자의』 1장 인(仁) 참조.

자연적 활동(귀신이란 음양 두 기의 양능)"이라는 장재의 말이 일반적으로 받아들여지는 정의가 되었다.

예(禮) : '예식' 등. 예는 원래 종교적 헌신을 의미했지만 예식, 제의, 예법, 예절의 규칙, 좋은 형식, 좋은 관습 등을 의미하게 되었고 자연법과 동일시되기조차 했다. 분명히 의례나 예식이라는 번역은 너무 좁고 오해를 낳을 수 있다. 나는 『예기』를 '의례에 관한 책'이라고 번역하는데, 이는 일반적이고 더 나은 번역이 없기 때문이다. 하지만 예라는 용어는 맥락이 다르면 다르게 번역되어야 한다. 부드버그는 의례의 형식, 사회적 형식 혹은 좋은 형식으로 이해되는 형식(form)이 가장 좋다고 말하는데, 맞는 얘기다. 하지만 이 경우 단일한 번역을 사용하기는 힘들다.

리(理) : '원리(principle).'[28] 원래 이 말은 '질서 지우는 것'을 의미하는데, 그래서 '패턴'이나 '질서'로 이해될 수 있다. 그러나 오랜 개념의 진화과정에서 '원리'를 의미하게 되었고, 대부분의 중국 철학자들은 이런 의미로 사용했다. 나는 다른 곳에서 이 진화를 설명했다.[29]

이 용어는 원리, 법, 이성, 질서, 조직화 혹은 조직화의 원리 등으로 다양하게 번역되었다. 니덤이 지적하듯 이성은 의식과 인간성(personality)을 함축하고, 법은 규칙 혹은 정해진 방식을 포함하는데, 이것은 리에 없는 개념이다. 게다가 법률(law)은 '법(法)'자의 번역으로 남겨두어야 한다. 조직화의 경우, 질서라는 본래적 의미를 지니고 있

---

28) 원리(principle)라고 번역할 때 '끊임없는 생성의 원리'로서의 성격이 살아 있는지 의문이다. 진영첩이 의식과 인간성을 배제시키는 것은 리(理)의 생명성을 오히려 배제하고자 하는 것 같다.

29) "The Evolution of the Neo-Confucian Concept Li as Principle," 『청화학보』 4(1964, 2호).

고 신유가 철학의 핵심적 특성을 표현하고는 있지만, 그것은 '질서'처럼 근본적 진리라는 기본적 의미를 전달하지 못한다. 리(理)는 조직화의 원리일 뿐 아니라 존재 혹은 자연의 원리이다. 원리(principle)는 리(理)에 대한 가장 정확한 영어 번역으로 보인다.

덕(德) : '덕성(virtue)' 혹은 '품성(character).'[30] 일반적으로 덕은 도덕적 품성을 의미하지만, 도(道)와의 관계에서 사물 속에 내재하는 개별화된 도를 의미한다. 덕에 대한 고전적 정의는 '획득한 것' 혹은 '할 수 있는 것'이다. 덕을 삼재석 힘(power), 무언가에 내재하는 넉녹으로 이해하고 힘으로 번역한 웨일리는 정확하다. 하지만 힘은 덕이라는 말이 포함하고 있는 도덕적 탁월성을 내포하지 않는다. 덕성과 품성 두 가지가 더 나은 것으로 보인다.

체인(體認) : '개인적 경험을 통해 깨닫는 것.'[31] 문자적으로는 '자기 자신을 통해 인식하는 것'이라는 의미인데, 이 기본적인 신유학 용어는 특별한 인식 방법을 나타낸다. 즉 깊이 있고 진정한 깨달음을 얻기

---

30) '德'은 得과 중국어에서 음이 같다. 그래서 뜻도 같다고 보았다. 도가 진리에 대한 일반적인 표현이라면 내재화된 도, 즉 자신이 얻어서 자기의 것으로 가지고 있는 것을 덕이라고 하였다. 주희는 "도를 행해서 마음에 얻음이 있는 것", 즉 '자기화된 도'가 덕이라고 정의하였다.

31) 동양철학에서 진리는 사물에 내재하는 사물의 원리이다. 특히 인간의 경우, 인간은 자신의 삶의 원리를 내면에 간직하고 있으므로 삶을 통해 내면의 원리를 체험하고 체험한 원리를 현실 속에서 실현하고자 노력하는 것이 학문의 중심을 이룬다. 그러므로 내적 원리의 체험을 중시한다. 이러한 체험적 인식을 체인이라고 부르며 체인의 방법을 통해서 동양철학의 진리는 확인될 수 있다. 과학은 대상화를 통해 사물을 객관적으로 인식한다고 한다면, 동양철학은 주체적 반성과 성찰을 통해 진리를 주체적으로 인식한다고 하겠다. 미래 인류사회의 과제는 이 두 문화를 연결시켜 이해하는 것이다. 인간 삶의 표준인 성인의 인식의 경지와 자연인식에 가장 밝은 과학자의 인식의 경지를 함께 이해하는 과제라고 하겠다.

위해 성실한 노력과 개인적 경험을 통해 각성하는 방법이다.

체용(體用) : '본체와 작용.'[32] 본질과 적용 혹은 작용 등으로 다양하게 번역된다. 이 용어의 기원은 왕필의 『노자주』 38장이다. 거기서 그는 무(無)를 체와 동일시함으로써, 체에 형이상학적 의미를 부여한다. 체는 불교와 신유학에서 가장 유명한 용어가 되었고, 이 형이상학적 개념은 그 이론체계에서 중요한 개념이 되었다. 이런 연관관계를 볼 때, 부드버그가 주장한대로 체를 형식 혹은 몸으로 이해해서는 안 된다.

무(無) : '비존재(nonbeing).'[33] 무를 부정(negative)으로 번역하는 데 문제는 없다. 하지만 어떤 경우에 무는 해석되어야 한다. 예를 들어 무심(無心)은 단지 '마음이 없음'이 아니라 '숙고(계산)하는 마음이 없는' 것이고, 무위(無爲)도 '행동이 없음'이 아니라 '부자연스러운 행동을 취하지 않는 것' 혹은 불교적 용법에서 '원인으로부터 생겨나지 않

---

32) 왕필이 『노자』 38장 주에서 사용하기 시작한 이후 노장사상과 유학과 불교 등 중국철학 전반에 걸쳐 광범위하게 사용된 개념이다. 중국의 철학자들은 자신들의 세계관과 존재관을 설명하는 가장 적합한 틀이라고 받아들인 것 같다. 수양론적인 인간관을 기초로 하는 중국사상은 본체가 곧 진리라는 믿음 위에 서 있다. 『주역』과 『중용』에 체용이라는 용어는 나오지 않지만 『주역』과 『중용』의 철학은 체용적 세계관과 존재관에 기초하고 있다. 본체의 인식과 작용의 실현이 동양철학 체계가 가지고 있는 과제이다. 체용적 세계관이 근대과학과 마주치며 심각한 도전에 직면하였지만, 현대과학은 근대과학의 틀로부터 벗어나 동양철학의 체용적 세계관과 만나고자 시도하고 있다.

33) '無'를 어떻게 이해하느냐는 것은 매우 어려운 일이다. 그러나 동양철학자들이 이해한 무는 개별사물을 부정한 무가 아니라 개별사물의 본질 내지는 (왕필이 말하듯) 존재의 체로서의 무이다. 유의 본질, 뿌리인 무라는 말이다. 존재의 내면에서 존재의 본질로서 존재를 주관하는 무의 체험에 기초한 무의 인식은 동양철학의 과제였다. 유학의 문제의식, 특히 성리학의 문제의식은 여기서 벗어나지 않는다.

는 것'이다. 부드버그는 유(有)와 무(無)가 본질적으로 타동사이므로 '있음'과 '없음'으로 번역해서는 안 된다고 한다. 하지만『노자』2장과 『장자』의 많은 구절에서, 그것들은 동사가 아니라 정확히 '있음'과 '없음'을 의미한다.

　무극(無極) : '없음의 궁극점(ultimate of nonbeing).'[34] 무극이라는 용어는 표면적으로는 태극(太極)〔커다란 궁극점〕과 반대된다. 무극은 '한계가 없음'과 '최상의 수준에서의 없음'이라는 두 가지 의미를 가진다. 태극이 기본적으로 무극과 같다고 설명할 때, 주희는 태극이 "제한 없이 모든 방향으로 가고 또 제한 없이 위아래로 간다"고 말한다. 이 설명은『좌전』[35]이나『장자』[36]에 보이는 무극 용어와 일치한다. 후자의 의미를 설명할 때, 주희는 "하늘의 작용은 소리도 없고 냄새도 없다"는 말을 인용한다. 또 무극이 "형태가 없는 것", "방향과 위치가 없으며 모양과 형태가 없는 것" 그리고 "없음의 궁극점"을 의미한다고 말한다. 이 설명들은『노자』28장에 보이는 의미와 일치한다. 두 가지 의미는 서로 밀접하게 연결되어 있고, 그레엄이 상정하듯 이 문제에 대한 주희의 입장이 불분명하다는 것은 진실이 아니다. 어떤 사물이 시간과 공간 속에서 제한되지 않는다면, 그것은 사물 혹은 존재로 존재하는 것을 그만둔다. 그리고 "그것을 넘어서서 더 이상 갈 수 없다"고 주희가 말하듯 최상의 수준에서 없음(비존재)으로 되는 것이므로, 두 가지 의미는 서로를 함축한다.
　주희와 육상산은 이 용어에 대해 오랜 논쟁을 벌였다. 주희는 무극

---

34)『태극도설』주 참조.
35)『좌전』僖公 24년에 "여인의 덕은 표준이 없고 부인의 원망은 끝이 없다(女德無極, 婦怨無終)"라고 나온다. 여기에 나오는 무극은 '표준이 없다'는 의미인 듯하다. 진영첩의 동일시에는 동의하기 힘들다.
36)『장자』에는 무극이 5회 나온다. 이는 모두 '끝이 없다'는 의미이다.

이 무한하고 궁극적인 없음이라는 점에서 태극과 동일하다고 주장한다. 또 없음에서 있음이 생겨나는 도가적 의미로 이해해서는 안 된다고 말한다. 하지만 육상산은 무극이 원래 도가의 것이며 신유학에서 차지할 자리가 없다고 주장한다.

보드의 "궁극이 없음(ultimateless)", 그레엄의 "the ultimate of nothing", 칼손 장의 "the ultimate of nothingness", 니덤의 "극점을 가지지 않은 것" 그리고 포르케의 "비존재의 원리(das prinzip des nichtseins)" 등은 모두 두 의미를 전달하지 못하고 있다. '없음의 궁극점'이라는 현재의 번역 또한 같은 문제가 있지만, 그러나 이것은 적어도 '한계가 없음'이라는 관념을 함축한다. 'non-ultimate'라는 예전의 내 번역은 두 의미를 결합시키고 무극을 태극과 대립시키려는 시도였다. 하지만 그것은, 분명하게 설명했을 때 반드시 그런 것은 아니지만, 유한성을 함축한다.

정호의 말과 정이의 말의 구분

다음은 이정(二程)의 말을 구분하여 〈정호〉의 말과 〈정이〉의 말로 분류하려는 시도이다. 『유서』와 『외서』, 『문집』에 나오는 말의 경우, 진영첩의 *Reflections on things at Hand*(Columbia Univ. Press, 1967)에 나온 구분과 『신석 한문대계』의 번역인 박일봉의 『근사록』(육문사, 1993)에 나온 설명을 참조한다. 이것은 『이정집』의 구분 및 『근사록』에 보이는 주희의 구분, 그리고 『송원학안』 및 『어류』를 바탕으로 한 것이다. 정호 또는 정이라고 기록되지 않은 장은 누구의 말인지 아직도 분명하지 않은 부분이다. 『경설』과 『역전』은 모두 정이의 말이므로 생략되었다.

제1권 도의 본체(道體)

3장 『유서』 25-30 〈정이〉
4장 『문집』 5권 〈정이〉
18장 『유서』 1-7 〈정호〉
19장 『유서』 1-15

4장『문집』2권〈정호〉

5장『문집』9권〈정이〉

14장『논어집주』14-25 (『유서』1-5, 『유서』1-13 참조)〈정이〉〔『신석』의 추정〕

15장『문집』유문「여방원채수첩」〈정이〉

16장『유서』1-5〈정호〉

17장『유서』2상-4〈정이〉

18장『유서』2상-46〈정호〉

19장『유서』2상-54〈정호〉

20장『유서』2상-21

21장『유서』2상-23

22장『유서』2상-57

23장『유서』2상-83

24장『유서』2상-132

25장『유서』3-13〈정호〉

26장『유서』3-42〈정호〉

27장『유서』3-17〈정호〉

28장『유서』3-113〈정호〉

29장『유서』5-10 (6-47, 3-116 참조)〈정이〉〔『난외서』〕

30장『유서』6-20〈정이〉≪송원학안≫「이천학안」

31장『유서』5-7

32장『유서』6-104

33장『유서』6-113〈정이〉

34장『유서』5-30

35장『유서』6-55

36장『유서』7-48

37장『유서』14-12〈정호〉

제3권 앎을 이룸〔致知〕

11장 『유서』 18-29 〈정이〉

12장 『유서』 18-48 〈정이〉

13장 『유서』 18-178 〈정이〉

14장 『유서』 22상-33 〈정이〉

15장 『외서』 11-29 〈정이〉

23장 『유서』 22상-93 〈정이〉

24장 『유서』 22상-96 〈정이〉

25장 『유서』 18-93 〈정이〉

26장 『유서』 18-94 〈정이〉

27장 『유서』 18-254 〈정이〉

28장 『유서』 19-25 〈정이〉

29장 『유서』 19-26 〈정이〉

30장 『유서』 19-80 〈정이〉

31장 『유서』 22상-88 〈정이〉

32장 (『외서』 6-13과 비슷함)

33장

34장 『유서』 22상-1 〈정이〉

35장 『유서』 18-95 〈정이〉

36장 『유서』 22상-11 〈정이〉

37장 『유서』 22상-44 〈정이〉

38장 『유서』 19-79 〈정이〉

39장 『유서』 25-54 〈정이〉

40장 『유서』 6-134 (『유서』 6-199 참조)

41장 『외서』 5-7 〈정이〉

42장 『외서』 12-130 〈정이〉

43장 『외서』 3-5 (『유서』 2상-175참조)

44장 『외서』 12-29, 『외서』 12-48 〈정호〉

제4권　보존하여 기름〔存養〕

8장 『유서』 1-22 〈정호〉〔「명도학안」 및 『주자어류』 권59, p.1400 謨 참조〕

9장 『유서』 1-33

10장 『유서』 1-41

11장 『유서』 1-57

12장 『유서』 2상-13 〈정호〉

13장 『유서』 2상-2 〈정호〉

14장 『유서』 2상-14 〈정이〉

15장 『유서』 2상-50 〈정호〉

16장 『유서』 2상-140 〈정호〉〔「명도학안」〕

17장 『유서』 2상-181 〈정호〉〔『주자어류』 권96, p.2461 賀孫 참조〕

18장 『유서』 2상-202 〈정이〉〔「이천학안」〕

19장 『유서』 2상-213 〈정이〉〔『遺書』 3-83참조〕

20장 『유서』 2상-214

21장 『유서』 2하-18

22장 『유서』 3-23 〈정호〉

23장 『유서』 3-74 〈정이〉

24장 『유서』 3-85 〈정이〉

25장 『유서』 3-98 〈정이〉

26장 『유서』 18-132 〈정이〉

27장 『유서』 15-16 〈정이〉

28장 『유서』 5-25

29장 『유서』 6-68 〈정호〉〔「명도학안」〕

30장 『유서』 6-10 〈정이〉〔「이천학안」〕

31장 『유서』 6-10 〈정이〉〔「이천학안」〕

32장 『유서』 6-45 〈정이〉〔「이천학안」〕

33장 『유서』 6-197 〈정이〉〔수희의 「숭봉집략」 권上, 33장〕

34장 『유서』 7-10, 7-15 〈정호〉〔「명도하안」〕

35장 『유서』 5-3

36장 『유서』 11-15 〈정호〉

37장 『유서』 11-16 〈정호〉

38장 『유서』 11-34 〈정호〉

39장 『유서』 11-41 〈정호〉

40장 『유서』 15-3 〈정이〉

41장 『유서』 14-10 〈정호〉

42장 『유서』 6-29

43장 『유서』 15-37 〈정이〉

44장 『유서』 15-45 〈정이〉

45장 『유서』 15-54 〈정이〉

46장 『유서』 15-61 〈정이〉

47장 『유서』 15-105 〈정이〉

48장 『유서』 15-177 〈정이〉

49장 『유서』 15-182 〈정이〉

50장 『유서』 15-184 〈정이〉

51장 『유서』 18-41 〈정이〉

52장 『유서』 18-42 〈정이〉

53장 『유서』 18-82, 18-83 〈정이〉

54장 『유서』 18-84 〈정이〉

55장 『유서』 18-85 〈정이〉

56장 『유서』 18-98 〈정이〉

57장 『유서』 18-107 〈정이〉

58장 『유서』 21상-9 〈정이〉

59장 『외서』 1-13

60장 『외서』 2-66 〈정이〉

29장『외서』7-18

30장『외서』12-33 〈정이〉

31장『외서』12-70 〈정이〉

32장『외서』2-22 〈정호〉

제6권 가도(家道)

9장『유서』1-32

10장『유서』6-140

11장『유서』18-171 〈정이〉

12장『유서』18-212 〈정이〉

13장『유서』22하-19 〈정이〉

14장『외서』12-55 〈정호〉〔『소학』5-19에는 〈정이〉의 말로 되어 있
   다.〕

15장『외서』7-13

16장『외서』10-39

17장『문집』12권 〈정이〉

제7권 출처(出處)

22장『유서』2상-40

23장『유서』2상-161

24장『유서』4-3 〈정이〉

25장『유서』15-36 〈정이〉

26장『유서』17-14 〈정이〉

27장『유서』17-10 〈정이〉

28장『유서』16-3 〈정이〉

4장 『논어집주』 「술이」 23

5장 『유서』 1-38, 39 〈정호〉

6장 『유서』 2상-34

7장 『유서』 2상-53

8장 『유서』 2상-62 〔『소학』 5-4에는 〈정이〉의 말로 되어 있다.〕

9장 『유서』 2상-79

10장 『유서』 3-63 〈성이〉

11장 『유서』 5-31

12장 『유서』 6-23

13장 『유서』 8-20

14장 『유서』 15-174 〈정이〉

15장 『유서』 15-162 〈정이〉

16장 『유서』 18-80 〈정이〉

17장 『유서』 18-108 〈정이〉

제12권 경계(警戒)

18장 『유서』 1-16 〈정호〉

19장 『유서』 1-45

20장 『유서』 1-53

21장 『유서』 2상-187

22장 『유서』 3-86 〈정이〉

23장 『유서』 3-89 〈정이〉

24장 『유서』 3-90 〈정이〉

25장 『유서』 6-96

26장 『유서』 5-21

27장 『유서』 15-163 〈정이〉

찾아보기(용어)

ㅁ

명(名) 165-166, 189, 257, 649, 958
명(命) 96, 638, 867
명변(明辨) 95, 264, 358, 766, 785
물욕(物欲) 145, 260, 265, 276-277, 502, 519-520, 640, 827

ㅂ

박학(博學) 219-220, 238, 264-265, 355, 957
본말(本末) 72, 130-131, 385, 587-588, 891, 939, 945
부동심(不動心) 270, 961
분(分) 110-111, 300-304, 584, 613, 627, 665-666, 810, 842

ㅅ

사단(四端) 101, 143, 150, 346, 477
사덕(四德) 94, 145
사심(私心)/사욕(私慾) 109-110, 130, 180, 189-190, 199-200, 221-222, 246, 268, 471, 532, 590-591, 658, 804, 853, 926
삼강(三綱) 316, 658, 686-688, 697-698
상(常) 181
상달(上達)/하학(下學) 227, 271, 281, 312-313, 347-348, 440, 893
상도(常道) 103, 585, 678, 881-882
생리(生理) 94-95, 126, 146, 151, 212-213, 471
선악(善惡) 80, 105, 119-121, 148, 325, 409, 455, 639, 824, 923
성(性) 61, 68, 75, 79, 90, 92, 96, 119, 143, 294, 299, 354, 423, 876, 890, 925
성(誠) 68, 79, 85, 87-88, 114, 135-136, 191, 206, 208, 236, 386
성명(性命) 67-68, 275-276, 287-288, 316, 342-343, 387, 534, 586-587, 900

찾아보기(괘명)

ㅎ

찾아보기(인명)

찾아보기(서명)

주희(朱熹, 1130-1200)

남송(南宋)의 철학자이자 교육사상가로 남송 성리학의 집대성자로 평가된다. 이기이원론(理氣二元論)에 기초한 그의 학문은 중국뿐 아니라 한국과 일본의 학문과 정치와 문화에도 많은 영향을 미쳤다. 강서성(江西省) 무원(婺源) 사람으로 자는 원회(元晦), 또는 중회(仲晦)이며, 호는 회암(晦庵)·회옹(晦翁)·자양(紫陽), 운곡(雲谷)노인 등이다. 14세 때 아버지 주송(朱松, 號는 韋齋)을 여읜 후 아버지의 친구인 호헌(胡憲), 유면지(劉勉之), 유자휘(劉子翬)의 가르침을 받았으며, 22세 때 스승 이통(李侗, 1093-1163)을 만나 정호와 정이의 문인인 나예장(羅豫章) 계통의 학문을 배웠다. 저술에는 『주자문집』, 『주자어류』 이외에도 『주역본의』, 『시집전』, 『사서집주』, 『태극도설해』, 『통서해』, 『서명해』, 『주역참동계고이』 등이 있다. 시호는 문공(文公)이다.

여조겸(呂祖謙, 1137-1181)

남송의 사상가로 절강성(浙江省) 무주(婺州) 사람이다. 자는 백공(伯恭), 호는 동래(東萊)로, 여호문(呂好問)의 손자이다. 주희, 장식(張栻)과 함께 동남 지역의 3현으로 불리었다. 육구연(陸九淵, 호는 象山, 1139-1193) 형제와도 친하여 주희와 육구연의 사상을 조화시키려고 노력하였으며, 문헌과 역사에 밝아 직비각(直秘閣) 저작랑(著作郎)과 국가원편수(國史院編修)를 지냈다. 저술에는 『서설(書說)』 35권, 『가숙독시기』 32권, 『춘추집해』 32권, 『좌씨박의』 20권, 『황조문감』 150권, 『여조겸집』 29권 등이 있다. 시호는 성공(成公)이다.

집해 엽채(葉采, ?)

자는 중규(仲圭), 호는 평암(平巖)이다. 처음에는 채연(蔡淵)에게 배우다가 뒤에는 진순(陳淳: 1153-1217)에게 배웠다. 주희가 죽은 지 48년째 되는 해에 『근사록』에 대한 최초의 주석서인 『근사록집해』를 썼다. 많은 『근사록』 주해서들 가운데서도 이 책은 우리나라의 학자들에게 가장 중시되어 왔다.

이광호

서울대학교 철학과를 졸업하였고, 동 대학원에서 석사 학위와 박사 학위를 받았다.
민족문화추진회 국역연수원과 태동고전연구소 한문연수과정을 졸업하였으며,
한림대학교 철학과 교수, 뉴욕 주립대학교 한국학과 방문교수,
한림대학교 부설 태동고전연구소 소장, 연세대학교 철학과 교수를 역임하였다.
『성학십도』(이황), 『성호질서』(이익), 『삼경천견록』(권근), 『중국예교사상사』(채상사) 등을 역주하였고,
박사 학위 논문「퇴계 학문론의 체용적 구조」를 비롯한 다수의 퇴계학 관련 논문을 썼으며,
중국과 한국의 유학사상 및 유학사상사, 유학사상의 현대화, 동양사상과 서양사상의 만남과 관련된
다수의 저서와 논문을 썼다.

근사록집해
II

대우학술총서 569 · 번역

1판 1쇄 펴냄 | 2004년 6월 20일
1판 7쇄 펴냄 | 2021년 3월 26일

편저 | 주희(朱熹), 여조겸(呂祖謙)
집해 | 엽채(葉采)
역주 | 이광호
펴낸이 | 김정호
펴낸곳 | 아카넷

출판등록 2000년 1월 24일(제406-2000-000012호)
10881 경기도 파주시 회동길 445-3
전화 031-955-9511(편집) · 031-955-9514(주문) 팩시밀리 031-955-9519
www.acanet.co.kr

周張程朱學派(宋學), KDC 152.41

Printed in Seoul, Korea

ISBN 978-89-5733-035-7 94150
ISBN 978-89-89103-00-4 (세트)